KB268251

예수를 만나다

# 예수를 만나다

지은이 | 황명환
초판 발행 | 2026. 3. 11.
등록번호 | 제1988-000080호
등록된 곳 | 서울특별시 용산구 서빙고로 65길 38
발행처 | 사단법인 두란노서원
영업부 | 2078-3333   FAX | 080-749-3705
출판부 | 2078-3331

책값은 뒤표지에 있습니다.
ISBN 978-89-531-5263-2 03230

독자의 의견을 기다립니다.
tpress@duranno.com   www.duranno.com



두란노서원은 바울 사도가 3차 전도여행 때 에베소에서 성령 받은 제자들을 따로 세워 하나님의 말씀으로 양육하던 장소입니다. 사도행전 19장 8-20절의 정신에 따라 첫째 목회자를 돕는 사역과 평신도를 훈련시키는 사역, 둘째 세계선교(TIM)와 문서선교(단행본·잡지) 사역, 셋째 예수문화 및 경배와 찬양 사역, 그리고 가정·상담 사역 등을 감당하고 있습니다. 1980년 12월 22일에 창립된 두란노서원은 주님 오실 때까지 이 사역들을 계속할 것입니다.

황명환 목사의 요한복음 강해 1

# 예수를 만나다

황명환

두란노

차례

"목사님, 예수님이 누구신지 알고 싶습니다. 성경 중에서 어느 책을 읽어 보면 좋을까요?" 이렇게 성도들이 부탁하면 대부분의 목사님들은 요한복음을 추천할 것입니다. 왜냐하면 요한복음이 성경에서 예수님이 누구신지를 가장 정확하게 보여 주기 때문입니다. 물론 성경 어디를 보아도 예수님을 보여 줍니다. 예를 들면 로마서는 구원의 방법을 법적인 측면에서 가장 잘 소개한 책입니다. 그러나 예수님의 삶에 대해서 말하고 있지는 않습니다. 그러므로 예수님의 삶에 대해서 알고 싶으면 복음서를 읽어야 합니다.

신약성경에는 네 개의 복음서가 있습니다. 여기서 '복음'은 예수 그리스도를 의미합니다. '복음서'라는 말은 '복음이신 예수님의 삶을 기록해 놓은 책'이라는 뜻입니다. 그중에서 마태·마가·누가복음을 공관복음이라고 하는데, 공통적인 관점을 가지고 썼기 때문입니다. 물론 대상은 다릅니다. 마태복음은 유대인들을, 마가복음은 로마 사람들을, 누가복음은 헬라 사람들을 대상으로 합니다. 그러나 공통점이 있습니다. 역사적인 예수님의 모습을 보여 줍니다. 출생부터 시작해서 어떻게 사셨고, 어떻게 죽으셨고, 어떻게 부활하셨는가를 차례대로 설명합니다. 예수님을 아래로부터 설명합니다.

그러나 요한복음은 예수님이 누구신지 위에서부터 설명합니다. 출생과 성장, 족보 등의 내용이 전혀 없습니다. 역사적인 예수님을 설명하되 아주 높은 곳에서 예리한 통찰력을 가지고, 예수님의 본질에서부터 가장 깊이 설명해 줍니다. 지성인들을 대상으로 기록되었기 때문에 아주 논리적이고, 담백하면서도 심오합니다.

어떤 분을 이해하려면 그분에 대한 객관적인 서술이나 묘사, 혹은 연구

분석도 필요하지만 그것보다 그분 자신이 스스로를 어떻게 설명하는가가 더 중요합니다. 예수님에 대해서도 그렇습니다. 요한복음은 어느 복음서보다도 예수님이 자신에 대해 많이 설명하시고, 자신의 가장 깊은 부분을 가장 정확하게 드러내시기 때문에 예수님을 알기 위해서는 반드시 요한복음을 이해해야 합니다.

저는 15년 전에 요한복음을 처음으로 강해하면서 연구와 묵상을 통해 예수님을 알게 되는 기쁨을 누렸습니다. 그런데 시간이 지나면서 뭔가 미진하다는 느낌을 지울 수 없었습니다. 요한복음을 자세히 다루었지만 이해하기 어려운 구절도 꽤 남아 있었고, 문 안으로 들어가지 못하고 문 밖에 서 있는 것 같은 아쉬움도 느꼈습니다. 진정 나를 만나 주신 주님과의 인격적인 만남이 그리웠습니다. 말씀이 육신이 되어 우리 가운데 오신 그분을 정말 뵙고 싶었습니다. 진리에 대하여 목말랐습니다. 다시 한 번 그 말씀 앞에 서고 싶었습니다. 이것이 말씀에 대한 저의 열정이며, 제 영혼의 갈망이었습니다.

또한 목회자로서 예수를 믿으면서도 예수님에 대해 말하기 어려워하는 성도들을 만나면서 무거운 책임감도 느꼈습니다. 저는 이런 질문도 받아 보았습니다. "예수님을 믿으라고 하면 '예수님이 누구냐'고 묻는데, '하나님인데 사람이 되어 우리 가운데 오신 분이다' 그러면 '하나님이면 하나님이고 사람이면 사람이지, 하나님인 동시에 사람이라니, 말도 안 돼' 이렇게 말할 때 대답하기가 너무 어려워요."

여러분도 이런 경험이 있으시지요? 그래서 예수를 오래 믿었지만 예수님을 제대로 알지 못하거나, 예수님을 깊이 만나지 못했거나, 예수님을 전하고 싶어도 예수님을 설명하기 어려워하는 사람들을 위해서라도 예수님을 잘 설명해 주어야겠다고 생각했습니다. 이 시대의 그리스도인들에게 예수님을 제대로 소개할 필요가 있다고 생각해서 요한복음을 다시 강해하기로 마음을 먹었습니다.

저는 이것이 저의 영적인 갈망과 목사로서의 책임감인 줄 알았습니다. 그런데 아니었습니다. 그분의 초대였습니다. 감히 바라볼 수도 없는 그분이 제게 다가오셔서 자신을 열어 주시고, 그분이 머물렀던 현장으로 저를 인도하셔서 아버지께로부터 들은 말씀이 무엇이며, 자신이 어떻게 그 말씀을 듣고 전하고 행했는지, 그때 주님의 마음은 어떠했는지, 사람들과 어떤 대화를 나누었으며, 그 말씀을 하실 때 예수님의 마음은 어떠했고, 상대방의 말은 무슨 뜻이었는지… 마치 한 장면 한 장면이 눈으로 보는 것처럼, 귀로 듣는 것처럼, 영화를 보는 것처럼 선명하게 새겨졌습니다. 영적인 갈증이 해소되는 신비한 시간이었습니다.

이 과정을 통해 요한복음은 단순히 예수님의 생애를 기록한 것이 아니라 한 인격을 소개하는 증언이며, 한 생명을 초대하는 선언이며, 한 관계로 들어오라는 부르심이라는 것을 확인하게 되었습니다. 요한복음은 연구할수록 멀어지는 책이 아니라, 묵상할수록 가까워지는 책이었습니다. 분석할수록 차가워지는 책이 아니라, 이해할수록 살아 움직이는 책이었습니다. 그러므로 요한복음을 읽는 것은 단순한 읽기가 아니라, 한 존재와 마주 서는 사건이었습니다.

요한복음이 영적인 책이라고 불리는 이유를 이제 조금은 알 것 같습니다. 그것은 이 책이 보이는 세계를 넘어 보이지 않는 세계를 열어 주기 때문입니다. 물을 보게 하는 것이 아니라 생수를 보게 하고, 떡을 보게 하는 것이 아니라 생명을 보게 하며, 빛을 보게 하는 것이 아니라 진리를 보게 합니다. 그래서 요한복음을 읽는다는 것은 글자를 읽는 일이 아니라, 영혼이 눈을 뜨는 일입니다. 이번 여정을 통해 저는 이 세상에 육신을 입고 오신 하나님의 사랑과, 그 인격의 따뜻함과, 말로 다 헤아릴 수 없는 영적인 깊이를 가슴으로 느끼게 되었습니다.

그러나 이번 강해도 완전한 것은 아닙니다. 여전히 배우고 있는 한 사람의 고백일 뿐입니다. 다만 분명한 것은, 저는 이전보다 예수님을 조금 더 깊이 만나게 되었고, 그만큼 더 사랑하게 되었으며, 그만큼 더 즐거이 따르게 되었다는 사실입니다. 그리고 이 경험은 저만의 것이 아니라, 이 복음서를 펼치는 누구에게나 열려 있는 은혜라고 믿습니다.

말씀을 통해 배우고 느꼈던 은혜를 함께 나누려고 책으로 내놓습니다. 바라기는 이 책을 읽으실 때 서둘지 마십시오. 요한복음은 빠르게 읽기 위한 책이 아니라, 머물기 위해 기록된 책이기 때문입니다. 한 문장을 읽고 멈추어도 좋고, 한 단어 앞에 오래 서 있어도 괜찮습니다. 잠시 세상의 소음을 내려놓고 예수님이 내 이름을 부르시도록 허락해 보십시오. 요한복음은 글이 아니라 나를 부르시는 하나님의 마음입니다. 이 책은 속도가 아니라 깊이로, 이해가 아니라 만남으로, 설명이 아니라 응답으로 완성됩니다.

그래서 요한복음 1권의 제목을 "예수를 만나다"로 정했습니다. 내가 만난 것이 아닙니다. 예수님이 갈급한 영혼에게 다가와 만나 주신 것입니다. 예수님은 수가성 여인을 일부러 찾아가 만나 주셨고, 예수님을 만나고 감격했던 한 여인의 모습은 바로 나의 모습임을 고백합니다.

말씀으로 다가오셔서 우리를 만나 주시고, 우리의 이름을 불러 주시고, 오늘도 그 품으로 초대하시는 예수님을 만나고, 예수님을 따르는 은혜가 우리 모두에게 넘치기를 소망합니다.

2026년 3월 수서동산에서 황명환 목사

1부

# 시작을
# 묻다
[1장]

# 태초에
# 말씀이
# 계시니라

요 1:1-5

| 요한복음의 첫 절, '로고스 기독론'

오래전 신학대학에 다닐 때 철학 과목 기말고사 시간이었습니다. 시험 시간은 두 시간이고, 시험지를 받아 보니 세 문제인데, 그중에서 두 개를 선택해서 답을 쓰라는 것이었습니다. 1번 문제가 "헬라 철학에서 '로고스'는 어떤 의미이며, 성경에서는 '로고스'를 왜 '말씀'이라고 하는지 그 이유를 설명하시오"였습니다. 그 문제에 답을 쓰느라 한 시간 내내

애를 먹었던 기억이 납니다.

신과 인간과 세상은 존재의 차원이 서로 다릅니다. 그런데 어떻게 인간이 신과 세상을 이해할 수 있을까요? 로고스 때문입니다. 신은 인간과 세상을 창조했는데, 아무렇게나 창조한 것이 아닙니다. 로고스를 가지고 창조했습니다. 그래서 신에게 있는 로고스의 일부가 인간에게도 있고, 이 세상 만물에도 들어 있습니다. 그렇기 때문에 로고스는 신과 인간과 세상을 이해할 수 있는 연결점이 되는 것입니다. 완전하진 않지만 인간에게는 로고스가 있고, 그보다 더 적지만 세상 만물에도 로고스가 있기 때문에 이 로고스를 가지고 인간은 신과 세상을 이해할 수 있습니다. 그래서 헬라 철학에서 로고스는 "이성", "지혜", "원리", "법칙" 등 다양한 용어로 번역되지만 핵심은 신과 인간과 세상을 이어 주는 공통점을 의미합니다.

그런데 성경에서는 왜 로고스를 "말씀"이라고 번역했고, 예수님을 가리키는 용어로 사용했을까요? 요한복음 1장 1절에 보면 "태초에 말씀이 계시니라" 이렇게 시작합니다. 여기서 "말씀"은 '로고스'라는 단어를 번역한 것입니다. 그런데 그냥 로고스가 아니라 정관사가 붙은 로고스입니다. '바로 그 로고스'라는 말입니다. 태초에 바로 그 로고스, 즉 로고스의 원형, 인간과 하나님, 그리고 인간과 세상을 이어 주는 그 로고스가 계셨다는 것입니다.

그런데 로고스를 왜 "말씀"으로 번역했을까요? 여기 어떤 사람이 있습니다. 그는 마음으로 생각한 것을 그대로 말하고, 말한 그대로 지키는 인격자입니다. 그 속에 있는 생각을 어떻게 알 수 있을까요? 그가 하는 말을 통해 알 수 있습니다.

초월적인 하나님은 눈으로 볼 수도 없고, 손으로 만질 수도 없습니다. 그러나 하나님의 생각과 뜻을 100% 그대로 말씀하시고 보여 주시는 예수님이 계시기 때문에 우리는 예수님을 통해 하나님 아버지를 알 수 있습니다. 그래서 로고스를 "말씀"이라고 번역했고, 그 말씀은 바로 예수님이 됩니다. 이런 내용을 전문 용어로는 '로고스 기독론'이라고 부릅니다.


## | 아버지와 예수님의 관계

본문은 세 가지 내용으로 구성되어 있습니다. 첫째는 하나님 아버지와 예수님의 관계입니다.

태초에 말씀이 계시니라(요 1:1상).

여기서 "태초"는 창조 이전의 시간을 말합니다. 태초에 말씀이 계셨다는 것은 태초 이전에도 계속 존재했다는 뜻입니다. "그때 그 나무가 거기 있었다." 그러면 그 나무는 시간의 기준인 그때, 이미 그 자리에 있었다는 말입니다. 태초에 말씀이 계셨다면 하나님이 세상을 창조하시기 전부터 예수님은 계셨다는 뜻입니다. 그러니까 예수님은 피조물이 아니라 창조 이전부터 계셨던 존재입니다. 이것을 '그리스도 선재설'이라고 합니다.

예수님은 태초부터 이미 계셨던 분인데, 그분을 1절 하반 절에서는 뭐라고 합니까?

이 말씀은 곧 하나님이시니라(요 1:1하).

그러니까 예수님은 하나님과 동등한 분입니다. 그런데 기능적으로는 말씀의 역할을 감당하십니다. 즉 예수님은 하나님과 동등한 분이며 동시에 하나님의 완전한 계시자라는 것입니다. 내용이 좀 딱딱하지요? 요한복음은 그 당시 지성인들에게 복음을 설명한 책이기 때문에 철학 용어가 많이 나온다는 점을 이해해 주시면 좋겠습니다.

예수님의 인격적 특성이 '말씀'이라면, 하나님 아버지의 인격적 특성은 '생각'이라고 할 수 있습니다. 인격 안에 머물러 있는 언어가 생각이고, 인격 밖으로 나온 언어가 말씀입니다. 그러므로 생각과 말씀은 분명히 구분되지만 완전히 다른 것은 아닙니다. 그래서 1-2절에서 두 번이나 "이 말씀이 하나님과 함께 계셨으니"라고 표현하는 것입니다.

예수님이 하나님의 말씀이라는 뜻은 두 분의 관계뿐만 아니라 두 분의 친밀성을 보여 줍니다. 예수님은 분명히 자신의 생각을 가지고 계신 인격체이지만 언제나 아버지의 생각을 있는 그대로, 정말 기쁘게 다 받아들이십니다.

한 아버지가 위대한 사업가라고 합시다. 그 아버지가 어떤 일을 해야겠다고 생각했습니다. 이 사업은 세상을 이롭게 하는 일이고, 엄청난 가치가 있는 일입니다. 지금 당장 아버지 혼자서 실행해도 됩니다. 그렇지만 아버지는 바로 시행하지 않고 아들에게 "내가 이런 계획을 가지고 있다"고 알려 줍니다. 아들도 아주 똑똑하고 모든 것을 할 수 있는 능력이 있습니다. 그런데 아들은 아버지를 너무 사랑하고 존경하기 때문에 아버지의 생각을 듣는 순간, "아버지의 생각이 너무 좋습니다"라고 반응합니다.

아버지와 아들의 대화가 이어집니다. "애야, 그러나 너도 네 뜻이 있을 것 아니냐? 얘기해 봐라.” “아니에요, 저는 아버지의 뜻으로 만족합니다.” “내 생각이 그렇게도 좋으냐?” “그럼요, 아버지의 뜻보다 더옳고 위대한 것은 없습니다.” 이렇게 아들은 아버지의 뜻을 전적으로따릅니다. 그리고 아버지의 뜻을 말씀으로 선포합니다.

예를 들면, 하나님이 빛에 대해 생각하시면 예수님은 이 생각을 바로 받아서 “빛이 있으라”고 말씀하십니다. 그러면 성령은 그 말씀의 의미를 완성하시는 것입니다. 이것이 삼위일체의 사역입니다. 그래서 3절에 보면 “지은 것이 하나도 그가 없이는 된 것이 없느니라”는 말씀이 나오는데, ‘이것은 성부 하나님이 하신 사역이 아닌가?’ 이렇게 생각할 수있습니다. 그러나 아버지의 생각을 예수님이 말씀으로 선포하셔서 창조가 완성되었기 때문에, 예수님을 통하여 창조되지 않은 것은 세상에하나도 없다는 말씀이 성립하는 것입니다.

아버지들에게 묻겠습니다. 만약 여러분의 생각에 100% 지지와 환호를 보내는 이런 아들이 있다면 좋을까요, 안 좋을까요? 좋겠지요. 그래서 마태복음 3장 17절 하반 절을 보면 하늘에서 소리가 들렸습니다.

이는 내 사랑하는 아들이요 내 기뻐하는 자라.

예수님은 아버지의 생각을 받아들이면서 기뻐하셨고, 아버지는 아들 예수님이 아버지의 생각을 그대로 받고 기뻐하는 것이 너무나 기쁘고 행복하셨습니다. 이것이 두 분의 관계입니다. 그래서 우리처럼 서로함께 기뻐하는 존재를 만들자고 해서 창조하신 것이 인간입니다. 그러니까 하나님 아버지와 예수님의 관계는 우리와 하나님 아버지의 관계의 모델이 되는 것입니다.

## 인간의 상태

두 번째 주제는 인간의 상태입니다.

빛이 어둠에 비치되 어둠이 깨닫지 못하더라(요 1:5).

인간은 하나님이 서로 교제하며 기쁨을 나누려고 창조하신 소중한 존재인데, 그들은 어떤 상태입니까? 인간은 하나님을 바라보지 않고, 보이는 세상이 전부라고 생각하고, 이 세상으로 마음을 채우려고 하면서 살아갑니다. 그야말로 캄캄한 어둠 속에 있습니다.

그래서 하나님은 어둠 속에 있는 사랑의 대상인 인간에게 말씀이신 예수님을 보내셨습니다. 직접 가서 인간을 눈으로 보고 손으로 만지면서 하나님 아버지가 어떤 분이며, 인간이 어떤 존재인지 알게 하라고 하셨습니다. 그래서 말씀이 육신이 되어 이 땅에 오신 것입니다. 그런데 사람들은 예수님이 누군지 깨닫지 못했습니다. 이것이 인간의 현실입니다.

## 우리가 해야 할 일

세 번째 주제는 "어둠 속에 있는 우리가 할 일은 무엇인가?"입니다.

그 안에 생명이 있었으니 이 생명은 사람들의 빛이라(요 1:4).

하나님의 말씀인 예수님 안에 하나님의 생명과 빛이 들어 있습니다. 그러므로 예수님을 받아들이고 영접하면 예수님을 통하여 하나님의 생명과 빛이 우리에게 들어와서 어둠이 물러갑니다. 그리고 하나님이 원래 계획하셨던 아버지와 우리의 그 사랑의 관계를 회복할 수 있습니다.

"아니, 나는 지금 이렇게 멀쩡하게 살아 있는데, 왜 생명이 없다고 하는가? 내 눈으로 다 보고 있는데 왜 빛이 없다고 하는가?" 내가 볼 때는 육체의 생명은 살아 있습니다. 그러나 하나님이 보실 때는 그 인생에 예수님이 없다면 진정한 생명이 없는 것입니다. 이것은 마치 뿌리가 잘린 꽃과 같습니다. 겉으로는 화려하게 보이지만 생명의 근원이신 하나님과의 관계가 끊어졌기 때문입니다. 이 생명이 없을 때, 그는 아무것도 볼 수 없습니다. 그래서 알 수도 없습니다. 하나님이 누구신지, 내가 누군지, 내가 왜 사는지도 모릅니다. 빛이 없기 때문입니다.

그러나 예수님의 말씀을 들으면 내가 새 생명을 얻었다는 것을 깨닫게 됩니다. 그리고 보이지 않던 것이 보입니다. 그래서 하나님을 찬송합니다. "나 이제 주님의 새 생명 얻은 몸 옛것은 지나고 새사람이로다 그 생명 내 맘에 강같이 흐르고 그 사랑 내게서 해같이 빛난다"(새찬송가 436장 1절). 예수님 안에 생명과 빛이 있다는 말입니다.

태양을 생각해 보십시오. 이 세상에 모든 살아 있는 것은 태양이 없으면 생명도, 빛도 없습니다. 모든 식물은 태양빛을 받아서 광합성을 해서 자랍니다. 지구상의 생명은 태양이 없으면 죽습니다. 태양에 절대적으로 의존하고 있습니다.

영적으로도 그렇습니다. 예수님이 없으면 하나님의 생명과 빛을 받을 수 없습니다. 그러므로 우리가 할 일은 예수님을 받아들이는 것입니다. 그럴 때 하나님의 생명과 빛을 받을 수 있습니다. 아버지와 아들의 그 사랑의 관계 속으로 들어갈 수 있습니다. 하늘에서 내려온 말씀이신 예수님을 믿을 때 우리도 예수님처럼 하나님의 자녀가 되는 것입니다.

## | 생명과 빛

우리가 예수를 믿어도 항상 생명과 빛이 가득한 것은 아닙니다. 삶의 의미를 잃어버릴 때도 있고, 앞이 캄캄할 때도 있습니다. 그럴 때 어떻게 하면 될까요? 예수님의 말씀을 들으면 다시 하나님의 생명과 빛을 받을 수 있습니다. 그 말씀은 천지를 창조한 능력의 말씀이기 때문입니다.

독일 베를린의 어느 감옥에서 있었던 일입니다. 크리스마스가 가까워지자 목사님이 연극을 해 보자고 죄수들을 설득해서 14명이 모였습니다. 연극 대본을 만들고 연습을 시작했습니다. 10명은 천사로, 4명은 목자로 분장했습니다. 천사들은 흰옷을 입고 촛불을 들고 등장해서 하나님의 말씀을 전하고, 양 치는 목자들은 어둠 속에 있다가 갑자기 눈부신 빛을 보고, 하늘에서 들려오는 소리에 놀라고 무서웠지만 말씀대로 기뻐하면서 예수님을 만난다는 내용이었습니다.

연극 공연이 다 끝나고 어떤 사형수가 이렇게 고백했습니다. "나는 물건을 훔치다가 들키자, 사람을 죽이고 들어온 사형수입니다. 처음에는 감옥 생활이 너무 따분해서 연극에 동참했습니다. 그러나 연습을 하던 어느 순간 나는 깨달았습니다. 내가 바로 목자였다는 것을! 나는 어둡고 추운 들판에서 몸을 웅크린 채, 죄와 죽음과 무의미와 낙심의 깊은 밤을 보내고 있었습니다. 그런데 천사가 내게 와서 큰 기쁨의 좋은 소식

을 전해 주었습니다. '오늘 너희를 위해 구주가 나셨다.'

그 말을 듣고 내 가슴은 뛰었습니다. '나를 구원하기 위해 예수님이 세상에 오셨구나. 나 같은 죄인을 위하여. 이 말씀은 나를 위한 말씀이구나' 하고 깨달았습니다. 그 순간 나는 지금까지 전혀 경험해 보지 못한 진정한 평화를 느꼈습니다. 그리고 곧 죽을 육신의 생명보다 더 큰 영원한 생명이 나에게 있다는 것을 알게 되었고, 눈이 열리면서 하나님 나라를 바라보게 되었습니다. 그래서 처음에는 연극이었지만 이제는 나의 고백이 되었습니다. 나는 곧 형장의 이슬로 사라질 것이지만, 내 영혼은 활짝 열린 하늘과 하나님의 영광을 바라보고 있습니다."

여러분, 예수님 안에, 말씀 안에 진정한 생명과 빛이 있습니다. 진정한 생명과 빛이신 예수님은 어둠 속에 있는 인간에게 오셔서, 저 하늘 위에는 보이지 않는 하나님이 계시고, 하늘나라가 있고, 우리는 하나님의 자녀라는 것을 알려 주려고 우리에게 직접 오셨습니다.

세상에 얼마나 많은 소리가 있습니까? 그런데 그런 소리에는 귀를 기울이면서 진정한 말씀은 듣지 않는 시대가 되었습니다. 죽음과 어둠의 소리가 가득한 시대에 생명의 말씀에 귀를 기울이고, 마음을 열고 그 말씀을 받으시기 바랍니다. "내게 그 빛을 비춰 주소서. 그래서 내가 영원한 생명을 받은 자임을 알게 하시고, 그 빛 가운데 거하게 하소서." 이 고백을 드리며 예수님을 갈망하는 우리 모두가 되길 축원합니다.

살아 계신 하나님! 요한복음을 통해 예수님이 하나님의 말씀이라는 것을 알게 하시고, 어둠 속에 있는 영혼들이 하나님의 생명과 빛을 누리게 하소서. 더 높고 깊은 은혜의 세계를 우리 앞에 열어 주시고, 우리도 예수님처럼 이 땅에 보냄 받은 인생을 살게 하소서.



1  예수님을 '말씀'(로고스)이라고 부르는 이유는 무엇일까요?

2  예수님이 '말씀'이시라면, 하나님의 뜻을 알고 싶을 때 우리는 어디부터 바라보아야 할까요?

3  말씀을 통해 다시 힘을 얻거나, 삶의 방향을 찾았던 순간이 있다면 나눠 봅시다.

2

# 예수님과
# 세례요한

요 1:6-8



| 예수님과 성인들이 다른 이유

《소크라테스, 공자, 석가, 예수, 모하메드》(강남대학교출판부, 2000)라는 책
이 있습니다. 독일의 철학자 칼 야스퍼스(Karl Jaspers)가 쓴 책인데, 인류
역사에 지대한 영향을 끼친 성인들을 연구 분석하여 내놓은 책입니다.
그들로 인하여 인류의 역사는 많이 변했고, 그들의 가르침은 오늘도 우
리에게 엄청난 유익을 주고 있다는 내용입니다. 그런데 여러분은 이 말

을 들으면서 어떤 생각을 하셨습니까? 거부감이 느껴지지 않으셨나요? '모두 다 훌륭한 분들이지만 똑같은 것은 아니지. 예수님은 하나님의 말씀으로 우리에게 오셔서 영원한 생명과 빛을 주신 분인데, 다른 사람들과는 비교할 수 없지.' 이런 생각이 들지 않으셨나요?

그런데 이 사실을 우리는 어떻게 알게 되었을까요? 어째서 다른 사람들은 "맞아, 그들은 다 인류의 위대한 성인들이지"라고 말하는데, 우리는 "아니야, 당신들이 몰라서 그렇지, 예수님은 그들과는 비교할 수 없는 분이야"라고 말하는 것일까요? 이미 우리에게 생명과 빛이 비쳤기 때문입니다. 어둠에 있는 사람들은 깨닫지 못하지만, 그 생명의 빛을 받은 사람은 말씀으로 이 땅에 오신 예수님과 다른 사람은 비교 대상이 아니라는 것을 알게 되는 것입니다.

예수님은 본질적으로는 하나님이지만 겉으로는 보통 사람과 똑같습니다. 말씀이 육신이 되어 이 땅에 오셨기 때문입니다. "예수님과 이 땅에 사는 사람들과의 관계는 무엇인가?" 이것이 본문의 주제입니다. 본문에는 아주 위대한 사람이 등장합니다. 그는 바로 세례 요한입니다. 우리는 세례 요한을 대수롭지 않게 생각하지만 그는 정말 대단한 사람입니다.

요한은 먼저, 개인적으로는 예수님의 사촌 형입니다. 그리고 어머니의 태중에 있을 때부터 성령이 충만했습니다. 그 당시 에세네파에 속한 사람으로 광야에서 생활하면서 하나님의 나라를 기다리던 경건한 사람이었습니다. 이미 제자들을 데리고 다닐 만큼 권위 있는 스승이었습니다. 또한 그는 유명한 제사장 사가랴의 아들입니다. 어머니는 아론의 후예 엘리사벳입니다. 그야말로 명문 가문의 아들입니다.

무엇보다도 세례 요한은 전국적인 회개 운동을 일으켰습니다. 하나님의 백성들이 이렇게 살아서는 안 된다고 외쳤습니다. 그의 설교를 듣고 이스라엘 사람들이 구름떼처럼 모여들었습니다. 심지어는 이방인들까지도 그 앞에 나와서 자기들의 죄를 고백했습니다. 그는 사람들에게 세례를 주었습니다. 온 이스라엘을 영적으로 깨웠습니다. 더 나아가서 세례 요한은 예수님에게 세례를 주었습니다. 하나님의 말씀으로 이 땅에 오신 분에게 손을 얹고 세례를 주었습니다. 다른 사람은 흉내도 낼 수 없는 어마어마한 일이죠. 정말 대단한 사람입니다.

그러니까 세례 요한은 그 당시 이스라엘 사람들이 가장 존경하는 사람이었고, 새로운 시대를 열어 갈 수 있는 사람이라는 기대를 받았던 인물입니다. 그래서 예수님도 세례 요한을 어떻게 평가하셨습니까? "여자가 낳은 자 중에 세례 요한보다 큰 이가 일어남이 없도다"(마 11:11)라고 하셨습니다. 그러니까 본문은 인간 중에 가장 위대한 인간과 예수님이 어떤 차이가 있는가를 비교하는 것입니다.


| 마음의 길을 내는 사람, 세례 요한

온 백성이 세례 요한에게 열광하자 지도층은 긴장했습니다. 그래서 물었습니다. 그냥 물은 것이 아니고, 유대인들의 대표 기관 산헤드린 공의회에서 대표단을 보내서 정식으로 "네가 누구냐"(요 1:19)라고 질문했습니다. 20-23절이 요한의 대답입니다. "나는 그리스도도 아니고, 엘리야도 아니고, 그 선지자도 아니다." 그들이 다시 묻습니다. "그럼 우리가 당신을 누구라고 위에다 보고해야 하는가?" 그러자 요한이 대답합니다.

나는 선지자 이사야의 말과 같이 주의 길을 곧게 하라고 광야에서 외치
는 자의 소리로라(요 1:23).

"광야에서 외치는 자의 소리"란 직역하면 '전령'이라는 뜻입니다.
전령은 명령을 전하는 사람입니다. 영어로는 'crier'(외치는 사람)입니다.
옛날에는 '외치는 사람'이라는 벼슬이 있었습니다. 왕이 행차할 때 그 앞
에서 큰 소리로 "상감마마 행차시다. 길을 비켜라. 물렀거라. 엎드려라!"
이렇게 소리 지르는 사람입니다. 신학적으로는 메시아의 길을 예비하는
자, 이 땅에 오시는 예수님을 영접하도록 길을 만드는 사람입니다.

아니, 예수님이 오시는데 무슨 길이 필요합니까? 그냥 오시면 되지
요. 그러나 여기서 '길'이란 마음의 길을 말합니다. 여러분, 비포장도로
를 운전해서 달려 본 적이 있으시죠? 차는 덜컹거리고, 먼지는 가득하
고, 타이어는 펑크가 나고, 아주 힘들죠. 그러다가 아스팔트 위로 올라
오면 쌩하고 기분 좋게 달릴 수 있습니다.

인간의 마음도 마찬가지입니다. 황폐한 마음이 있습니다. 높아지
고, 패이고, 구부러지고…. 수많은 상처와 미움, 교만과 의심, 편견과 미
혹으로 찌들어 버린 심령은 비포장도로와 같아서 상대방의 말을 받아
들이기 어렵습니다. 비록 그들에게 복음이 전파되어도 수용하지 못합
니다. 그래서 도저히 예수님이 그 길로 오실 수가 없습니다. 예수님이
아무리 복음을 전하셔도, 아무리 하나님의 마음을 보여 주려고 해도 귀
담아듣지 않습니다. 그런 마음들을 정비하고 주의 음성을 '아멘'으로
받아들일 수 있는 마음의 길을 내기 위하여 온 사람이 바로 세례 요한이
었습니다.

세례 요한은 그 길을 어떻게 준비했습니까? 세례를 줌으로써 그 길

을 만들었습니다. 세례는 간단한 행위지만 아주 중요한 내용을 담고 있습니다. 첫째는 내가 죄인이라는 고백입니다. 둘째는 나의 옛사람, 과거의 나는 죽었고, 이제 새사람으로 다시 살겠다는 결단입니다. 셋째는 메시아와 그 나라를 영접하겠다는 선언입니다. 요한은 이렇게 세례의 의미를 재해석했습니다. 그래서 그를 '세례 요한'이라고 부릅니다. 세례 요한은 회개의 세례를 주어 메시아를 영접할 준비를 시켰습니다.

그러면서 요한은 예수님을 소개합니다.

곧 내 뒤에 오시는 그이라 나는 그의 신발 끈을 풀기도 감당하지 못하겠노라 하더라(요 1:27).

그분은 이미 오셨는데, 나는 그분의 신발 끈을 풀기도 감당할 수 없다고 합니다. 즉 자신은 그분의 천한 종에 불과한 존재라는 것입니다. 이렇게 자기를 고백하며, 예수님께 모든 스포트라이트가 비치도록 집중시켰습니다.


| 신앙인의 자기 소개법

그런데 자세히 보면, 이스라엘 대표자들의 질문과 세례 요한의 대답은 잘 맞지 않습니다. "네가 누구냐?"고 물으면 "나는 아비야 반열의 제사장 사가랴의 아들이다. 나도 제사장이며, 에세네파의 지도자이며, 누구의 문하에서 공부를 했다"라고 말하면 충분히 자기소개가 되고, 상대방은 그를 이해할 수 있습니다. 그런데 요한은 자기를 그런 식으로 소개하

지 않았습니다. 철저히 예수님과의 관계에서 자기를 설명합니다. "나는 그분에 대해 외치는 자의 소리(전령)다. 너희들이 그분을 맞이할 준비를 하게 하려고 세례를 준 것이다. 그분은 이미 오셨다. 나는 그분의 종이 될 자격도 없다." 이것은 정상적인 대답이 아닙니다. "네가 누구냐?"고 누가 물었는데, 세례 요한처럼 대답한다면 이상하다고 생각할 것입니다.

대개 우리는 자기를 소개할 때, 상대방이 아는 것을 중심으로 소개합니다. 그러면 상대방은 금방 이해할 것입니다. 그런데 세례 요한은 상대방이 예수님을 모르는데, 자기를 예수님과의 관계에서 소개했습니다. 얼마나 이상한 대답입니까? 그럼 세례 요한은 왜 이런 식으로 자기를 소개했을까요? 세례 요한의 관심은 오직 예수님이었기 때문입니다. 예수님을 이 땅에 소개하는 것이 그의 가장 중요한 사명이었기 때문에, 상대방이 묻지도 않았는데 예수님과 자기의 관계로 자기를 소개한 것입니다.

이제 우리에게 적용해 봅시다. 나를 소개할 때, 어떻게 하시나요? 나에게 누구냐고 질문한 상대방이 이해할 수 있도록 대답해야 합니다. "저는 어느 병원의 의사입니다." "어떤 학교 선생님입니다." "어떤 회사에서 무슨 일을 하고 있습니다." 이런 식으로 대답하면 사람들은 내가 누군지 이해하고 인정할 것입니다.

그런데 내가 예수님을 만났다면 그때부터 예수님은 내 인생에서 가장 중요한 분이 됩니다. 내 친구보다, 내 직장보다, 내 직업보다, 나의 그 어느 것보다도 소중한 분이 됩니다. 나에게서 예수님을 빼 버리면 그것이 진정한 나라고 할 수 없게 됩니다.

그렇다면 우리는 어떻게 대답해야 할까요? 먼저는 상대방이 나를 이해하는 방법으로 자신을 소개한 후에 이제 그 모든 것보다 나에게 더 중요한, 예수님과 나의 관계를 밝혀야 합니다. "저는 초등학교 선생님이고요, 아이가 둘 있습니다. … 그리고 저는 예수님을 믿는 사람입니다. 잘은 믿지 못하지만 더 열심히 믿어 보려고 애쓰는 신자입니다." 이런 식으로 말해야 합니다.

예수님과 나의 관계를 말하면 상대방은 이렇게 생각하겠죠. '누가 물었어? 나는 그런 데 관심 없거든.' 나를 좀 이상하다고 생각할 수도 있습니다. 그래도 상관없습니다. 예수님은 내가 어떤 사람인지, 나를 규정하는 가장 중요한 분이기 때문입니다. 그렇게 나를 소개하면 내가 누군지, 나의 정체성이 분명하게 드러납니다. 숨을 수가 없어요.

이제 상대방은 나를 통해 예수님을 보려고 주목할 것입니다. 그리고 언젠가 예수님에 대하여 알고 싶거나 질문하고 싶을 때는 나를 생각하고 나에게 물을 수도 있습니다. 그러므로 내가 나를 소개하면서 나와 예수님의 관계를 알릴 때, 상대방에게 예수님을 알릴 수 있는 기회가 열리는 것입니다. 당장은 아니더라도 내가 누군가에게 나와 예수님의 관계를 말함으로써 내가 아는 그 사람이 나를 통하여 그리스도와 연결되는 근거를 마련하게 됩니다. 이것이 세례 요한이 자기를 향한 질문에 대하여 예수님과 자기를 연결시켜서 대답한 이유입니다.


|       증언하고 믿게 하려고


세례 요한은 왜 이렇게 자기를 소개했을까요? 자기가 누군지 알았기 때문입니다.

하나님께로부터 보내심을 받은 사람이 있으니 그의 이름은 요한이라
(요 1:6).

그가 하나님으로부터 보냄을 받았기 때문입니다. 하나님이 요한을
왜 이 땅에 보내셨습니까?

그가 증언하러 왔으니 곧 빛에 대하여 증언하고 모든 사람이 자기로 말
미암아 믿게 하려 함이라(요 1:7).

증인은 사건을 직접 경험한 사람입니다. 말씀이 육신이 되어 이 땅
에 오신 예수님을 만나면 이제 그 사람은 증인이 됩니다. 증인의 역할을
감당함으로써 다른 사람들이 그를 통하여 그가 경험한 예수님을 믿게
하려는 것입니다. 그래서 요한을 보내셨습니다. 이것이 세례 요한의 사
명이었기 때문에 그는 자기를 소개할 때, 자기와 예수님의 관계를 선포
함으로써 진정한 빛이신 그리스도를 상대방이 믿게 하는 통로가 되려
고 했던 것입니다.

그 당시 대부분의 사람들은 세례 요한이 빛이라고 생각했습니다.
예수님은 아직 등장하지 않았고, 모든 백성이 그 앞에서 무릎 꿇고, 새
로운 시대를 맞이하기 위해 세례를 받았기 때문입니다. 세례 요한이야
말로 진정한 빛이라고 생각한 그때, 아무리 빛처럼 보이는 위대한 인간
이라 할지라도 예수님 이외에 빛은 없다는 것을 강조하고 있습니다. 세
례 요한이라 할지라도 다만 그 빛에 대하여 증거하고, 그 빛을 믿게 하
려는 도구일 뿐이라는 말입니다.

그런데 많은 사람들이 자기가 빛이라고 착각합니다. 우리는 빛이

아닙니다. 어떤 인간도, 아무리 위대하다고 해도 그는 빛이 아닙니다. "아니, '너희는 세상의 빛'이라고 말씀하지 않았나요?" 그러나 이 말씀은 "너희가 빛 그 자체다"라는 의미가 아닙니다. 우리는 빛 그 자체가 아니라 참된 빛이신 주님의 빛을 받아서 반사하는 빛입니다. 우리의 본질은 빛이 아니라 어둠입니다, 어둠. 그래서 자신을 깊이 파고들어 가 보면 어두워집니다. 좌절하고 낙심하게 됩니다. 빛이신 주님을 바라볼 때, 그 빛이 나에게 비칠 때 내가 누군지를 알게 되고, 새 힘을 얻고, 그 빛을 반사하여 비출 수 있는 것입니다. 그런 의미에서는 빛이 될 수 있습니다.

지금 기독교는 약해지고 세상으로부터 비난을 받고 있습니다. 그래서 예수를 믿는다고 말하기도 부끄럽다고 하는 분들이 많습니다. 왜 빛을 잃었을까요? 스스로 빛이라고 생각했기 때문입니다. 빛이신 예수 그리스도를 증거하는 도구이며 증인이라는 자기 정체성을 잃었기 때문입니다. 입으로는 하나님의 뜻이 중요하다고 말하면서, 사실은 자기 욕심과 뜻을 더 중시했기 때문입니다. 내가 영광을 받고, 스포트라이트를 받고, 중심이 되려는 마음, 모든 것을 내 뜻대로 하고자 하는 마음을 버리지 못했기 때문입니다.

어떻게 하면 나는 빛이 아니라는 것을 인정하고, 나를 통해 참된 빛이신 예수님을 믿게 할 수 있을까요? 회복의 방법은 무엇일까요? 세례 요한의 자세로 돌아가는 것입니다. 그는 말했습니다. "나는 외치는 자의 소리다." 소리는 중요하지 않습니다. 소리가 가리키는 실체가 중요합니다. 내가 중요한 게 아닙니다. 예수님이 중요합니다. "나는 그분의 신발 끈을 풀어 드릴 자격도 없는 사람이다." 이 자세를 회복해야 합니다.

신발 끈을 풀려면 그분 앞에 무릎을 꿇어야 됩니다. 낮아져야 합니다. 조금 엎드려서 일하는 척하다가 '내가 신발 끈이나 풀고 있을 사람이야?' 하고 벌떡 일어나면 안 됩니다. 일어나는 순간, 나 때문에 빛이 가려집니다. 우리는 자신도 모르게 하나님의 영광을 도적질하고, 자신을 빛으로 착각하고, 시험에 들고, 상처를 받습니다. 그러나 나는 빛이 아닙니다. 빛에 대하여 증언하고, 그 빛을 믿게 하는 도구입니다. 나를 드러내는 것이 아니라 주님을 드러내는 것이 우리가 할 일이라는 것을 마음에 새겨야 합니다.


## | Soli Deo Gloria


저는 음악을 잘 모르지만 개인적으로는 작곡가 중에서 바흐(Johann Sebastian Bach)가 가장 영감 있는 작곡가라고 생각합니다. 그의 음악은 장엄하고, 천상의 세계를 떠올리게 하는 강력한 힘을 가지고 있습니다. 그래서 그를 '음악의 아버지'라고 합니다. 어떻게 인간이 저런 곡을 만들 수 있을까 늘 궁금했는데, 어느 책에서 이런 내용을 발견했습니다.

바흐는 오라토리오를 작곡하고 나면 반드시 마지막에 "S. D. G."라고 썼습니다. 처음에는 이게 무슨 뜻인지 몰랐는데, 학자들이 알아냈습니다. "Soli Deo Gloria"(오직 하나님께 영광)의 이니셜이에요. 또한 오르간 곡을 작곡한 다음에는 마지막에 "I. N. J."라고 썼습니다. "In Nomine Jesu"(예수 그리스도의 이름으로)의 이니셜입니다.

이것이 무슨 의미입니까? "이 작품은 나에게서 나온 것이 아닙니다. 하나님이 나에게 부어 주신 것입니다. 이 곡을 통해 오직 하나님께 영광을 돌리기를, 예수님의 이름이 높아지기를 원합니다." 이런 기도였던 것입니다. 그는 끝까지 자기 정체성을 잊지 않았습니다. 자기는 빛이 아니라 빛에 대하여 증언하는 것이고 자기로 말미암아 그 빛을 "믿게 하려 함이라"고 고백했던 것입니다. 그래서 세월이 많이 흘렀지만 바흐의 음악은 오늘도 우리의 영혼을 감동시킵니다.

내가 예수님의 신발 끈을 풀기 위해 무릎을 꿇고 낮아지면 주님은 높아지고, 내가 일어서서 높아지려 하면 주님은 나에게 가려져서 보이지 않게 됩니다. 그러므로 세례 요한의 고백이 필요합니다. "나는 소리입니다. 그리고 그분의 신발 끈을 풀기도 감당치 못한 사람입니다." 이 자세를 유지할 때 우리는 예수님이 참빛이라는 것을 믿게 하는 영광의 도구가 될 것입니다. 우리는 누구입니까? 하나님께로부터 보내심을 받은 사람들입니다. 본문 6절 끝부분에 나오는 "요한" 대신에 자기 이름을 넣어 읽어 보십시오.

하나님께로부터 보내심을 받은 사람이 있으니 그의 이름은 ○ ○ ○ 이라(요 1:6).

하나님 아버지! 이 세상에는 위대한 사람도 많고, 존경받는 사람도 많고, 능력 있는 사람도 많지만 그 누구도 빛이 아님을 알게 하소서. 스스로 빛이라 착각하지 않게 하시고, 또한 우리 때문에 그 빛이 가려지지 않게 하소서. 나는 그분의 소리이며, 그분의 신발끈을 풀기에도 합당치 않다는 자기 정체성을 회복하게 하소서. 그래서 나를 통해 예수님이 빛이라는 것이 더 많은 사람에게 알려지는 도구로 사용되게 하소서.



1  세례 요한은 왜 자신을 '빛을 전하는 사람'이라고 했을까요?

2  지금 나는 예수님과의 관계 속에서 어떤 사람이라고 말할 수 있을까요?

3  내가 드러나기보다 예수님이 드러나기를 원했던 순간이 있다면 나눠 봅시다.

# 하나님의
# 자녀가 되는 권세

요 1:9-14

## | 종교와 복음

어떤 목사님이 어릴 때부터 옆집에 살던 친구의 아버지가 뇌종양으로 일주일밖에는 살기 어렵다는 말을 듣고 방문했습니다. 친구 아버지는 반가워했습니다. 좀 어떠신가 물었더니 죽음을 앞두고 두렵다고 했습니다. 항상 에너지가 넘치고 용감했던 분이 그런 말을 하는 것을 듣고 놀란 목사님이 물었습니다. "아저씨는 평생 신앙생활을 하셨는데 기독교가 뭐라고 생각하십니까?" 그분은 "내가 선한 일을 많이 하면 거기에 대한 하나님의 보답이 있다는 것 아니겠니? 그런데 내가 그렇게 살지 못한 것이 너무나 안타깝고 두렵다" 이렇게 말했습니다.

그러자 목사님은 말했습니다. "기독교의 본질은 그것이 아닙니다. 하나님은 우리가 선을 행하기를 원하시지만, 그것이 하나님과의 관계를 바르게 만들어 주는 것은 아닙니다. 하나님과 우리의 관계는 우리의 어떤 행위가 아니라 예수님이 이미, 단번에, 온전히, 그리고 영원히 이루신 일과 관련 있는 것입니다. 예수님이 이미 우리를 위해 심판을 받으셨기 때문에, 그분을 믿으면 더 이상 심판을 두려워할 필요가 없습니다.

그 말을 듣고 친구 아버지는 말했습니다. "그래? 내가 생각했던 기독교와는 완전히 다르구나. 나는 하나님과 좋은 관계가 되려면 선행을 많이 해야 한다고 생각했는데, 그래서 고민이 많았는데, 네 말대로라면 정말 놀라운 이야기로구나. 나는 왜 69년 동안이나 그런 생각을 못했을까? 하나님께 잘못한 것을 보상하려고 평생 마음 졸이며 살았는데, 이제 죄책감을 어떻게 해결해야 하는지 알게 되었다." "그렇다면 하나님이 주시는 선물을 받으시겠어요? 내 공로가 아니라 예수님의 십자가를 붙잡으시겠어요?" "그래야지"라고 친구 아버지는 대답했고, 두 사람은 손잡고 간절히 기도했습니다. 기도를 마칠 때 그분은 큰 소리로 "아멘!" 하고 외쳤습니다. 기도가 끝난 후에 그분은 말했습니다. "이제 죽은 다음에 나에게 어떤 일이 일어날지 정말 기대가 된다."

그다음 날 가족들이 물었습니다. "아빠, 좀 어떠세요?" "참 좋다. 참 좋아." 그 말을 반복했습니다. 가족들은 놀라서 어제 우리 아버지와 무슨 얘기를 나누었냐고 목사님에게 물어보았습니다. 옥스퍼드 대학 종교철학 교수인 빈스 비테일(Vince Vitale) 박사의 이야기입니다.

모든 종교는 내가 노력해서 하나님께 올라가려고 시도합니다. 그러나 어떤 인간이, 어떤 방법으로 하나님께 올라갈 수 있겠습니까? 불가능합니다. 기독교는 방향이 정반대입니다. 내가 하나님께로 가는 것이 아니라 하나님이 나에게 오시는 것입니다. 이것이 복음입니다.

요한복음 첫 장에서 예수님은 본질적으로는 하나님이시며, 기능적으로는 말씀이라고 했습니다. 하나님 아버지가 어떤 생각을 하시면 예수님은 그 생각을 가장 기뻐하시고, 그것을 말씀으로 선포하십니다. 그러므로 예수님은 하나님 아버지의 마음을 그대로 보여 주시는 진정한 계시자입니다.


| 하나님의 자녀가 되는 방법

본문은 "우리가 예수님을 통해서 하나님 아버지와 어떤 관계를 맺을 수 있는가?" 이 주제에 대해 이야기합니다. 하나님은 이 세상 모든 만물을 창조하셨습니다. 그런데 사람들은 창조주 하나님을 알지도 못하고, 인정하지도 않았습니다. 생명과 빛을 잃고 죽음과 어둠 속에 있는 사람들에게 하나님이 누구신지, 우리가 누군지 알려 주려고 예수님이 오셨지만 사람들은 예수님도 영접하지 않았습니다. 그것이 요한복음 1장 9-11절의 내용입니다.

그렇다면 죄로 인하여 하나님과의 관계가 끊어진 사람들을 어떻게 회복시켜야 할까요? 하나님의 형상을 가진 사람들의 가장 깊은 영적 갈망은 무엇일까요? 하나님의 자녀가 되는 것입니다. "나는 누구인가?" 이 질문은 모든 인간의 궁극적인 질문입니다. 여기에 대한 대답이 없어서 사람들은 방황합니다. 내 인생의 의미, 내 존재의 목적과 가치를 몰라서 절규하는 사람들이 어떤 소리를 들으면 모든 방황을 그치고 기뻐하며 살 수 있을까요? 하나님으로부터 "너는 내 아들이다. 너는 내 딸이다" 이 음성을 듣는 것입니다. 문제는 "어떻게 죄인이 하나님의 자녀가 될 수 있는가?"이며 그 방법이 12절입니다. "영접하는 자 곧 그 이름을 믿는 자"가 되는 것입니다. 말씀이 육신이 되어 오신 예수님을 영접하는 것입니다.

미국 테네시주 작은 마을에 벤 후퍼(Ben Hooper)라는 아이가 있었습니다. 이 아이는 아버지가 누구인지 모르는 사생아였습니다. 마을 사람들은 자기 자녀들이 후퍼와 어울리는 것을 원하지 않았고, 아이들은 손가락질하며 그를 멸시했습니다. 그는 자존감이 한없이 낮아졌고, 사람 만나기를 꺼려 했습니다.

그런데 후퍼가 열두 살이 되었을 때, 마을 교회에 새로운 목사님이 부임했습니다. 한 번도 교회에 가 본 적이 없던 아이는 목사님이 사랑이 많고 따뜻하다는 소문을 듣고 처음으로 교회에 갔습니다. 몇 주일 후에 아이는 목사님의 설교에 큰 감동을 받았습니다. 예배가 끝나고 인사하며 헤어질 때 목사님이 그의 손을 잡으며 물었습니다. "얘야, 네 이름이 뭐냐? 그리고 네 아버지는 누구시냐?" 갑자기 사람들은 조용해졌고 긴장감이 흘렀습니다. 목사님의 질문에 아이는 아무 대답도 못하고 고개를 푹 숙였습니다. 그러자 목사님은 가만히 바라보다가 이렇게 말했습니다. "아, 네가 누구 아들인지 알겠다! 너, 아버지를 닮았구나. 너는 하나님의 아들이야! 하나님의 아들답게 살아야 한다!" 이 말에 감동을 받은 후퍼는 그 이후로 하나님의 아들답게 살려고 몸부림을 쳤습니다.

세월이 흘러서 테네시주의 주지사가 된 그는 취임식에서 이렇게 말했습니다. "목사님을 만나서 내가 하나님의 아들이라는 말을 들은 바로 그날, 테네시주의 주지사가 새로 태어났습니다."

우리가 예수님을 믿게 되면 변하는 것이 많고 받는 복이 많지만, 그 중에서도 가장 큰 행복, 가장 큰 은혜는 하나님의 자녀가 되는 것입니다. 예수님을 만나고 영접하는 순간 우리의 존재, 우리의 신분이 달라집니다. 죄인의 집안, 죽음의 족보에서 빠져나와 왕이신 하나님의 가족, '로열패밀리'(Royal Family)가 되는 것입니다.

그런데 하나님의 자녀가 되는 것이 자기 힘으로 되는 것일까요? 내가 똑똑했기 때문에, 다른 사람보다 더 선했기 때문일까요? 아닙니다. "혈통으로나 육정으로나 사람의 뜻으로"(요 1:13) 난 것이 아닙니다. 하나님께로부터 난 것입니다. 하나님의 선물이라는 것입니다.

어떤 사람이 미션 스쿨을 다녔는데, 성경 시간에 숙제를 내주었습니다. 요한복음 1장 12절 말씀을 암송하는 것이었습니다. 아주 쉽게 암송했습니다. 물론 예수님을 믿지는 않았습니다. 졸업을 했고, 세월이 흘러 나이가 들었습니다. 어느 날 퇴근하여 지친 몸으로 시내버스를 탔는데, 그날따라 인생이 서글퍼졌습니다. '나는 누구인가? 나는 지금 무엇을 하고 있는가? 왜 이렇게 내 인생은 초라한가? 어떻게 살아야 하나?' 그런데 그때 갑자기 하나님의 말씀이 생각났습니다.

영접하는 자 곧 그 이름을 믿는 자들에게는 하나님의 자녀가 되는 권세를 주셨으니(요 1:12).

그 말씀을 몇 번 암송하다가 그는 이렇게 기도했습니다. "하나님, 지금까지 제가 인생의 주인이었습니다. 그런데 저는 이제 지쳤습니다.

하나님이 제 아버지가 되어 주십시오." 그 순간 자기가 하나님의 자녀가 되었다는 확신이 생겼습니다. 그의 고백입니다. "나는 퇴근하는 버스 안에서 하나님의 자녀가 되었습니다. 오래전에 외웠던 하나님 말씀이 그날 내 영혼 속으로 들어왔습니다. 나는 그 말씀으로 거듭났습니다."

내가 예수 믿은 것은 기적입니다. 왜냐하면 나의 가능성에서 시작된 것이 아니기 때문에, 하나님께로부터 난 것이기 때문에 전적인 은혜요, 신비한 사건입니다. 그러므로 내가 예수 믿고 하나님의 자녀가 되었다면 이 세상에서 인간이 경험할 수 있는 가장 큰 기적을 넘어선 것입니다. 놀라운 일입니다.


## | 독생자의 영광이란

그런데 이 선물을 받으면 눈이 열려서 보게 됩니다. 무엇을 볼 수 있습니까? "독생자의 영광"(요 1:14)입니다. 독생자의 영광이란 오직 예수님만이 보여 주실 수 있는 하나님의 영광을 말합니다. 창조의 영광, 역사를 다스리는 영광도 놀라운 것이지만, 진정 우리를 감동시키는 것은 하나님의 사랑과 희생의 영광입니다.

그러니까 예수님이 병 고치신 사건을 통하여 아픈 자를 사랑하시고 건강하기 원하시는 하나님의 영광을 보고, 죽은 자를 살리신 것을 보면서 생명의 주인이신 하나님의 영광을 보고, 배고픈 자를 먹이신 것을 보면서 주린 자에게 양식을 공급하시는 하나님의 영광을 보는 것입니다. 예수님의 생애 전체를 통해서, 즉 마구간에서 태어나신 것에서부터 십자가에 죽고 부활, 승천하신 그 모든 사건을 통하여 하나님의 영광이 예수님을 통해 드러난다는 것입니다. 이것이 독생자의 영광입니다.

그런데 자세히 보면 독생자의 영광에 두 가지가 들어 있습니다. "은혜와 진리"입니다. 은혜는 자격 없는 자에게 주시는 놀라운 사랑입니다. "도대체 내가 뭔데, 피조물이고 죄인에 불과한데 어떻게 하나님이 말씀이 되어 나를 위해 이 땅에 오셨는가? 그리고 나를 자녀로 삼아 주셨는가?" 이것은 나의 공로가 아닙니다. 이해할 수 없는 그 사랑이 은혜입니다. 또한 진리는 무엇일까요? 영원히 변치 않는 사실입니다. 어떤 인간도 자기의 힘으로 하나님께로 갈 수 없습니다. 그래서 하나님이 스스로 사람이 되어 나에게 오셔서, 나를 자녀로 삼아 주셨다는 그 사실, 그 내용이 진리입니다. 모든 인간이 꼭 알아야 할 가장 위대한 진리입니다. 진리의 반대는 거짓입니다. 이 세상에 구원을 얻는 방법이 아무리 많아도 예수님을 통한 구원이 아니면 다 거짓입니다.

예수님의 영광 속에 담겨 있는 은혜와 진리는 얼마나 큰지 다 측량할 수 없습니다. 찬송가에도 나옵니다. "하나님 크신 사랑은 측량 다 못하네"(새찬송가 304장 후렴). 예수님을 믿고 나니까 더 이상의 은혜, 더 이상의 진리가 없습니다. 그래서 충만하다는 것입니다.

예수님 안에 은혜와 진리가 충만하다는 것을 깨닫고 나면 내 삶에 어떤 변화가 옵니까?

은혜 위에 은혜러라(요 1:16하).

"카린 안티 카리토스"(χάριν ἀντί χάριτος). 직역하면 "모든 것이 다 은혜다"라는 뜻입니다. 하나님이 나를 위하여 사람이 되셨다는 것, 베들레헴 말구유에 오셨다는 것, 십자가에서 죽고 부활하신 것, 오늘도 나와 함께 계신다는 것⋯. 이것을 믿으면 이 세상에 은혜 아닌 것이 어디 있겠습니까? 내가 지금 예수를 믿은 것도, 내가 지금 이렇게 살아가는 것도, 심지어 내가 병중에 있다 할지라도 이것도 은혜입니다. 복음성가 가사처럼 "모든 것이 은혜, 은혜, 은혜, 한없는 은혜"입니다.


| **예수님을 통해 하나님 마음을 속 시원히 알 수 있다**

마지막 질문입니다. "그런데 이 놀라운 일을 이루기 위해서 예수님은 꼭 육신이 되셔야만 했는가? 다른 방법으로 구원할 수는 없는가? 왜 말씀이 육신이 되어야 했는가?" 그 대답이 18절입니다.

> 본래 하나님을 본 사람이 없으되 아버지 품속에 있는 독생하신 하나님이 나타내셨느니라(요 1:18).

하나님은 눈에 보이지 않습니다. 분명히 계시지만, 그 영광이 온 땅에 충만하지만, 인간의 눈이 하나님의 영광을 볼 수 있는 눈이 못 되기 때문입니다. 아무리 내 속에 아름답고 고귀한 마음을 가지고 있어도 육체가 없으면 그것을 표현할 길이 없습니다. 마치 무엇과 같습니까? 컴퓨터 안에는 엄청난 정보가 들어 있지만 모니터가 없으면 그 안에 무슨 내용이 있는지 알 수 없는 것과 같습니다. 그래서 육체는 영혼의 모니터이며, 내 속에 있는 보이지 않는 하나님을 보여 주는 도구인 것입니다.

그런데 아무나 하나님을 보여 줄 수 있나요? 아니지요. "아버지 품속에 있는 독생하신 하나님"이 하나님을 제대로 보여 주실 수 있습니다. "아버지 품속에 있는 독생하신 하나님"이란 말은 두 분의 유일하고 친밀한 관계를 나타내 줍니다. 아버지 품속에 있다는 것은 아버지가 오직 한 분 예수님을 가장 사랑하신다는 뜻이고, 동시에 예수님만이 아버지를 가장 깊이 잘 아시는 분이라는 뜻입니다. 그래서 예수님이 아니고는, 그 예수님이 인간이 되지 않고는 하나님의 뜻을 정확하게 알려 줄 방법이 없었다는 것입니다.

며칠 전에 정신분석학에 관한 글을 읽다가 아주 멋진 표현을 발견했습니다. "언어는 마음의 상징이며, 언어의 가장 궁극적인 가치는 마음이 가장 하고 싶은 말이 무엇인지 드러내는 데 있다"(이승욱, 《마음의 문법》, 돌베개, 2021, p. 6). 마음은 자기를 표현할 길을 찾습니다. 그것이 언어입니다. 마음의 의도를 드러내는 것이 언어라는 뜻입니다. 내 마음이 뭔가 고민하고 갈등하고 힘들어하는데, 그 이유를 모르겠어서 답답했는데, 그런데 그것이 뭔지 말로 표현할 수 있게 되었다면 치료의 가능성이 열린 것입니다.

인간을 향한 하나님의 깊은 마음, 그 마음을 가장 정확하게, 속 시원하게 표현해 주시는 분이 예수님입니다. 그래서 예수님이 말씀입니다. 예수님을 통하여 우리는 하나님의 가장 깊은 마음을 완전히 이해할 수 있습니다. 마르틴 루터(Martin Luther)는 이것을 이렇게 표현했습니다. "God makes himself small"(하나님은 예수님 안에서 스스로 작아지셨다). 온 우주보다 더 크신 하나님, 보이지 않는 초월적인 하나님이 우리 눈으로 볼 수 있도록 시간과 공간 안으로 들어와 육신이 되시고, 우리의 초라한 언어로 그 신비한 하늘의 비밀을, 그 크고 놀라운 사랑과 은혜를 나타내신 것입니다.

　이제 우리가 할 일은 육신이 되신 예수님을 영접하는 것입니다. 예수, 그 위대한 이름을 믿는 것입니다. 그럴 때 하나님의 자녀가 됩니다. 그리고 예수님 안에 은혜와 진리가 충만한 것과 모든 것이 은혜라는 감격을 가지고 살게 될 것입니다.

함께 기도하기

영접하는 자 곧 그 이름을 믿는 자에게 자녀가 되는 권세를 주시는 아버지! "나는 누군가?" 이 질문에 대해 이 세상에서는 대답이 없습니다. 그래서 사람들은 무의미에 시달리며 방황하고 있습니다. 예수님을 믿고 영접하여 내가 하나님의 자녀라는 확증을 가지고 살게 하시고, 예수님 안에 은혜와 진리가 충만하며, 모든 것이 은혜라는 고백이 끊어지지 않는, 감격이 넘치는 인생이 되게 하소서.

함께 생각하기

1   무엇을 믿고 영접할 때 하나님의 자녀가 됩니까? (12절)

2   나는 하나님께 인정받기 위해 애쓰는 편입니까, 아니면 예수님을 믿음으로 받아들이는 자리에 서 있습니까?

3   내가 하나님의 자녀라는 확신이 흔들렸던 때, 혹은 다시 회복되었던 순간이 있다면 나눠 봅시다.

# 4

# 어린 양과
# 비둘기

요 1:29-34

## 죄 문제, 인류 최대의 과제

어떤 남자가 의사를 찾아와서 다급한 목소리로 부탁했습니다. "선생님, 이 팔을 좀 잘라 주세요. 제발 부탁입니다." 의사는 깜짝 놀라서 그 사람의 팔을 진찰해 보았지만 아무 이상이 없었습니다. "당신의 팔은 아무 이상이 없습니다. 절단할 필요가 없어요." "그렇지만 저는 이 팔을 가지고는 살 수 없습니다." "왜요? 무슨 일이 있었습니까?" 의사의 물음에 남자는 말했습니다.

"며칠 전 아내에게 줄 선물을 사 가지고 집에 왔는데, 아내는 외출하고 없었습니다. '이 선물을 어디다 두면 깜짝 놀라며 기뻐할까?' 생각하다가 화장대 서랍을 열었습니다. 그 순간 파란 리본으로 묶인 편지 꾸러미를 발견했습니다. 그 편지를 보낸 사람의 이름에 '당신의 사랑하는 아무개'라고 적혀 있었는데, 그것은 제 가장 친한 친구의 이름이었습니다. 편지를 읽어 갈수록 두 사람 사이의 뜨거운 욕망과 저를 향한 배신의 기록들이 가득했습니다. 너무 놀라서 다시 묶어 두었습니다.

조금 후에 돌아온 아내는 저를 보며 너무나 반가워했습니다. '나를 배신하면서 어떻게 저렇게 태연하게 상냥한 얼굴을 할 수 있을까?' 기가 막혔습니다. 그날 밤 저는 잠자는 아내를 쳐다보았습니다. '이렇게 예쁜 아내가, 내가 이렇게 사랑하는 아내가 나를 속이다니!' 분노로 가득 차서 이 손으로 목을 졸라 죽였습니다. 그리고 강도가 온 것처럼 해 놓고 경찰을 불렀습니다.

그런데 다음 날, 제 친구가 찾아와서 말했습니다. '어려운 일을 당했다니 참 안됐네. 그런데 자네 혹시 아내의 물건을 정리하면서 푸른색 리본으로 묶인 편지 꾸러미를 보지 못했나?' '본 것 같긴 한데, 왜 그러는가?' 퉁명스럽게 물었더니 '그것 좀 돌려주게. 내가 집에다 보관하기 어려워서 절대 보지 말라는 부탁과 함께 자네 아내에게 잠깐 맡겼네' 하는 것입니다. '뭐라고? 그렇다면 그 편지는 자네가 내 아내에게 보낸 편지가 아니란 말인가?' '응, 내가 다른 여자와 주고받은 편지일세.' 저는 그 순간 주저앉았습니다. 선생님, 저는 죄 없는 아내를 죽였습니다. 얼른 이 팔을 잘라 주세요."

의사가 진정제를 가지러 옆방으로 간 사이 "탕!" 하는 총소리가 나서 달려가 보니, 그 사람이 자기 머리에 이미 총을 쏜 후였습니다. 그가 마지막 남긴 말은 "아내가 나를 용서해 주었으면 좋겠습니다"였습니다.

"인간의 가장 큰 문제는 죄의 문제이며, 그것을 어떻게 해결해야 하는가?" 이것이 인류 최대의 과제입니다. 그런데 죄에 대한 사람들의 생각은 사람마다 다릅니다. "죄가 어디 있어? 생각하기 나름이지. 털어서 먼지 안 나는 사람도 있나?" 어떤 사람은 이렇게 죄를 부정하거나 정당화합니다. 어떤 사람은 죄를 잊으려 하고, 또는 좋은 일을 많이 해서 그것을 보상하려고 몸부림을 칩니다. 그런가 하면 스스로 정죄하고 괴롭힙니다. "나는 몹쓸 인간이야. 살 가치도 없어." 이렇게 죄 때문에 괴로워하며, 심지어 목숨을 끊기도 합니다.

유명한 무신론자 마가니타 라스키(Marghanita Laski)는 텔레비전에 나와 신앙에 대해 말하다가 이렇게 고백했습니다. "나는 그리스도인이 아니지만 그리스도인에게 가장 부러운 것이 있습니다. 그것은 바로 용서입니다. 그들에게는 그들을 용서해 줄 예수님이 계시지만, 나에게는 나를 용서해 줄 분이 아무도 없습니다. 이것이 얼마나 큰 고통인지 아무도 모를 것입니다." 죄는 있는데 이 죄를 해결할 방법을 몰라서 절규하는 것입니다.

죄를 해결하는 방법은 오직 하나, 예수님의 피밖에는 없습니다. 그래서 우리는 찬송합니다. "나의 죄를 씻기는 예수의 피밖에 없네 다시 정케 하기도 예수의 피밖에 없네 예수의 흘린 피 날 희게 하오니 귀하고 귀하다 예수의 피밖에 없네"(새찬송가 252장 1절). 도대체 예수님이 누군데, 오직 예수님의 피로만 모든 죄를 씻을 수 있단 말입니까? 이것이 본문의 주제입니다.

세례 요한은 예수님을 보면서 외쳤습니다.

보라 세상 죄를 지고 가는 하나님의 어린양이로다(요 1:29하).

"하나님의 어린양"은 예수님을 설명하는 가장 정확한 말이며, 구약과 신약을 연결하는 놀라운 용어입니다. 이 말을 듣는 순간, 모든 사람이 놀라서 예수님을 바라보았습니다. 유대인들에게 이 말은 어떤 의미로 들렸을까요? 충격, 그 자체였습니다. 왜 그랬을까요?

먼저 "어린양"이라는 말부터 생각해 봅시다. 이스라엘 백성은 어릴 때부터 '죄의 값은 사망'이라고 배웠습니다. 죄를 지으면 죽어야 한다는 것입니다. 그러나 죄를 지을 때마다 죽는다면 살아 있을 사람이 없습니다. 그래서 하나님은 제사 제도를 허락하셨습니다.

여기 죄를 지은 사람이 있습니다. 용서를 받으려면 자기가 어린양을 준비해서 성전으로 옵니다. "제가 이러이러한 죄를 지었습니다." 제사장 앞에서 회개 기도를 하고, 양에게 안수합니다. "저의 죄를 이 양에게 전가시킵니다. 저 대신 이 양을 제물로 드리오니 저를 용서하여 주소서." 그다음에 양을 죽여서 피를 제단에 붓고, 그 양을 불에 태웁니다. 그 동안에 '나 대신 양이 죽는구나' 고백하며 엎드립니다. 제물이 다 탄 후에 제사장이 와서 말합니다. "하나님이 네 죄를 용서하셨다!" 이 사죄의 선언을 듣고, 그 사람은 기뻐하며 집으로 돌아가는 것입니다. 그러니까 어린양은 죄인이 자기 죄를 용서받고, 하나님과의 관계를 회복하는 도구입니다.

그런데 어린양으로 드리는 제사는 한계가 있습니다. 한 사람의 한 가지 죄만 용서받을 수 있습니다. 그렇기 때문에 끝없는 제사가 필요합니다. 그래서 하나님은 죄 문제의 해결을 위해 더 나은 방법을 보여 주려고 계획하셨습니다.

이런 것은 먹고 마시는 것과 여러 가지 씻는 것과 함께 육체의 예법일 뿐이며 개혁할 때까지 맡겨 둔 것이니라(히 9:10).

어린양 제사는 "개혁할 때까지 맡겨 둔 것"입니다. 임시적인 방법이었다는 것입니다. 하나님은 더 완전한 제물, 모든 사람의 모든 죄를 단번에 감당할 완전한 제물을 친히 준비하셨는데, 그것이 바로 "하나님의 어린양"입니다.

그가 거룩하게 된 자들을 한 번의 제사로 영원히 온전하게 하셨느니라 (히 10:14).

하나님의 어린양이신 예수님은 한 번에 영원히 온전한 제사를 드리셨습니다. 그러니까 구약의 모든 제사 제도는 예수님이 하나님의 어린양이라는 것을 알려 주기 위한 예표에 불과한 것입니다.

다시 본문으로 돌아와서, "하나님의 어린양" 앞에 뭐라고 쓰여 있나요? "세상 죄를 지고 가는." 이 세상 모든 사람의 모든 죄를 지고 가는 하나님의 어린양, 온 인류의 과거, 현재, 미래의 모든 죄를 지고 대신 죽는 양, 이것이 예수님에 대한 가장 정확한 이해입니다.

예수님에 대하여 아무리 많이 안다고 해도 예수님이 하나님의 어린양이라는 것을 모른다면, 예수님을 하나님의 어린양으로 인정하지 않는다면, 그 사람은 예수님을 정확하게 알지 못하는 것입니다.

"그렇다면 예수님은 무슨 자격으로 이 세상의 모든 죄를 지고 갈 수 있는가?" 그 대답이 34절입니다.

내가 보고 그가 하나님의 아들이심을 증언하였노라 하니라(요 1:34).

그분이 "하나님의 아들"이기 때문입니다. 어떤 인간이 이 세상 모든 인간의 죄를 지고 갈 수 있겠어요? 하나님의 독생자가 사람이 되어 오셔서 세상의 모든 죄를 지고 하나님의 어린양으로 죽으시는 것입니다. 어디서 죽으십니까? 십자가에서 죽으십니다. 그러므로 십자가는 '온 세상 사람들을 위한 속죄 제사'입니다.

예수님이 모든 사람의 모든 죄를 지고 십자가에서 죽으셨다면, 모든 사람의 모든 죄가 저절로 다 용서됩니까? 예수를 믿지 않는 사람도 다 의로워질까요? 이것을 '만민구원설'이라고 합니다. 그러나 성경은 만민구원설을 부정합니다.

예수님의 십자가를 통해 내 죄를 용서받으려면 그 사건이 나를 위한 것임을 믿어야 합니다. 그러므로 믿음이 있어야 십자가 사건이 내 사건이 되는 것입니다. 그래서 믿음에는 두 종류가 있습니다. 구약의 믿음과 신약의 믿음입니다. "내가 가져온 제물, 그 어린양의 피가 뿌려질 때 하나님이 내 죄를 용서하신다!" 이것을 믿는 것이 구약의 믿음이고, "예수님이 하나님의 어린양이 되어, 나를 위해 십자가에 죽으셨다. 그러므로 그분에게 내 죄를 고백할 때, 내 죄는 깨끗하게 용서받는다." 이것을 믿는 것이 신약의 믿음입니다. 그래서 구약이나 신약이나 다 믿음으로 구원받는 것입니다. 이렇게 믿을 때 그 사건이 내 사건이 됩니다.

단어 공부를 한번 해 볼까요? 우리가 의로워진다고 할 때, 한자로 '의'(義)라는 단어는 두 단어의 합성입니다. '의로울 의(義)=양 양(羊)+나 아(我)'입니다. 양(羊) 밑에 나(我)를 결합한 것입니다. 즉 양이 나를 위해 죽었다고 믿을 때 의로워지는 것입니다. 제물과 나를 일치시킬 때 의를 얻는 것입니다.

구원, 속죄, 화해라는 뜻이 영어로 'atonement'인데 세 요소로 이루어져 있습니다. 'atonement(구원, 속죄, 화해)=at(장소)+one(하나)+ment(명사형 어미).' 즉 '같은 장소에 있음, 하나가 되기'라는 뜻입니다. 죄로 인해 하나님과 분리된 우리가 예수님 안에서 하나가 될 때, 즉 예수님의 죽음이 나를 위한 죽음이라는 것을 믿을 때, 예수님의 십자가 죽음을 나의 죽음과 일치시킬 때 죄를 용서받고 하나님과 화목하게 됩니다.

"예수님을 통하여 용서를 받으면 어떻게 되는가?" 이것을 설명하기 위해서 비둘기가 등장합니다.

요한이 또 증언하여 이르되 내가 보매 성령이 비둘기같이 하늘로부터 내려와서 그의 위에 머물렀더라(요 1:32).

비둘기는 평화의 상징입니다. 창세기 8장에 보면 하나님이 홍수로 세상을 심판하셨고, 노아는 방주에서 물이 빠지기를 기다렸습니다. 시간이 지나자 노아는 땅에 물이 빠졌나 확인하기 위해 비둘기를 내보냅니다. 얼마 후 비둘기가 감람나무 잎사귀를 물고 왔습니다. 이제 물이 다 빠졌다는 것입니다. 오랫동안 계속되었던 하나님의 진노가 끝났다는 표시입니다. 하나님과 세상 사이에 평화가 시작된 것입니다.

그래서 유엔의 깃발에는 감람나무 잎사귀를 물고 있는 비둘기가 새겨져 있습니다. 무슨 뜻일까요? 세상에 전쟁과 고난이 물러가고 참 평화의 소식이 가득하기를 바란다는 의미입니다. 그러므로 예수님이 어린양이며 비둘기라는 것은 그분이 세상의 죄를 대신 지고 죽은 하나님의 어린양이며, 그 죽음이 나를 위한 죽음이라는 것을 인정할 때 죄를 용서받고 하나님과의 관계가 회복된다는 뜻입니다.


## 오직 성령으로만

그런데 예수님이 이런 분임을 어떻게 알 수 있을까요? 공부를 많이 하면, 깊이 묵상하면 깨달을 수 있을까요? 나이가 들고 인생의 경험이 많아지면 가능할까요? 아닙니다. 인간의 힘으로는 불가능합니다.

나도 그를 알지 못하였으나 나를 보내어 물로 세례를 베풀라 하신 그이가 나에게 말씀하시되 성령이 내려서 누구 위에든지 머무는 것을 보거든 그가 곧 성령으로 세례를 베푸는 이인 줄 알라 하셨기에(요 1:33).

세례 요한도 몰랐습니다. 누가 알게 하십니까? 오직 성령이십니다. 성령이 예수님의 머리 위에 내려오셔서 이분이 하나님의 어린양이라고 가르쳐 주셨습니다.

많은 사람들이 이렇게 질문합니다. "그 옛날 예수님의 십자가와 내가 무슨 상관이 있나?" 우리의 논리로는 아무 상관없습니다. 그러나 성령은 말씀하십니다. "그 십자가는 바로 너를 위한 사건이다." 이것이 성령의 사역입니다. 그러므로 성령이 아니고는 예수님이 하나님의 어린 양이라는 것과 예수님이 나를 위해 십자가에 죽으셨다는 것을 믿을 수 없습니다.

얼마 전에 어느 분이 이런 말을 했습니다. 자기가 어릴 때는 교회를 잘 다녔는데 대학에 들어가면서부터 교회에 나가지 않았답니다. "왜 그랬어요?" 물었더니 "하나님이 계신 것은 알겠는데, 예수님이 안 믿어져서요. 하나님이면 하나님이고, 사람이면 사람이지 하나님이면서도 사람이라는 것과 나를 위해 죽었다는 것이 이해가 되지 않았습니다"라고 하셨습니다. 그래서 제가 말했습니다. "맞습니다. 하나님을 믿어도 예수님을 모르는 사람들이 많습니다. 옛날 사람들은 하나님을 몰라도 조물주를 인정했습니다. 만물을 만드신 분이 있다고 인정했습니다. 그러나 예수님의 존재는 알기가 어렵죠. 이단 중에도 여호와의증인, 그리고 안식교인들은 하나님에 대해서는 잘 압니다. 그런데 예수님은 모릅니다."

여러분 중에도 하나님은 알겠는데, 예수님은 이해가 잘 안되는 분들이 있을 것입니다. 왜 그럴까요? 예수님은 하나님이시며, 하나님의 말씀입니다. 이 말씀이 육신이 되어 이 땅에 오셔서 우리를 위해 죽으시고, 이 사실을 믿는 자를 다시 하늘로 데리고 올라가시는 분입니다. 하나님의 구원을 완성하시는 분입니다.

이 예수님의 구원의 사이클(하늘에서 오셔서 우리를 위해 죽으시고, 그분을 믿는 자를 다시 하늘로 끌어 올려 하나님의 자녀가 되게 만드는 사이클), 즉 예수님의 구원 코스에 들어 있지 않은 사람은 예수님을 알 수 없습니다. 다시 말하면, 구원은 하나님의 지혜이며 신비인데, 그 신비의 극치가 예수 그리스도입니다. 바울은 고린도전서 1장에서 이렇게 말했습니다.

오직 부르심을 받은 자들에게는 유대인이나 헬라인이나 그리스도는 하나님의 능력이요 하나님의 지혜니라(고전 1:24).

다시 말해, 예수님은 하나님의 구원의 능력이며 지혜인데, 그 지혜는 너무도 높고 신비해서 아무나 알 수 있는 게 아닙니다. 누가 알 수 있을까요? "오직 부르심을 받은 자들", 구원받은 백성만 예수님이 누구신지 이해할 수 있다는 말입니다.

성령으로 아니하고는 누구든지 예수를 주시라 할 수 없느니라(고전 12:3 하).

하나님은 인간을 구원하기 위해 예수님을 하나님의 어린양으로 보내셨습니다. 이것은 인간의 이성으로는 도무지 깨달을 수 없습니다. 그래서 예수님은 하나님의 지혜이며 미스터리(신비)입니다. 그러므로 성령이 아니고는 예수를 그리스도라고, 하나님의 어린양이라고 고백할 수 없습니다. 우리가 만약 예수를 하나님의 어린양이며, 그분이 나를 위해 십자가에 죽으셨다고 믿는다면 우리는 이미 성령을 받았고, 놀라운 기적을 경험한 것입니다.

영국의 가장 큰 정신병원 책임자는 이렇게 말했습니다. "우리 병원 환자들이 용서받았다는 확신만 갖는다면, 그들의 절반 이상은 내일이라도 당장 사회로 복귀할 수 있습니다." 존 스토트(John Stott) 목사님의 《너의 죄를 고백하라》(IVP, 2012)에 나오는 말입니다. 죄에 대한 자책과 양심의 고통이 인간을 미치게 만들고, 영혼을 파괴한다는 것입니다. 용서받고 싶은 사람들은 세상에 가득한데, 용서해 줄 주체가 없습니다. 이 것이 인류의 가장 큰 문제입니다. 그러나 우리에게 용서를 베풀 존재가 없는 게 아닙니다. 하나님의 어린양으로 오신 예수님이 계십니다.

찰스 스펄전(Charles Spurgeon) 목사님이 런던의 커다란 체육관을 빌려서 설교를 하게 되었는데, 하루 전날 가서 마이크를 테스트했습니다. "아아, 마이크 테스트." 이렇게 마이크를 테스트하다가 큰 소리로 말했습니다. "보라, 세상 죄를 지고 가는 하나님의 어린양이로다. 보라, 세상 죄를 지고 가는 하나님의 어린양이로다."

그런데 이분의 목소리가 엄청 크거든요. 거기서 일하던 어떤 사람이 갑자기 하늘에서 벼락이 치는 것같이 큰 소리가 들려오자 깜짝 놀랐습니다. 그는 퇴근해서 집으로 돌아왔는데 그 소리가 귀에서 계속 들렸습니다. 그 소리를 잊어 보려고 귀를 막았는데도 계속 들렸습니다. 그런데 "세상 죄를 지고 가는"이라는 말이 마음에 와닿았습니다. '그렇다면 나의 죄도 지고 가는 분인가? 내 죄도 그분이 지고 가서 해결해 줄 수 있을까?' 신앙생활을 중단하고 방황하던 그 사람은 밤새 고민하다가 마침내 세상 죄를 지고 가는 하나님의 어린양 예수님께 자기 죄를 고백하고 돌아왔습니다.

나의 죄를 지고 가는 하나님의 어린양, 그분이 나를 위해 십자가에 죽으신 것을 고백하면서 날마다 감격하는 삶이 되기를 축원합니다.

함께 기도하기

아버지 하나님! 독생자 예수님을 하나님의 어린양으로 보내 주시고, 그 사실을 믿을 때 죄 용서와 함께 우리를 자녀로 삼아 주셔서 감사합니다. 성령님! 그 놀라운 일이 날마다 우리 가운데서 풍성히 이루어지게 하소서.

함께 생각하기

1  세례 요한은 예수님을 무엇이라고 불렀습니까? 그 표현은 무엇을 의미합니까?

2  나는 죄책감이나 후회를 느낄 때 어떻게 반응해 왔습니까?

3  예수님이 나의 죄를 지셨다는 사실이 마음에 와닿았던 순간이 있다면 나눠 봅시다.

# 5

# 제자로
# 부름 받은
# 사람들

요 1:35-42

## | 제자가 되려면 필요한 것들

아기가 태어나면 부모는 호적에 이름을 올립니다. 그러나 거기서 멈추면 안 됩니다. 아기는 계속 성장해야 합니다. 그래서 의미 있는 인생을 살아가야 합니다. 신앙도 똑같습니다. 예수를 믿고 하나님 자녀가 되었습니다. 그것으로 끝이 아닙니다. 계속 성장해서 제자가 되어야 합니다. 그래야 그를 향한 하나님의 뜻을 이루어 갈 수 있습니다. 그런데 제자가 되려면 뭐가 필요할까요? 세 가지가 필요합니다.

첫째는 비전입니다. 내가 세상에서 이루고 싶은 것을 '야망'(ambition)이라 하고, 하나님이 나를 통해 이루려고 하시는 것이 '비전'(vision)입니다. 야망과 비전, 둘 중에서 비전을 붙잡아야 합니다. 우리를 향한 하나님의 비전은 우리가 그리스도의 제자가 되어 이 땅에서 하나님 나라의 증인으로 살아가는 것입니다. 우리는 그것을 꿈꾸어야 합니다.

둘째는 권리 포기입니다. 비전을 이루는 데 제일 큰 방해물은 나 자신입니다. 잘못된 자아, 옛 자아가 자기 권리를 계속 주장하면서 방해하기 때문입니다. 이것을 깨뜨리는 것이 권리 포기입니다. 쉽게 말하면, 권리 포기는 예수님이 내 주인이 되게 하는 것입니다. 많은 사람들이 예수님이 나의 구원자가 되기를 원하지만, 예수님이 나의 주권자가 되기를 원하지는 않습니다. 내 삶의 운전대를 놓고 싶어 하지 않습니다. 그것이 내 권리라고 생각합니다. 그러나 주님 앞에서 내 권리를 포기해야 제자가 되는 것입니다.

셋째는 순종입니다. 성 프랜시스(St. Francis)가 제자를 뽑겠다고 했을 때, 많은 사람들이 그를 흠모해서 제자로 받아 달라고 찾아왔습니다. 프랜시스는 말했습니다. "내가 외출했다가 돌아올 테니 밭에다 배추 모종을 심어라. 그런데 뿌리를 밑으로 가게 심지 말고, 하늘로 가게 심어라." 그 말을 듣고 사람마다 반응이 달랐습니다. "내가 잘못 들었나? 선생님이 말씀을 잘못하셨나? 배추 모종을 거꾸로 심으면 어떻게 해? 똑바로 심어야지. 선생님은 그렇게 말씀하셔도 똑바로 심어야지." 그래서 사람마다 자기 방식으로 심었습니다. 프랜시스는 돌아와서 그것을 보고, 완전히 거꾸로 심은 사람만 제자로 선택했습니다. 그는 말했습니다. "스승의 말에 순종하지 않는 사람은 그 스승의 제자가 될 수 없다."

이 장의 주제는 "예수님의 사역 초기에 제자들이 어떻게 형성되었는가?" 하는 내용입니다. 공관복음서에서는 예수님이 바닷가에 나가서 "나를 따르라" 하셨더니 그 사람들이 따라왔다고 설명합니다. 그런데 낯선 사람이 갑자기 나타나서 "나를 따르라" 한다고 해서 따라가겠습니까? 그것은 많은 내용이 생략된 것입니다. 그 생략된 이야기가 요한복음에 나옵니다. 예수님의 제자들 중에 핵심은 원래 세례 요한의 제자들이었습니다.

본문은 세 부분으로 이루어져 있습니다. 첫째, "예수님의 제자들은 어떻게 형성되었는가?", 둘째, "그 제자들의 특징은 무엇이었는가?", 셋째, "제자들에게 주어진 약속은 무엇인가?" 이를 통해 제자로 부름 받은 사람들은 어떻게 응답해야 하는지 살펴보도록 하겠습니다.


## 예수님을 따라간 세례 요한의 제자들

먼저, 예수님의 제자들은 어떻게 형성되었을까요? 본문 35-36절은 "또 이튿날 요한이 자기 제자 중 두 사람과 함께 섰다가 예수께서 거니심을 보고 말하되 보라 하나님의 어린양이로다"라고 기록하고 있습니다. 세례 요한이 자기 제자 두 사람과 함께 있다가 예수님이 지나가시자 외쳤습니다. "보라! 하나님의 어린양이로다." 여기서 두 제자는 누구일까요? 한 사람은 시몬 베드로의 동생 안드레이고, 이름을 밝히지 않은 사람은 요한복음의 저자인 요한입니다. 그들에게 "보라! 하나님의 어린양이로다"라고 외친 이유는 무엇입니까? "얘들아! 너희들이 기다리는 메시아, 하나님이 보내겠다고 약속하신 분이 저분이다. 하나님의 어린양으로 오신 저분이야말로 너희들이 인생을 걸고 따라가야 할 참된 스승이시다."이런 뜻입니다.

그 말을 듣고 두 사람은 예수님을 따라갑니다(요 1:37-38). 그들이 따라오는 것을 보고, 예수님은 "무엇을 구하느냐? 왜 나를 따라오는 것이냐? 나에게 원하는 것이 무엇이냐?" 물으셨습니다. 그러자 그들은 "랍비여 어디 계십니까?" 이렇게 말했습니다. 이 말은 당시에 제자가 스승에게 자기를 받아 달라고 부탁할 때 하는 말입니다. "당신이 어디에 계시든지, 어디로 가시든지 당신을 따르고, 당신과 함께하고, 당신에게 배우기를 원합니다." 이제부터 당신을 스승으로 모시고 어디든지 따라가겠다는 말입니다. 마치 결혼식에서 결혼 서약을 하는 것과 같습니다. "오늘부터 한평생 사랑하며, 귀중히 여기고 도와주며, 고락간에 변치 않고 남편/아내의 도리를 다할 것을 서약합니다." 이런 뜻입니다.

그러므로 예수님의 제자가 되려면 먼저 예수님이 누구신지 정확하게 알아야 합니다. 그래서 세례 요한은 말한 것입니다. 예수님이 "세상 죄를 지고 가는 하나님의 어린양"이라고. 내가 따라야 할 분이 누군지도 모르는데 어떻게 따라가겠어요? 그분은 세상 죄를 지고 가는 하나님의 어린양이라고 요한은 설명해 줍니다.

나를 위해 십자가에서 죽는 '하나님의 어린양'을 통해 우리가 얻는 것은 무엇일까요? 예수를 왜 믿습니까? 죽어서 천국에 가려고? 영생하기 위해서? 아닙니다. 하나님의 자녀가 되기 위해서입니다. 천국과 영생은 자녀가 되었기 때문에 따라오는 결과입니다. 하나님이 계시는 곳이 천국이기 때문에 자녀인 우리도 천국에 가는 것이고, 하나님이 영원하신 분이기 때문에 자녀인 우리도 영생하는 것입니다. 부모는 자녀에게 모든 것을 아낌없이 줍니다. 하나님의 자녀가 된다는 것, 이보다 더 큰 복은 없습니다. 어린양을 통하여 그 복을 받는 것입니다.


## 제자의 특징, 내 것은 없다

다음으로, 제자가 되려면 자기의 모든 것을 내려놓아야 합니다. 왜냐하면 예수님도 하나님의 어린양으로 우리에게 오시면서 하늘의 영광을 다 내려놓으셨기 때문입니다.

> 그는 근본 하나님의 본체시나 … 오히려 자기를 비워 종의 형체를 가지사 사람들과 같이 되셨고 사람의 모양으로 나타나사 자기를 낮추시고 죽기까지 복종하셨으니 곧 십자가에 죽으심이라(빌 2:6-8).

예수님은 완전히 자기를 버리셨습니다. 그런 예수님의 제자가 되기 위해서는 우리도 모든 것을 내려놓아야 합니다. 그래서 세례 요한도 예수님을 위해서 자기가 사랑하는 제자들을 다 보냈습니다. 권리 포기를 한 것입니다. 그리고 제자들도 배와 그물을 버려두고, 예수님을 따라갔습니다. 그들의 직업과 가족과 모든 인생의 꿈(야망)도 다 버리고 예수님을 따라간 것입니다.

그래서 진정한 제자가 고백해야 할 말은 "내 것은 없다"입니다. 여러분, 내 것은 아무것도 없다고 고백할 수 있습니까? 물론 하나님이 내게 맡기신 것은 많이 있어요. 그런데 사실은 내 것이 아닙니다. 이것을 아는 것은 엄청난 변화입니다. 나 자신도, 내 자녀도, 내 소유도 내 것이 아닙니다. 다 하나님이 잠깐 맡겨 놓으신 것입니다. 이 고백을 하면서부터 제자의 삶이 시작됩니다.

어떤 목사님 부부가 고속도로를 달리다가 사고가 나서 차가 아래로 굴렀습니다. 목사님이 한참 후에 정신을 차려 보니 머리에서 피가 흐르는데, 운전하던 아내가 보이지 않았습니다. 저쪽에 튕겨져 나간 아내를 보고 기어가 보니 벌써 사망했어요. 절망하고 있는데, 주님이 물으셨습니다. "너는 이래도 여전히 나를 섬기겠느냐?" 목사님은 대답했습니다. "예, 주님. 주님을 섬기겠습니다. 제 인생에 남은 것이라곤 이 목숨밖에 없습니다. 이것도 원하신다면 드릴 수 있습니다." 그러자 주님이 말씀하셨습니다. "아내를 위해 기도해라." 그 음성을 듣고 기도하는데 아내가 다시 "후!" 하고 호흡이 돌아오며 살아났습니다.

목사님은 이렇게 고백했습니다. "이 사건을 통해 내가 확실히 깨달은 것은 내 모든 것이 순식간에 없어질 수 있다는 것이었습니다. 모든 것은 하나님이 나에게 잠시 맡겨 주신 것뿐입니다. 이것을 주님을 위해 내려놓을 때, 하나님은 능력을 나타내시고 새로운 삶으로 인도하십니다." 목사님은 이 사건 후에 《네 신을 벗으라》(예수전도단, 2015)라는 책을 썼는데, 부제가 "포기와 함께 주어지는 승리의 삶"입니다. 권리를 포기하고 순종하는 삶은 어렵지만 승리의 비결이라는 뜻입니다. 예수전도단을 만든 로렌 커닝햄(Loren Cunningham) 목사님의 이야기입니다. 주님을 따라가기 위해서는 포기가 필요합니다.

제자들이 모든 것을 버려두고 예수님을 따르기로 결정했을 때, 예수님은 말씀하셨습니다.

와서 보라(요 1:39상).

그들은 예수님의 말씀에 순종해서 가서, 보고, 듣고, 함께 거했습니다. 그 결과 예수님을 개별적으로 만났습니다. 그 만남이 얼마나 감동적이었던지 그 시간까지 정확하게 기억하고 있습니다. 요한이 90세가 넘어서 이 책을 썼는데, 이 사건은 20대 초에 일어났으니까 거의 70년 전일인데 "때가 열 시쯤"이었다고 시간까지 기억합니다. 그만큼 감격이 컸던 것입니다.

그 감격을 가지고 어떻게 했습니까? 안드레의 형 시몬에게 가서 "우리가 메시아를 만났다"(요 1:41)고 말했습니다. 예수님에 대한 용어가 바뀌었습니다. 처음에는 "랍비여 어디 계십니까?", 즉 '랍비'라고 불렀는데, "우리가 '메시아'를 만났다"고 했습니다. 그러니까 예수님을 제대로 만난 것입니다. 시몬은 우리가 알고 있는 베드로입니다. 동생 안드레의 말을 듣고 시몬이 예수님께 나왔습니다.

43절을 보면, 예수님은 세례 요한의 또 다른 제자였던 빌립에게 "나를 따르라"고 하셨습니다. 그가 따라갔을까요? 네, 따라갔습니다. 그리고 감동을 받았습니다. 그래서 자기 친구 나다나엘에게 말했습니다. "모세가 율법에 기록하였고 여러 선지자가 기록한 그이, 즉 오시기로 예언된 그 메시아를 내가 만났다. 세례 요한 선생님도 말씀하셨어. 나도 그렇게 믿어. 너도 가 보자." 그 말을 듣고 나다나엘은 물었습니다. "그분 고향이 어딘데?" "나사렛이래." "나사렛에서 무슨 선한 것이 나겠어? 메시아가 나사렛에서 나신다는 예언은 없었어." 그러자 빌립은 "와서 보라"고 했습니다(요 1:45-46).

"와서 보라"는 말을 듣고 그들은 모두 다(안드레도, 시몬도, 빌립도, 나다나엘도) 와서 보았습니다. 이것이 제자로 부름 받은 사람들의 공통점입니다. 처음에는 의심했지만 그럼에도 불구하고 와서 보라고 하자 "됐어. 안 가 봐도 알아" 이렇게 말만 하지 않고, 직접 몸으로 응답해서 반응하여 예수님께 와 보았고, 그 결과 예수님을 개별적으로 만나는 놀라운 일이 일어났던 것입니다.

## 어떻게 들어야 하는가

우리는 교회에 와서 하나님의 말씀을 듣습니다. 말씀을 어떤 자세로 들어야 할까요? 단순히 귀로만 듣지 말고 온몸으로 들어야 합니다. 이것을 다른 말로, 영으로 듣는다고 합니다. 영으로 듣는다는 것이 무슨 뜻일까요?

내가 네게 여호와를 의뢰하게 하려 하여 이것을 오늘 특별히 네게 알게 하였노니 내가 모략과 지식의 아름다운 것을 너를 위해 기록하여 네가 진리의 확실한 말씀을 깨닫게 하며 또 너를 보내는 자에게 진리의 말씀으로 회답하게 하려 함이 아니냐(잠 22:19-21).

이것이 말씀을 듣는 태도이고, 영으로 듣는다는 것의 실제적인 의미입니다. "이 말씀은 내가, 오늘, 너에게, 특별히 알게 하는 것이다."

목사님이 앞에서 많은 청중을 향해 똑같은 말씀을 하시는 것 같지만, 아닙니다. "하나님이 오늘, 직접, 나를 개별적으로 불러서, 나를 위하여 이 말씀을 해 주신다. 그러므로 이 말씀은 바로 나를 위해 기록된 것이다." 나를 위한 말씀으로 받아야 한다는 것입니다. 따라서 "회답하게 하려 함이 아니냐", 즉 이 말씀에 반드시 응답해야 합니다. 그러면 놀라운 일이 일어납니다.

최근 저는 생일을 앞두고 '앞으로 나는 어떤 인생을 살아야 할까?

어떤 말씀을 붙잡고 살아가야 하는가?' 고민하다가 "하나님, 제가 붙잡을 말씀을 꼭 주십시오" 이렇게 기도했습니다. 그런데 그날 새벽 예배 시간에 성경을 읽는데 어떤 구절을 읽는 순간, 내 영혼에서 '바로 이 말씀이구나' 하는 걸 깨달았어요. 너무 좋았습니다. '내 입으로는 표현을 못했지만 내 영혼이 갈망하는 말씀을 하나님이 나에게 주시는구나. 그래, 이것이 내가 원했던 말씀이야. 나 이렇게 살아야지.' 감격해서 얼마나 울었는지 모릅니다. 그리고 그날 저녁 가족들 앞에서 케이크를 자르면서 "오늘 하나님이 내게 생일 선물을 주셨는데 이런 말씀이었다. 참 행복하다"라고 고백했습니다.

이달 초하루 새벽 예배 때 "한적한 곳에서 쉬어라"라는 말씀을 우리는 들었습니다. '쉬라'는 말씀이 잘 먹고 푹 자는 것도 좋지만 예수님은 그 시간에 다른 사람과의 만남을 중지하고 하나님 아버지와 기도하며 깊은 영적 교제를 누리셨다는 내용이었습니다. 그 말씀을 들으면서 저는 이렇게 기도했습니다. "주님, 제가 이달에 특별히 기도할 제목이 무엇입니까? 미처 생각하지 못했지만 주님이 보실 때 제가 기도하기 원하시는 것이 있습니까? 있으면 가르쳐 주소서." 그런데 제가 특별히 기도하기를 원하시는 다섯 가지 기도 제목을 주셔서 감사한 마음으로 기도하고 있습니다.

'말씀을 듣기 전과 후가 이렇게 다를 수 있는가?' 저도 놀라고 있습니다. 이런 일을 통해서 하나님은 나를 너무도 잘 아시고, 멀리 계시지 않고 나와 가까이 계시면서, 내게 원하는 것을 구체적으로 말씀하시고, 그것을 통하여 나를 인도하시고 사랑하신다는 것을 가슴 저리게 느끼고 있습니다. 주님이 주신 말씀 앞에 응답하려고 몸부림칠 때, 주님과 나의 깊은 관계가 이어질 수 있다는 것을 절대로 잊지 않기를 바랍니다.

하나님이 말씀하시지 않는다고요? 내가 영으로 듣지 않기 때문입니다.


## | 제자에게 주어진 약속

그렇다면 제자들에게 주어진 약속은 무엇입니까? 시몬이 예수님께 나오자 시몬을 본 예수님이 말씀하셨습니다.

> 네가 요한의 아들 시몬이니 장차 게바라 하리라 하시니라 (게바는 번역하면 베드로라)(요 1:42하).

'게바'는 히브리어이고, '베드로'는 헬라어입니다. '반석'이라는 뜻입니다. 그래서 시몬의 이름이 베드로로 바뀌는 것입니다.

또한 나다나엘이 빌립의 이야기를 듣고 예수님께 나오자 예수님은 말씀하셨습니다.

> 보라 이는 참으로 이스라엘 사람이라 그 속에 간사한 것이 없도다(요 1:47하).

"어떻게 나를 아시나이까"라는 그의 질문에 예수님은 "빌립이 너를 부르기 전에 네가 무화과나무 아래에 있을 때에 보았노라"(요 1:48)라고 말씀하셨습니다.

여러분, 하나님이 우리를 모르실까요? "빌립이 너를 부르기 전에 네가 무화과나무 아래에 있을 때에 보았노라"는 놀라운 말씀입니다.

"빌립이 너를 불러서 네가 여기 왔다고 생각하느냐? 아니다. 내가 빌립을 통해 너를 부른 것이다. 내가 너를 모르겠느냐? 남들은 모르는 너만의 고민, 네 눈물과 수고와 몸부림까지도 내가 다 안다"는 것입니다. 감격한 그는 고백합니다.

> 당신은 하나님의 아들이시요 당신은 이스라엘의 임금이로소이다(요 1:49하).

그러자 예수님은 "내가 너를 무화과나무 아래에서 보았다 하므로 믿느냐 이보다 더 큰 일을 보리라 … 진실로 진실로 너희에게 이르노니 하늘이 열리고 하나님의 사자들이 인자 위에 오르락내리락하는 것을 보리라"(요 1:50-51)고 약속하셨습니다.

여러분의 믿음이 점점 더 자라나서 반석이 되길 축원합니다. 그런데 어떻게 하면 반석이 될까요? 베드로가 처음부터 반석이었나요? 아닙니다. 그는 시몬이었습니다. '시몬'은 '듣는다'는 뜻입니다. '주께서 내 기도를 들으셨다.' 그래서 아들의 이름을 시몬으로 지은 것입니다. 그런데 왜 우리는 하나님의 말씀을 많이 들으면서도 믿음이 반석 같아지지 않을까요? 시몬이 베드로가 되는 방법이 있습니다. 들은 말씀을 계속 실천하면 됩니다. 베드로는 들은 말씀을 실천하기 위해 애썼습니다. 그런 과정에서 시행착오를 많이 겪었습니다. 그래서 베드로의 실수가 성경에 많이 나옵니다.

풍랑이 심한 바다에서 제자들이 두려워하고 있는데, 예수님이 나타나셔서 "안심하라 나니 두려워하지 말라"(마 14:27) 하셨더니 베드로가 말했습니다.

주여 만일 주님이시거든 나를 명하사 물 위로 오라 하소서(마 14:28하).

주님이 오라고 하시자 그는 바닷속으로 뛰어듭니다. 다시 바람을 보고 무서워하다가 빠지긴 했지만, 이런 과정을 거치면서, 말씀에 온몸으로 응답하면서 반석이 되어 가는 것입니다. 아무리 좋은 말씀을 들어도 실천하려고 몸부림치지 않으면 반석이 되지 않습니다. 머리만 커지고 말씀의 판단자가 되고 맙니다. 말씀에 개별적인 응답을 해야 깊은 관계로 발전할 수 있습니다.

이 시대는 우리가 무화과나무 아래서 홀로 있지 못하게 합니다. 그러나 아무리 분주해도 시시때때로 무화과나무 아래로 가서 성경을 읽고 묵상하고 기도하는 자에게 주님은 말씀하십니다.

네가 무화과나무 아래에 있을 때에 보았노라 … 이보다 더 큰 일을 보리라 … 하늘이 열리고 하나님의 사자들이 인자 위에 오르락내리락하는 것을 보리라(요 1:48-51).

여러분에게 "큰 일"은 무엇입니까? 돈과 명예인가요? 아닙니다. 하늘이 열리는 것입니다. "아, 나는 이 땅에 속한 자가 아니다. 나는 하나님의 사랑을 받은 자녀다. 나에게는 영원한 하늘나라가 있다!" 이것을 알게 되는 것입니다. 그리고 예수님의 제자가 되어 쓰임을 받는 것, 이것보다 더 큰 일이 있을까요? 남은 인생, 예수님의 제자로 살아갈 수 있기를 축원합니다.

사랑하는 하나님 아버지! 오늘도 주님이 우리를 제자로 부르고 계심을 알게 하시고, 그 부르심에 응답하는 삶이 되게 하소서. 먼저 예수님을 바로 알게 하시고, 모든 것을 내려놓고 예수님을 따르게 하시고, 그 말씀에 몸으로 응답하면서 예수님을 개별적으로 만나게 하시고, 그 감격을 전하며 예수님의 약속을 이루어 가는 아름다운 인생이 되게 해 주소서.

함께 생각하기

1   예수님은 제자들에게 무엇을 물으셨습니까? (38절)


2   제자들이 예수님께 한 질문은 무엇입니까? (38절)


3   "와서 보라"는 말씀처럼, 직접 따라가 보았을 때 은혜를 경험한 순간이 있다면 나눠 봅시다.

# 오해를
# 넘어서

[2-4장]

# 6

# 물로
# 포도주를
# 만드시다

요 2:9-11

## | 이 집에 포도주가 없다

영국 케임브리지 대학 종교학 과목 시험 시간이었습니다. 시험 문제는 주관식이었는데 "갈릴리 가나의 혼인 잔치에서 물로 포도주를 만든 예수의 기적을 신학적으로 논평하라"는 것이었습니다. 학생들은 열심히 답을 쓰기 시작했습니다. 그런데 한 학생이 창밖을 멍하니 바라보고 있었습니다. 시간이 흘러서 제출할 시간이 가까워 오는데도 계속 그러자 시험 감독을 하던 교수가 학생에게 다가가서 물었습니다. "왜 답안을 작성하지 않지?" "저는 쓸 말이 없습니다." 그러자 교수는 말했습니다. "단 한 줄이라도 써야 점수를 줄 수 있지." 그러자 학생은 시험지를 뚫어지게 바라보더니 펜을 들고 이렇게 적었습니다. "물이 자기 창조주를 뵙고 얼굴이 붉어졌더라"(Water saw its Creator and blushed). 그러고는 교실을 나갔습니다.

달랑 한 줄짜리 답안이었지만, 그 답안지는 케임브리지 대학 신학과가 생긴 이래 모든 교수가 만점을 준 최고의 답안지였습니다. 그 학생의 이름은 훗날 영국의 3대 낭만파 시인 중 한 사람이었던 조지 바이런(George Byron)입니다. 물이 자신을 창조하신 주인을 만나니 얼굴이 붉어졌다는 말, 정말 시인의 상상력이 발휘된 기가 막힌 표현입니다. 저도 '예수님을 뵙게 되면 얼굴이 붉어지지 않을까?' 그런 생각을 하곤 합니다.

본문은 물이 변하여 포도주가 된 사건이 의미하는 것이 무엇인지에 대해 말하고 있습니다. 1-2절에 보면, 갈릴리 가나라는 작은 마을에서 결혼식이 있었는데, 예수의 어머니도 거기 계시고, 예수님과 그 제자들도 초청을 받아 갔습니다.

그 당시 결혼식은 아주 큰 행사였습니다. 잔치는 대개 일주일간 계속되는데, 온 마을의 축제이기 때문에 준비를 대단히 많이 합니다. 그중에서도 포도주는 핵심적인 음식입니다. 그런데 그 포도주가 모자라게 되었습니다. 결코 있어서는 안 되는 일이 생긴 것입니다. 지금처럼 돈을 주고 금방 사 올 수도 없었습니다.

이때 예수님의 어머니 마리아가 예수님께 "저들에게 포도주가 없다"(요 2:3)고 말했습니다.

외경에 보면 이 잔치는 요한복음을 기록한 사도 요한의 집에서 있었던 일이라고 합니다. 예수님의 어머니 마리아와 요한의 어머니 살로메는 서로 자매지간이었습니다. 그러니까 요한과 야고보는 예수님과 이종사촌 간입니다.

본문을 보면 마리아는 주인의 입장에서 걱정하고 있습니다. 단순한 손님이었다면 남의 잔칫집에 포도주가 떨어진 것을 걱정할 필요는 없습니다. 혼주인 살로메의 언니였기에 걱정이 되었던 것이고, 일설에 의하면 "마리아가 포도주를 담당했던 것은 아닐까?" 이런 주장도 있습니다. 그렇다면 포도주가 떨어진 것은 큰 사건이고, 그래서 예수님께 그 사실을 전한 것입니다.


| **공생애의 출발점**

그 말을 듣고 예수님이 대답하셨습니다.

> 여자여 나와 무슨 상관이 있나이까 내 때가 아직 이르지 아니하였나이다(요 2:4).

어머니에게 "여자여"라니요! 여기서 "여자"라고 번역된 헬라어 '귀나이'(γυνή)는 여성을 향한 극존칭 표현입니다. 왕비나 존경하는 여성을 부를 때 사용했습니다. 그래도 그렇지, 어머니를 그렇게 부르는 것은 우리 정서로는 이해되지 않습니다. "나와 무슨 상관이 있나이까 내 때가 아직 이르지 아니하였나이다." 이 말씀도 이해하기 어렵습니다. 그래서 요한복음 2장 4절은 난해한 구절로 꼽히고 있습니다.

　왜 어머니를 "여자여"라고 부르셨을까요? 예수님은 얼마 전에 공생애를 시작하셨습니다. '공생애'란 말은 말 그대로 사적인 생애가 아니고, 하나님 아버지가 주신 인류를 구원하기 위한 공적인 생애를 의미합니다. 공생애의 시작은 세례 요한에게 세례를 받으면서 시작되었습니다. 공생애의 끝은 십자가에 죽고 부활하는 것입니다. 그러나 공생애의 시작을 누구에게 알린 것이 아니므로 다른 사람들은 모릅니다.

　"여자여." 이 말은 공생애의 시작을 알리는 공개적인 표현입니다. 지금까지는 어머니 마리아의 아들이었지만 이제부터는 하나님의 아들로서 메시아(그리스도)의 사명을 감당해야 합니다. 이제 공적인 삶을 시작했으므로 어머니와 자신의 사적인 모자 관계는 끝났다는 뜻입니다.

　"나와 무슨 상관이 있나이까." 이 말씀은 "이 잔칫집에 지금 포도주가 떨어진 것은 나하고는 상관없는 일입니다. 왜냐하면 내가 이 땅에 온 이유는 십자가의 죽음과 부활을 통하여 모든 사람에게 영원한 생명을 주려는 것이기 때문입니다. 포도주가 떨어진 것은 제가 해결할 일이 아닙니다"라는 뜻입니다.

　"내 때가 아직 이르지 아니하였나이다." 이 표현은 히브리적 용법인데, 목적지를 향해 가는 중이라는 뜻입니다. 예수님의 목적지는 어디일까요? "내 때"라는 말은 요한복음에서 일곱 번이나 등장하는데, 모두 다 예수님의 죽음과 십자가 고난의 때를 의미합니다. 쉽게 말하면 "나는 지금 죽음을 향해 걸어가는 중입니다" 이런 뜻입니다.

　종합하면, "지금 저는 공생애를 시작했고, 하나님이 명하신 인류 구원을 위해 죽음의 길을 걸어가는 중입니다. 그러므로 사명이 끝나지 않은 공인으로서 사적인 부탁을 들어줄 수는 없습니다. 물론 저를 보내신 아버지가 이 문제에 개입을 원하신다면 순종하겠지만 그렇지 않다면 할 수 없습니다"라는 뜻입니다.

예수님으로부터 이 말을 들은 마리아는 기분이 어땠을까요? 깜짝 놀랐겠지요. 언젠가 이런 날이 올 것이라고는 짐작했지만 '이제는 그때가 되었구나' 알게 됐으니까요. 이제 메시아의 길을 가는 아들을 보면서, 그 길이 얼마나 험한 고난의 길인지 알기에 마리아는 너무나 마음이 아팠을 것입니다. 누가복음 2장 35절에 보면 마리아가 아기 예수님을 안고 예루살렘 성전에 갔을 때, 시므온이 이런 말을 했습니다. "아들이 메시아의 길을 가는 것을 볼 때 칼이 네 마음을 찌르듯 하리니." 그러니까 마리아는 공생애를 시작했다는 예수님의 말씀을 듣고 칼로 마음을 찌르는 듯한 아픔을 느꼈던 것입니다. 그리고 이제부터는 아들이 아니라 내가 믿고 따라가야 할 메시아로, 주님으로 섬겨야 한다는 것을 깨달았습니다.

마리아가 결혼 잔칫집의 어려운 상황에 대해 기도했을 때, 하나님은 예수님에게 알리라고 하셨고, 예수님이 하나님의 명령이 없다면 사적인 일에 나설 수 없다고 말씀하시자 마리아는 모든 것을 하나님께 맡기기로 결정하고 하인들에게 이렇게 말했습니다.

너희에게 무슨 말씀을 하시든지 그대로 하라(요 2:5하).

포도주가 없어서 잔치가 중단되든, 다른 해결책이 생겨나든 하나님께 맡길 뿐입니다.

마리아도 하나님의 뜻만 바라보고 있고, 예수님도 아버지의 뜻을 기다리고 있습니다. 그래서 마리아는 하인들에게도 무슨 말씀을 하시든지 그대로 하라고, 순종하는 마음을 가지라고 명령합니다. 마리아도,

예수님도, 하인들도 모두가 순종할 결심을 미리 하고 기다린 것입니다. 이것이 진정한 순종입니다. "들어 보고 가능하면 순종할게요." 이것은 순종이 아닙니다. "뭐라고 하시든지 그대로 순종할 준비가 되어 있습니다." 이런 마음이 있을 때 역사는 일어납니다.

그때 예수님에게 하나님의 사인이 왔습니다. "포도주를 만들어라." 그러니까 물로 포도주를 만드는 이 사건은 사적인 문제 해결을 위해서가 아니라, 하나님의 분명한 뜻과 목적에 의해 이루어진 공적인 사건이었다는 말입니다.

그래서 11절에 보면 "예수께서 이 첫 표적을 갈릴리 가나에서 행하여"라고 했습니다. 이것이 예수님의 첫 번째 표적이요, 아주 중요한 의미를 가진 표적이라는 것입니다. '표적'(세메이온, σημεῖον)이란 단순한 기적이 아니고, 그 기적 사건 속에 하나님의 깊고 놀라운 뜻이 들어 있다는 말입니다. 하나님은 물로 포도주를 만드는 사건을 통하여 예수님이 누구신지, 예수님이 인류를 위해 어떤 일을 하실 것인지, 그 사역의 결과가 무엇인지를 보여 주려고 하셨습니다.

## 율법의 시대에서 복음의 시대로

그런데 왜 하필이면 첫 번째 표적을 결혼식에서 나타내셨을까요? 결혼식은 두 사람이 하나가 되어 새롭게 출발하는 사건입니다. 이것은 한 시대가 끝나고 새로운 시대가 시작되었다는 뜻입니다. 지금까지 이스라엘의 종교와 신앙 시스템은 어떠했습니까? 그것을 나타내는 것이 6절입니다.

거기에 유대인의 정결 예식을 따라 두세 통 드는 돌항아리 여섯이 놓였
는지라(요 2:6).

이스라엘 사람들은 율법에 의해서 집집마다 입구에 결례용 항아리
를 둡니다. '결례'란 '정결하게 하는 예식'이란 뜻입니다.

이스라엘은 건조한 지역인데 샌들을 신기 때문에 발에 먼지가 많이
묻습니다. 그래서 발을 씻어야 하고, 또한 음식을 손으로 먹는 문화이기
때문에 손을 씻어야 합니다. 이것을 율법으로 정해 놓고, 집으로 들어올
때마다 반드시 그 항아리에서 물을 가져다가 씻도록 했습니다.

그런데 이보다 더 중요한 것이 있습니다. 결례는 죄를 씻는 상징이
라는 것입니다. 이렇게 손과 발을 씻는 행위를 통해 그들은 정결해진다
고 생각했습니다. 그래서 씻지 않는 사람들을 부정하다고 비난하고 정
죄했습니다. 그런데 결례의 물을 가지고 우리의 속사람과 영혼을 씻을
수 있나요? 없습니다. 우리의 영혼은 오직 예수님의 피로만 정결케 됩
니다. 그래서 하나님의 어린양이신 예수님이 결례의 물을 가지고 자신
의 피를 상징하는 포도주를 만들도록 하신 것입니다. 그러므로 결례의
항아리에 담긴 물로 포도주를 만든 것은 예수 그리스도의 십자가 피를
통한 인류 구원 사역의 상징인 것입니다.

우리가 알다시피 포도주에는 두 가지 상징이 있습니다. 첫째는 기
쁨의 잔치입니다. 유대인의 속담에 "포도주가 없으면 기쁨도 없다"는
말이 있습니다. 전도서 10장 19절에서도 "포도주는 생명을 기쁘게 하
는 것"이라고 말합니다. 삶에 웃음과 기쁨과 노래와 춤을 선사해 주는
도구가 포도주입니다. 그래서 즐거운 잔치에 없어서는 안 되는 것이 포
도주입니다. 포도주는 기쁨의 잔치를 상징합니다. 둘째는 예수님의 피

입니다. 그래서 성찬식에서 예수님은 말씀하셨습니다.

이것은 많은 사람을 위하여 흘리는 나의 피 곧 언약의 피니라(막 14:24).

그러니까 두 개념을 합치면, 예수님은 자신의 죽음을 통해 우리의 죄를 씻어 주시고, 이것을 통해 가장 기쁜 잔치인 천국 잔치를 우리에게 가져오시는 분이라는 뜻입니다.

예수님이 오심으로 새로운 시대가 열렸습니다. 이제 율법의 시대는 끝나고 복음의 시대가 왔습니다. 율법은 외적인 자기 노력을 통해 정결해지는 것이었지만, 복음은 술이 몸속으로 들어가서 저절로 술기운이 퍼지듯이, 인격 안으로 들어가서 속사람과 영혼을 자연스럽게 정결하게 만듭니다. 그러므로 예수님의 십자가 죽음과 그 피를 통해서 참된 정결함과 진정한 기쁨의 잔치가 이루어진다는 것이 물로 포도주를 만드는 표적 속에 들어 있는 하나님의 선포였던 것입니다.

## | 나의 기적이 되려면

그렇다면 이 놀라운 사건이 어떻게 나의 것이 될 수 있을까요?

제자들이 그를 믿으니라(요 2:11).

예수님이 보여 주신 이 상징적 사건이 나에게 이루어지려면 뭐가 필요할까요? 믿음이 필요합니다. 어떤 믿음입니까? "예수님은 물로 포도주를 만드신 분이다. 자기의 피로 우리의 죄를 씻어 주신 분이다.” 이 사실을 믿어야 합니다. 이것이 하나님의 어린양이 이 땅에 오신 이유이며, 예수의 피를 믿는 자에게 주어지는 은혜는 천국 잔치에 참여하는 것입니다. 그래서 요한계시록에 보면 천국 잔치의 별명이 ‘어린양의 혼인 잔치’입니다.

예수님의 제자들도 지금까지는 세례 요한의 제자였기 때문에, 세례 요한을 통해 예수님에 대해 말로만 들었습니다. 그런데 물로 포도주를 만드신 이 표적을 보면서 구체적으로 예수님이 누구신지 확실히 알고 믿게 되었습니다. 그들에게 이 믿음을 주기 위해서 첫 표적이 가나의 결혼 잔치에서 이루어진 것입니다.

우리는 예수님 때문에 죄를 씻게 되고, 하나님의 자녀가 되고, 영원한 천국 잔치에 참여하는 소망을 가지게 되었습니다. 이것은 영적으로 놀라운 사건이죠. 그러나 예수님의 은혜는 미래의 영적인 구원에만 해당되지 않습니다. 오늘도 결혼식처럼 기쁨이 가득하고 웃음과 행복이 넘쳐 나야 할 자리에, 웃음이 사라지고 근심과 절망이 가득한 바로 그곳에 오셔서 그것을 기쁨으로 변화시키시는 분, 그분이 바로 예수님입니다.

우리 가정이 기쁨으로 충만해야 하지 않습니까? 우리의 일터가 감격으로 가득 차야 하고, 우리 삶의 모든 순간과 모든 장소가 그래야 하는 것 아닙니까? 그런데 그곳에 기쁨이 사라졌습니다. 한숨과 눈물과 탄식과 절망이 가득합니다. 우리의 신앙도 기쁨으로 충만하고 즐거운 잔치가 되어야 하는데 어느새 기쁨이 사라지고, 짐이 되고, 의무가 되었습니다. 이제 어떻게 해야 할까요? 예수님을 그 자리로 초대해야 합니다.

전에 성지 순례 중에 갈릴리 가나에 가 보니까 세계 각지에서 온 커플들이 거기서 결혼식을 올리고 있었습니다. 지금도 가나에서 결혼하는 커플들이 아주 많습니다. 가나에서 결혼식을 하면 행복하게 잘 산다는 어떤 기대가 있는 것 같습니다. 그것을 보면서 '예수님이 물로 포도주를 만드신 기적이 저 가정에 일어나면 좋겠다'는 마음으로 바라보다가 이런 생각이 들었습니다. '아니, 가나라는 장소에서 결혼하는 것이 뭐가 중요해? 정말 중요한 것은 저 부부들이 예수님을 마음에 모시는 것이지.'

여러분 중에 혹시 엄청난 행복을 기대하며 결혼했는데, 해 보니 웬걸, '이게 아니잖아?' 그래서 실망하고 좌절하고 한숨 쉬는 분들이 계신가요? 실망하지 마세요. 기쁨과 감격이 넘쳐야 하는 그곳에 낙심과 절망과 한숨이 가득할 때, 그것을 바꾸시는 분이 예수님이잖아요. 여러분의 가정이 그렇다면, 일터가 그렇다면 그곳으로 예수님을 초대하세요.

예수님이 우리 가정을 축복하신다는 것을 믿으세요. '금이 가고 깨진 우리 관계가 회복될 수 있을까?' 우리를 하나 되게 하신 하나님이 끝까지 하나가 되도록 붙들어 주실 것을 믿으세요. '하나님이 내게 주신 자녀들을 과연 잘 길러 낼 수 있을까?' 불안해하는 부모들은 내게 자녀를 선물로 주신 하나님이 내 자녀를 끝까지 돌보신다는 것을 믿어야 합니다. 바라보면서 의심되는 이 사람이 정말로 하나님이 내게 주신 배우자라는 것을 믿어야 합니다. 이 믿음 위에서 사랑은 작동됩니다. 믿음이 없으면 사랑을 지속할 힘이 없어져요. 그래서 견디지 못하고 자폭합니다. 믿어야 합니다.

그리고 믿으면서 뭘 해야 할까요? 서로에게 어떻게 하라고 가르쳐 주신 대로 순종하세요. 순종하면 어떤 결과가 옵니까?


물 떠 온 하인들은 알더라(요 2:9).

순종할 때 기적이 일어납니다. 다른 사람들은 모릅니다. 순종한 사람들만 압니다. 순종할 때 얼마나 놀라운 일이 일어나는지요! 이것이 순종하는 자에게 하나님이 주시는 특권입니다. 그래서 순종의 대가는 믿음의 부요함으로 이어지는 것입니다.

'우리 가정은 하나님을 믿고 열심히 사는데 왜 이렇게 어려움이 많지?' 이렇게 생각하는 분들이 많습니다. 하나님이 우리 사정을 몰라서 외면하시는 것이 아니고, 우리를 바라보며 화를 내시는 것도 아닙니다. 지금 그 어려움이 우리에게 필요하기 때문입니다. 어려움이 없으면 성장하지 못합니다. 구하는 대로 그 즉시로 하나님이 다 응답하시면 우리 인격은 엉망이 되고 맙니다. 성숙할 기회가 없기 때문입니다. 그래서 하나님은 알면서도 응답을 미루실 때가 많습니다. "네 어려움을 내가 아는데, 너는 잘할 수 있어. 견디면서 지혜와 능력이 생겨날 거야. 그리고 이 과정을 통해 더 큰 믿음의 사람이 될 거야." 이렇게 하나님이 웃으면서 바라보고 계시다는 것을 마음에 새기시길 바랍니다.

문제에 집중하지 말고, 문제에 집중하는 내 마음이 십자가에 죽었다고 고백하고 하나님만 바라보세요. 그러면 언제나 물이 변하여 포도주가 되는 사건을 경험할 수 있습니다.

살아 계신 하나님! 제자들은 물로 포도주를 만드신 사건을 통해 예수님이 누구신지 확실히 알고 믿게 되었습니다. 우리도 예수님에 대해 귀로만 들었다면, 이제 주님이 내 삶에 개입하심을 통해 예수님을 확실히 알고 믿고 따라가게 하소서. 그래서 새로운 인생, 기쁨이 충만한 삶이 되게 하소서. 바라오니 우리 자녀들에게 결혼의 축복을 허락하시고, 가정마다 결혼의 기쁨이 회복되게 하소서.

함께 생각하기

1  요한복음 2장 11절에 따르면, 가나의 혼인 잔치에서 일어난 첫 표적은 무엇을 드러냈습니까?

2  물이 포도주로 변한 일을 누가 알았습니까? (9절)

3  말씀에 순종하는 과정에서 나만 알 수 있는 은혜를 경험했던 순간이 있다면 나눠 봅시다.

# 7

# 사람의 속에
# 있는 것

요 2:23-25

## 마음의 지성소에 있어야 할 것

프랑스의 왕 루이 14세(Louis XIV)가 주일 예배에 참석하겠다고 주교에
게 연락을 했습니다. 시간이 되자 왕이 많은 귀족들을 거느리고 위엄을
뽐내면서 예배당 안으로 들어갔는데, 아무도 없었습니다. 왕은 대주교
에게 물었습니다. "어떻게 된 일인가? 어째서 아무도 없는가?" 그랬더
니 프넬론(Fénelon) 주교는 이렇게 대답했습니다. "폐하께서 오늘 예배

에 참석하신다는 것을 알고 사람들이 너무나 많은 관심을 가졌습니다. 그런데 그들이 정말 하나님께 예배하러 오는 것인지, 아니면 폐하를 보려고 오는 것인지 알아보려고 오늘 급한 일이 생겨 폐하께서 못 오신다고 광고했더니, 이렇게 한 사람도 오지 않았습니다." 그러면서 이렇게 권했다고 합니다. "폐하, 예배는 하나님께 드리는 것입니다. 이제 폐하께서도 다른 사람들처럼 사람을 의식하지 마시고 하나님께 진정한 예배를 드리시길 바랍니다."

여러분, 성전에 오는 목적이 무엇입니까? 예배드리는 목적이 무엇입니까? 하나님을 만나려는 것입니다. 그래서 하나님과 올바른 관계를 맺으려는 것입니다. 그렇게 되면 얼마나 기쁘겠어요? 그런데 왜 그렇게 되지 않을까요? 내 마음에 문제가 있기 때문입니다. 어떤 문제일까요? 이것을 알기 위해서 성전의 구조 그림을 보도록 하겠습니다.

성전의 맨 앞에는 성전 뜰(마당)이 있고, 그 뒤에는 보이지 않는 텐트로 가려져 있는데, 그것을 열어 보면 두 부분으로 나누어져 있습니다. 앞부분의 좀 더 넓은 부분이 성소이고, 뒷부분은 지성소입니다. 지성소에는 무엇이 있나요? 법궤

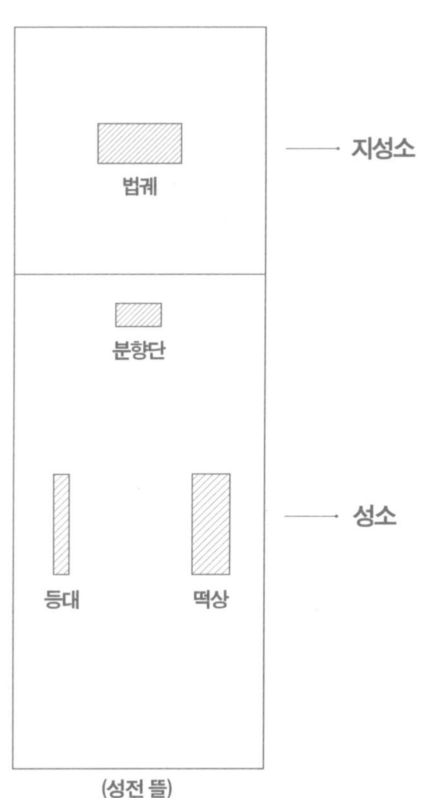

딱 하나만 있습니다. 법궤는 하나님의 임재를 상징하는 것입니다. 성소에는 무엇이 있습니까? 세 가지가 있습니다. 분향단과 떡상과 등대입니다. 분향단은 기도하는 곳입니다. 소원을 의미합니다. 떡상은 먹고 배부른 것입니다. 만족을 의미합니다. 등대는 밝히는 것입니다. 지식과 판단을 의미합니다.

이 성전의 구조가 왜 중요할까요? 성전의 구조와 우리 마음의 구조가 동일하기 때문입니다. 우리 마음도 밖에서 보이지 않지만 두 개의 방으로 이루어져 있습니다. 좀 더 작은 방(지성소)이 영이고, 좀 더 큰 방(성소)이 혼입니다. 성소와 지성소를 합한 것이 우리 마음입니다. 그러니까 마음이란 영과 혼을 합한 개념이라고 생각하면 됩니다.

하나님과 올바른 관계를 맺으려면 지성소에 법궤만 있어야 하듯이, 우리 마음 가장 깊은 곳, 마음의 지성소(영) 안에도 하나님 한 분만 계셔야 합니다. 그런데 내 마음의 지성소에 하나님이 계신다면 그 사람의 성소(혼)에서는 어떤 일이 일어날까요? 세 가지 일이 일어납니다. 그는 하나님을 소원하고 갈망할 것이며(분향단), 하나님으로 만족할 것이며(떡상), 하나님의 뜻이 무언가를 찾고 어떤 것이 하나님의 뜻에 맞는지를 판단할 것입니다(등대). 그러니까 혼은 영이 선택한 것을 갈망하고, 그것이 있어야 만족하고, 그것을 얻기 위해 최선의 방법을 판단하고 찾아냅니다. 결국 혼은 영이 선택한 것을 얻으려고 몸부림치는 것입니다.

그런데 영 안에는 하나님만 계셔야 하는데, 이것이 하나님이 원하시는 인간의 모습인데, 그럴 때 온전한 인간이 될 수 있는데, 사실은 하나님 이외의 어떤 것도 들어갈 수 있습니다. '이것만 있으면 내가 만족하고 행복하고 기쁠 수 있겠다.' 나에게 존재 의미를 느끼게 해 주는 것, 내가 가장 가치가 있다고 생각하는 것들이 내 영 안으로 들어가는데, 그것이 그 사람의 진정한 신앙의 대상입니다.

우리는 신앙의 대상이 어떤 초월적 존재여야 한다고 생각합니다만, 아닙니다. 신앙의 대상은 어떤 것도 될 수 있습니다. 나 자신이나 자녀, 재물, 명예, 권력, 업적, 학문, 사람들의 인정, 혹은 원수를 갚는 것 등 자기가 가치 있다고 생각하는 것은 뭐든지 신앙의 대상으로 지성소에 들어갈 수 있습니다.

예를 들면, 권력이 있으면 내가 행복할 수 있다고 생각하는 사람이 있다고 합시다. 그래서 권력을 자기 마음의 지성소에 넣었습니다. 그 사람은 이제 권력을 갈망하고 소원하며 살아갑니다(분향단). 그리고 권력이 있어야 만족하며(떡상), 권력을 얻는 방법이 무엇인가를 연구하고 찾고, 권력을 얻는 데 필요한 행동을 하며 살게 됩니다(등대). 이것이 마음의 메커니즘입니다. 그런 상태에서 하나님을 찾아도 그 사람의 신앙의 대상은 권력이기 때문에 하나님은 권력을 위한 수단이 되고 맙니다. 이것이 우상 숭배입니다.

원래는 지성소에 하나님만 계셔야 하는데, 하나님 아닌 다른 것이 들어갈 때, 그것이 죄가 됩니다. 아니, 그럼 가치 있는 것을 사랑하는 것도 죄입니까? 아니죠. 사랑 자체는 좋은 것입니다. 그런데 사랑의 대상이 자기 위치를 벗어났기 때문에 죄가 되는 것입니다.

우리 중 대부분은 하얀 셔츠에 빨간 김칫국물이라든가 자장면 소스가 묻어서 기분 나빴던 경험이 있을 것입니다. 김칫국물은 맛있고 건강에도 참 좋은 음식입니다. 밥상 위에 있으면 아주 좋은 음식입니다. 그러나 있으면 안 되는 자리가 있습니다. 옷에 묻으면 안 되는 것입니다. 그러면 더러워지고, 빨리 지워야 합니다. 하나님 외의 모든 것이 나름대로 가치가 있지만 지성소에 들어가면 죄가 됩니다.

그래서 죄에도 두 종류가 있습니다. 고상한 죄도 있고, 아주 못된 죄도 있습니다. 남의 것을 도적질하거나 사람을 죽이는 것은 죄 중에서도 나쁜 죄입니다. 나라를 사랑하고, 자녀를 사랑하고, 내게 맡겨진 일을 사랑하는 것은 너무나 고상한 가치입니다. 그러나 하나님보다 더 사랑한다면 이것도 죄가 됩니다. 왜냐하면 지성소에는 하나님만 계셔야 하기 때문입니다.


## 마음의 지성소에 다른 것이 들어오면

그렇다면 내 속에 하나님 아닌 것이 들어갔다면 어떻게 뺄 수 있습니까? 이것을 빼내는 것이 성전의 역할입니다. 성전에 가서 제사를 드림으로 가능한 것입니다. "하나님, 세상에 나가 살면서 세상의 가치관에 제가 오염되었습니다. 제 마음의 지성소인 영 안에 하나님만 계셔야 하는데, 세상이 좋아하는 것들을 담았습니다. 제 마음에서 하나님보다 더 원했던 것들을 다 죽이겠습니다. 저를 용서해 주소서." 이렇게 회개하고, 다시 하나님으로 내 마음을 가득 채우는 것이 성전 제사(번제)입니다.

그런데 이스라엘 사람들은 제사를 어떻게 사용했나요? "제 제물을 받으시고 제가 원하는 것을 주세요." 세상의 것을 더 달라고 요구하는 제사가 되었습니다. 주인이 될 수 없는 것들을 주인으로 모시고, 주인이신 하나님께 도구가 되라니, 있을 수 없는 일입니다! 이런 제사는 필요 없는 것입니다.

본문은 이스라엘 백성의 마음이 어떤지를 보여 줍니다. 유월절을 맞이하여 예수님이 성전에 들어가셨더니 거기에 장사꾼들이 있었습니다.

성전 안에서 소와 양과 비둘기 파는 사람들과 돈 바꾸는 사람들이 앉아 있는 것을 보시고(요 2:14).

왜 성전에 소와 양과 비둘기 파는 사람들이 있었을까요? 원래는 그 짐승들을 집에서 기르다가 그중에 가장 좋은 것을 하나님께 드리려고 직접 가져와야 합니다. 그런데 먼 지방에서 오다 보면 짐승이 병들기도 하고, 다치거나 흠이 생길 수도 있어요. 또한 제물이 흠이 없는가 심사를 받아야 하는데, 장사하는 사람들이 제사장들과 미리 짜고 웬만하면 가져온 제물에 불합격 판정을 내리면 예루살렘까지 와서 제사도 못 드리고 돌아갈 수도 있습니다. 이런 사람들의 편의를 위해서 상인들이 있었습니다.

불합격 판정을 받은 제물은 가치가 없으니 헐값에 팔아 버려야 합니다. 예를 들면 소 한 마리가 100만 원인데, 불합격 판정을 받은 것은 10만 원밖에 안 갑니다. 그런데 그 10만 원을 가지고 어떤 짐승을 사서 제사를 드리겠어요? 잘해 봐야 양인데, 미리 합격 도장을 찍어 놓은 양은 20만 원입니다. 그러면 비둘기 제사밖에는 못 드리는데, 비둘기 제사는 가난한 사람만 드릴 수 있습니다. 그러니까 무리하게 여행 경비를 절약해서 양이라도 제물로 드리려면 돌아갈 여비가 부족해서 끼니를 거르면서 고향까지 가야 했습니다. 그런데 더 기분 나쁜 것은 불합격 판정을 받은 내 소를 10만 원에 팔았는데, 바로 거기다 합격 도장을 찍고 다른 사람한테 100만 원에 파는 것입니다. 이게 말이 됩니까?

"돈 바꾸는 사람들"은 환전상을 말합니다. 이스라엘은 나라를 잃어버렸기 때문에 자기 화폐가 없어요. 로마에 사는 사람들은 로마 돈을 사용하고, 헬라에 사는 사람들은 헬라 돈을 사용합니다. 그런데 그 나라

돈에는 왕이나 어떤 상징이 새겨 있는데, 그것을 우상이라고 해서 성전에서는 사용하지 않았습니다. 성전에서만 쓰는 돈이 따로 있었습니다.

그런데 밖에서 환산해 보고는 '이 정도만 가져가면 되겠다' 싶었는데, 헌금을 100세겔 하려고 했더니, "환율 때문에 70세겔밖에는 못 바꿔 준다" 이렇게 하는 것입니다. 그럼 작정한 헌금을 하거나 성전세를 내려면 예상보다 훨씬 많은 비용이 필요합니다. 결국은 하나님께 드리고 싶은 만큼 못 드리고, 중간에서 다 뜯기고 마는 것입니다. 그래서 순례자들이 하나님을 만나러 왔다가 마음이 상하고, 죽도록 고생하고 구걸하면서 돌아가는 일이 많았습니다.

이런 일이 벌어지는 것은 장사하는 사람들의 마음의 지성소에 하나님이 계시는 것이 아니라 세상의 돈과 명예와 욕심과 권력이 들어 있다는 것을 그대로 보여 주는 것입니다. 그것을 버리려고 성전이 있는 것인데, 그것을 더 얻기 위하여 몸부림치고 있으니, 그런 성전이 무슨 필요가 있겠습니까? 그래서 예수님은 "내 아버지의 집으로 장사하는 집을 만들지 말라"(요 2:16)고 하시면서 짐승들을 내쫓고, 돈 바꾸는 사람들의 돈을 쏟으신 것입니다.


## | 성전은 세상을 버리기 위한 수단

갑자기 이런 일을 당하자 사람들은 예수님께 "네가 무슨 권리로 이런 짓을 하느냐? 하나님이 너를 보내셨다면 표적을 보여라" 하며 분노합니다. 그러자 예수님은 당당하게 말씀하십니다.

너희가 이 성전을 헐라 내가 사흘 동안에 일으키리라(요 2:19하).

그러자 유대인들은 "그게 무슨 소리냐? 지금까지 46년간이나 짓고 있는 성전인데, 성전을 헐라니, 그리고 3일 만에 일으킨다니? 성전을 모독하는 것이다"라고 하며 싸웠습니다. 그러나 21절을 보십시오.

그러나 예수는 성전 된 자기 육체를 가리켜 말씀하신 것이라(요 2:21).

제자들은 예수님이 십자가에 죽고 부활하신 후에야 성전 청소 사건은 단순히 성전에서 짐승을 쫓아내신 일이 아니고, "성전에서 짐승으로 드리는 제사 시스템은 끝났다. 이제는 하나님의 어린양인 내가 십자가에 죽고 부활하여 나를 통하여 하나님께로 가는 새로운 길을 열 것이다" 이것을 선포하신 사건이었다는 것을 깨닫습니다.

우리가 잊지 말아야 하는 것은, 성전은 세상을 얻는 수단이 아니고, 세상을 버리기 위한 수단이라는 것입니다. 그래서 하나님과 연합하고 하나님을 얻는 것인데, 사람들은 이것을 거꾸로 사용했습니다. 그러므로 옛 성전의 기능은 끝났고, 예수님을 통해서 구약의 성전이 완성된 것입니다.

그렇다면 예수님의 십자가 이후에는 모든 제사가 완전히 없어졌습니까? 네, 그렇습니다. 예수님의 십자가가 단번에 드리신 완전한 제사였기 때문에 이제는 짐승 제사가 반복될 이유가 없습니다. 그렇다면 제사의 효과는 어떻게 되는 것입니까? 이제는 예수님의 십자가 사건을 재현하는 것을 통해 이루어집니다. 그것이 오늘의 예배입니다. 그러므로 예배는 제사의 완성입니다. 그래서 예배를 드릴 때 십자가를 바라보는 것입니다. 십자가가 없다면 예배의 본질을 오해한 것입니다.

이제는 골고다 언덕까지 올라가지 않아도, 짐승 제사를 드리는 수고를 하지 않아도 십자가를 바라보는 순간, 언제 어디서든 진정한 제사를 드릴 수 있습니다. 예수님과 함께 죽었음을 고백하면서 내 마음의 지성소에 있는 세상을 향한 생각을 죽이고, 하나님으로 마음을 채우고, 진정으로 하나님 아버지께 나아갈 수 있는 것입니다.

## | 우리 마음에는 무엇이 있는가

마지막으로, 예수님은 진정한 믿음이 무엇인가를 말씀하십니다.

유월절에 예수께서 예루살렘에 계시니 많은 사람이 그의 행하시는 표적을 보고 그의 이름을 믿었으나(요 2:23).

많은 사람들이 예수님이 하시는 일을 보고 예수님을 믿었으나, 예수님은 그들의 믿음을 믿지 않으셨습니다.

예수는 그의 몸을 그들에게 의탁하지 아니하셨으니(요 2:24상).

"저는 예수님을 믿습니다." 이렇게 말해도, 그 사람들의 믿음을 인정하지 않으셨다는 것입니다. 왜냐하면 예수님은 "사람의 속에 있는 것"(요 2:25하)을 아셨기 때문입니다.

"사람의 속에 있는 것"이 뭘까요? 마음의 지성소에 뭐가 들었는지 예수님은 아셨다는 말입니다. 다른 사람의 마음의 지성소에 뭐가 있는지 나는 모릅니다. 내 속에 뭐가 있는지 나도 모를 수 있습니다. 그러나 예수님은 아십니다. 세상의 가치를 붙잡고 그것을 얻기 위해 예수님께 나아온다면, 그것은 예수님을 향한 완전한 믿음이 아니라는 것입니다. "저는 예수님을 믿어요. 예수님은 제 병도 고쳐 주시고, 저에게 먹을 양식도 주시고, 제가 원하는 모든 것을 다 주시는 분이에요." 그런 믿음은 온전한 믿음이 아닙니다.

물론 예수님은 우리에게 필요한 것을 주시지요. 그러나 그것이 본질은 아닙니다. 왜냐하면 예수님은 십자가를 통해 죽는 법을 가르쳐 주기 위해 오셨기 때문입니다. 십자가의 죽음을 통해 내 속에 있는 세상의 것을 빼 버리고 하나님과 연합하도록 하기 위해 오신 분이기 때문입니다. 예수님의 능력이 아니라 십자가를 믿는 것이 참된 믿음입니다.

예수님을 바라보고 예배할 때 십자가 앞에서 죽는 사건이 영적으로 일어납니다. "예수님, 오늘도 제 마음에 세상이 가득 들어왔습니다. 저는 십자가에서 주님과 함께 죽었습니다. 제 마음속에 들어온 세상을 십자가 능력으로 죽여 주시고, 마음의 지성소에 하나님만 계시도록 도와주소서." 그럴 때 십자가의 능력으로 내 속에 있는 세상의 모든 것이 죽고, 내 마음은 하나님으로 채워집니다.

태조 이성계는 아들 이방원에게 고려의 마지막 충신 정몽주를 설득하라고 했습니다. 그래서 이방원은 정몽주를 만나서 "하여가"를 불렀습니다. "이런들 어떠하며 저런들 어떠하리/ 만수산 드렁칡이 얽혀진들 어떠하리/ 우리도 이같이 얽혀져서 백 년까지 누리리라." 이 유혹에 대한 정몽주의 응답은 "단심가"였습니다. "이 몸이 죽고 죽어 일백 번 고쳐 죽어/ 백골이 진토 되어 넋이라도 있고 없고/ 님 향한 일편단심이야가실 줄이 있으랴."

오늘도 세상은 우리에게 영적인 "하여가"를 부릅니다. "세상이 좋아하는 것, 우리도 좋아해도 되잖아? 그것을 주시는 분으로 예수님이 계시는 것 아닌가?" 그러나 예수님은 우리에게 말씀하십니다. "그렇지 않다. 네가 죽고, 죽고, 또 죽어서, 골백번이라도 죽어서 결국은 네 속에 있는 세상의 것을 몰아내고 하나님으로 네 마음을 채우고, 네 마음의 지성소에 하나님 한 분만 계시게 하는 것이 신앙의 본질이다."

여러분은 성전에 왜 나오나요? 이스라엘 사람들처럼 장사하러 나오나요? 소원 성취하러 나오나요? 이 세상을 얻으려고 나오십니까? 아닙니다. 하나님 아닌 것을 내 마음에서 제거하러 나오는 것입니다. '내가 원하는 것을 다 내려놓으면 내 삶이 망가질까요? 아닙니다. 그럴 때 하나님이 내 삶을 책임지십니다. 내가 버린 세상의 모든 가치에 대하여 하나님이 주권을 발동하셔서 다스려 가십니다. 성전에 올 때마다, 진정한 예배를 드릴 때마다, 예배를 통하여 내 속에 있는 하나님 아닌 것들을 다 죽이고 하나님으로 채워서 그 기쁨과 감격을 가지고 성전을 나가시기를 축원합니다.

하나님 아버지! 하나님 아닌 것을 버려야 하는데, 오히려 세상을 더 달라고 예배합니다. 하나님을 얻으러 왔는데, 오히려 하나님을 버리는 예배를 드리고 있으니 어찌하면 좋겠습니까? 하나님 아닌 것을 신앙의 대상으로 삼지 않게 하소서. 그것은 언젠가 우리를 떠나고, 우리는 허무해질 것이기 때문입니다. 하나님을 믿는다고 하면서도 사실은 하나님 아닌 것을 섬기면서, 하나님의 힘으로 그것을 얻으려는 잘못된 믿음에서 우리를 건져 주소서. 우리 마음의 지성소에 하나님만 홀로 계셔서 하나님과 교제하는 충만한 인생, 하나님이 돌보고 책임지시는 복된 인생을 살게 하소서.

## 함께 생각하기

1 많은 사람이 예수님의 표적을 보고 믿었으나 예수님이 그들에게 의탁하지 아니하신 이유는 무엇입니까? (23-24절)

2 예수님이 사람에게 의탁하지 아니하신 근거는 무엇입니까? (24-25절)

3 예배 가운데 내 마음이 드러나거나 혹은 내려놓게 하신 경험이 있다면 나눠 봅시다.

# 하나님
# 나라에
# 들어가려면

요 3:3-5

## | 　세 종류의 하나님 나라

하나님 나라는 세 종류가 있습니다. 첫째는 죽은 다음에 가는 하나님 나라입니다. 초월적인 하나님 나라, 우리가 하나님과 함께 살아갈 영원한 천국입니다. 아주 보수적인 신앙인들이 가지는 하나님 나라 개념입니다. 둘째로 이 땅에 이루어지는 하나님 나라가 있습니다. 하나님의 뜻이 펼쳐지는 아름답고 이상적인 현실, 그런 환경을 이 땅에서 만들어 가는 것이 하나님을 믿는 사람들이 해야 할 과제입니다. 아주 진보적인 신앙인들이 가지는 하나님 나라 개념입니다. 셋째로 예수님이 말씀하신 하나님 나라가 있습니다.

예수님이 공생애를 시작하면서 처음 선포하신 말씀은 "때가 찼고 하나님의 나라가 가까이 왔으니 회개하고 복음을 믿으라"(막 1:15)였습니다. 여기서 "하나님 나라"는 어디에 있는 것일까요? 죽어서 가는 하나님 나라도 아니고, 현실에서 우리가 만들어야 하는 하나님 나라도 아닙니다. 예수님은 "하나님의 나라는 너희 안에 있느니라"(눅 17:21)라고 말씀하셨습니다. "너희 안"이란 어디를 말하는 것일까요? 정확하게 말하면 마음입니다. 찬송가에도 있습니다. "주의 얼굴 뵙기 전에 멀리 뵈던 하늘나라 내 맘속에 이뤄지니 날로 날로 가깝도다"(새찬송가 438장 2절). 하나님 나라가 어디 있다고요? 마음에 있습니다.

내 마음의 지성소에 하나님이 계시면 하나님이 내 영혼의 주인이 되시기 때문에 하나님으로 인하여 만족합니다. 하나님 나라가 이루어집니다. 내 마음에 천국이 이루어진 상태, 그 감격과 만족과 기쁨을 가지고 세상으로 나가는 것입니다.

그러니까 이론적으로 말한다면, 내가 직장에 나가기 전에 어떤 마음으로 나가야 할까요? 먼저 마음속에 하나님을 모십니다. 그래서 내 마음이 하나님 나라의 기쁨으로 충만해집니다. 그런 상태로 직장에 가는 것이고, 남편과 아내를 대하는 것이고, 내게 주어진 현실 속으로 들어가는 것입니다. 내가 원하는 것이 이루어지면 하나님 나라가 되는 것입니까? 아닙니다. 하나님 나라가 이루어진 상태로 현실을 사는 것, 그것이 그리스도인의 삶입니다.

그런데 많은 사람들이 내 마음속에 이루어지는 하나님 나라를 잘 모릅니다. 그러나 이것이 가장 중요한 하나님 나라입니다. 왜냐하면 내 마음에서 하나님 나라를 경험하지 못하면 이 땅에서도 내 삶의 현장을 하나님 나라로 만들 수 없고, 죽어서도 하나님 나라에 가지 못하기 때문입니다.

퀴즈를 낼 테니 맞혀 보세요. 주기도문에서 "아버지의 나라가 오게 하시며", 여기서 "아버지의 나라", 즉 '하나님의 나라'는 첫째, 둘째, 셋째 중에 어느 것일까요? 죽어서 가는 하나님 나라인가요? 이 땅에서 우리가 만들어 가야 하는 하나님 나라인가요? 아니면 우리 마음에서 이루어지는 하나님 나라인가요? 정답은 세 번째입니다. 내 마음에 이루어지는 하나님 나라입니다.

그럼 어떻게 해야 내 마음에 하나님 나라가 이루어질까요? "아버지의 나라가 오게 하시며" 그 앞에 "아버지의 이름을 거룩하게 하시며"라는 기도가 나옵니다. 이것이 정답입니다. 하나님의 이름을 거룩하게 여기면 하나님 나라가 내 마음에 임합니다. 거룩이란 가장 좋은 것, 더 이상 좋을 수 없는 것, 다른 것과 비교도 할 수 없을 만큼 최고로 하나님을 좋아한다는 의미입니다. 하나님의 이름, 하나님 자신을 이 세상 어느 것보다 최고로 좋아하는 것이 거룩히 여긴다는 말의 뜻입니다.

그러니까 하나님을 가장 좋아하고 사랑하고 기뻐하면 그 사람의 마음에 하나님의 나라가 임하는 것입니다. 그렇게 되면 내 마음이 하나님으로 꽉 차기 때문에 만족합니다. 더 이상 아무 소원이 없습니다. 그러니까 지금 내 마음에 하나님 나라가 이루어지지 않았다면 하나님보다 세상의 그 무엇을 더 사랑하고 있는 것입니다. 사람들은 입으로는 하나님이 최고라고 말하지만 사실은 이 세상을 더 좋아합니다. 그래서 하나님 나라가 쉽게 경험되지 않는 것입니다.

그러므로 우리가 추구해야 하는 것은 죽어서 가는 하나님 나라도 아니고, 이 땅을 하나님 나라로 만드는 것도 아닙니다. 언제나, 어떤 환경에서도 누릴 수 있는 내 마음의 하나님 나라입니다. 하나님보다 이 세상을 더 좋아하는 마음을 십자가 앞에서 죽이는 것이 하나님 나라가 임하는 비결입니다. 그럴 때 "아버지의 뜻이 하늘에서와 같이 땅에서도 이루어지게 하소서"라는 기도처럼 하나님의 뜻이 나를 통하여 이루어지는 것입니다. 하나님의 나라가 우리 마음속에 가득하길 기도합니다.

## | 거듭남, 성령으로 다시 태어나는 것

본문에는 하나님 나라를 오해한 한 사람이 등장합니다. 니고데모라는 사람인데, 그는 바리새인으로 율법에 정통한 사람이고, 지도자입니다. 정확하게 말하면 산헤드린 공의회원입니다. 유대인 중에서 가장 출세한 사람이고, 인격적으로도 흠이 없고, 믿음도 좋은 사람입니다. 이 사람이 밤중에 예수님을 찾아와서 이렇게 말했습니다.

> 랍비여 우리가 당신은 하나님께로부터 오신 선생인 줄 아나이다 하나님이 함께하시지 아니하시면 당신이 행하시는 이 표적을 아무도 할 수 없음이니이다(요 3:2).

니고데모는 왜 예수님을 찾아왔습니까? 그것도 한밤중에요. 두 가지 가능성을 가집니다. 하나는 이스라엘 지도자로서, "하나님 나라가 가까이 왔다고 하는데, 예수님의 능력을 가지고 로마를 물리치고 우리가 잃어버린 이 땅에서 유대인들이 주인이 되는 하나님 나라를 언제 어떤 방법으로 만들 것입니까? 만약 그렇게 하신다면 제가 어떻게 참여해야 합니까?" 이런 의미로 물었다고 볼 수 있습니다.

또 하나는, "내가 지금까지 율법을 다 지켰지만 죽어서 영원한 하나님 나라에 들어갈 자신이 없습니다. 구원의 감격과 확신이 없습니다. 어떻게 해야 하나님 나라에 들어갈 수 있습니까? 아직도 무엇이 부족한 것입니까?" 이런 의미로 물었을 수도 있습니다. 어찌 되었든 그의 관심사는 하나님 나라였습니다. 이 말을 듣고 예수님이 대답하십니다.

사람이 거듭나지 아니하면 하나님의 나라를 볼 수 없느니라(요 3:3하).

그러나 하나님 나라에 대해 잘 모르는 니고데모는 거듭나야 한다는 말만 듣고, "아니, 어떻게 다시 태어난다는 말입니까? 나이 먹은 사람이 다시 어머니 뱃속에 들어갔다 나올 수 있습니까?"라고 물었습니다. 그러자 예수님이 말씀하십니다. "그런 뜻이 아니다. 물과 성령으로 다시 태어나야 한다는 뜻이다."

사람이 물과 성령으로 나지 아니하면 하나님의 나라에 들어갈 수 없느니라(요 3:5하).

그렇다면 "물과 성령"은 무엇일까요? 물은 물세례, 성령은 성령세례입니다. 먼저 세례가 필요한 이유는 골로새서 3장 5절에 "그러므로 땅에 있는 지체를 죽이라"고 나옵니다. 하나님의 형상으로 창조된 인간은 하나님과 교제하고, 하나님 나라를 바라보며 살게 되어 있습니다. 그런데 육체를 가진 인간은 모든 관심을 땅에 두고 있습니다. 이런 자세를 죽여야 한다는 것입니다. 우리의 만족을 이 땅의 어떤 것에 두고 살아가는 자세가 죄라는 것을 인정하고 죽인다는 표시가 물세례입니다.

성령세례는 물세례 다음에 오는 것인데, 죄에 대하여 죽은 우리가 영적으로 살아나서 이제는 하늘에 계신 하나님과 하나님 나라를 의식하고 사모하고 하나님께 응답하게 되었다는 표시입니다. 그러니까 물세례는 죽음을 강조하고, 성령세례는 천국을 강조하는 것입니다.

여기서 우리는 성령이 하시는 일이 뭔가를 알 수 있습니다. 성령은 나의 죄를 깨닫게 하시고, 하나님을 사랑하고 하나님과 연합하려는 마음을 주시는 분입니다. 그러니까 다시 태어난다는 것은, 거듭난다는 것은 쉽게 말하면, 어머니 뱃속에 다시 들어갔다 나오는 것이 아니라 성령으로 다시 태어난다는 뜻입니다. 성령의 도우심으로 내가 하나님의 자녀라는 것을 깨닫게 되는 것을 의미합니다.


|  ## 거듭나는 방법

많은 사람들이 거듭난다는 것이 무엇인지에 대해 오해합니다. 철이 들거나 인격적으로 성숙한 것이라고 생각합니다. 그러나 전혀 다른 것입니다. 니고데모 같은 사람은 겉으로 볼 때는 완전한 사람입니다. 그러나 예수님이 보실 때는 거듭나야 하는 사람입니다. 왜냐하면 자연인이거든요.

육으로 난 것은 육이요 영으로 난 것은 영이니(요 3:6).

육이 아무리 철이 들고 훈련하고 발전해도 육에 불과합니다. 열 번, 백 번 어머니 뱃속에 다시 들어갔다 나와도 안 되는 것입니다. 거듭나는 것은 육에 속한 사람이 영으로 다시 태어나는 것입니다. 아주 놀랍고 신비한 일입니다. 이것은 마치 바람이 부는 것과 같습니다.

바람이 임의로 불매 네가 그 소리는 들어도 어디서 와서 어디로 가는지 알지 못하나니 성령으로 난 사람도 다 그러하니라(요 3:8).

요즘은 바람에 대해 기상청에서 다 분석합니다. 바람이 왜 생기는지, 어디서 어떻게 불어올지, 얼마나 강하게 불지 다 압니다. 그러나 옛날에는 바람이 어디서 와서 어디로 가는지 모릅니다. 보이지도 않습니다. 그런데 없는 것은 아닙니다. 과정은 신비하나 현상은 분명한 것이 바람입니다. 바람 소리도 들리고, 그 바람이 분 결과가 어떤지, 즉 파도가 치고 나무가 부러지는 것을 눈으로 볼 수 있습니다. 과정은 설명할 수 없지만 현상은 부정할 수 없습니다. 사람이 거듭나는 역사도 그렇다는 것입니다.

성령의 바람이 불어오면 내가 죄인이라는 것이 깨달아지고, 예수님이 나를 위해 죽으셨다는 것이 믿어지고, 내가 하나님의 자녀라고 고백하게 되고, 하나님을 더 사랑하고 싶어지고, 그 말씀을 따라 살고 싶은 마음이 생겨납니다. 눈에 보이지도 않고 설명할 수도 없지만, 어느 순간 죽어 있던 하나님의 형상이 회복되면서 하나님의 말씀에 응답하는 사람이 되는 것입니다.

제가 초등학교 3학년 때 교회에서 부흥회를 했습니다. 그때는 어느 교회에서 부흥회를 하면 이웃 교회에서도 성도들이 같이 참여했습니다. 그래서 입추의 여지가 없이 교회가 꽉 차곤 했습니다. 강사 목사님의 말씀이 끝나고 통성 기도를 하라고 해서 큰 소리로 부르짖어 기도하는데, 제 옆에 처음 보는 어린아이가 있었습니다. 대여섯 살이나 됐을까요? 그 아이가 눈물 흘리며 큰 소리로 기도하는 소리가 들렸습니다. "하나님, 저는 죄가 참 많습니다. 저를 용서해 주세요. 그리고 하나님의 아들이 되게 해 주세요. 그리고 저도 천국 가고 싶어요. 엉엉엉." 그러면서 눈물을 펑펑 흘리는 겁니다.

저도 초등학교 3학년이니까 어린아이인데, 제가 그 아이를 보면서 이런 생각을 했습니다. '아니, 저 어린 것이 무슨 죄가 많다고 저렇게 통곡을 하는 거지?' 그 장면을 보면서 충격을 받았습니다. 그 순간 저는 그 아이의 영혼이 다시 태어나는 것을 보았습니다. 이것이 인간의 논리로 가능하겠습니까? 그 기억은 오래 남아 있었고, 저도 그렇게 하고 싶었지만 저는 초등학교를 졸업하고 중학생 때 거듭남의 체험을 했습니다.

본문에서 니고데모도 "어찌 그러한 일이 있을 수 있나이까"(요 3:9하)라고 말합니다. 그러자 예수님은 "너는 이스라엘의 선생으로서 이러한 것들을 알지 못하느냐"(요 3:10) 이렇게 물으셨습니다. 영의 일에 대해 아무것도 모르는 사람이라는 뜻입니다. 니고데모가 왜 영적으로 아무것도 모르는 사람이 되었을까요? 머리로 이해하려고 했기 때문입니다. 이해가 안 된다고 거부했기 때문입니다. '정말 그럴까? 그것이 가능할까?' 의심만 하고, 영의 세계에 대해 열린 마음을 가지고 있지 못했기 때문입니다.

우리가 어떻게 영의 일을 알 수 있을까요? 간단합니다.

내가 땅의 일을 말하여도 너희가 믿지 아니하거든 하물며 하늘의 일을 말하면 어떻게 믿겠느냐(요 3:12).

말씀을 듣고 믿으면 됩니다. 왜냐하면 예수님은 "하늘에서 내려온 자"(요 3:13)이기 때문입니다. 하늘에 계시다가 우리에게 하늘에 대하여 말씀하려고 오신 분이 예수님 아닙니까? 하늘나라에 대해서 가장 잘 아시는 분은 예수님입니다. 우리는 그 말씀을 믿으면 되는 것입니다. 그런데 아무것도 모르면서 의심만 하니 알 수가 있나요? 그러니까 하늘나라와 영의 일을 말씀하시는 예수님의 말씀을 믿으라는 것입니다.


## | 십자가 바라보기

하나님 나라에 들어가려면 거듭나야 하는데, 이것은 육체의 노력이나 개선으로 되는 것이 아니라 신비한 성령의 역사인데, 그렇다면 나는 아무것도 하지 않아도 되는 것일까요? 우리가 할 일은 무엇일까요?

모세가 광야에서 뱀을 든 것같이 인자도 들려야 하리니 이는 그를 믿는 자마다 영생을 얻게 하려 하심이니라(요 3:14-15).

"모세가 광야에서 뱀을 든 것같이"란 무슨 뜻일까요? 민수기 21장에 보면 이스라엘 백성이 광야를 행진하다가 힘들어지자 하나님께 원망 불평을 했습니다. "왜 우리를 이런 광야로 인도하여 여기서 죽게 하시는가?" 그 소리를 듣고 진노하신 하나님은 그들에게 불뱀을 보내셨습니다. 불뱀에 물린 사람들은 몸에 독이 퍼지면서 몸이 불덩이처럼 달아오르고, 나중에는 퉁퉁 부어 죽었습니다. 모세가 그들을 위해 기도했습니다. "이러다가 다 죽겠습니다! 하나님, 살려 주십시오." 그 말을 듣고 하나님이 말씀하셨습니다. "일어나서 놋으로 뱀을 만들어 장대에 달고, 그것을 백성들이 보게 하라. 누구든지 장대에 달린 놋뱀을 쳐다보면 살 것이라고 전하라."

이제 그 말씀이 전해집니다. 그 말씀을 듣고 사람들은 둘로 갈라졌습니다. 온몸에 독이 퍼져 입에 거품을 물고 죽어 가는데 어떤 사람이 "빨리 장대에 달린 놋뱀을 보세요. 그럼 삽니다"했을 때 "그래? 알았어. 쳐다볼게" 하고 바로 쳐다본 사람은 신기하게도 열이 내리고 독이 빠지면서 생명을 얻었습니다. "아, 정말 놀랍다. 어찌 이럴 수 있지? 그냥 바라본 것뿐인데 거뜬해졌어." 이렇게 살아나서 기뻐하는 사람들이 있는가 하면, "놋뱀을 본다고 어떻게 살 수 있느냐? 쓸데없는 소리 집어치워라. 말 같은 소리를 해야지" 이렇게 비웃으며 놋뱀을 쳐다보지 않고 죽은 사람도 부지기수였습니다.

본다는 것은 그냥 보는 것이 아닙니다. 믿어야 보는 것입니다. "놋뱀을 쳐다보면 산다." 이 말이 이해가 되든 안 되든 믿고 쳐다본 사람은 다 살았습니다. 거듭나는 것도 이와 같습니다. 어떻게 우리가 거듭날 수 있고, 영생을 얻을 수 있고, 하나님 나라에 들어갈 수 있습니까?

인자도 들려야 하리니(요 3:14).

"인자"는 예수님입니다. 즉 "인자가 십자가에 못 박혀 들려야 하리니"라는 말입니다. "광야에서 놋뱀을 쳐다본 자가 살아났듯이 너희들을 위해 내가 십자가에 죽을 것인데, 내가 못 박힌 십자가를 믿는 마음으로 바라보면 너희도 살 것이다. 과정은 신비해. 그러나 결과는 분명하다. 경험한 사람은 알 수 있어. 경험하지 않은 사람은 죽어도 모를 거야."

그런 뜻입니다.

예수님은 니고데모에게 말씀하셨습니다. "니고데모야, 하나님 나라에 들어가고 싶으냐? 영생을 얻고 싶으냐? 너의 지식과 선행과 깨달음과 행위를 통해 가능하다고 생각하느냐? 아니다. 너는 거듭나야 한다. 의심하지 말고, 믿음으로 십자가를 바라보라."

십자가를 바라보는 것은 그냥 멀뚱멀뚱 바라보는 게 아닙니다. 믿음을 가지고 바라볼 때 내가 얼마나 큰 죄인인지를 알게 되고, 내가 어떻게 죄를 용서받을 수 있는지, 내가 어떻게 하나님의 자녀가 되는지, 내가 어떻게 하나님 나라에 들어가는지를 알게 된다는 것입니다. 하나님 나라에 들어가려면 거듭나야 합니다. 거듭나는 방법은 십자가에 못 박히신 예수님을 바라보는 것입니다. 이것이 우리가 할 일입니다.

함께 기도하기

사랑하는 아버지! 우리에게 하나님 나라를 주시려는 아버지의 마음, 그것을 위해 하나님의 어린양으로 십자가에 죽으신 예수님, 그 예수님의 십자가를 믿는 마음으로 바라볼 때 설명할 수 없는 놀라운 신비한 역사가 일어나서 내가 얼마나 큰 죄인이며, 얼마나 큰 용서를 받았으며, 어떻게 하나님의 자녀가 되었으며, 하나님 나라에 들어가는 자가 되는지를 알게 된다고 하셨습니다. 이 신비한 비밀을 주의 자녀들 모두가 알게 해 주시고, 아직 경험해 보지 못했다면 십자가를 믿음으로 바라보게 하소서.


함께 생각하기

1   예수님은 사람이 거듭나지 아니하면 무엇을 볼 수 없다고 하셨습니까? (3절)


2   사람이 어떻게 거듭난다고 하셨습니까? (5절)


3   십자가를 바라보며 마음의 변화가 있었던 순간이 있다면 나눠 봅시다.

# 9

# 하나님이
# 세상을 이처럼
# 사랑하사

요 3:16

## 지식을 얻는 세 가지 방법

미국의 빌리 그레이엄(Billy Graham) 목사님이 낯선 도시를 방문해서 운전하다가 자기도 모르게 과속을 했습니다. 경찰관이 달려와서 말했습니다. "10마일 과속했습니다. 법원에 출두하세요." 법원에서 판사가 물었습니다. "당신이 10마일 과속한 것을 인정하십니까?" "예, 인정합니다." "10마일 과속했으니 1마일에 1달러씩 10달러를 벌금으로 내시오." "그렇게 하겠습니다."

그런데 판사가 앞에 있는 사람을 보니 어디서 많이 보던 얼굴이에요. 이름을 보니 "빌리 그레이엄"이라고 쓰여 있었습니다. 대통령들의 친구이며, 모든 미국인이 존경하는 목사님이었습니다. "아이고, 목사님 아니십니까?" "예, 죄송하게 됐습니다. 제가 빌리입니다." "목사님, 법에 따라 판결은 했습니다만, 벌금은 제가 대신 내드리겠습니다." 재판을 마친 판사는 그 도시에서 제일 좋은 식당으로 목사님을 모시고 가서 정성껏 대접했습니다. 목사님은 참 민망하기도 하고, 무척 고맙기도 했습니다.

목사님은 그 후에 이런 설교를 했습니다. "십자가는 이런 것입니다. 잘못은 내가 하고, 그 대가는 다른 분이 감당한 것입니다. 나는 분명히 잘못해서 법원에 갔습니다. 그런데 내가 잘못하지 않았다고 판사가 말했다면 잘못입니다. 잘못한 것은 잘못했다고 해야 의로운 것입니다. 그러므로 벌금을 부과하는 것은 올바른 것입니다. 그러나 벌금을 대신 내준 것은 사랑입니다. 정확하게 판결하는 공의와 벌금을 대신 내준 사랑이 한자리에서 만나는 것이 십자가입니다."

물론 십자가 사건이 이것과 똑같지는 않습니다. 십자가는 이렇게 낭만적이지 않습니다. 우리 죄의 대가는 10달러의 벌금 정도가 아니라 영원한 멸망이며, 나를 위해 대신 내준 금액은 하나님의 아들의 생명이고, 그 결과 나는 영원한 생명을 얻었습니다.

미국의 교육학자 파커 팔머(Parker Palmer)는 "지식을 얻는 방법은 다양하다"고 말했습니다. 먼저, 내가 능동적으로 노력해서 얻는 지식이 있습니다. 책을 읽고, 정보를 모으고, 실험을 해서 획득하는 지식입니다. '이건 이런 것이구나.' 결론을 내립니다. 여기서는 내가 주체가 되고,

그 이외의 모든 것이 대상이 되고 객체가 됩니다. 이것이 대부분의 사람들이 지식을 얻는 방법입니다.

이와는 반대로 수동적으로 얻는 지식이 있습니다. 여기서는 내가 객체가 되고, 상대방이 주체가 됩니다. 예를 들어 봅시다. '나는 누군가?' 나 스스로 생각하는 내가 있습니다. 그러나 이것이 나의 전부는 아닙니다. 상대방이 나를 어떤 사람이라고 생각하는가에 따라서 나의 이해가 달라지기도 합니다. 내 생각에 나는 아무 쓸모가 없습니다. 희망도 없습니다. 그러나 부모님은 말씀하십니다. "세상에서 네가 가장 소중하다. 너는 뭐든지 할 수 있다." 이렇게 부모님의 평가를 믿고 받아들이면서 내가 얼마나 소중한 존재인가를 깨닫게 됩니다. 나보다 나를 더 잘 알고 더 사랑하는 분을 통해 나를 더 깊이 알게 됩니다. 이것은 믿고 받아들이면서 알게 되는 것입니다. 이렇게 인격적인 만남을 통해서 얻을 수 있는 지식이 훨씬 수준 높은 지식입니다.

또한 참여와 헌신을 통해서 얻는 지식이 있습니다. 내가 알게 된 것을 실천하고, 동참하고, 순종하면서 알게 되는 경험적 지식입니다. 예를 들면, 십자가에 대해서 "십자가란 이런 것이다" 내가 이론적으로 이해하고 객관적으로 설명할 수 있습니다. 그러나 내가 십자가를 아는 것보다 십자가에 의해서 내가 알려지는 것이 더 차원 높은 것입니다. "나는 십자가의 놀라운 사랑을 받은 사람이다." 이것을 받아들이면서 십자가를 더 깊이 알게 됩니다. 마지막으로는 내가 십자가 사건에 참여합니다. 십자가를 지고 따르며 헌신합니다. 그때 정말로 십자가가 무엇인가를 알게 되는 것입니다. 십자가에 대한 객관적 지식이 십자가에 의해 알려지는 더 깊은 지식이 되고, 십자가에 동참하면서 더 귀한 진리로 성장하게 되기를 바랍니다.

## 하나님은 어떤 분인가

본문은 성경에서 가장 중요한 요절입니다. 그래서 마르틴 루터는 이것을 "복음 중의 복음, 압축된 복음"이라고 불렀습니다. 이 복음의 내용은 크게 세 가지입니다.

첫째, "하나님은 누구신가?"입니다.

하나님이 세상을 이처럼 사랑하사 독생자를 주셨으니(요 3:16상).

하나님은 어떤 분인가요? 각자 자기 나름대로 설명할 수 있습니다. 창조주 하나님, 전능하신 하나님, 사랑의 하나님, 역사를 주관하시는 하나님…. 다 맞습니다. 그런데 그중에서도 핵심은 '독생자를 주신 사랑의 하나님'입니다. 이 하나님을 모른다면 하나님을 아는 것이 아닙니다.

"독생자"는 '외아들'이란 뜻인데, 이것은 비유입니다. 하나님과 예수님의 관계를 인간이 이해하기 쉽게 설명한 것입니다. '남자와 여자 사이에서 태어난 사내아이'가 '아들'입니다. 그렇다면 하나님에게 아내가 있나요? 없습니다. 그러니까 예수님은 아들이 아니지요. '아들과 같은'이라는 뜻입니다. 그래서 비유입니다. 아들은 아버지를 가장 많이 닮은 존재이며, 아버지가 가장 사랑하는 존재이며, 아버지의 모든 것을 물려받을 수 있는 존재입니다. 나는 아니지만 나와 가장 비슷한 존재가 아들입니다.

그러니까 '하나님의 독생자'란 하나님의 모든 것이 한 인격 안에 압축된, 눈에 보이고 손으로 만질 수 있고 대화할 수 있는 하나님을 의미합니다. 우리가 보이지 않는 하나님을 어떻게 알겠어요? 예수님을 보면서, 그분의 말씀을 들으면서, 그분이 행하시는 표적을 경험하면서 하나님을 알고 듣고 이해하고 깨닫고 경험할 수 있는 것이지요.

그런 독생자를 하나님이 우리에게 주셨습니다. 그 독생자를 가진 사람이 하나님을 부르는 용어가 있습니다. 무엇일까요? '아버지'입니다. 독생자를 주고 얻으신 우리이기 때문에 우리는 하나님의 자녀가 되고, 하나님은 우리의 아버지가 되시는 것입니다. 그러니까 하나님을 가장 정확하게 설명하면 '자기의 독생자를 내게 주실 만큼 나를 사랑하신 나의 아버지'입니다.

하나님이 "세상을 이처럼" 사랑했다고 했습니다. 여기서 "세상"은 '나'를 의미합니다. "이처럼"이란 먼저 '이런 방법으로'라는 뜻입니다. 하나님은 독생자를 십자가에 내어 주는 방법으로 우리를 사랑하셨습니다. 십자가의 방법이 아니고는 죄인을 구원할 길이 없고, 우리도 하나님을 다 알 수 없기 때문에 십자가의 방법으로 사랑하신 것입니다. 또 하나는 '이만큼'이라는 의미입니다. 독생자를 십자가의 제물로 삼을 만큼 우리를 사랑하셨다는 것입니다.

오늘 우리는 예배하는 자리에 앉아 있습니다. 그런데 나도 나를 모르는데 내가 어떻게 하나님을 알고 하나님을 예배하는 자가 되었을까요? 어떻게 하나님을 믿고 하나님의 자녀가 되었나요? 어떻게 하나님을 사랑하고 하나님 나라에 내가 갈 수 있다고 믿게 된 것일까요? 우리의 힘이 아닙니다. 우리를 향한 하나님의 놀라운 사랑 때문임을 믿습니다.

둘째, "독생자를 왜 주셨나?"입니다.

> 이는 그를 믿는 자마다 멸망하지 않고 영생을 얻게 하려 하심이라(요 3:16하).

멸망하지 않고 영생을 얻게 하려고 독생자를 주셨습니다. "멸망"이란 하나님과의 관계가 영원히 끊어지는 것입니다. 이것이 가장 큰 비극입니다. 죄로 인해 끊어진 그 관계를 독생자를 통해 이어 가려고 하나님이 아들을 보내신 것입니다.

예수님은 누구십니까? 예수님을 설명하는 방법은 많습니다. 그러나 "예수님은 하나님의 독생자이며, 하나님의 어린양으로서 십자가 죽음을 통해 나를 구원하신 분이다" 이것이 예수님에 대한 가장 정확한 설명입니다. 그러므로 예수님의 십자가는 인간을 향한 하나님의 사랑을 확증하는 도구입니다. 아들을 십자가에 죽이면서까지 나를 사랑한다는 하나님의 고백이 십자가입니다. 여러분은 십자가를 보면서 하나님의 사랑 고백을 들어 보셨습니까?

영국에 올리버 크롬웰(Oliver Cromwell)이란 사람이 있었습니다. 그는 예수님을 믿고 전도하다가 천주교 신자인 메리(Mary) 여왕의 미움을 받아 처형을 당하게 되었습니다. 처형의 신호가 무엇인가 하면 웨스트민스터 사원의 종소리였습니다. 종이 여섯 번째 울리는 순간 칼날이 머리 위로 떨어지는 것이었습니다. 그런데 웬일인지 종소리가 나는 듯하다가 더 이상 아무 소리도 들리지 않았습니다. 사람을 보내 확인해 보았더니 분명히 종을 쳤는데 종소리가 나지 않는다는 것입니다. 무슨 일인가 해서 종탑 꼭대기에 올라가 보았더니 한 여자가 피투성이가 된 채 종에 매달려 죽어 있었습니다. 조사해 보니 이 여자는 크롬웰의 애인인데, 사랑하는 사람을 살리고자 온갖 애를 다 써 보았지만 방법이 없자, 종탑에 올라가 종의 추에 자기 몸을 묶어 종소리가 나지 않도록 한 후에 자신은 몸이 으깨져 죽은 것이었습니다.

이 이야기를 들은 메리 여왕이 직접 그곳으로 왔습니다. 이 광경을 지켜본 메리 여왕은 감격했습니다. "오, 이 사랑! 이 값진 희생! 한 여인이 크롬웰을 대신하여 죽었구나. 그를 대신하여 애인이 죽었도다. 크롬웰을 석방하라. 크롬웰을 위하여 대신 죽는 사람은 있는데, 나를 위해 죽을 사람은 누구란 말인가?" 이렇게 말하며 그 자리를 떠났습니다. 석방된 크롬웰은 애인의 피를 자기 손수건에 묻히고, 그 희생의 피를 헛되이 하지 않겠다고 고백하면서 한평생 그 손수건을 간직했다고 합니다.

언제나 뜨거운 사랑의 이야기는 우리를 감격하게 합니다. '나도 그런 사랑 좀 해 봤으면! 이 세상 살면서 나도 그런 사랑 좀 받아 봤으면 좋겠다'고 생각하십니까? 이미 받았습니다. 하나님은 아들을 내주셨고, 독생자는 나를 위해 그 험한 십자가에서 죽으셨습니다.

생명이 얼마 남지 않은 분과 대화를 나누는 기회가 종종 있습니다. "천국에서 우리 다시 만날 수 있겠지요?" 이렇게 물어보면 "네, 물론입니다"라고 대답하면 얼마나 좋겠어요? 그런데 "글쎄요" 하고 얼버무리는 분들이 있습니다. "왜 '글쎄요'입니까? 왜 확신이 없어요?" "제가 뭐 착하게 살지도 못하고, 한 일도 별로 없고…." 그러면 저는 이렇게 말합니다. "천국은 착한 일을 많이 해서 가는 곳이 아닙니다. 예수님을 믿으면 가는 곳입니다." 그러면서 예수님을 전하곤 합니다.

“멸망하지 않고 영생을 얻게 하려 하심이라”고 했는데, 멸망하는 이유는 무엇일까요? 우리는 흔히 죄 때문에 멸망한다고 하는데, 아닙니다. 예수님을 믿지 않았기 때문입니다. 어떤 사람이 물에 빠졌습니다. 죽어 가고 있는데, 구조 헬기가 도착해서 밧줄을 내렸습니다. 그런데 그 사람은 밧줄을 붙잡지 않았습니다. 그래서 죽었습니다. 그렇다면 그 사람은 물에 빠졌기 때문에 죽은 것입니까, 밧줄을 잡지 않았기 때문에 죽은 것입니까? 구조 헬기가 오지 않았다면 물에 빠졌기 때문에 죽은 것입니다. 그러나 밧줄을 내려 주었기 때문에 밧줄을 잡지 않아서 죽은 것입니다.

구원의 문제도 그렇습니다. 예수님이 없었다면 자기 죄 때문에 망하는 것입니다. 그런데 예수님의 십자가 사건 이후로는 자기 죄 때문에 멸망하는 사람은 없습니다. 십자가를 붙잡지 않았기 때문에 멸망하는 것입니다. 그러므로 가장 큰 죄는 무엇입니까?

그 정죄는 이것이니 곧 빛이 세상에 왔으되 사람들이 자기 행위가 악하므로 빛보다 어둠을 더 사랑한 것이니라(요 3:19).

진정한 빛이신 예수님을 거부한 것입니다. 어떻게 하나님이 우리를 더 사랑하실 수 있을까요? 나를 위해서 아들까지 주셨는데, 그것을 믿지 않는다면 더 이상 방법은 없는 것입니다. 그래서 십자가는 사랑의 최후 계시입니다. “내가 너를 용서한다”는 그 마지막 한마디를 믿으면 구원을 받는 것입니다.

셋째, "그렇다면 내가 할 일은 무엇인가?" 독생자를 믿는 것입니다. 구원을 위해 우리가 할 일은 사실은 아무것도 없습니다. 하나님은 너무도 완벽하게 구원이라는 작품을 만들어 주셨습니다. 그것이 십자가 사건입니다. 우리가 해야 할 일은 오직 예수 그리스도를 믿는 것뿐입니다. 그것이 믿음입니다.

저는 최근에 성경을 읽다가 깨달은 것이 있습니다. 하나님이 예수님을 얼마나 사랑하셨습니까. 하나님은 "이는 내 사랑하는 아들이요 내 기뻐하는 자라"(마 3:17)고 하셨습니다. 그런데 예수님이 겟세마네 동산에서 "아버지여, 이 잔을 내게서 지나가게 하옵소서" 이렇게 피땀 흘려 기도할 때 왜 들어주지 않으셨을까요? 십자가에 달려 죽으시면서 "나의 하나님, 나의 하나님, 어찌하여 나를 버리셨나이까" 절규하는 독생자에게 왜 당장 응답해 주지 않으셨을까요? 독생자가 죽는 것이 하나님 자신이 죽는 것보다 더 힘드셨을 텐데 왜 가만히 계셨을까요?

독생자에게 응답하면 인간의 구원을 포기해야 하기 때문입니다. 우리 같으면 내 자식의 절규를 들으면서 가만히 있을 수 있을까요? 아무리 아름다운 구원 계획이라도 "다 집어치워라!" 그렇게 말하고 개입했을 텐데, 하나님은 끝까지 그 고통을 참으면서 개입하지 않으셨습니다. 그 기다림은 우리를 향한 놀라운 사랑이었다는 것을 깨닫고 전율을 느꼈습니다.

"인류 전체를 구원하려면 그 정도의 희생이 필요한 것 아닌가요?" 아닙니다. 아우구스티누스(Augustinus Hipponensis)는 이런 질문을 했습니다. "하나님은 이 세상에 나 혼자만 있어도 독생자를 보내셨을까?" 그 대답은 "그렇다"였습니다. 그는 그 순간 감격합니다. "내가 뭔데, 어떻게 나를 위해 아들을 주실 수 있지?" 그 놀라운 사랑을 깨닫고 통곡했습니다. 그러니까 십자가 속에는 독생자를 주신 아버지의 엄청난 사랑이 들어 있습니다. 또한 자기를 제물로 드리며 대신 죽은 독생자의 희생이 들어 있습니다. 그러므로 십자가의 용서란 엄청난 대가를 지불한 결과입니다. 이 놀라운 이야기가 바로 기독교의 내용입니다. 그것이 요한복음 3장 16절 한 구절에 압축되어 있습니다.

이 세상에는 수많은 이야기가 있습니다. 그러나 그 어떤 이야기보다도 드라마틱하고, 감동적이며, 가장 큰 이야기(the big story)는 하나님의 십자가 사랑 이야기입니다. 이 이야기를 알고 나면 세상에 어떤 이야기도 이보다 더 위대할 수 없다는 것을 알게 됩니다. 더 중요한 것은 내가 그 이야기의 주인공이라는 사실입니다.

이제 우리에게 남은 일이 있다면 "이처럼" 사랑하신 그 사랑에 응답하는 것입니다. 그 사랑을 믿음으로 받아들이는 것입니다. 그 사랑을 듣고, 배우고, 깨닫고, 고백하고, 감격하고, 그 사랑 안에 거하는 것입니다. 새로운 세상이 열릴 것입니다. 영생이 시작되었다는 것을 알게 될 것입니다. 이 놀라운 하나님의 사랑에 믿음으로 응답하기를 바랍니다.

이 세상을 이처럼 사랑하신 하나님! 나를 위해 독생자를 주셨으니 우리 모두 그 독생자 예수님을 받아 가지게 하시고, 그분을 믿고 하나님의 자녀가 되고, 멸망하지 않고 영생을 얻게 하소서. 이 놀라운 소식이 모든 사람에게 들려지게 하소서.

## 함께 생각하기

1 하나님이 세상을 이처럼 사랑하사 무엇을 주셨습니까? (16절)

2 예수님을 믿는 자는 어떻게 된다고 하셨습니까? (16절)

3 십자가를 통해 하나님의 사랑이 마음에 와닿았던 순간이 있다면 나눠 봅시다.

# 10

## 이러한
## 기쁨이
## 충만하기를

요 3:29-30

## | 하나님 한 분이면 충분합니다

최근에 어떤 분으로부터 질문을 받았습니다. "목사님! 제가 성공도 해보고 실패도 해 보았는데, 그때마다 제 마음이 요동치는 것을 느꼈습니다. 성공할 때도 하나님을 가장 기쁘시게 하고, 실패했을 때도 하나님을 가장 기쁘시게 하는 방법이 무엇일까요?" 저는 이렇게 대답했습니다. "상황과 상관없이 언제나 하나님이 제일이라고 고백하는 것이 아닐까요? '성공할 때는 성공보다 하나님이 더 좋고, 실패할 때는 실패했어도 하나님이 계시니 두려워하지 않겠습니다. 어떤 경우에도 하나님만 계시면 충분합니다.' 이런 고백이라고 생각합니다."

우리가 하나님께 영광을 돌린다는 말을 자주 하는데, 어떻게 하는 것이 하나님께 영광을 돌리는 것일까요? 간단하게 말하면, 하나님이 나에게 언제나 넘버원이 되시는 것, 하나님이 내 마음에서 스포트라이트를 받으시는 것입니다.

나에게 좋은 일이 일어났습니다. 승진했습니다. 합격했습니다. 그리고 투자에 성공했습니다. 얼마나 좋아요? 이 순간 어떻게 하나님께 영광을 돌릴 수 있을까요? "이 선물이 좋지만 더 좋은 것은 선물을 주신 하나님입니다. 저는 이 성공에 마음을 빼앗기지 않겠습니다. 성공 때문에 교만해지지 않고, 성공 때문에 주님 섬기는 일을 게을리하지 않겠습니다. 저를 향한 주님의 뜻이 이루어지게 하소서."

실패했습니다. 어려운 일이 닥쳤습니다. 어떻게 하나님께 영광 돌릴 수 있을까요? "주님, 이 일 때문에 낙심하지 않겠습니다. 제가 볼 때는 실패 같아도, 하나님께는 실패가 없음을 믿습니다. 이것을 통해 더 큰 일을 이루실 것을 믿습니다. 저는 하나님 한 분이면 충분합니다."

이렇게 성공할 때도, 실패할 때도 하나님을 넘버원으로 인정하는 것이 하나님께 영광을 돌리는 방법입니다. 어떤 경우에도 하나님께 영광을 돌리는 인생, 하나님을 넘버원으로 인정하고 사랑하는 삶을 살기를 바랍니다.

본문은 세례 요한의 고별사입니다. 그는 한평생 주어진 사명을 완수하고, 끝까지 충성하다가 멋지게 사역을 마무리하고 있습니다. 어떤 자리에서 물러날 때 어떤 자세를 가져야 하는가에 대한 아주 중요한 모델이 본문에 나옵니다.


## | 세례 요한, 신랑의 친구

세례 요한은 옥에 갇혀서 죽기 전에 무슨 일을 했습니까? "요한도 살렘 가까운 애논에서 세례를 베푸니 거기 물이 많음이라 그러므로 사람들이 와서 세례를 받더라, 요한이 아직 옥에 갇히지 아니하였더라"(요 3:23-24)라는 말씀에서 알 수 있듯이 요한은 세례를 주고 있었습니다. 그런데 예수님도 요단강에서 세례를 주고 있었습니다(요 3:22). 그러니까 사람들은 세례를 받으러 어느 쪽으로 가도 됩니다. 그렇게 되자 예수님과 요한을 비교했습니다.

그러던 중에 세례 요한의 제자와 한 유대인이 논쟁을 벌였습니다(요 3:25). 그 내용은 정결 예식에 대한 것입니다. "인간은 어떻게 정결해질 수 있는가?" 이 문제로 논쟁했는데, 유대인의 정결 방법은 무엇입니까? 그들은 "속죄 제사를 잘 드리고 모든 규정과 의식을 치밀하고 꼼꼼하게 잘 지키면 된다"고 했습니다. 외적 정결을 주장했습니다. 그러나 세례 요한은 "외적 정결보다 중요한 것은 내적 정결이다. 그러므로 죄 없는 척하고, 규례만 지키면서 의롭다 뽐내는 자들은 '독사의 자식들'이다. 모든 외식을 버리고, 나는 의롭지 못하다 고백하고, 과거는 죽고 다시 새로운 삶을 살겠다는 표시로 세례를 받으라"고 했습니다.

유대인의 정결 예식과 세례 요한의 정결 예식 중에서 어느 쪽이 더 나은 것 같습니까? 세례 요한의 방법입니다. 그러니까 논쟁에서 누가 이겼을까요? 세례 요한의 제자가 이겼습니다. 그러자 유대인은 기분이

121

상해서 세례 요한의 제자 앞에서 스승을 무시하는 말을 했습니다. "너는 지금 네 스승이 최고라고 뽐내는데, 네 스승은 이제 한물갔어. 웬만한 사람은 다 예수께로 간다더라." 이 소리를 듣고 제자들이 기분이 나빠서 세례 요한에게 하는 말이 26절, "랍비여 선생님과 함께 요단강 저편에 있던 이 곧 선생님이 증언하시던 이가 세례를 베풀매 사람이 다 그에게로 가더이다"입니다.

확인해 보니 정말입니다. 이 소리를 듣고 세례 요한이 대답합니다.

요한이 대답하여 이르되 만일 하늘에서 주신 바 아니면 사람이 아무것도 받을 수 없느니라(요 3:27).

"다 하나님이 하시는 일이다. 하나님이 사람들을 예수님께 보내시는 것이다. 그런데 너희들은 왜 그렇게 민감한 것이냐?" 이 상황을 신앙적으로 이해합니다. 그러면서 자기가 누군지 자기 사명을 말해 줍니다. "나는 그리스도가 아니요 그의 앞에 보내심을 받은 자라고 한 것…"(요 3:28). 그러곤 "너희들도 들었지? '예수님은 약속된 메시아이며, 세상 죄를 지고 가는 하나님의 어린양이다. 나는 그분의 신발 끈을 풀기도 감당할 수 없다.' 이렇게 내가 말하지 않았느냐? 그러니까 내 제자인 너희들은 나를 따라서 '예수님이 바로 우리가 기다리던 그리스도입니다' 이렇게 전해야 할 것 아니냐? 그런데 나는 그분을 섬기는데, 왜 너희들은 나의 제자라고 하면서 그분에 대하여 질투하느냐?" 하고 꾸짖었습니다.

그 후 세례 요한은 예수님에 대한 자기의 마음을 비유로 설명합니다. '신랑의 친구'라는 말입니다(요 3:29). 이스라엘에서는 결혼할 때 신랑의 친구가 하는 일이 있습니다. "신랑이 온다"고 외치고, 그래서 신랑에게 주의를 집중시킵니다. 신랑 신부를 위해 모든 심부름을 하고, 신랑 신부가 신방에 들도록 안내하고, 신랑이 들어가면 다른 사람은 들어오지 못하도록, 신랑 신부 두 사람을 아무도 방해하지 못하게 막아 줍니다. 한마디로 말하면, 수고는 많이 하고, 자기에게 돌아오는 것은 하나도 없는 것이 신랑의 친구입니다. 그러나 신랑의 친구는 기쁜 마음으로 수고합니다. 왜냐하면 가장 큰 우정의 표시이기 때문입니다. 그래서 신랑은 가장 믿을 수 있는 친구에게 그 일을 부탁했고, 부탁을 받은 친구는 기쁨으로 그 일을 감당했습니다.

"나는 신랑의 친구다." 이 말의 뜻은 "예수님은 신랑이시다. 나는 들러리다. 모든 사람에게 예수님을 소개하고, 그들이 예수님께 나아가고, 그분을 만나고, 그래서 그분을 알고 사랑하고 섬기면 나는 그것으로 족하다. 신부가 신랑에게 가는 것이 당연하지. 그러니까 사람들이 나에게 올 이유도 없고, 나를 알아줄 필요도 없다. 다만 나는 예수님을 위해 일할 수 있다는 것으로 족하다. 나는 이 기쁨이 충만하다"이런 고백입니다.

## 예수님은 흥하고, 나는 쇠하고

세례 요한의 결론입니다.

> 그는 흥하여야 하겠고 나는 쇠하여야 하리라(요 3:30).

이 말은 하나님의 일을 하는 사람들이 반드시 해야 하는 고백입니다. 그렇다면 왜 예수님은 흥하고 나는 쇠해야 하는 것일까요? 나는 그리스도가 아니니까요. 나는 그분의 소리이니까요. 그분을 세상에 알리는 것이 세례 요한의 사명이니까요. 그런데 우리의 사명도 세례 요한과 똑같습니다.

우리는 자주 질문합니다. "어떻게 살면 하나님이 영광을 받으실까? 어떻게 하면 교회가 교회다워질 수 있을까?" 간단합니다. "그는 흥하여야 하겠고 나는 쇠하여야 하리라." 이 마음만 가지면 다 되는 것입니다. 기독교가 약해지고 욕을 먹는 이유는 진리가 부족해서도 아니고, 하나님의 능력이 부족해서도 아닙니다. "그는 흥하여야 하겠고 나는 쇠하여야 하리라." 이런 마음이 우리에게 없기 때문입니다.

그렇다면 우리는 어떻게 쇠하여질 수 있을까요? 쇠함의 극치는 죽음입니다. 사람들은 눈에 보이는 업적을 중요시하지만, 정말 하나님이 보실 때 중요한 것은 자기를 내려놓고 죽었느냐는 것입니다. 우리가 봉사도 하고, 헌신도 하고, 업적을 남기기도 하지만 그것은 내가 십자가에서 죽었다는 것을 나타내는 표시에 불과합니다. 그러니까 눈에 보이는 일은 내가 십자가에 죽었음을 나타내는 표시입니다. 이것이 봉사의 본질입니다. 만약에 봉사라는 행위 속에 나의 죽음이 들어 있지 않다면 껍데기 봉사에 불과합니다.

예를 들어 볼까요? 아브라함이 이삭을 제물로 바친 것은 그가 믿음 안에서 죽었다는 것을 나타냅니다. 그러니까 아들을 바친 업적은 죽음의 결과입니다. 내가 죽지 않고 시퍼렇게 살아서 많은 일을 하면 대단한 것 같지만, 결국 그렇게 한 일은 내 이름을 높이고, 내 나라를 세우는 것밖에 되지 않습니다. 그런 일은 하나님의 심판대 앞에서 다 불에 타서 없어지는 것입니다. 그러므로 진정한 섬김은 어떤 구체적인 일이 아니라 '그 사역 속에서 내가 얼마나 죽느냐? 내가 얼마나 쇠하여지느냐?' 하는 것입니다. 내가 죽으면 그리스도가 흥하게 됩니다.

인생은 참으로 짧고 허무합니다. 인생이 허무하지 않게 되는 비결이 뭘까요? 세례 요한처럼 예수님을 위해 자기가 쇠하여지는 것입니다. 이것이 최고의 영광입니다. "아냐, 나는 끝까지 흥할 거야!" 이렇게 몸부림칠 때 우리 인생은 고달파지고, 초라해지고, 분노로 가득 차게 됩니다. "예수님은 흥하고 나는 쇠해야 한다." 이것은 변하지 않는 진리입니다.

새찬송가 323장 "부름 받아 나선 이 몸"의 3절 가사는 이렇습니다. "존귀 영광 모든 권세 주님 홀로 받으소서 멸시 천대 십자가는 제가 지고 가오리다 이름 없이 빛도 없이 감사하며 섬기리다 이름 없이 빛도 없이 감사하며 섬기리다." 신앙생활 하면서 절대로 잊어서는 안 되는 것이 뭘까요? "주님의 뜻은 더 드러나고 제 생각은 더 줄어들어야 합니다. 주님은 더 높아지시고, 저는 더 낮아져야 합니다. 주님은 목적이 되시고 저는 수단이 되어야 합니다. 영광은 주님이 받으시고, 멸시 천대는 제가 받아야 합니다. 주님을 위하여 내 이름, 내 자존심, 내 못된 성질을 더 내려놓게 하소서." 이 마음을 가져야 합니다. 정말 하나님을 높이면 우리 영혼은 기뻐하게 되어 있습니다.


## 하늘에서 오신 분

이제 마지막으로 세례 요한은 예수님에 대하여 설명하는데, 이것이 요한복음 3장 전체의 결론입니다.

위로부터 오시는 이는 만물 위에 계시고 땅에서 난 이는 땅에 속하여 땅에 속한 것을 말하느니라 하늘로부터 오시는 이는 만물 위에 계시나니(요 3:31).

"예수님은 하늘에서 오신 분이다." 이것이 예수님의 본질입니다. 사람들이 예수님을 오해하는 이유는 예수님을 땅에서 나신 분, 자꾸만 사람으로 보기 때문입니다. "어떻게 사람이면서 하나님이 될 수 있는가? 어떻게 처녀의 몸에서 탄생하는가?" 그래서 복잡해집니다.

"만물 위에 계시나니." 이 말은 예수님을 인간의 기준으로 판단하고 평가하면 절대로 설명할 수 없다는 뜻입니다. 위로부터 오신 분이므로 만물 위에 계시는 분인데, 만물의 각도에서 해석하면 이해가 안 되지요. 그러나 하늘에서 오신 분으로 받아들이면 간단해집니다. 그렇다면 그분이 하시는 일은 무엇입니까?

그가 친히 보고 들은 것을 증언하되 그의 증언을 받는 자가 없도다(요 3:32).

예수님은 하늘에서 오신 분이므로 하늘에서 친히 보고 들은 것, 하나님의 영광과 그 뜻을 가장 정확하게 증언하신다는 것입니다. 이 세상 어느 누가 하늘의 일을 알겠습니까? 하늘에서 오신 예수님만 알 수 있습니다. 그래서 예수님이 "내가 곧 길이요 진리요 생명이니 나로 말미암지 않고는 아버지께로 올 자가 없느니라"(요 14:6)라고 말씀하셨지요? 그러므로 하나님에 대해서 알려면 예수님의 말씀을 들어야 합니다.

그런데 사람들이 그 말씀을 듣지 않습니다. 증거가 없어서입니까?

아닙니다. 증거는 많습니다. 예수님은 말씀만 하신 것이 아닙니다. 예수님이 하늘에서 오셨다는 여러 가지 증거를 보여 주었습니다. 병도 고치셨고, 5천 명도 먹이셨고, 풍랑도 잔잔하게 하셨고, 죽은 자도 살리셨습니다. 그런데도 사람들은 믿지 못하고 계속 표적을 구했습니다. 그러자 예수님이 화도 나고 지쳐서 하신 말씀이 있습니다.

악하고 음란한 세대가 표적을 구하나 선지자 요나의 표적밖에는 보일 표적이 없느니라(마 12:39).

요나가 큰 물고기 뱃속에 3일 동안 있었던 것같이 예수님도 십자가에 죽고 3일 후에 부활할 것을 말씀하셨습니다. 예수님이 보여 줄 최고의 표적은 십자가와 부활이라는 것입니다.

그런데 사람들은 십자가와 부활도 믿지 않습니다. 역사적으로는 십자가와 부활의 확실성을 위해서 본디오 빌라도까지 등장합니다. 십자가 사건이 로마 시대 빌라도가 유대 총독이었을 때, 몇 년 몇 월 며칠에 있었는지, 날짜까지 다 나옵니다. 그러나 사람들은 지금도 예수님의 십자가를 부인하잖아요? 증거가 없나요? 넘칩니다. 안 믿는 것이지요. 하지만 놀라운 것은 예수님의 증언을 믿고 받아들이는 자가 있다는 것입니다.

그의 증언을 받는 자는 하나님이 참되시다는 것을 인 쳤느니라(요 3:33).

그들은 "하나님은 참되시다"고 고백합니다. "하나님이 세상을 창조하셨습니다. 독생자를 보내셨습니다. 그분을 통해 나의 죄를 용서하시고 하나님의 자녀로 삼아 주셨습니다. 나는 그 말씀을 믿습니다. 그 말씀은 진리입니다." 이렇게 고백하는 사람들이 있다는 거예요. 이 일이 어떻게 가능합니까? "하나님이 보내신 이는 하나님의 말씀을 하나니 이는 하나님이 성령을 한량없이 주심이니라"(요 3:34), 즉 성령 때문에 가능합니다.

위에서 오신 예수님이 성령을 힘입어 말씀하시고, 그 성령이 우리에게 역사하셔서 그 말씀을 진리로 듣고 깨닫고 믿게 하십니다. 인간의 사고방식과 논리로 이해할 수 없는 성경의 내용, 하나님의 말씀과 그 구원의 진리를 누가 알아들을 수 있겠습니까? 성령을 받았기 때문에, 하나님이 인을 치셨기 때문에, "너희는 내 것이다. 너희는 하나님의 아들과 딸이다" 이렇게 도장을 꽝 찍으셨기 때문에 가능한 것입니다. 하나님이 인 치신 사건이 어떻게 현실에서 나타나는가 설명해 보겠습니다.


## 가르쳐 주셔야 한다

언젠가 제가 어느 집사님에게 "기도 제목이 뭡니까?" 하고 물었더니 "하나님의 음성을 한 번 듣고 싶어요" 해서 "이미 들었을 텐데요" 했더니 "아니, 못 들어 봤어요" 하십니다. 다시 물었죠. "집사님이 하나님의 딸인 걸 믿습니까?" "믿습니다. 확실합니다." "그걸 어떻게 알았습니까?" "그냥 믿어져요. 그래서 알게 됐습니다." "아닙니다. 하나님이 집사님의 귀에다 대고 '너는 내 딸이야' 이렇게 말씀하셨기 때문에 알게 된 것입니다." "아이, 목사님. 저는 하나님의 음성을 들은 적이 없다니까요."

집사님의 말씀에 설명을 이어 갔습니다. "하나님의 음성은 귀로 듣는 것이 아닙니다. 마음 깊은 곳에서 듣는 것입니다. 집사님이 하나님의 음성을 들었다는 것을 제가 증명해 드리지요. 마태복음 16장 15절에서 예수님이 이렇게 말씀하셨습니다. '너희는 나를 누구라 하느냐.' 그러자 베드로는 대답합니다. '주는 그리스도시요 살아 계신 하나님의 아들이시니이다.' 그 말을 들으시고 예수님이 말씀하셨습니다. '바요나 시몬아 네가 복이 있도다 이를 네게 알게 한 이는 혈육이 아니요 하늘에 계신 내 아버지시니라.' 그러니까 베드로의 신앙고백이 그냥 나온 것이 아닙니다. '예수님이 그리스도이시다. 살아 계신 하나님의 아들이시다.' 하나님이 이렇게 베드로에게 가르쳐 주셨기 때문에 가능했던 것입니다.

내가 신앙고백을 하는 것은 내가 깨달은 것이 아니고 누가 가르쳐 준 것이 아닙니다. 하나님이 내 영혼에게 '너는 내 딸이다. 나는 너의 하늘 아버지다. 내가 독생자를 너에게 선물로 주었다' 이렇게 말씀하신 음성을 듣지 않고는 '나는 하나님의 딸이다'라고, '하나님은 내 아버지이시다'라고 고백할 수 없습니다. 그러므로 나의 고백은 하나님이 나에게 직접 들려주신 말씀이 있었기 때문에 가능합니다. 진정한 신앙고백은 인 치심의 결과입니다. 그러니까 집사님은 이미 하나님의 음성을 들은 겁니다."

그랬더니 "어머, 어머! 그러면 저는 하나님의 음성을 확실히 들은 거네요. 너무 좋아요" 하시기에 "그럼요, 내가 어떤 고백을 그냥 하는 것이 아닙니다. 먼저 하나님의 음성을 내가 듣고, 그 응답으로 내 입에서 고백이 나오는 것입니다. 이것은 아주 중요한 영적인 메커니즘입니다" 이렇게 말해 주었습니다. 하나님은 오늘도 우리에게 말씀하십니다. "너는 내 아들(딸)이다.” 그 인 치신 말씀을 듣고 우리는 고백하는 것입니다. “저는 하나님의 아들(딸)입니다.” 순서가 그렇습니다.

예수님이 하늘에서 오신 분임을 믿습니까? 하나님의 모든 말씀이 참되다고 믿습니까? 할렐루야! 하나님이 “너는 내 것이라”고 인을 쳐 주신 결과입니다. 그 사람에게는 뭐가 있나요? 아들을 믿는 자에게는 영생이 있습니다(요 3:36). 그 영생을 누리는 삶이 되길 소망합니다.

함께 기도하기

하늘에 계신 아버지! 제자들이 세례 요한에게 와서 "모든 사람이 예수님께로 갑니다" 이렇게 말하면서 슬퍼하자, 세례 요한은 "무슨 소리냐? 예수님께 모두가 간다면 기뻐해야지. 그는 흥하여야 하겠고 나는 쇠하여야 하리라"고 고백하면서 기뻐했습니다. 예수님을 소개하고, 예수님에게 사람들이 가도록 만들어 주고, 자기는 예수님 뒤로 물러서면서 주님께 영광 돌리는 데서 오는 기쁨, 그 신령하고 거룩한 기쁨을 알게 해 주시고, 그런 기쁨이 충만한 인생을 살게 하소서. 우리에게 예수님을 보내 주셔서 하늘의 모든 것을 알게 하시니 감사합니다. 예수님의 말씀을 듣고 믿고 사랑함으로써 하나님을 알고 믿고 사랑하게 하소서. 오늘도 영생을 누리는 삶이 되게 하소서.

함께 생각하기

1   세례 요한은 예수님과 자신의 관계를 어떻게 고백합니까? (30절)

2   세례 요한은 자신을 무엇이라고 말합니까? (28-29절)

3   내가 한 걸음 물러설 때 오히려 기쁨과 자유를 경험했던 순간이 있다면 나눠 봅시다.

# 11

# 그런 물을
# 내게 주소서

요 4:14-15

## | 하나님의 일식

어떤 시장에서 경매가 진행되고 있었는데, 파장할 때가 되자 경매인이 오랫동안 팔리지 않아 상처 나고 때 묻은 바이올린을 보면서 '내다 버릴까?' 하다가 혹시 싸게라도 팔아 볼 생각으로 가격을 불렀습니다. "이 바이올린 사실 분 있습니까? 1달러부터 시작하겠습니다." 그러자 어떤 사람이 "1달러라면 사겠소" 했습니다. "예, 1달러에 원하는 분이 계십니다. 혹시 2달러 있습니까?" 어떤 사람이 "2달러!"를 불렀습니다. "3달러 있습니까?" 아무도 없었습니다.

그때 점잖은 신사 한 분이 "어디 한번 봅시다" 하고는 바이올린을 들더니, 먼지를 닦고, 줄을 조이고는, 활을 집어 들고 연주하는데, 너무나 아름다운 선율이 흘러나왔습니다. 몇 곡을 연주하고 나서 신사는 바이올린을 다시 테이블 위에 내려놓았습니다. 모두 감동이 되어 조용한 순간, 어떤 사람이 외쳤습니다. "1천 달러에 사겠소!" 그 말을 듣더니 "2천 달러!" 하고 사람들이 저마다 원하는 가격을 불렀습니다.

우리 마음은 상하고 긁히고 찢기고 조율이 엉망인 바이올린과 같습니다. 이 음악가처럼 우리의 녹슨 곳을 닦고, 더러운 것을 제거하고, 연약한 부분을 보완해 주면 얼마든지 고귀한 존재로 회복될 수 있습니다. '나도 아름다운 소리를 내고 싶은데, 왜 노력해도 삐걱거리는 소리밖에는 나오지 않을까? 왜 나는 입만 열면 불평과 원망과 한숨밖에는 나오지 않을까? 왜 이렇게 내 마음은 우울한가?' 이렇게 생각하는 분이 있습니까? 주님께 붙들려야 합니다. 주님이 나를 붙잡으시고, 닦아 주시고, 치료하시고, 연주하시는 인생이 될 때, 그럴 때 나는 진정한 내가 될 수 있는 것입니다.

철학자 마르틴 부버(Martin Buber)는 말했습니다. "사람의 마음 깊은 곳에는 불안과 초조와 남이 알지 못하는 어둠과 두려움이 도사리고 있다. 그 원인은 영적인 것인데, 한마디로 말해서 '하나님의 부재'다. 태양이 달에 가려져서 어두워지는 것이 일식(日蝕, solar eclipse)이다. 하나님의 일식은 삶의 일식으로 나타나는 것이다." 태양이 달에 가려졌을 뿐 존재가 사라진 것이 아니듯, 하나님도 언제나 계시지만 우리 사이에 가려진 것이 있어서 그 존재가 보이지 않을 뿐입니다.

본문에는 예수님이 한 여자를 만나시는 장면이 나옵니다. 배경 설명이 3-6절에 나옵니다.

유대를 떠나사 다시 갈릴리로 가실새 사마리아를 통과하여야 하겠는지라 사마리아에 있는 수가라 하는 동네에 이르시니 야곱이 그 아들 요셉에게 준 땅이 가깝고 거기 또 야곱의 우물이 있더라 예수께서 길 가시다가 피곤하여 우물 곁에 그대로 앉으시니 때가 여섯 시쯤 되었더라(요 4:3-6).

이스라엘 지도를 보면 남쪽에 예루살렘이 있고, 북쪽 끝에는 갈릴리 지방이 있습니다. 그 가운데쯤에 사마리아가 있습니다. 원래 이스라엘은 한 나라였다가 북이스라엘과 남유다로 분열되었는데, 북이스라엘의 수도가 사마리아입니다. 북이스라엘은 주전 722(721)년에 앗수르에 의해 멸망했는데, 앗수르는 이스라엘 사람들의 민족적 우월감, 선민 의식을 없애기 위해서 많은 이민족들을 사마리아로 이주시켜 살게 함으로써 북이스라엘 사람들을 혼혈시켜 버렸습니다. 그래서 남유다 사람들은 선민이면서도 선민이 아니게 된 사마리아 사람들을 더러운 개처럼 취급했습니다. 그들을 만나지도 않았고, 사마리아 지역을 가게 될 때는 빙 돌아서 가곤 했습니다.

그런데 4절에 보면 예수님은 사마리아를 통과해야 한다는 필요성을 느끼셨습니다. 그곳에서 한 영혼을 구원하려는 하나님 아버지의 뜻을 깨달았던 것입니다. 그래서 그 여자를 구원하고, 그 여자를 통하여 그 지역의 다른 사람들에게도 복음을 전하려 하신 것입니다. 사마리아 수가성 야곱의 우물가에 예수님이 앉아 있는데, 한 여자가 나타났습니다. 그 시간이 "여섯 시"입니다. 성경의 시간에 6을 더하면 우리의 시간이 됩니다. 그러니까 "여섯 시"는 낮 12시가 됩니다.

팔레스타인은 더운 지방이므로 이 시간에는 사람들이 돌아다니지 않습니다. 수가성에서 야곱의 우물까지는 걸어서 한 시간 정도 걸립니다. 그러니 누가 그 시간에 물을 길으러 오겠어요? 대개 사람들이 물 긷는 시간은 해지는 저녁 서늘할 때였고, 마을 여인들이 몰려와서 물을 긷고 서로 수다도 떠는 곳이 우물가였습니다. 이 여자는 그것이 싫어서 아무도 없는 시간에 혼자 와서 물을 긷는 것입니다. 이 여자를 주님이 만나 주십니다.

## 인간은 어떤 존재인가

본문의 주제는 크게 세 가지입니다. "인간은 어떤 존재인가?" "하나님의 선물은 무엇인가?" "그 선물을 누가, 언제 주시는가?"

첫째로, "인간은 어떤 존재인가?" 목말라하는 존재입니다. 인간은 한평생 무언가에 목말라서 헐떡이는 존재입니다. 목마름이 인간의 실존입니다. 먼저 예수님이 여자에게 다가가서 말을 걸었습니다(요 4:7). "물 한 모금 얻어먹읍시다." 우물가에서 이런 부탁을 받았으면 얼른 두레박에 물을 길어서 "목말라 힘드셨을 텐데 맘껏 드세요" 이렇게 나와야 하는데, 여자의 반응은 어떻습니까? "당신은 유대인 남자인데, 왜 사마리아 여자인 나에게 물을 달라 합니까? 우리를 사람 취급도 하지 않으면서!" 이렇게 까칠했습니다(요 4:9).

목말라하는 사람에게 물 한 모금을 기분 좋게 주지 못합니다. 짜증이 가득하고, 열등의식으로 꽉 차 있는 여자입니다. 여기서 정말 목마른 사람이 누구일까요? 물을 달라고 부탁하시는 예수님이 아니라 물 한 모금 주지 못하는 그 여자야말로 정말 목마른 사람이라는 것을 보여 줍니다.

## 하나님의 선물은 무엇인가

둘째, "하나님의 선물은 무엇인가?" 여자의 말을 듣고 예수님이 대답하십니다.

> 네가 만일 하나님의 선물과 또 네게 물 좀 달라 하는 이가 누구인 줄 알았더라면 네가 그에게 구하였을 것이요 그가 생수를 네게 주었으리라 (요 4:10).

갑자기 물을 달라고 했던 목마른 나그네의 입장이 바뀝니다. 생수를 필요로 하는 존재가 예수님이 아닌 여자로 바뀝니다.

그 말을 듣고 여자는 하나님의 선물이 무엇이며, 자기 앞에 있는 유대인의 정체가 무엇인지 알고 싶어졌습니다. 그래서 11-12절에서 이렇게 말합니다. "아니, 이 우물은 깊고 물 길을 그릇도 없는데, 당신이 어디서 그런 생수를 구한다는 말입니까? 자기도 목마른 주제에 나에게 무슨 생수를 준다는 것이오? 물을 주려면 결국 이 우물물을 길어야 하는데, 야곱의 우물에서 물을 긷는 당신이 야곱보다 낫다는 말입니까?" 예수님의 대답입니다.

> 이 물을 마시는 자마다 다시 목마르려니와 내가 주는 물을 마시는 자는

영원히 목마르지 아니하리니 내가 주는 물은 그 속에서 영생하도록 솟아나는 샘물이 되리라(요 4:13-14).

그러니까 하나님의 선물은 무엇인가요? 영원히 목마르지 않는 물, 속에서 영생하도록 솟아나는 샘물입니다.


## 누가 생수를 줄 수 있는가

셋째, "그렇다면 누가, 언제 이 생수를 주시는가?" 15절에서 여자는 "주여 그런 물을 내게 주사 목마르지도 않고 또 여기 물 길으러 오지도 않게 하옵소서"라고 말하고, 예수님은 이렇게 말씀하십니다. "그런 물을 줄 수 있지. 그런데 조건이 하나 있다. 네 남편을 데려오라." 그러자 이 여자는 기겁을 합니다. 이 여자의 가장 깊은 문제의 핵심을 찔렀기 때문입니다.

그렇다면 예수님은 왜 이 여자에게 남편을 데려오라고 하셨을까요? 여자의 인생에서 가장 깊은 목마름이 남편의 문제였기 때문입니다. 2천 년 전, 그 당시 여성관에 의하면 여자의 행복은 오직 남편에게 달려 있다고 생각했습니다. 지금 여성들은 자기의 능력과 재주를 가지고 이 세상을 얼마든지 살아갈 수 있지만, 옛날에는 불가능했습니다. 모든 것이 남편을 통해서만 가능했습니다. 남편을 잘 만나면 모든 것이 해결되었습니다. 가정도 생기고, 자식도 생기고, 명예와 안정도 생겨났습니다. 남편이 인생의 마스터키였습니다. 그러므로 남편이란 인생의 목적이고, 행복의 근원이었던 것입니다.

그래서 이 여자는 남편을 목마르게 찾았습니다. 저 남자 정도라면 나를 행복하게 해 줄 것이라 믿고 달려갔는데 아니더라는 것이지요. 그래서 또 다른 남자를 목마르게 찾았는데 그 사람도 아니고. 그래서 여섯 번째 남자를 만났지만 그 사람을 통해서도 행복할 수 없었습니다. 이런 과정을 통해 이 여자는 남편이 행복과 기쁨의 근원이 되지 못한다는 것을 깨닫게 되었습니다. 이제는 지쳐서 남편을 통한 이 세상의 행복을 아예 기대하지 않게 되었습니다. 그런데 남편을 데려오라니요! 여자는 머뭇거리다가 대답합니다. "나는 남편이 없나이다"(요 4:17상) 이렇게 말하고는 침묵합니다.

예수님은 여자의 가장 아픈 부분을 건드리면서 여자의 진실을 듣고자 했습니다. 그런데 그 여자는 왜 남편 이야기를 꺼내느냐며 화를 내거나 남편에 대해 거짓말로 둘러대지 않고 솔직하게 고백합니다. "나는 남편이 없나이다." 이 말은 법적인 남편이 없다는 것이 아닙니다. 남편이 줄 것이라 여겼던 인생의 기쁨과 행복, 꿈과 소망이 없다는 것입니다. "나는 지금까지 이 세상이 줄 수 있는 행복과 만족과 기쁨을 찾아 헤맸지만 지금까지 얻지 못했습니다." 자기 인생에 대해 솔직하게 고백했습니다. 자기 진실을 찾은 것입니다. 예수님은 이 여자의 고백을 받아 주십니다.

네가 남편이 없다 하는 말이 옳도다 너에게 남편 다섯이 있었고 지금 있는 자도 네 남편이 아니니 네 말이 참되도다(요 4:17-18하).

이 여자는 여기서 완전히 깨집니다. 자기 인생의 가장 깊은 비밀을 알면서도 자기를 그대로 받아 주는 그분을 바라보는 순간, 눈이 열리면서 자기 앞에 있는 그분이 누군가를 깨달았습니다. 그 순간, 예수님은 그 영혼을 품에 안아 주십니다. 여자의 목마름은 예수님 안에서 해결되었습니다. 영혼의 생수가 터진 것입니다.


## 나는 남편이 없나이다

얼마 전에 어느 성도님이 제게 기도를 받고 싶다고 오셨는데, "뭐 때문에 기도를 받으려고 하시나요?" 물었더니 "제가 늘 우울해서요" 하셨습니다. "우울한 이유가 뭐라고 생각하세요?" "남편이 저를 사랑하지 않기 때문입니다." "남편이 나를 사랑해도 우울할 수 있습니다. 왜냐하면 남편이 나를 행복하게 할 수는 없거든요. 반대로 생각해 보세요. 집사님은 아내로서 남편을 행복하게 해 줄 수 있다고 생각합니까?" "전에는 그럴 수 있다고 생각했는데, 이제는 자신이 없습니다."

저는 이렇게 말해 주었습니다. "잘 들어 보세요. 우리 마음은 크기가 어느 정도 될까요? 하나님을 담을 수 있을 만큼 큽니다. 그래서 우리의 마음은 하나님으로만 꽉 채워질 수 있어요. 다시 말하면, 하나님 아닌 이 세상의 어떤 것을 담아도 우리 마음은 채워지지 않습니다. 그래서 파스칼(Blaise Pascal)은 말했죠. '인간에게는 하나님으로만 채워질 수 있는 공간이 있다'고요. 이런 의미에서 인간의 모든 행동은 자기의 빈 마음을 채우고자 하는 몸부림입니다.

무엇으로 자기 마음을 채우려고 하는가, 그 대상이 나의 진정한 신입니다. 남편으로 내 마음을 꽉 채우겠다 하면 그 남편은 신이 된 것입니다. 그러나 남편은 신이 아닙니다. 남편에게 나를 행복하게 해 달라고 하는 것은 과도한 요구입니다. 불가능한 것을 요구하다 보면 집사님도 힘들고 남편도 황폐해집니다.

먼저 집사님이 해야 할 일은 마음을 하나님으로 채우는 것입니다. 그럴 때에 집사님의 마음에 하나님의 나라가 임하게 되고, 마음에 하나님의 나라가 임하면 진정한 만족과 기쁨이 생겨나고, 그렇게 되면 내 환경과 상관없이 나는 기뻐할 수 있습니다. 그 기쁨을 가지고 남편을 대하는 것입니다. 그러니까 남편을 내 존재의 목적, 행복의 근원으로 생각하지 말고, 내가 받은 주님의 사랑을 흘려보내는 대상으로 남편을 생각해야 합니다. 그럴 때 나도 행복해질 수 있고, 남편도 더 아름다운 존재로 변할 수 있습니다."

세상은 우리에게 "하나님 아닌 이 세상의 어떤 것으로 행복해질 수 있다. 세상의 그 무엇이 없기 때문에 불행하다"고 가르칩니다. 남편이 나를 사랑하지 않기 때문에, 아내가 나를 무시하기 때문에, 자녀가 없기 때문에, 돈이 없기 때문에, 건강하지 못하기 때문에, 직장이 없기 때문에 불행하다고 생각합니다. 그래서 그것을 가지려고 몸부림칩니다. 그러나 성경은 그렇게 말하지 않습니다. 내 마음이 하나님으로 충만하지 않기 때문에 불행해지는 것입니다. 하나님의 일식(日蝕)이 삶의 일식을 가져오는 것입니다.

우물가의 여인은 모든 인간의 상징입니다. 인간은 목마른 존재입니다. 그런데 언제, 어디서, 어떻게 영원한 생수를 마실 수 있습니까? "나는 남편이 없나이다." 이렇게 고백할 때, 내 마음속에서 이 세상의 모든 가치를 부정하고 하나님으로 내 마음을 채울 때, 그때 영원한 생수가 위로부터 부어지는 것입니다.

물론 남편이 주는 행복도 있습니다. 그러나 그것은 내 행복의 지극히 일부입니다. 자녀가 주는 행복도 있습니다. 그것도 내 행복의 지극히 일부입니다. 돈, 권력, 명예 등 수많은 남편이 있지만 그 남편들이, 내가 기대하는 이 세상의 수많은 가치들이 내 영혼의 목마름을 완전히 해결할 수는 없습니다, 하나님 외에는.

"우리는 예수를 믿으면서도 왜 이렇게 세상에 대하여 목말라하는가? 예수님을 오래 믿었는데, 왜 내 영혼에는 생수가 넘치지 않는가?" 이런 질문 해 보셨습니까? 본문에 의하면 간단합니다. 아직도 뭔가 이 세상에서 기쁨과 만족과 행복을 기대하는 것입니다. 다시 말하면, 세상에 대한 기대를 깨끗하게 포기하지 않았습니다. 하나님 아닌 다른 것으로 내 마음을 채울 수 있다고 생각하기 때문입니다. 그러나 언젠가는 그것들을 내려놓아야 합니다. 그리고 하나님으로만 내 마음을 채워야 합니다.

그렇다면 마음속에 하나님 아닌 것이 들어 있다면, 그것을 쫓아내는 방법은 무엇일까요? "네 남편을 불러 오라"고 주님이 말씀하실 때, 이 여자처럼 "나는 남편이 없나이다" 분명히 고백해야 합니다. 내 마음의 어두운 부분을 은폐하지 말고, 내 영혼의 상태가 얼마나 비참한지 감추지 말고, 이 세상의 어느 것으로도 내 마음을 채울 수 없다는 것을 고백해야 합니다. 그럴 때 내 영혼은 새로워지고 은혜의 생수가 부어지는 것입니다.

마음 깊은 곳에서 "나는 남편이 없나이다" 이 고백이 터져 나오기를 바랍니다. 이 고백은 여자들만의 고백이 아닙니다. 남자들도 고백해야 합니다. 실패자만이 아니라 성공한 사람들도 이 고백을 해야 합니다. 이 세상을 살면서 누구든지, 반드시 해야 하는 고백이 이것입니다. 이 세상 그 어떤 것보다도 하나님을 더 사랑하지 않으면 천국에 갈 수 없습니다.

　　“우물가의 여인처럼”이라는 찬양의 가사를 떠올려 봅시다. “우물
가의 여인처럼 난 구했네 헛되고 헛된 것들을 그때 주님 하신 말씀 내
샘에 와 생수를 마셔라 오 주님 채우소서 나의 잔을 높이 듭니다 하늘
양식 내게 채워 주소서 넘치도록 채워 주소서.” 지금 여기가 예수님과
그 여자가 만났던 바로 그 자리가 되기를 축원합니다.

**함께 기도하기**

하나님! 수가성 여인처럼 목마른 우리들입니다. 하나님이 주시려는 영원한 생수가 어떻게 우리 속에서 솟아날 수 있을까요? "나는 남편이 없나이다." 이 고백이 우리의 고백이 되게 하소서. 일생을 통해 해야 할 가장 중요한 고백, 영원한 하늘나라를 소유하기 위해 반드시 필요한 고백, 영원한 생수를 마시기 위해 해야 하는 고백, 그것은 "나는 남편이 없나이다" 이 고백임을 잊지 않게 하소서. 우리가 예배드리는 자리가 예수님과 우리가 만나는 그 우물가가 되게 하소서.

**함께 생각하기**

1    예수님이 주시는 물을 마시는 자는 어떻게 된다고 하셨습니까? (14절)

2    예수님이 주시는 물은 그 속에서 무엇이 된다고 하셨습니까? (14절)

3    지금 주님께 구하고 싶은 생수가 있다면 나눠 봅시다.

# 이렇게
# 예배해야
# 합니다

요 4:23-24

## | 예배, 하나님과의 만남

전에 후배 목사님이 물었습니다. "목사님은 예배가 무엇이라고 생각하십니까?" 저는 이렇게 말했습니다. "예배학 전문가인 목사님이 왜 윤리학 전공자인 나에게 그걸 물어요? 내가 오히려 물어야지." "학문적인 정의보다 마음에서 우러나온 예배의 정의를 알고 싶습니다."

저는 이렇게 대답했습니다. "내가 생각하는 예배는 주기도문에 잘

나와 있습니다. 하늘에 계신 아버지의 이름이 거룩히 여김을 받는 것입니다. 그래서 내 마음에 하나님 나라가 임하고, 나를 향한 하나님의 뜻이 이루어지는 것이라고 생각합니다. 먼저 예배의 대상은 '하늘에 계신 아버지'입니다. 그 '아버지의 이름이 거룩히 여김을 받는 것'입니다. 거룩이란 구별된다는 뜻인데, 이 세상 모든 것이 하나님과는 비교가 되지 않습니다. 다시 말하면, 하나님보다 더 좋은 것이 세상에 없다는 것입니다. 하나님이 최고입니다. 하나님만 생각하면 그 이름만 들어도 너무 기쁘고, 너무 좋아서 어쩔 줄 몰라 하는 마음이 아버지의 이름을 거룩히 여기는 것입니다.

하나님의 이름을 거룩히 여기면 어떤 결과가 옵니까? '아버지의 나라가 임하시오며', 내 마음에 하나님 나라가 임합니다. 내가 하나님을 가장 좋아하니까, 내 마음이 하나님으로 가득 차니까 내 마음에 하나님 나라가 임하는 것입니다. 그러면 나는 만족하게 됩니다. 더 이상 어떤 것에 목말라할 필요가 없습니다. 오직 나를 향한 하나님의 뜻이 이루어지기를 바랄 뿐이지요. 이제는 그 만족한 마음, 감사한 마음, 충만한 마음으로 내게 주어진 일을 감당하는 것입니다. 학생은 공부하면 되고, 직장인은 그 마음으로 일하면 되고, 그런 마음으로 다른 사람들을 대하면 되는 것입니다. 이것이 예배의 목적이며, 예배를 통해 이렇게 변해야 한다고 생각합니다."

학문적으로 말하면 예배는 '하나님과의 만남'입니다. 주보를 보면 예배 순서가 많지만 둘로 갈라집니다. 아래서 위로 올라가는 것과 위에서 아래로 내려오는 것이 교차됩니다. 찬송이 올라가고, 기도가 올라가고, 헌금이 올라갑니다. 그런가 하면 사죄 확인이 내려오고, 말씀이 내려오고, 축도가 내려옵니다. 이렇게 올라가고 내려오는 것이 교차되면서 하나님과 우리 사이에 대화가 이루어집니다. 그 결과 내 속에서 어떤 변화가 일어납니다.

간단하게 말하면, 예배란 내 마음에서 세상을 버리고 하나님으로 채우는 행위입니다. 그러니까 올바른 예배는 세상을 버리고 하나님을 얻으려는 것이고, 잘못된 예배는 하나님을 버리고 세상을 얻으려는 것입니다. 이것이 예배의 타락입니다. 예배의 본질을 모르면 예배는 타락하기 쉽습니다. 왜냐하면 가치가 높을수록 가짜도 많은 법이거든요. 그래서 최고의 가치를 가진 예배는 가짜가 너무 많습니다.

가장 빠져들기 쉬운 잘못된 예배는 양다리 걸치기입니다. 쉽게 말하면, 삶의 현장에서는 내가 원하는 세상을 섬기고, 하나님의 집에 와서는 하나님을 섬기는 것이며, 이것을 고치지 않고 그대로 유지하면서 스스로 만족하는 것입니다. 세상에 나가서는 세상을 사랑하고, 하나님의 집에 와서는 하나님을 사랑한다고 예배를 드립니다. 그런데 그 예배의 목적은 결국 세상을 더 얻고자 하는 것입니다. 세상을 얻고자 하나님을 버리면서도 하나님께 예배를 드렸으니 나는 하나님 앞에 올바로 서 있다고 착각하는 것, 이것이 세상과 하나님 사이에서 양다리를 걸치는 것입니다.

이제 여러분은 내가 드리는 예배가 올바른 예배인지, 타락한 예배인지 스스로 질문해 보시기 바랍니다. 세상에서 내가 원하는 것을 추구하다가 성전에 와서 예배를 드림으로써 나는 하나님께 할 일을 다 했다고 생각한다면 타락한 예배입니다. 반대로 내 마음에 들어 있는 세상을 비우고, 하나님으로만 내 마음을 채우려고 예배를 드린다면 올바른 예배입니다. 하나님의 집에서 올바른 예배를 드리는 예배자가 되기를 축원합니다.

앞 장에서 우리는 우물가에서 예수님이 물 좀 달라고 하셨을 때, 물을 주지 않은 여자를 살펴보았습니다. 정말 목마른 사람은 예수님이 아니라 이 여자였습니다. 예수님은 말씀하셨습니다.

네게 물 좀 달라 하는 이가 누구인 줄 알았더라면 네가 그에게 구하였을 것이요 그가 생수를 네게 주었으리라(요 4:10하).

여자는 깜짝 놀라서 "그런 물이 있으면 나 좀 주세요" 이렇게 말했고, 예수님이 "네 남편을 불러 오라" 하시자 "나는 남편이 없습니다. 나는 세상에서 행복을 찾아 헤맸지만 이 세상 어디서도 얻을 수 없었습니다"라고 고백했습니다.

그런데 바로 이 순간에, 본문 20절에서 여자는 질문합니다. "어디서 예배해야 합니까? 유대인들은 예루살렘에 있는 성전에서 예배해야 한다고 말하고, 사마리아 사람들은 그리심산에서 예배해야만 하나님이 받으신다고 했습니다. 어디서 예배드리는 것이 맞습니까? 예루살렘입니까, 그리심산입니까?" 왜 이런 질문을 했을까요? 이 여자는 목마른 여자였습니다. 자기의 목마름을 이 세상에서는 해결할 수 없다는 것을 알고 여자는 하나님을 찾게 되었는데, 그 하나님을 만나는 방법이 예배이기 때문에 예배에 대해 물었던 것입니다.

이 여자의 마음은 '목마름에서 예배로' 이동했습니다. 아주 중요한 변화입니다. 목마름을 완전하게 해결하는 방법은 예배를 통해 하나님을 만나는 것입니다. 왜냐하면 세상에 대한 목마름은 내 영이 하나님으로 채워지지 않아서 발생한 현상이기 때문입니다.

그래서 그리심산에 가서 예배를 드렸는데 영혼에 만족이 없었습니다. "뭐가 문제입니까? 유대인들 말처럼 예루살렘에서 예배하지 않아서 그런 것입니까? 예배 장소가 잘못되었기 때문입니까?" 여자는 이렇게 물었습니다. 예수님은 말씀하십니다.

여자여 내 말을 믿으라 이 산에서도 말고 예루살렘에서도 말고 너희가 아버지께 예배할 때가 이르리라(요 4:21).

"예배는 장소의 문제가 아니다. 가장 중요한 것은 예배의 대상이다. 내가 원하는 이 세상의 그 무엇이 아니라 하나님 아버지가 예배의 대상이어야 한다"라고 말씀하신 것입니다.

그렇다면 왜 유대인들과 사마리아인들은 예배의 장소를 강조했을까요? 그들의 종교가 타락했기 때문입니다. 타락한 종교는 성도들이 그 종교가 지정한 장소에서 예배만 잘 드리면, 세상에 나가서 어떤 일을 하며 어떻게 살더라도 괜찮다고 위로하고, 격려하고, 칭찬하고, 잘못된 예배를 인정해 주면서 거기서 이익을 얻는 시스템입니다. 하나님과 세상 사이에서 양다리 걸치기를 용납하는 것입니다.

그러나 참된 예배는 그런 게 아닙니다. 예수님은 23절에서 예배의 대상이 '하나님 아버지'여야 한다고 다시 강조하십니다. 그렇다면 장소는 전혀 중요하지 않습니까? 아닙니다. 장소도 중요합니다. 그런데 그 장소는 예루살렘이나 그리심산 같은 이 땅의 어떤 장소가 아니라 마음이라는 장소입니다. 진정한 예배는 마음에서 드려지는 것이므로 하나님께 온 마음을 다해 예배해야 한다는 것입니다. 이것을 표현하는 용어가 나옵니다.

> 아버지께 참되게 예배하는 자들은 영과 진리로 예배할 때가 오나니(요 4:23상).

24절에서도 예수님은 "영과 진리"를 또 강조하십니다.

##  영과 진리로 예배하는 사람

여기서 "영과 진리"란 무슨 뜻일까요? 아주 복잡한 개념이지만 우리는 이미 알고 있습니다. 영은 섬기는 대상을 말하고, 진리는 그것을 얻기 위한 방법입니다. 내가 세상에서 목말라하는 것, 꼭 가지고 싶은 것, 내 마음의 지성소에서 선택한 가치가 영입니다. 예를 들면, 돈, 권력, 시험에 합격하는 것, 어떤 직장에 취직하는 것, 어떤 사람의 사랑을 얻는 것, 건강을 회복하는 것 등입니다.

수많은 가치 중에서 내가 어느 것을 선택했습니다. 예를 들어, 내 마음의 지성소에 '합격'을 최고의 가치로 담았습니다. 그 합격이 영입니다. 내 마음의 지성소에서 합격을 선택했다면 거기에 따른 증상이 세 가지 나타납니다. 앞서 이 책 7장에서 설명했던, 마음의 구조를 잘 생각해 보세요. 왜냐하면 성소에는 세 가지(분향단, 떡상, 등대)가 들어 있기 때문입니다.

마음의 지성소에 합격을 담았기 때문에 내 혼은 합격을 갈망하고 사모할 것입니다(분향단). 그리고 다른 것으로는 만족하지 않습니다. 꼭 합격해야 만족할 수 있습니다(떡상). 그리고 합격하는 방법을 찾고, 가장 효과적인 방법으로 공부할 것이고, 자나 깨나 합격을 위해 모든 노력을 기울일 것입니다(등대). 그 학교의 시험 문제 출제 경향 등을 살펴보고, 늘 마음이 거기에 가 있을 것입니다. 합격을 위한 최선의 방법을 찾고 노력하겠지요. 그것이 영에 대한 진리입니다. 그러니까 목표가 영이고, 그 목표에 도달하려는 모든 수단 방법이 그 영에 대한 진리입니다.

전에 특별히 기도할 일이 있어서 평소보다 더 일찍 교회에 왔는데, 새벽 5시도 안 되었는데 어느 분이 그 시간에 기도하러 오셨습니다. "아니, 웬일로 이렇게 일찍 나오셨습니까?" 그랬더니 "기도하러 왔지요. 지금도 가락시장에는 불이 훤~합니다"라고 하시는 거예요. 무슨 뜻이 겠어요? 돈을 벌기 위해서도 새벽잠을 못 자는데, 하나님을 만나러 오는데 이 정도의 수고는 아무것도 아니란 뜻 아니겠습니까?

여러분, 돈 벌기가 쉽습니까? 절대로 쉽지 않습니다. 적당히 해서는 벌 수 없습니다. 돈을 벌려면 돈을 영과 진리로 예배해야 합니다. 시험에 합격하려면 합격을 영과 진리로 예배해야 합니다. 아기를 잘 키우려면 아기를 영과 진리로 예배해야 합니다. 지금까지 우리는 이렇게 살아왔습니다. 내가 좋아하는 것을 얻기 위해서요.

이제부터는 예배의 대상과 장소가 달라져야 합니다. "너는 지금까지 세상에 목마른 것이 많았지? 그것을 얻으려고 몸부림쳤지? 하나님이 아닌 어떤 것을 네 마음의 지성소에 담고 영과 진리로 오매불망 예배했지? 참된 예배란 그런 것이 아니다. 하나님 한 분만을 영과 진리로 예배해라. 어떤 장소에 와서 한 시간 드리는 예배가 아니라 하나님을, 언제 어디서나, 네 마음에서 영과 진리로 예배하라. 그러면 네 마음이 하나님으로 가득 찰 것이고, 네 인생의 목마름이 완전히 해결될 것이다."

이것이 진정한 예배라는 것입니다.

이런 의미에서 하나님께 영과 진리로 예배하는 것은 어려운 일이 아닙니다. 정말 하나님을 사랑하면 됩니다. 사실은 시험에 합격하는 것보다 쉽고, 돈 버는 것보다 쉽고, 애인의 마음을 얻는 것보다 훨씬 쉽습니다. 왜냐하면 하나님이 그렇게 예배하는 자를 찾고 만나 주려고 하시기 때문입니다. "지금까지 네가 좋아하는 것을 영과 진리로 예배했던 것처럼, 이제부터는 하나님을 그렇게 예배하라." 예수님은 이렇게 말씀하신 것입니다.


## | 올바른 예배의 대상은

예배의 대상은 누구입니까? 돈인가요? 권력인가요? 자녀인가요? 아닙니다. 하나님입니다. 더 정확하게 말하면, 예수 그리스도의 아버지 하나님입니다. 그래서 본문에 보면 "아버지"라는 말이 여러 번 나옵니다.

그런데 내 마음의 지성소에 하나님 한 분만 계셔야 하는데, 세상의 어떤 것들이 자꾸 들어오면 그때는 어떻게 해야 할까요? 내쫓아야 합니다. 그래서 저는 아침마다 잠이 깨면 이렇게 기도합니다. "하늘에 계신 아버지 하나님, 제 마음의 진정한 주인이시여, 저에게 독생자 예수님을 보내 주셔서 감사합니다. 예수님은 저를 위해 십자가에 죽으셨고, 저도 예수님과 함께 죽었습니다. 그러므로 제 마음의 지성소에 하나님 아닌 것이 들어올 때마다 십자가의 능력으로 죽여 주시고, 하나님으로만 충만한 하루가 되게 하소서." 기도해도 항상 그렇게 살지는 못하지요. 그러나 절대로 잊지 않고 기도합니다.

　참된 예배란 대상을 바꾸는 것입니다. 우리는 지금까지 몸만 성전에 나와 한 시간 예배드리면 하나님을 예배하는 것이라고 생각했습니다. 하나님에 비해서 너무나 가치 없는 것들을 영과 진리로 예배해 왔습니다. 이제부터는 진정한 가치이신 하나님만을 영과 진리로 예배하는 참된 예배자가 되시길 축원합니다.

살아 계신 하나님! 우리는 지금까지 이 세상의 어떤 것을 영과 진리로 예배해 왔습니다. 내가 원하는 세상의 어떤 것만큼도 하나님을 목말라하지 않았습니다. 그러나 이제는 하나님 한 분만을 영과 진리로 예배하게 하소서. "영과 진리로 나를 예배하는 자가 어디 있는가?" 찾으시는 하나님! "네가 바로 그 사람이구나, 내가 너를 찾았다!" 이렇게 기뻐하며 우리를 만나 주시는 축복을 누리게 해 주소서. 그래서 목마름이 없게 하시고, 우리 영혼에 생수가 흘러넘치게 하소서.




1  예수님은 왜 이 산에서도 말고 예루살렘에서도 예배하지 말라고 하셨을까요? (21절)


2  하나님께 참되게 예배하는 자들은 어떻게 예배하여야 한다고 하셨습니까? (23절)


3  예배를 통해 하나님으로만 마음이 채워졌다고 느꼈던 순간이 있다면, 혹은 그런 예배를 사모하는 마음이 있다면 나눠 봅시다.

# 13

# 내가
# 그분을
# 만났습니다

요 4:28-30

| 왜 예수님인가

영국 왕 에드워드 8세(Edward VIII)는 결혼하지 않고 왕위에 올랐습니다. 그런데 그는 미국의 신문 기자였던 심프슨 여사를 사랑했습니다. 영국 왕실에서는 왕이 평민을, 그것도 외국인이며 이혼한 여자를 아내로 맞이하는 것을 반대했습니다. 그 여자와 결혼하려면 왕위를 내려놓으라고 했습니다. 그는 고민하다가 마침내 왕위를 내려놓기로 결정합니다.

그 후임자가 엘리자베스(Elizabeth) 여왕입니다. 그는 왕위를 내려놓고 심프슨과 결혼합니다. 그래서 '왕'에서 '윈저 공'으로 신분이 바뀝니다. 또한 경제적으로도 어려움을 많이 겪었습니다. 그러나 그는 기꺼이 평민이 되었고, 아내를 끝까지 사랑하며 살았습니다.

1972년 윈저 공이 사망하자 신문에서는 "세기의 사랑이 지다"라는 제목으로 대서특필했습니다. 어떤 기자가 심프슨에게 물었습니다. "윈저 공은 당신을 선택하기 위하여 영국을 내놓았습니다. 그가 당신을 그렇게 사랑한 이유가 무엇이라고 생각합니까?" 심프슨은 대답했습니다. "나도 모르겠습니다. 그렇게 고귀한 영혼이 왜 나를 선택했는지. 나는 아름답지도 않고, 신분이 높지도 않고, 이미 결혼했던 여자입니다. 이유를 알 수 없습니다. 다만 어느 날인가 그분이 내게 이렇게 말했습니다. '내 마음속 깊은 고독을 당신같이 이해해 주는 사람이 세상에 어디 있겠습니까?' 아마도 내가 그분의 고독을 이해하는 사람이었기 때문이 아닐까요?"

인간의 소망은 누군가가 나를 깊이 이해해 주는 것입니다. 나를 있는 그대로 다 이해해 주고, 받아 줄 수 있는 사람, 우리는 그런 사람을 갈망합니다. 그런 사람이 세 명만 있다면 그 사람은 행복한 사람입니다. 그러나 한 사람도 없는 경우가 많습니다. 여러분은 누구에겐가 그런 사람이 되시고, 그런 사람을 만나시기를 바랍니다. 비록 사람 중에는 아무도 없을지라도 하나님이 내 관계의 지성소 안으로 들어오시면 우리의 삶은 회복될 수 있습니다.

앞 장에서 우리는 사마리아 여인이 예수님을 만나는 장면을 살펴보았습니다. 예수님은 그 여자를 찾아와 만나 주셨고, 목마름의 이유를 가르쳐 주셨고, 하나님을 만나기 위해 어떻게 예배해야 하는지 말씀해 주셨습니다. 그 순간 여자의 눈이 열립니다. 기다리던 메시아를 만나 감격합니다. 얼마나 기뻤던지, 물동이를 버려두고 자기 동네로 달려가서 외쳤습니다.

내가 행한 모든 일을 내게 말한 사람을 와서 보라 이는 그리스도가 아니냐(요 4:29).

아니, 나에 대하여 잘 아는 사람이 한둘입니까? 그런데 어떻게 나를 안다고 그분이 그리스도라고 말할 수 있습니까? 여기서 '안다'는 것은 내 이름이 뭐고, 내가 어디 사는지 등 피상적인 내용을 하는 것이 아닙니다. 내 영혼의 깊은 목마름, 내 존재의 가장 깊은 비밀과 갈망을 알고, 그것을 이해해 주고, 채워 주는 분이라는 뜻입니다.

예수님을 만난 사건이 이 여자에게 왜 그렇게 큰 기쁨이 되었을까요? 나를 이해해 주는 분을 통해서 자기가 용납되었기 때문입니다. 그전까지 자기는 사랑받지 못했다는 그 거절감이 자기 평가의 기준이 되었습니다. '나는 원래 이런 사람'이라고, 스스로를 '미운 오리 새끼'라고 생각했습니다. 그래서 다른 사람 앞에서도 그렇게 행동했습니다. 그러나 누군가가 나를 진정으로 이해하고 용납해 줄 때, 스스로 거부했던 자기를 수용하고 용납하게 되면, 거기서 얻는 기쁨은 놀라운 것입니다. 잃어버렸던 자신을 다시 찾은 것이니까요. 그 결과 내가 새롭게 되었기 때문에 지금까지 어울리지 못했던 이웃과의 관계도 회복됩니다.

더 중요한 것은 예수님이 이 여자의 목마름을 아시고, 세상에 대한 목마름을 하나님을 향한 목마름으로 방향을 돌려 주시고, 하나님의 은혜와 생수를 이 여자에게 부어 주셨습니다. 다시 말하면, 하나님과 여자 사이에 예수님이 통로가 되어, 하나님과 이 여자를 만나게 해 주셨습니다. 그래서 기쁨이 충만했던 것입니다. 예수님은 우리 마음의 목마름을 하나님께로 올려보내고, 하나님이 주시는 기쁨을 우리에게 내려 주시는 분입니다. 예수님이 없다면 우리의 목마름은 하나님께로 올라가지 못하고, 또한 하나님이 주시려는 기쁨도 받을 수 없습니다.

저는 이런 질문을 받은 적이 있습니다. "하나님을 믿으면 되지, 왜 꼭 예수님을 믿어야 하는가?" "왜 우리에게는 예수님이 필요한가? 왜 예수님은 육신을 입고 이 땅에 오셨는가?" 하늘과 땅, 하나님과 나, 그 사이에 통로가 필요하기 때문입니다. 우리는 예수님을 만나면서 하나님을 만나게 되고, 예수님을 믿으면서 하나님을 믿게 되고, 예수님을 사랑하면서 하나님을 사랑하게 되는 것입니다. 예수님을 통하지 않고는 하나님께로 갈 수 없습니다. 하나님의 계시 방법이 예수님을 통한 것이기 때문입니다. 이 법을 어길 수는 없습니다. 그리고 이것은 육신을 가진 인간을 향한 하나님의 엄청난 사랑입니다.

본문은 이 모든 것을 "이는 그리스도가 아니냐"(요 4:29)라는 한마디로 표현합니다. '그리스도'란 구원자, 더 정확하게 말하면 십자가를 통하여 인간과 하나님 사이에 장벽을 제거하고, 나를 하나님께로 올라가게 하고, 하나님의 은혜를 나에게 내려보내 주시는 분입니다. 영생수가 가득한 하늘과 목마름이 가득한 이 땅을 누가 연결할 수 있습니까? 그리스도가 연결하십니다. "내가 그런 분, 그런 그리스도를 만났습니다. 그분 안에서 나는 나를 찾았습니다. 여러분도 그분을 만나 보세요." 사마리아 여자는 이렇게 외친 것입니다.

많은 사람들이 이렇게 생각합니다. '나에게는 왜 사마리아 여자 같은 기쁨이 없을까? 물동이를 버려두고 마을로 달려간 그런 열정이 없을까?' 사마리아 여자와 예수님의 만남이 강렬했던 이유는 무엇일까요? 사마리아 여자는 "나는 남편이 없나이다"라는 것을 너무도 뼈저리게 느꼈기 때문입니다. 쉽게 말하면, 이 여자는 이 세상 어떤 것을 통하여 행복을 얻으려는 시도를 깨끗이 포기했습니다. '왜 나는 지금까지 이 세상에 진정한 행복이 있다고 착각하며 살았을까?' 그리고 이제는 더 이상 세상의 어떤 것에 대해 목말라하지 않기로 결심합니다. 영적으로 말하면, 이 여자의 마음의 지성소에서 모든 우상을 깨끗이 내버린 것입니다. 완전히 빈 마음으로 예수님을 영접했습니다. 하나님으로 그 마음이 채워졌습니다. 그 감격은 너무도 놀라운 것이었습니다.

저는 요한복음 4장을 연구하면서 새롭게 깨닫는 것이 참 많습니다. 제가 질문 하나 할까요? 예수님이 우리에게 가장 듣고 싶으신 말은 어떤 말일까요? 우리가 인생을 살면서 70년이든, 80년이든, 100년이든 살면서 반드시 예수님께 고백해야 되는 말, 내 일생을 통해서 해야 할 가장 중요한 말이 있습니다. 그 말이 무엇일까요? "너 지금까지 헛소리 정말 많이 하더니 진짜 옳은 말 한마디 했구나." 이렇게 칭찬하실 말이 있습니다. 어떤 말일까요? "나는 남편이 없나이다." 바로 이 말입니다.

너에게 남편 다섯이 있었고 지금 있는 자도 네 남편이 아니니 네 말이 참되도다(요 4:18).

예수님이 보시기에 가장 옳은 말은 "나는 남편이 없나이다"라는 고백입니다. 왜냐하면 이 말은 세상으로부터 우리의 관심을 돌이켜 예수님께로 향하는 가장 중요한 터닝포인트이기 때문입니다. 아직까지 이 말을 진심으로 하지 못했다면 하나님의 백성이 아닙니다. 세상에 속한 사람입니다. 여러분은 지금 예수님 앞에 이 말을 고백하고 있나요? "아니, 지금 무슨 소리를 하시는 겁니까? 나는 남편이 있습니다. 나는 실패한 인생이 아닙니다." 이렇게 대답하고 있지는 않습니까?

"나는 예수님을 만나고 싶은데, 왜 만나지 못하는 것일까?" 이런 질문을 해 보셨지요? 이런 질문을 받아 보셨지요? 그런 분들이 많습니다. 그 이유가 뭡니까? 이제 힌트를 드렸으니 대답해 보세요. "나는 남편이 없나이다." 이 말을 제대로 하지 못했기 때문입니다.

그렇다면 "나는 남편이 없습니다" 이 말을 우리가 제대로 고백할 때 어떤 선물이 주어집니까? "내가 그분을 만났습니다." 이렇게 고백할 수 있습니다. 이런 고백을 하게 되면 그 사람은 반드시 어떻게 될까요? 물동이를 버려두고 이 놀라운 소식을 알리기 위해서 마을로 달려가게 됩니다. 내가 지금까지 살아왔던 내 육신의 목마름을 채우고자 하는 몸부림을 중단하고, 이제는 더 높은 영적인 목마름을 채우기 위해서, 다른 사람을 구원하기 위해서 달려가게 되는 것입니다.

한 영혼이 세상에 대해 목말라하다가 하나님을 만나고 회복되는 것을 보면서 예수님은 너무나 기뻐서 "내게는 너희가 알지 못하는 먹을 양식이 있느니라"(요 4:32)고 말씀하셨습니다. 그러면서 예수님의 양식이 무엇인지 설명하십니다.

나의 양식은 나를 보내신 이의 뜻을 행하며 그의 일을 온전히 이루는 이것이니라(요 4:34).

이 말씀을 개인적으로 적용해 봅시다. 하나님이 나를 이 땅에 보내신 뜻이 무엇이며, 어떻게 하면 그 일을 온전히 이룰 수 있을까요? 일생을 통해 내가 이루어야 할 가장 큰 하나님의 뜻은 무엇일까요? "나는 남편이 없나이다." 바로 이 말을 하는 것입니다. "이 세상 어떤 것으로도 내 마음은 채워지지 않습니다. 오직 하나님 한 분만이 내 마음의 주인이시며, 내 마음을 다해 사랑하고 목말라해야 할 대상은 오직 하나님 한 분뿐입니다." 이것을 고백하는 것입니다.

"그의 일을 온전히 이루는" 방법은 무엇일까요? 이제 그 하나님을 영과 진리로 예배하면서 "내가 그분을 만났습니다" 이 감격을 세상에 전하는 것입니다. 이것이 우리 각자가 해야 할 인생의 가장 위대한 사명입니다.


## 인생의 추수를 위하여

사마리아 여자의 이 진실한 고백은 사람들에게 감동을 주었습니다. 그래서 사마리아 사람들이 이 여자의 말을 듣고 예수님께 달려옵니다. 그들이 오는 것을 보면서 예수님은 말씀하셨습니다.

너희 눈을 들어 밭을 보라 희어져 추수하게 되었도다(요 4:35하).

계절적으로는 추수가 4개월이나 남았지만, 목마름을 해결하기 위해 예수님께 나아오는 그들의 모습은 천국의 곳간에 추수할 곡식이었던 것입니다.

추수에 대하여 생각해 봅시다. 추수가 그냥 이루어집니까? 먼저는 땅을 갈고, 그다음에는 씨를 뿌려야 하고, 김을 매며 비료와 물을 주고, 이렇게 해서 가을에 열매를 맺는 것입니다. 그러니까 추수는 우연한 사건이 아닙니다. 엄청난 노력의 결과이며, 많이 기다려야 하고, 봄부터 투자하여 여름을 지나 가을이 되어서야 거두는 것입니다.

마찬가지로 한 사람이 예수를 믿는 것도 거저 되는 것이 아닙니다. 사마리아 여자 한 명이 예수님께 나아오는 데도 엄청난 과정이 필요했습니다. 이 여자는 파란만장한 삶을 살았습니다. 이것도 의지해 보고, 저것도 기대해 보고, 그 기대가 무너지면서 지치고 피곤했고, 이제는 더 이상 없다고 생각해서 손들고 나왔습니다. 이런 과정을 지나면서 이 여자는 어둠과 싸우고, 무의미와 절망에 눈물짓고, 수없는 갈등과 고민의 시간을 지내 온 것입니다. 그것들이 쌓이고 쌓여서 예수님을 만났을 때 "나는 남편이 없나이다. 어디서 예배해야 합니까?" 이렇게 질문했던 것입니다.

살다 보면 힘들고 어려운 일이 참 많습니다. 그럴 때 사람들은 생각합니다. '하나님은 나를 사랑하지 않으시는가? 왜 나에게 이런 고통을 주시는가?' 불평하고 원망하고 실망도 합니다만, 추수의 입장에서 보자면 그 모든 어려운 일들은 주님이 씨를 뿌리고 있는 것입니다. 추수할 때 내가 알곡이 되게 하기 위해서, 어떤 말을 꼭 하게 만들기 위해서입니다. 그 말이 무슨 말일까요? "나는 남편이 없나이다"라는 말을 하게 하려는 것입니다. 그 말을 들어서 무엇을 하시겠다는 것입니까? 그다음 말이 더 중요합니다. "내가 그분을 만났습니다." 이 엄청난 감격을 주기 위해서 계속해서 주님이 투자하고 계시는 것입니다. 나를 버리신 것이 아닙니다. 그러므로 어려운 일이 있을 때 좌절하지 마시고, 세상을 바라보면서 목말라하지 마시고, 시선을 돌려 주님을 바라볼 수 있기를 바랍니다.

예수님께 나왔던 사마리아 사람들은 예수님을 만나고 여자에게 이렇게 말했습니다.

이제 우리가 믿는 것은 네 말로 인함이 아니니 이는 우리가 친히 듣고 그가 참으로 세상의 구주신 줄 앎이라(요 4:42).

"우리는 네 말을 듣고 예수 믿은 것이 아니다. 너는 다만 네가 만난 예수님을 소개했을 뿐이고, 우리는 네 말을 듣고 예수님께 나와서 그분의 말씀을 친히 듣고 그분이 세상의 구주이신 줄 믿게 되었다." 이렇게 말한 것입니다.

아주 정확한 말입니다. 전도란 내가 어떤 사람을 믿게 하는 것이 아닙니다. 다만 내가 그분을 만났다는 것을 알려 주는 것입니다. "그 결과 나는 이렇게 변했습니다." 예수님을 만나기 전과 만난 후를 얘기해 주는 것입니다. 그러니까 전도 방법은 간단합니다. '이전(before)/이후(after)'입니다. 내가 예수님을 만나기 전과 만난 후를 말해 주면서 그분은 그리스도라고 말해 주면 되는 것입니다.

목사로서 제가 간절히 바라는 것은 우리 모두가 "나는 남편이 없나이다"라는 고백을 마음 깊은 곳에서 할 수 있게 되는 것입니다. 그럴 때 "내가 그분을 만났습니다" 고백하는 결과가 올 것입니다. 그다음에는 우리의 이웃들로부터 "우리가 당신 때문에 예수님을 믿게 되었다"라는 소리를 듣는 충만한 인생이 되길 축원합니다.

함께 기도하기

오늘도 우리에게 영원히 목마르지 않는 생수를 주기 원하시는 아버지 하나님! 사마리아 여자는 그 옛날 야곱의 우물가에 있던 여자인 동시에, 바로 지금 우리 각자의 모습이기도 합니다. 사마리아 여인을 자신과 동일시하지 않는다면 그는 하나님의 백성이 아닙니다. 내가 살아온 파란만장한 인생, 그것은 실패가 아니었습니다. 그 결과 나는 고백하게 되었습니다. "나는 남편이 없나이다"라고. 이 고백을 받으시고 주님은 "내가 그분을 만났습니다"라는 감격스러운 고백을 선물로 주셨습니다. 이제 우리 모두 그 감격을 가지고 살게 하소서. 그리고 "우리가 당신 때문에 예수님을 구주로 믿게 되었다"라는 말을 들을 수 있는 충만한 인생이 되게 하소서.


함께 생각하기

1   사마리아 여인은 무엇을 버려두고 동네로 들어갔습니까? (28절)


2   여인은 사람들에게 예수님을 어떻게 소개했습니까? (29절)


3   "내가 그분을 만났습니다"라고 말할 수 있는 경험이 있다면 나눠 봅시다.

# 14

# 예수님이
# 원하시는
# 믿음

요 4:46-54

## | 불완전한 믿음도 있다

중국의 영적 지도자였던 워치만 니(Watchman Nee)가 젊은 시절에 중병에 걸려서 사경을 헤매고 있었는데, 어느 날 기도 중에 환상을 보았습니다. 배를 타고 양자강을 건너고 있는데, 갑자기 강 가운데 큰 바위가 나타났습니다. 배가 앞으로 나갈 수 없게 되자 어쩔 줄 몰라 당황하고 있는데, 주님의 음성이 들려왔습니다. "얘야, 내가 저 바위를 치워 줄까, 아니면 강물을 높여서 그 위로 배가 지나갈 수 있게 해 줄까?"

그는 생각했습니다. '강에는 언제든지 돌과 바위가 있는 것인데, 그 때마다 어떻게 다 제거할 수 있겠는가? 강물이 불어서 배가 그 위로 지나다니면 되는 것이지.' 그래서 예수님께 이렇게 말씀드렸습니다. "주님, 강물이 높아져서 그 위로 배가 지나가게 해 주소서." 그는 그 이후에 건강이 회복되어 하나님의 위대한 일을 많이 하는 큰 지도자가 되었습니다.

제가 질문하겠습니다. "하늘에 계신 우리 아버지." 하나님은 하늘에 계십니다. 우리는 땅에 있습니다. 하늘에 계신 하나님을 이 땅으로, 내 삶의 현장, 내가 만난 문제의 한가운데로 끌어내리는 것, 그래서 내가 원하는 대로 돈 문제도 해결해 주시고, 건강 문제도 해결해 주시는 것과 이런 모든 문제가 하나님 손에 달려 있음을 믿고 내가 먼저 하나님께로 가서 하나님으로 충만해지는 것, 둘 중에 어느 것이 더 성숙한 믿음일까요? 하나님을 나에게로 끌어내리는 것이 아니라 내가 하나님께로 올라가는 것, 그래서 하나님의 시선으로 문제를 바라보며 충만한 가운데 넉넉히 극복하는 것, 그것이 더 성숙하고 위대한 믿음입니다.

본문에는 두 가지 이상한 점이 있습니다. 먼저, 예수님은 사마리아 여인을 만나신 후에 갈릴리로 가시면서 "선지자가 고향에서는 높임을 받지 못한다"(요 4:44)고 말씀하셨는데, 갈릴리에 갔더니 웬걸, 고향 사람들이 예수님을 열렬히 환영했습니다. 왜냐하면 갈릴리 사람들이 유월절을 지키기 위해 예루살렘에 갔을 때, 그곳에서 예수님이 많은 표적과 기적을 행하시고, 예루살렘 사람들이 예수님을 보고 "갈릴리에서 위대한 선지자가 나왔다"고 칭찬하며 놀라워하는 모습을 보았기 때문입니다. 갈릴리 촌사람들은 자기 고향 출신의 예수님이 예루살렘 사람들을 다 놀라게 한 일에 자부심을 느꼈습니다. 그런 예수님이 고향을 방문하시자 그 사실을 기억하면서 열렬히 환영한 것입니다.

그렇다면 예수님은 사마리아에서 갈릴리로 가시면서 이런 일이 일어날 줄 모르셨을까요? 알고 있었습니다. 고향에서 그렇게 높임을 받을 줄 알면서도 왜 높임을 받지 못한다고 말씀하셨을까요? 이것이 이상한 것입니다. 요한복음 2장에 보면 예수님은 진정한 믿음이 뭔가를 말씀하셨습니다.

많은 사람이 그의 행하시는 표적을 보고 그의 이름을 믿었으나 예수는 그의 몸을 그들에게 의탁하지 아니하셨으니(요 2:23하-24상).

사람들은 "우리는 예수님을 믿습니다" 말했지만, 예수님은 그들의 믿음을 인정하지 않으셨습니다. 그들의 믿음은 불완전한 믿음이었기 때문입니다. 예수님의 고향 사람들이 예수님을 영접한 것은 표적을 보고 감동한 결과였기 때문에 예수님은 그런 믿음이 마음에 들지 않았던 것입니다.

또 하나 이상한 점이 있습니다. 왕의 신하가 예수님께 달려와서 자기 아들의 병을 고쳐 달라고 간청했습니다(요 4:46-47). 그런데 예수님은 그것을 별로 기뻐하지 않으셨습니다. 어려운 일을 만나서 예수님께 도움을 청하는 것은 믿음 아닙니까? 더구나 그 사람은 왕의 신하입니다. 권력의 핵심에 있는 사람이 먼 길을 달려와서 예수님께 아들을 살려 달라고 한 것은 아름다운 믿음이며 칭찬할 만하지 않습니까? 왕의 신하 정도라면 유명한 의사들도 많이 알 텐데, 다 뒤로하고 예수님께 나왔으니 "네 믿음이 크도다" 하고 고쳐 주셔야 할 것 같은데, 예수님은 "너희는 표적과 기사를 보지 못하면 도무지 믿지 아니하리라"(요 4:48)라고 하며 오히려 꾸짖으셨습니다.

더 이상한 것은 그 사람이 제발 아들이 죽기 전에 오셔서 고쳐 달라고 하니까 "가라 네 아들이 살아 있다"(요 4:50) 하면서 고쳐 주십니다. 왕의 신하는 그 말씀을 믿고 돌아가다가 종들을 만나서 아들이 살았다는 소식을 들었습니다. 그 시간을 물었더니, 예수님이 "네 아들이 살아 있다"고 하신 그 순간에 아들이 살아난 것을 알고, 온 집안이 다 예수를 믿었습니다. 얼마나 아름다운 장면입니까? 이보다 더 큰 믿음이 어디 있습니까? 그런데 예수님은 그 믿음을 기뻐하지 않으셨습니다.

## 표적을 구하는 '예수 믿음'

본문에서 주목할 것은 "이것은 … 두 번째 표적이니라"(요 4:54)라는 말씀입니다. 표적이란 보이는 사건보다 더 큰 의미를 그 속에 내포한 사건을 의미합니다. 고향 갈릴리 사람들도 예수님을 믿고 환영했습니다. 왕의 신하와 가족들도 다 예수님을 믿었습니다. 그러나 예수님은 그런 믿음이 마음에 들지 않으셨습니다. 이상하지요? 그 이유가 뭘까요?

이 장의 주제는 예수님이 원하시는 믿음입니다. 그들의 믿음은 예수님이 원하시는 믿음이 아니었다는 말입니다. 그렇다면 예수님이 원하시는 믿음은 어떤 믿음일까요? 우리가 한평생 예수를 믿는데 예수님이 원하시는 믿음을 정확하게 알지 못하면 안 되겠지요? 예수님이 원하시는 믿음은 예수님의 능력과 기적을 믿는 믿음이 아닙니다. 예수님을 그리스도로 믿는 믿음입니다. 그리스도는 십자가를 통하여 우리를 하나님께로 인도하시는 그분을 말합니다. 그래서 믿음을 두 종류로 나눈다면 '예수 믿음'과 '그리스도 믿음'으로 구분할 수 있습니다.

'예수 믿음'은 예수님의 능력을 믿는 믿음입니다. 풍랑을 잔잔케 하고, 병든 자를 고치고, 죽은 자를 살리는 등 엄청난 기적을 예수님은 많이 보여 주셨습니다. 그것을 보며 사람들은 감탄했고, 오늘 우리도 그런 기적을 보고 싶고, 경험하고 싶고, '그런 능력이 있으면 얼마나 좋을까?' 사모하기도 합니다. 그런데 그런 기적을 믿는 것을 보고 예수님은 믿음이 없다고 하셨습니다.

그렇다면 예수님은 그런 기적을 왜 행하셨을까요? 이것이 중요합니다. 예수님이 기적을 행하신 이유는 당면한 문제를 해결해 주는 것이 다가 아니었습니다. 예를 들면, 배고픈 자들에게 떡을 만들어 주는 기적을 베푸셨는데 그것은 배고픔을 해결하기 위한 것이 다가 아니었다는 말입니다. 그보다 더 큰 의미를 그 안에 담고 있습니다. 그래서 표적이라는 것입니다.

그럼 더 큰 의미는 무엇인가요? 예수님이 하늘로부터 오셨다는 것을 보여 주려는 것입니다. 이 땅에 사는 사람들의 관심은 온통 이 땅에 대한 것뿐입니다. 내가 만난 그 사건에 몰입하고, 거기서 벗어나지 못합니다. 그런 사람들에게 이 땅을 넘어서는 더 높은 세계, 하나님과 하나님 나라를 알게 하려면 기적이 필요했습니다. 예수님 당시에 예수님이 기적을 행하지 않으셨다면 사람들은 예수님 말씀에 귀를 기울이지 않았을 것입니다. 뜬구름 잡는 소리처럼 들렸을 테니까요. 세상만 바라보는 사람들의 눈을 하늘로 올려서 쳐다보게 만드는 방법이 기적이었습니다. 이 땅의 힘으로 해결되지 않는 기적을 보면서 더 높은 곳, 하나님과 하늘나라를 바라보라는 것입니다. 이것이 예수님이 기적을 베푸신 근본 의도입니다.

그런데 사람들은 기적을 보면서 무엇을 생각했습니까? '저런 능력만 있으면 얼마나 좋을까? 이 세상에서 못할 일이 없겠다.' 기적을 통하여 자기 소원을 성취하려 했고, 세상의 중심에 서려고 했습니다. 다시 말하면, 예수님이 기적을 보여 주신 의도와는 정반대로 나갔던 것입니다. 그래서 기적을 믿는 것도 믿음이지만, 그것은 예수님이 좋아하시는 믿음, 완전한 믿음이 아닙니다.

오늘도 우리는 이렇게 생각합니다. '예수님에게 내가 원하는 것을 달라고 하는 것이 믿음 아닌가? 그것을 주시는 분이 예수님 아닌가?' 이것이 바로 '예수 믿음'입니다. 물론 '예수 믿음'도 믿음이고, 필요합니다. 그러나 그것을 넘어서는 믿음이 있습니다. 그것이 '그리스도 믿음'입니다. 예수님이 원하시는 믿음입니다.

## | 예수님이 원하시는 '그리스도 믿음'

'그리스도 믿음'이란 무엇일까요? 예수님은 기적을 베푸실 수 있습니다. 그러나 예수님이 이 땅에 오신 이유는 기적을 보여 주려는 것이 아니라 십자가에 죽기 위해서입니다. 십자가를 통해 우리가 이 세상을 빠져나와 하늘로 올라가게 하려는 것입니다. 우리 마음이 이 세상에 머물지 않고, 십자가를 통과하여 하나님의 보좌로 올라가게 하려고 오셨습니다. 그러니까 하나님을 우리에게로 끌어내리는 믿음이 '예수 믿음'이고, 우리를 하나님께로 끌어올리는 믿음이 '그리스도 믿음'입니다.

십자가는 참 신비한 것입니다. 실제로 죽지 않으면서도 죽은 것과 똑같은 효과를 가져오는 것이 십자가입니다. 우리가 죽으면 하나님께로 갑니다. 그런데 우리가 죽지 않고 살아 있어도 예수님의 십자가를 붙들고 내가 죽었다고 고백하면, 그 순간 우리는 하나님께 올라갈 수 있습니다. 그것이 십자가의 능력이며 신비입니다. 하늘나라에 올라갔다 내려온 사람은 세상 사는 방법이 달라집니다. 우리가 이 땅에 살면서도 하늘의 세계를 경험하는 사람이 되게 하기 위하여, 다시 말하면 '그리스도 믿음'을 주기 위하여 예수님은 이 땅에 오신 것입니다.

어릴 때 다니던 시골 교회에서 부흥회를 했는데, 강사 목사님이 이런 말씀을 했습니다. 자기 교회에 커다란 목재상을 경영하는 부자 권사님이 계셨는데, 기도도 열심히 하고 봉사도 잘하셔서 '진짜 예수쟁이'라고 불렸답니다. 그런데 어느 날 예배를 드리는 중에 갑자기 연락이 왔는데, 그 목재상에 큰불이 났다는 것입니다. 깜짝 놀라서 그 권사님하고 몇몇 성도들이 달려가 보니, 그 많고 좋은 목재가 엄청난 화염에 휩싸였습니다. 그걸 보면서 그 권사님이 하는 말, "나무아미타불 관세음보살, 나는 망했네. 어찌하면 좋아?" 그러더니 주저앉아서 통곡을 했습니다.

그 말을 듣고 같이 갔던 교인들이 깜짝 놀랐습니다. "아니, 우리 권사님이 지금까지 무엇을 믿은 것인가? 겉으로는 예수님을 믿었지만 속으로는 부처님을 믿었나? 이 위급한 순간에 '나무아미타불'이 뭐야?" 교인들이 술렁거리기 시작했습니다. 그래서 목사님이 '이것 큰일 났다. 어떻게 해결해야 하나?' 걱정하다가 일주일 금식을 시작했는데, 기도하는 중에 깨달은 것은 교인들이 술렁거리는 것이 문제가 아니라 지금까지 하나님을 누구보다도 잘 섬겼던 그 권사님의 영혼이 너무너무 불쌍하다는 것이었습니다. '그동안의 믿음은 도대체 무엇이었나?'

그래서 굳게 마음먹고 그 권사님을 찾아가서 눈물로 권면했답니다.

"권사님, 그 위급한 순간에 그런 탄식이 나온 것은 어쩌다 나온 말이 아닙니다. 지금까지 잘못 믿은 것입니다. 교인들의 말에 신경 쓰지 마세요. 목재가 불에 탄 것보다 더 큰 일은 권사님이 예수님을 만나지 못한 것입니다. 불이 난 것은 믿음을 점검하라는 하나님의 은혜입니다. 이것을 계기로 예수님을 다시 믿읍시다." 한 영혼을 위해 통곡하는 마음으로 전했는데, 며칠 동안 누워서 하나님만 원망하던 그 권사님이 그 말을 듣고 자리에서 일어나더니 이렇게 고백했습니다. "목사님, 저 예수 다시 믿을래요. 내 재산은 다 타 버렸지만 그 덕분에 내 영혼은 지옥 불에서 건짐을 받았습니다. 이 사건 때문에 저는 다시 태어났습니다."

강사 목사님은 이 사건 때문에 교인들이 시험에 들 뻔했는데 경사가 되었노라고 하면서 부흥회에 참석한 성도들을 보고 "여기도 복만 달라고 기도하는 가짜 예수쟁이 많지? 예수 믿는다고 하면서 십자가에서 죽지 않은 가짜 예수쟁이 되지 말고, 진짜 예수쟁이가 되어서 하나님의 자녀로 살아가라"고 외쳤습니다. 거의 60년 전 일인데 아직도 기억이 생생합니다.

예수님은 그리스도입니다. 그런데 사람들은 예수님을 통하여 하나님께로 가려고 하지 않고, 예수님을 통해 자기 소원을 성취하고, 이 세상을 더 얻으려고 몸부림을 칩니다. 예수님은 우리를 하나님께로 인도하기 원하시는데, 사람들은 예수님의 능력으로 세상 한복판으로 들어가려고 하니, 이것이 기복신앙이고, 무속신앙 아닙니까? 이것을 '예수 믿음'이라고 하는 것입니다.

올바른 믿음이란 뭘까요? 풍랑을 잔잔하게 해 달라고 간청하는 믿음도 좋지만, 더 좋은 믿음은 풍랑 속에서도 평안할 수 있는 믿음입니다. '예수 믿음'은 문제 해결을 위한 믿음이고, '그리스도 믿음'은 문제 탈출을 위한 믿음입니다. '예수 믿음'은 종교적 믿음이고, '그리스도 믿음'은 구원의 믿음입니다.

　그렇다면 우리는 세상에서 성공하지 말라는 뜻인가요? 내가 원하는 것을 구하지도 말라는 것인가요? 아닙니다. 구해도 됩니다. 예수님께 이것저것을 구하고, 응답을 받는 것은 좋은 것입니다. '주님이 내 삶의 모든 필요를 채워 주신다.' 이런 믿음도 좋습니다. 그러나 거기서 멈추면 안 됩니다. '예수 믿음'에서 시작해서 점점 '그리스도 믿음'으로 나가야 합니다. 십자가를 붙잡고 하늘로 올라가야 합니다.

　'예수 믿음'과 '그리스도 믿음'을 구분하는 것이 왜 중요합니까? 예수님은 믿었는데, 기도 응답도 받았는데 구원받지 못하는 사람들이 많기 때문입니다. 예수님 당시에도 그랬고, 지금도 그렇고, 앞으로도 그럴 것입니다. 본문은 이것을 경고하는 것입니다.

　교회마다 교인들은 많습니다. 그러나 교인들이 다 천국에 갈 수 있을까요? 믿는다고는 하지만 '예수 믿음'을 가지고는 불가능합니다. 왜 예수님을 따르던 그 많은 사람들이 예수님을 배신하고 떠났을까요? 그들도 예수님을 믿었어요. 그런데 그 믿음은 '예수 믿음'이었습니다. 내가 필요한 것을 채워 주는 도구로서의 예수님의 능력을 믿은 것이지, 예수를 그리스도로 믿지 않은 것입니다.

　저는 목사로서 성도들 모두에게 기도의 간증과 응답의 고백들이 많아지기를 원합니다. 그러나 그것으로 끝나면 안 됩니다. 예수님을 통해서 계속 하나님께로 올라가야 합니다. 오늘도 십자가를 붙들고, 하나님의 이름을 부르고, 하나님 앞으로 나아가야 되고, 하나님 나라를 사모해야 합니다. 그래야 이 땅에 살면서 하나님의 사람으로 살아갈 수 있고,

우리에게 주신 소명을 완수할 수 있습니다. 바라기는 교회만 나오는 교인으로 끝나지 말고, '예수 믿음'으로 끝나지 말고, 날마다 예수님을 통하여, 십자가를 통하여 아버지께로 나아가는 '그리스도 믿음'을 가지기를 간절히 기도합니다.

살아 계신 하나님! 예수님을 믿는 사람들은 세상에 많습니다. 그러나 예수님이 보실 때 올바른 믿음이 아닌, 잘못된 믿음이 너무 많습니다. 예수님의 능력과 기적을 통해 내 소원을 이루고, 이 세상을 얻기 위해 예수님을 사용한다면 그런 믿음으로는 결코 구원에 이를 수 없음을 알게 하소서. 예수를 믿지만 구원을 얻지 못하는 비극에서 건져 주소서. 십자가를 통해 언제나 하나님께로 나아가는 그리스도 믿음을 가지게 하소서.

## 함께 생각하기

1   예수님은 무엇을 보지 못하면 믿지 않는다고 말씀하셨습니까? (48절)

2   예수님은 왕의 신하에게 무엇이라고 말씀하셨습니까? (50절)

3   문제가 해결되기 전에도 말씀을 붙들고 믿었던 경험이 있다면 나눠 봅시다.

예수님을 통해서
계속 하나님께로 올라가야 합니다.
오늘도 십자가를 붙들고,
하나님의 이름을 부르고,
하나님 앞으로 나아가야 되고,
하나님 나라를 사모해야 합니다.
그래야 이 땅에 살면서
하나님의 사람으로 살아갈 수 있고,
우리에게 주신 소명을 완수할 수 있습니다.

3부

# 생명을
# 만나다

[5-7장]

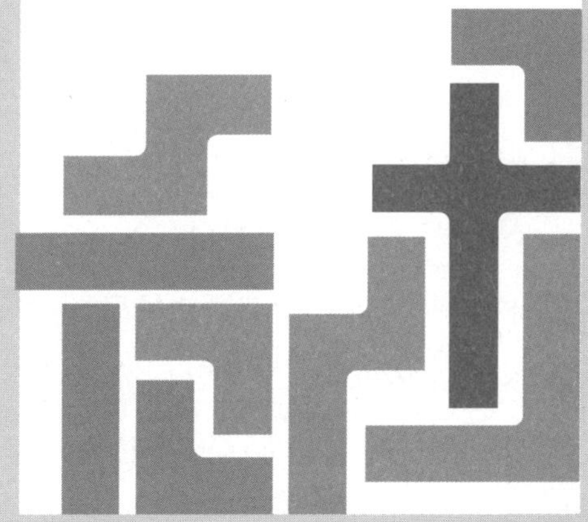

# 15

# 잘못된
# 생각에서
# 벗어나면

요 5:1-9

## | 잘못된 생각에 사로잡히면

오래전 제가 신학생 때, 교회에서 중학교 3학년을 가르친 적이 있습니다. 우리 반에 아주 똑똑하고 잘생긴 남자아이가 있었는데, 그냥 말끝마다 욕이 입에 붙었어요. '쟤가 왜 저럴까?' 너무도 이상해서 어느 날 "오늘 나하고 얘기 좀 하자" 그래서 둘이 조용히 대화를 나누게 되었습니다.

제가 물었습니다. "너는 왜 그렇게 너답지 않은 말을 하는 거니?" 그랬더니 그 아이가 하는 말, "아, 힘들어서 그래요." "뭐가 그렇게 힘든데?" "저, 서울대 가야 되거든요." "어, 그래? 너 공부 잘하는구나. 갈 수 있으면 좋지." "그런 게 아니에요. 안 가면 난 못 살아요." "아니, 서울대 못 간다고 못 살게 뭐가 있어?" "서울대 안 가면 인간도 아니라고요." "누가 그래?" "우리 부모님이요. 두 분 다 서울대 나오셨거든요." "너에 대한 부모님의 기대가 큰 것은 좋지만 서울대 가지 않는다고 인간이 못 되는 것은 아니다. 너, 서울대 나와서 뭐 하려고?" "그건 아무 상관없어요. 군고구마 장사를 해도 되고요. 동냥하는 거지라도 괜찮아요. 일단 서울대만 나오면 돼요."

가슴이 먹먹했습니다. "네가 그런 생각을 가지고 산다면 인생 힘들어질 거다. 너는 서울대 나오지 않은 사람들을 무시할 것이고, 네가 그 대학을 못 간다면 어떻게 할래? 서울대 안 나오면 사람이 아니냐? 나는 군대 제대하고 다시 공부해서 학력고사 점수가 서울대 갈 점수가 충분했다. 그런데 신학교에 갔다." "와, 선생님 대단하시네요." "대단할 것 없다. 내가 가고 싶은 곳에 진학해서 하고 싶은 공부를 하면 되는 거지. 우리는 하나님이 주신 인생을 사는 거지, 서울대를 가야만 성공은 아니다." "그래도 우리 집에서는 서울대 안 나오면 사람 취급도 안 할 거예요." 그 생각에 꼭 붙들려 있는 아이가 너무도 안쓰러워서 그 아이를 꼭 안고 기도해 주었습니다.

"하나님, 이렇게 눌린 마음을 가지고는 맘껏 공부하기 어렵습니다. 그리고 서울대를 간다고 해도 아름답게 인생 살기 어렵습니다. 이 아들을 불쌍히 여겨 주시고, 서울대 못 가면 인간이 아니라는 생각을 바꿔 주시고, 나는 내 모습 이대로 소중한 하나님의 아들이라는 것을 인정하고, 하나님이 주신 은사와 능력을 잘 계발하게 도와주소서. 부모님 기대에도 어긋나지 않아야 하겠지만 무엇보다도 하나님의 기대에 어긋나지 않는,

하나님을 만족시키는 아들이 되어 정말 멋진 인생 살아가게 하소서.”

잘못된 생각에 붙들리면 그 인생은 참 불행해집니다. 인생의 목적은 무엇일까요? 한마디로 말하면, 행복입니다. 많은 사람들이 그렇게 생각하고 있고, 학문적으로도 그렇게 결론을 내렸습니다. 행복을 가장 깊이 연구한 철학자 아리스토텔레스(Aristotle)는《니코마코스 윤리학》이란 책에서 “인생의 최고 목적, 추구해야 할 가장 귀한 가치, 최고선은 행복이다”라고 규정했습니다. 본문은 예수님이 생각하시는 행복이란 무엇이며, 어떻게 얻을 수 있는가에 대한 말씀입니다.

먼저 본문의 배경이 나옵니다. 1절에 보면 “유대인의 명절”입니다. “명절”이란 절기를 의미하는데, 예를 들면, 유월절, 오순절, 장막절 중에 하나겠지요. 그런데 어느 절기라고 하지 않고 “명절”이란 말을 사용한 것은 명절의 특성인 기쁨을 강조하려는 것입니다. 명절은 기쁨과 감사, 만족과 풍요가 가득한 시간입니다. 또 하나의 배경은 2절에 나오는 예루살렘입니다. 예루살렘은 하나님이 임재하신 곳을 말합니다. 마지막으로는 역시 2절에 베데스다입니다. ‘자비의 집, 은총의 집’이라는 뜻입니다. 그러니까 본문의 배경으로 깔린 세 단어(명절, 예루살렘, 베데스다)의 뜻을 합치면 뭐가 될까요? ‘은혜의 집에서, 하나님과 함께, 기쁨과 만족을 누릴 수 있는 환경’이라는 말입니다. 완벽한 환경을 의미합니다.

그런데 그곳에 모인 사람들은 어떤 사람들입니까? 각종 병자들이 가득합니다(요 5:3). 그들은 어떤 생각을 하고 있었을까요? 베데스다 연못가에 모인 사람들을 지배하는 강력한 신념, 그들을 지배하는 가치관이 있습니다.

이는 천사가 가끔 못에 내려와 물을 움직이게 하는데 움직인 후에 먼저 들어가는 자는 어떤 병에 걸렸든지 낫게 됨이러라(요 5:4).

그들은 천사가 가끔 물을 움직이게 하는데, 그 순간 맨 먼저 들어가는 사람은 어떤 병에 걸렸든지 낫는다는 믿음을 가지고 있었습니다. 과학적으로 말하면 이 연못은 간헐온천입니다. 가끔씩 압력이 높아져서 뜨거운 물이 뿜어져 나오면서 물이 움직였습니다. 이것을 보고 사람들은 '천사가 와서 물을 동하게 한다'고 생각했습니다. 그런데 바로 그 순간, 가장 먼저 물속으로 들어간 사람은 어떤 병이든지 낫는다는 것입니다.

그러나 언제 물이 동하는지, 그렇게 들어간 사람이 몇 명이나 되는지, 들어간 사람은 정말 병이 나았는지 아무도 모릅니다. 객관적 근거나 어떤 증거도 없는 그야말로 소문일 뿐입니다. 오랫동안 전해 내려온 일종의 미신인데 사람들은 그것이 진리라고 믿었고, 그 소문을 믿는 사람들이 하나둘씩 모여들어 그곳은 병자들로 가득하게 되었습니다. 그들은 잘못된 생각에 붙들려서 물이 동하기만 하염없이 기다리고 있었습니다.

이것이 얼마나 답답한 일입니까? 잘못된 미신에 속아서 일평생 기약 없이 물이 동할 때만 바라보며 사는 인생, 너무나 불쌍하지요. 그들을 고쳐 주기 위해서 예수님이 그곳을 방문하셨습니다. 그중에 한 사람이 예수님의 눈에 들어왔습니다. 38년 동안이나 물이 동할 때만 기다리며, 들어가지 못하고 애만 태우는 처량한 인생이 예수님의 눈에 들어온 것입니다.


| **38년 된 병자의 소원**

예수님이 그에게 다가가서 질문하십니다.

네가 낫고자 하느냐(요 5:6하).

질문이 이상합니다. 아니, 38년 된 병자가 낫고 싶지 않겠습니까? 당연한 것을 왜 물으셨을까요? 그런데 병자의 대답은 더 이상합니다. "네, 낫고 싶습니다." 이렇게 분명하게 대답하지 못합니다.

주여 물이 움직일 때에 나를 못에 넣어 주는 사람이 없어 내가 가는 동안에 다른 사람이 먼저 내려가나이다(요 5:7).

이렇게 세상에 대해 원망 불평합니다. "내 소원은 병이 낫는 것이 아니고, 물이 동할 때 제일 먼저 들어가 보는 것입니다"라는 뜻입니다. 왜 이런 말을 하는 것일까요? 잘못된 가치관에 붙들렸기 때문입니다. 오랫동안 병을 앓다 보니 소원이 변질된 것입니다. 병이 낫는 것이 중요한데, 병을 낫게 해 줄 수 있는 분이 "낫고 싶으냐?"고 물어보는데, "낫고 싶어요" 하지 못하고 물속에 가장 먼저 들어가는 것이 소원이라니! 이런 웃기는 대답이 어디 있습니까? 예수님이 주기 원하시는 것과 그가 받고 싶은 것이 달랐다는 것입니다.

그런데 이것이 그 옛날 베데스다에서만 있던 이야기일까요? 아닙니다. 오늘 우리들의 이야기이기도 합니다. 다시 말하면, 베데스다는 이 세상의 축소판이고, 그곳에 있던 환자들은 오늘 우리의 모습이라는 것입니다. 그 당시 사람들이 잘못된 생각에 붙들려 있었던 것처럼 오늘 우리도 잘못된 생각에 붙들려 있습니다. 단적으로 말하면, 38년 된 병자의 모습이 세상 사람들의 모습이고, 바로 내 모습인 것입니다.

예수님의 질문을 오늘의 용어로 바꾼다면 이런 뜻입니다. "네가 지금 가장 원하는 것이 무엇이냐? 네 인생의 목적은 무엇이냐? 내가 너에게 무엇을 해 주어야 너는 행복하겠느냐?" 이것입니다. 그런데 예수님의 질문에는 대답하지 않고, 자기가 믿고 있는 행복의 조건들을 열거하면서 나는 이런 것이 있어야 행복하다고 대답한 것입니다. 이 말은 무슨 뜻입니까? "주님이 나에게 무엇을 주시려고 하는가, 그것은 중요하지 않습니다. 내가 원하는 것은 물이 동할 때, 제일 먼저 뛰어드는 것입니다. 그것이 아니라면 누구라도, 아무것으로도 나를 행복하게 할 수 없습니다. 아무리 주님이 나를 행복하게 해 주고 싶어도 나는 돈이 없다면, 건강하지 않다면, 자식이 잘되지 않는다면, 내가 원하는 꿈을 이루지 못한다면 행복할 수 없습니다."

그런데 정말 그럴까요? "나는 이래야만 행복할 수 있습니다. 이것이 있어야만 행복할 수 있습니다." 세상이 말하는 이런 행복의 조건들, 그런 가치들은 진리가 아닙니다. 많은 사람들이 그렇게 믿고 있을 뿐입니다. 진정한 행복은 내가 원하는 세상의 조건들을 만족시키는 데 있는 것이 아닙니다.

예를 들면, '돈이 많으면 행복할 것이다'라고 모두가 믿고 있습니다. 그런데 돈 많은 사람은 다 행복한가요? 자식이 행복을 준다고요? 그럼 자식 없는 사람은 다 불행한가요? 전혀 그렇지 않습니다. 결혼이 행복을 준다고 생각합니다. 그럼 결혼하지 않은 사람은 다 불행한가요? 아닙니다. 그렇게 믿고 있을 뿐입니다. 이것이 그들의 신념이고, 세상의 가치관입니다. 그래야만 행복하다는 보장은 없습니다. 하나님이 보실 때는 헛된 생각이고, 미신에 불과합니다. 그런데 세상은 아침에 눈을 뜨면서부터 잠들 때까지 이런 가치관을 우리에게 주입시키고 있습니다. 그래서 이 잘못된 생각에서 쉽게 벗어나지 못하는 것입니다.

예수님은 38년 된 병자에게 은총을 베푸십니다. "일어나 네 자리를 들고 걸어가라"(요 5:8)는 주님의 말씀을 그가 받아들이는 순간, 예수님은 그에게 힘을 주셨습니다. 그는 자리를 들고 일어나 걸어가게 됩니다.

본문에 근거해서 질문하겠습니다. 여러분은 불행하신가요? 불행하다면 무엇 때문에 불행한 것입니까? 내가 원하는 어떤 세상의 조건이 이루어지지 않았기 때문입니까? 아닙니다. 잘못된 사고방식에 붙들려 있기 때문입니다. 세상의 가르침에 붙들려 있기 때문입니다. 본문 제목을 보십시오. "잘못된 생각에서 벗어나면." 사람들이 말하는 세상의 행복 공식이라는 미신에서 벗어날 수 있다면, 예수님을 만나면, 그 말씀에 의지하여 지금까지 누워 있던 그 자리를 털고 일어나면, 지금 이 상태에서도 얼마든지 행복해질 수 있습니다.

행복이란 조건의 만족에서 오는 것이 아닙니다. 우리가 하나님의 형상으로 창조되었다는 말은 우리의 진정한 만족과 행복은 하나님으로부터만 올 수 있다는 것을 의미합니다. 예수님은 우리에게 왜 오셨습니까? 진정한 행복과 기쁨을 알게 해 주려고, 행복할 수 있는 여건 속에서도 잘못된 생각에 붙들려서 결코 행복할 수 없는 사람들을 변화시켜서 얼마든지 하나님 안에서 행복할 수 있다는 것을 가르치기 위해서 베데스다 연못을 찾아가신 것입니다. 예수님을 만나면 내 형편이 힘들고 어려워도, 어떤 형편 속에서도 행복할 수 있습니다.

어떤 권사님이 이런 간증을 했습니다. 자기 남편은 세상에서 아주 잘나가는 분이었는데, 인생의 절정에서 갑자기 큰 병에 걸렸습니다. 그러자모든 일이 중단되었고, 인생의 꿈이 깨졌습니다. 남편은 좌절하고 못 견뎌 했습니다. 그래서 권사님도 너무 답답해서 기도했는데, '하나님이 이기회를 통해 남편을 만나 주시려나 보다'라는 믿음이 생겼습니다. 너무나 자기가 강해서 평생 복음을 거부하던 남편이 아프게 되자 어쩔 수 없이 침대에 누워서 아내가 틀어 준 설교를 들으면서 처음에는 화를 냈는데 점점 더 잘 듣더니, 나중에는 눈물을 흘리며 은혜받는 것을 보고, 참하나님의 역사는 놀랍다는 것을 알게 되었습니다.

그런데 남편이 일을 중단하자 학비를 보낼 수가 없어서 유학을 갔던 아들이 돌아오게 되었습니다. 그 아들도 걱정이 많았지요. 낙심도 되고, 부모님 걱정도 되고요. 그런데 공항에서 자기를 맞으러 온 엄마를보니 엄마의 얼굴이 밝은 거예요. 억지로 밝은 표정을 짓나 보다 생각한아들이 말했습니다. "엄마, 어떻게 하면 좋아?" "뭐가? 나는 괜찮아. 나는 이번 일을 통해 네 아빠가 하나님을 만나기를 원해." "엄마, 정말 괜찮아?" "그럼, 나는 행복해." "뭐가 행복한데?" "하나님이 나와 함께하시거든. 나는 평안해. 너무 걱정하지 마라." "엄마, 정말이지?" "정말이고 말고." 그 말을 듣고 아들은 깜짝 놀랐습니다. 이런 엄마가 아니었는데, 이런 상황에서도 낙심하지 않고 밝은 마음으로 계신 것을 보고 감동을 받았습니다.

차를 타고 오는 내내 아무 말도 하지 않던 아들이 도착할 때가 되자마침내 입을 열고 이렇게 말했습니다. "엄마, 나 미국에서 공부할 때 세계적으로 유명한 강사들이 와서 강연을 하는데, 모두 다 '이렇게 하면 행복할 것입니다'라고만 말하지, '나는 지금 행복합니다' 말하는 사람은 없었어요. 그런데 엄마는 이렇게 힘든 가운데서도 정말 행복하시네요. 엄마, 나 엄마가 믿는 하나님을 믿어 볼래요. '신앙은 자유인데 왜 자꾸 강요하나' 그래서 안 믿었지만 엄마 속에 있는 신앙의 힘이 뭔지 느껴져요. 나 하나님을 믿어 볼래요."

가정에 큰 문제가 생겼는데, 그것이 불행이라고만 생각했는데, 우리 가정의 행복은 다 끝났다고 생각했는데, 그것이 오히려 남편과 아들이 하나님께 돌아오는 계기가 된 것입니다.


무엇이 우리를 행복하게 할 수 있나요? 내가 기대하고 바라던 행복의 조건들이 이루어져야 행복할 수 있나요? 이루어졌다고 행복해지던가요? 아닙니다. 행복은 세상이 정한 조건을 충족해야 주어지는 것이 아니라, 하나님 안에 있을 때 하나님이 주시는 선물입니다. 건강하지 못해도, 결혼하지 않았어도, 직장이 없어도, 돈이 없어도, 내 현실이 고단하고 힘들어도 얼마든지 감사할 수 있고, 기뻐할 수 있고, 행복할 수 있습니다.

그래서 행복은 어떤 것의 결과가 아니라 삶의 전제 조건입니다. 우리는 먼저 예수님을 통해 행복해진 상태로 세상을 향해 나가는 것이지, 세상에서 이것도 이루고 저것도 성취하고 다 내 뜻대로 되어야 행복해지는 것이 아닙니다. 주님으로 인하여 행복해진 상태에서 그 행복을 이 땅에 전하며 사는 것이 성도의 삶이라는 것을 본문은 말해 주는 것입니다. 우리 모두 지금 내 현실과 상관없이 예수님 때문에 행복하기를 축원합니다.

살아 계신 하나님! 우리는 행복을 원하면서도 행복이 어디서 오는지 알지 못합니다. 이 세상 사람들이 가지고 있는 그 행복의 조건이 이루어져야 행복할 수 있다는 잘못된 생각에 빠져 있습니다. 그러나 행복은 내가 원하는 세상의 조건을 충족시키는 데 있는 것이 아니라, 이 세상 조건과는 전혀 상관이 없다는 것을 알게 하소서. 진정으로 예수님을 만나고, 잘못된 생각에서 벗어나면 현실 이대로가 기쁨과 감사의 현장이 될 수 있다는 것을 알게 하소서. 내가 원하는 조건이 이루어져서 행복한 사람이 아니라 이미 예수님 때문에 행복해진 사람이 되어 세상을 향해 나가게 하소서.

함께 생각하기

1   베데스다 못가에 있던 병자는 무엇을 기다리고 있었습니까? (3-4절)

2   예수님은 그 병자에게 무엇이라고 말씀하셨습니까? (8절)

3   예수님의 말씀으로 내 생각이 바뀌거나, 현실은 그대로인데 마음이 자유로워졌던 경험이 있다면 나눠 봅시다.

# 안식일의
# 참 의미

요 5:9-18

## | 일과 쉼의 경계선

어느 기업의 회장님이 운전기사에게 이렇게 말했습니다. "이번 일요일에는 중요한 가족 모임이 있으니 자네가 좀 수고를 해야겠네." 그래서 운전기사는 일요일 아침 일찍 일어나서 회장님과 가족들을 모시고 약속한 장소에 갔습니다. 경치도 좋고, 좋은 시설에서, 좋은 음식을 먹었고, 행사 자체도 분위기가 참 좋았습니다. 모임을 다 마치고 돌아오는데 회장님이 "오늘 수고 많았네. 가족들과 식사라도 하게" 하면서 약간의 수고비를 주었습니다.

집에 돌아와 현관문을 열자 아내가 "잘 다녀왔어요?" 하며 맞아 주었습니다. 그 말을 듣고 그는 "종일 일했더니 피곤하네. 나 좀 들어가서 쉴게" 하고 방으로 들어갔습니다. 누워서 생각하니 우리 가족들은 야외로 나가서 즐거운 시간을 보낸 적이 없는데, 그런 모임을 한 번 하면 좋겠다 싶어서 아내에게 말했습니다. "다음 일요일에는 우리 가족도 놀러 가자, 용돈도 생겼는데." 그래서 장소를 알아보고, 가족들도 시간을 내서 그날 함께 모이기로 했습니다.

다음 일요일이 되자 일찍 일어나서 짐을 싣고, 가족들을 태우고 약속한 장소로 갔습니다. 비슷한 분위기를 낸다고 했지만 지난 일요일에 갔던 곳보다는 좀 못한 곳이었고, 거리도 더 멀고, 음식도 그만 못했습니다. 하지만 그는 기쁜 마음으로 가족들을 위해 일했습니다. 늦게 집으로 돌아와서 현관문을 열면서 자기도 모르게 이렇게 말했습니다. "아, 오늘 하루 잘 쉬었다."

이 기사님은 지난 일요일과 똑같은 일을 했는데, 왜 한 번은 피곤한 일이었고, 왜 한 번은 즐거운 쉼이 되었을까요? 일과 쉼의 경계선은 무엇일까요? 의미를 어디에 두느냐에 따라 달라지는 것입니다. 질문 하나 하겠습니다. "예배는 나에게 피곤한 짐인가요, 아니면 즐거운 쉼인가요?" 정직하게 대답하기를 바랍니다.

우리는 앞 장에서 예수님이 38년 된 병자를 고쳐 주신 사건을 살펴보았습니다. 그는 예수님이 자기를 도와주려고 하시자, 사람들이 만들어 놓은 행복의 조건을 만족시키지 않는다면 자기는 행복할 수 없다고 했습니다. 그러나 예수님은 행복은 어떤 조건의 성취에서 오는 것이 아니라, 예수님을 만나고 그 말씀에 순종할 때 오는 것임을 분명히 보여 주셨습니다. 오늘도 많은 사람들은 세상이 만들어 주는 가치 기준에 맞아야만 행복할 수 있다고 착각합니다. 그러나 행복은 위에서 부어 주시는 하나님의 선물입니다. 오늘 내 형편이 아무리 힘들어도 주님 안에서 얼마든지 행복할 수 있다는 것을 알아야 합니다.

예수님은 그 병자에게 "일어나 네 자리를 들고 걸어가라"(요 5:8) 하셨고, 병자는 그 순간 치료되어 일어나 걷게 되었습니다. 그런데 그날은 안식일이었습니다. 유대인들은 그가 자리를 들고 걸어가는 것을 보고 비난했습니다. "왜 안식일에 일을 하는 것이냐? 너는 율법을 어겼다." 그러자 그 사람은 두려워서 변명했습니다.

나를 낫게 한 그가 자리를 들고 걸어가라 하더라(요 5:11).

그러자 그들은 "너에게 그렇게 말한 그 사람이 누구냐?"고 묻습니다. 그가 모른다고 대답하자 "어떻게 너를 고쳐 준 사람을 모를 수 있느냐?" 합니다. 그런데 모를 수밖에 없는 것은 예수님이 "일어나 네 자리를 들고 걸어가라" 말하고 바로 사라지셨기 때문입니다. 그러자 유대교 지도자들은 "그 사람을 만나면 그가 누군지 우리에게 말해라" 하고 풀어 주었습니다.

그 사람이 감사의 제사를 드리러 성전에 들어갔는데, 예수님이 그에게 다가오셨습니다. 그 순간 그는 자기를 고쳐 준 분이 예수님이라는 것을 알게 되었고, 유대교 지도자들에게 가서 말했습니다.

그 사람이 유대인들에게 가서 자기를 고친 이는 예수라 하니라(요 5:15).

그러자 이제 공격의 화살은 예수님께로 향합니다. 유대교 지도자들은 말했습니다. "왜 당신은 안식일을 범하였는가? 왜 일을 시켰는가?" 이렇게 비난하면서 이것을 계기로 예수님을 옭아매려고 작정했습니다.

이런 질문을 할 수 있습니다. "예수님도 참, 왜 꼭 안식일에 사람을 고치셨는가? 문제가 생길 것을 뻔히 아시면서, 모세 이후 1500년 동안이나 내려온 안식일 관습을 왜 어기셨는가? 38년이나 아팠던 사람인데, 안식일 다음 날 병을 고친다고 문제 될 것 없는데, 왜 하루를 못 참고 이런 일을 해서 안식일을 범했다는 공격을 받으시는가?"

예수님은 일부러 안식일에 그 병자를 고치신 것입니다. 왜냐하면 안식일에 대한 오해가 너무 크고, 너무 완고하고, 안식일의 참된 의미를 모르고 불행하게 살아가는 것을 고쳐 주기 위해서 일부러 안식일에, 모두가 보는 데서 이 병자를 고치신 것입니다. 만민 앞에 퍼포먼스를 하신 것이죠. 쉽게 말하면, 안식일의 의미를 재해석하신 것입니다. 재해석이란 원래 의도에서 벗어났기 때문에 다시 본뜻을 알려 주려는 것입니다.

그렇다면 원래 안식일은 왜 생긴 것일까요? 하나님은 세상을 창조하시고, 일곱째 날에 쉬셨습니다. "그러므로 너희들도 안식일에 아무 일도 하지 말라." 이것이 십계명 중에 제4계명입니다.

안식일을 기억하여 거룩하게 지키라(출 20:8).

하나님은 왜 엿새 동안 창조하시고 일곱째 날 쉬셨을까요? 엿새 동안 온 우주 만물을 창조하셨으니 너무 피곤하고 지쳐서 쉬셨을까요? "아이고, 너무 무리를 했더니 허리가 아파 누워 쉬어야겠다." 그래서 쉬신 것일까요? 아닙니다.

하나님이 사람을 며칠째 되는 날 창조하셨나요? 엿새 중에서 맨 마지막 날인 6일째 되는 날입니다. 그리고 그다음 날 왜 쉬셨을까요? 그 사람을 만나기 위해서입니다. 세상의 모든 것은 다 물건입니다. 인격이 없습니다. 인간만 하나님의 형상을 따라 만든 인격자입니다. 하나님은 인간을 창조하신 후에, 그와 만나서 깊은 교제를 나누기 위해 쉬셨습니다.

또한 사람의 입장에서 보면, 창조되고 나서 눈을 뜬 첫날이 안식일이었습니다. 아담에게는 가족도 없고, 일도 없고, 세상에 대한 어떤 경험도 없습니다. 아담과 하나님 사이에는 어떤 방해물도 없고, 막힌 것도 없고, 중간에 낀 것이 아무것도 없습니다. 오직 아담 앞에는 하나님 한 분뿐입니다. 그 상태에서 처음으로 하나님을 만났고, 그 결과 하나님으로 충만해졌습니다. 하나님과 아담이 서로에게 몰입했기 때문입니다. 그 결과 아담은 하나님으로 인한 만족, 행복, 기쁨이 충만했습니다. 이것이 첫 안식일에 일어난 일입니다.

안식일에 하나님으로 충만해진 아담은 이제 그에게 주어진 삶을 향해 나아가는 것입니다. 우리로 말하자면, 먼저 하나님을 만난 기쁨과 충만한 마음을 가지고 세상으로 나아가서, 가정을 돌보고, 사업을 하고, 맡겨 주신 일을 감당하고, 삶에서 그 기쁨을 풀어 내라는 것입니다.

달력을 보면 일요일은 붉은색으로 일주일의 맨 앞에 있습니다. 이것의 신학적 의미가 뭔지 아시나요? 먼저 하나님으로 충만해지고, 그 기쁨과 감사를 가지고 세상으로 나가라는 것입니다. 그러니까 세상에 나가서 어떤 일을 성취해서 행복해지는 것이 아닙니다. 진정한 행복은 하나님으로 충만할 때 주어지는 것입니다. 그 충만함을 먼저 경험하고, 행복한 마음으로 세상에서 살아가는 것이 하나님이 하나님 백성에게 원하시는 삶의 패턴입니다.

그런데 왜 우리에게는 아담이 느꼈던 충만한 기쁨이 없는 것일까요? 아담이 누렸던 안식의 감격이 왜 없을까요? 하나님과 나 사이에 끼어든 것이 많기 때문입니다. 자녀 문제, 직장 문제, 경제 문제, 건강 문제, 해결해야 하는 수많은 과제와 인생의 짐들, 고민과 염려와 걱정, 이런 것들이 하나님과 우리 사이를 꽉 막고 있기 때문입니다. 그래서 하나님께 집중할 수도 없고 하나님을 진정으로 만날 수도 없는 것입니다.

예배는 하나님과의 만남인데, 예배드리는 우리의 마음은 온전히 하나님께 집중되어 있습니까? '예배 후에 누구를 만나야 하는데. 어디가서 강연해야 하는데 무슨 말을 할까? 내일 결제할 대금을 어떻게 마련할까?' 수많은 근심과 염려로 마음이 꽉 차 있지 않습니까? 아침에 갈등했던 분노가 아직도 남아 있고, 주중에 경험했던 슬픈 사건에 대한 감정도 정리되지 않은 상태로 예배드리지는 않습니까? 예배 중에 졸기도

하고 핸드폰에 손이 가 있어 주물럭거리고 있지는 않나요? 이렇게 세상으로 가득 차 있는데 어떻게 하나님께 집중하고 하나님과 온전히 만날 수 있겠습니까?

## 안식일에 일하지 말라는 이유

왜 하나님이 안식일에 아무 일도 하지 말라고 하셨는지 이제 이해가 되시나요? 일이라는 것이 우리의 마음을 점령해서 꼼짝 못 하게 우리를 사로잡을 수 있기 때문에, 깨끗한 마음으로 하나님을 만날 수 없도록 세상일이 우리를 얽어매기 때문에 그 일을 중단하라는 것입니다. 그런 방해 요소를 제거하고 우리와 온전히 만나려는 하나님의 의도 때문입니다. 아담에게는 아무 생각도 없었잖아요? 그 최초의 마음으로 돌아가서 하나님을 온전히 만나라는 것입니다.

우리가 성전에 와서 할 일이 뭐겠습니까? 세상 생각 비우기입니다. 아담과 하나님 사이에 아무것도 없었듯이 하나님과 나 사이에 아무것도 없는 상태, 내 마음이 하나님으로만 꽉 채워진 그 상태를 회복하는 것입니다. 안식을 회복하는 것입니다. 그렇게 되면 세상이 줄 수 없는, 세상이 알 수도 없는 평화가 하늘 위에서 내려오는 것입니다. 새찬송가 412장 후렴 부분처럼 "평화 평화로다 하늘 위에서 내려오네"라고 고백하는 은혜가 임하는 것입니다. 그런 기쁨과 행복을 가지고 세상으로 나가야 합니다. 이것이 안식일을 주신 이유입니다.

제가 신학생 때 '안식일에 하지 말아야 할 일'에 대해 규정한 책을 읽어 보았는데, 얼마나 내용이 많은지 안식일 하루 종일 그 책을 다 읽지 못했습니다. 그중에 이런 내용도 있었습니다. 안식일 전날 바느질을 하다가 옷에 바늘이 꽂혀 있는 채로 성전에 가면 죄가 됩니다. 왜냐하면 물건을 날랐으니까요. 다리를 저는 분이 목발을 짚었다면 괜찮습니다. 그러나 건강한 사람이 지팡이를 짚었다면 그것도 일을 한 것입니다. 음식을 먹다가 싱거워서 소금을 넣으면 괜찮지만 소금으로 상처를 소독했다면 그것은 치료 행위이기 때문에 죄가 되었습니다. 소금 운반 죄와 치료 죄를 범한 것입니다.

본문의 38년 된 병자의 죄는 무엇일까요? 규정집에 의하면, "안식일에 물건을 운반한 자는 모르고 했으면 속죄 제사를 드리고, 알고 했으면 그 몸을 돌로 치라" 이렇게 나와 있습니다. 환자가 자기가 누울 자리를 들고 갔다면 죄가 아닙니다. 그러나 건강한 사람이 들고 갔다면 일이 됩니다. 지금 이 사람은 치료가 되었기 때문에 환자가 아닙니다. 그러므로 자기 자리를 들고 간 것은 노동이 됩니다. 고의로 했다면 죽을죄입니다.

그래서 유대인들이 "왜 안식일에 자리를 들고 걸어가느냐?"고 물었을 때, 그 사람이 그렇게 무서워하면서 나를 고쳐 준 분이 걸어가라고 했기 때문이라고 변명한 것입니다. 그가 나중에 유대교 지도자들에게 다시 가서 "나를 고쳐 준 분은 예수라는 분입니다"라고 말한 이유도 이렇게 하지 않으면 받을 벌이 두려웠기 때문입니다. 그만큼 안식일 규정은 까다롭고 무거웠습니다. 그래서 하나님을 만나게 하려고 주신 안식일이 하나님을 만나기는커녕 사람을 가장 피곤하게 만들고 정죄하는 날이 되었습니다. 안식일이 아니라 가장 불편하고 무서운 날이 되고, 쉼이 없는 날이 되었던 것입니다. 안식일의 참 의미를 잃어버린 것입니다.

"왜 안식일에 일하느냐?" 유대교 지도자들의 말을 듣고 예수님이 유명한 말씀을 하십니다.

내 아버지께서 이제까지 일하시니 나도 일한다(요 5:17).

이 말을 들었을 때 유대인들이 받았을 충격이 상상이 되십니까? 기절초풍했을 겁니다. "아니, 이게 무슨 말이야? 하나님은 안식일에 쉬셨다고 말씀하셨는데, 하나님이 지금도 일하신다고?"

제가 질문 하나 하겠습니다. 하나님은 주일에도 일을 하시나요, 아니면 쉬시나요? 안식일이라고 하나님의 통치가 중단됩니까? 아닙니다. 하나님은 오늘도 세상을 다스리시고, 우리를 만나 주시고, 사랑해 주시고, 죄인을 구원하시고, 예배를 받아 주십니다. 쉬지 않으십니다. 안식일이라고 비가 안 오나요? 태양이 안 뜨나요? 안식일에도 생명이 태어나고, 안식일에도 먹어야 삽니다. 하나님은 지금도 일하고 계십니다.

그럼 하나님은 그렇다 치고 예수님은 왜 일하셨을까요? 왜 예수님은 일해도 죄가 되지 않는 것입니까? 사람이 일을 쉬는 이유는 일이 하나님과의 온전한 교제를 방해하기 때문입니다. 인간은 일에 붙들리기 쉽고, 일에 마음을 빼앗기고, 일에 대한 염려와 부담과 복잡한 생각 때문에 하나님께 집중할 수 없으니까 하나님과 온전한 만남을 위하여 쉬라고 하신 것입니다. 그러나 예수님은 우리보다 더 바쁘셨지만 언제나 그 마음의 지성소에 오직 하나님 한 분만 계셨고, 언제나 하나님의 뜻을 찾으셨고, 그 뜻을 준행하는 것을 삶의 목적과 기쁨으로 알고 하나님과 완전한 연합을 한순간도 놓지 않으셨기 때문에 일을 쉴 필요가 없습니다. 언제나 하나님으로 충만했기 때문에!

그래서 예수님은 안식일에 일해도 죄가 되지 않으며, 그 일이 하나님의 뜻에 합당한 일이 되었고, 하나님도 예수님을 통해 일하기를 멈추실 필요가 없었던 것입니다. 그러므로 예수님의 대답은 안식일의 본래 의미를 생각해 보면 정확한 답변입니다.

우리는 '안식일 주제가 뭐가 그렇게 중요하지? 옛날 사건에 불과한데' 이렇게 생각할지 모릅니다. 그런데 아닙니다. 안식일 주제는 최고의 주제입니다. 이 시대 인간의 문제는 쉼이 없다는 것입니다. 우리를 괴롭히는 게 뭔가요? 밥입니까? 옷입니까? 명예입니까? 마음의 괴로움 아닙니까? 그것 때문에 사네 죽네 하는 것입니다.

그래서 이 시대 성도의 과제는 태초의 안식일을 회복하는 것입니다. 마치 아담이 하나님 외에는 아무것도 없는 상태에서 하나님을 만났듯이, 내 속에 들어온 세상을 비워 내고 하나님께 몰입하여 하나님을 온전히 만나는 것, 이것이 없으면 세상에 함몰될 수밖에 없습니다. 앞으로 세상은 더 복잡해질 것인데, 더 불안하고 초조하고 쫓기는 삶이 될 텐데, 진정한 안식을 누리지 못한다면 믿음의 삶을 성공적으로 살아갈 수 없을 것입니다. 그래서 안식일 주제는 성도의 가장 큰 과제라는 사실을 잊어서는 안 됩니다.

그렇다면 내 안에 들어온 세상을 어떻게 비워 낼 수 있을까요? 그 방법은 세상에 대해 죽는 것입니다. 죽으면 관계가 끊어지기 때문입니다. 그렇다고 매번 죽을 수는 없잖아요? 여기서 십자가가 등장합니다. 십자가는 신비한 것입니다. 이 몸이 죽지 않으면서도 죽은 효과를 그대로 가져오는 것이 십자가입니다. "십자가 앞에서 내가 죽었습니다." 이렇게 고백할 때 자기 힘으로는 못 죽어도 십자가의 능력이 나를 죽여서 내 속에 들어와 있는 세상 생각과 근심과 염려를 십자가 앞에서 다 비워 낼 수 있습니다.

그래서 태초의 안식을 회복하는 방법은 내가 십자가에서 죽었음을 고백하는 것입니다. "하나님, 내 마음의 지성소에 들어온 이 세상에 사로잡힌 내 생각과 부담과 걱정을 다 죽여 주소서. 아담에게 하나님이 유일한 대상이었던 것처럼 저도 오직 하나님만 바라보게 하소서. 그래서 내 마음이 하나님으로만 가득 차게 하소서." 이렇게 기도해야 합니다.

가장 이상적인 것은 매일매일이 안식일이 되는 것입니다. 아침마다 안식을 경험하고 하루를 시작할 때 우리의 삶은 에덴이 되고, 그렇게 하나님을 만나고 하나님께 다 맡길 때 내 삶을 하나님이 책임져 주신다고 성경은 약속하고 있습니다. "매일은 못 해도 최소한 일주일에 한 번은 세상을 비워 내고 하나님으로 채워라. 그러면 너는 행복할 수 있고, 행복한 마음으로 세상으로 나갈 수 있다. 그래야 엿새 동안 넉넉히 믿음을 유지하고 하나님의 사람으로 살 수 있다." 그래서 우리에게 안식일을 주신 것입니다. 태초의 안식을 회복하고, 하나님이 내 삶을 인도해 주실 것을 믿고, 세상을 향해 담대히 나가는 성도가 되기를 축원합니다.

안식일을 주신 하나님! 왜 우리에게 안식일을 주셨는지 그 뜻을 분명히 알게 하시고, 안식일이 우리 삶에서 왜곡되지 않게 하시고, 안식일을 짐으로 여기는 어리석음이 없게 하여 주소서. 우리 안에 들어 있는 수많은 세상 것들이 하나님과의 만남을 방해하지 않게 하시고, 하나님으로 충만한 사람이 되어 그 기쁨과 행복을 삶으로 풀어 내는 아름다운 인생이 되게 하소서.

함께 생각하기

1   유대인들이 안식일에 예수님을 왜 박해했습니까? (16절)

2   예수님은 안식일에 자신이 무엇을 하고 있다고 말씀하셨습니까? (17절)

3   하나님 앞에서 마음이 참된 쉼을 누렸던 예배의 순간이 있다면 나눠 봅시다.

# 17

# 아버지와
# 아들

요 5:19-23

## | 왜 꼭 예수님인가

이런 질문을 받은 적이 있습니다. "목사님, 기독교는 하나님을 믿는 종교잖아요?" "그렇지요." "그러니까 '예수 믿으세요' 이렇게 말하지 않고 '하나님을 믿으세요' 그러면 안 되나요?" "되지요. 그런데 왜 이런 질문을 하시나요?" "전도할 때, '너도 예수 믿어' 그러면 '예수님이 누군데?' 하는데, 그때 예수님을 설명하기가 어려워요. 하나님인데 사람이 되어 우리 가운데 오셨다고 하면 '말이 되느냐?'고 반박하는데, 답답해서요. 왜 꼭 예수님을 믿어야 하나요? 그냥 하나님만 믿으면 되는 것 아닌가요?"

여러분도 이런 질문을 해 보셨나요? 이 세상 사람들이 가장 싫어하는 성경 구절이 뭔지 아세요?

예수께서 이르시되 내가 곧 길이요 진리요 생명이니 나로 말미암지 않고는 아버지께로 올 자가 없느니라(요 14:6).

이것을 기독교의 독선이라고 합니다. "하나님께로 가는데, 왜 꼭 예수님을 통해서 가야 하는가? 산꼭대기 정상에 올라가는 방법은 많은데, 여러 가지 길을 통해 가면 되는 것 아닌가?" 이 세상의 모든 종교는 이렇게 기독교를 공격합니다. 쉽게 말하면, 예수님은 하나님이 아니라 인간이며, 다른 종교를 통해서도 하나님께 나갈 수 있다는 것입니다.

그래서 유대교 랍비 보티치(Shmuley Boteach)는 말했습니다. "나는 이 신앙이 저 신앙보다 우월하다고 말하는 종교는 절대 반대한다. 이것은 영적 인종 차별 아닌가? 그것은 우리가 너희보다 하나님과 더 가깝다는 뜻으로, 바로 거기서 증오가 싹트는 것이다." 여기에 대해 신학자 스프로울(R. C. Sproul)은 말했습니다. "모세는 율법을 전달할 수 있고, 마호메트는 검을 휘두를 수 있다. 부처는 개인적 조언을 들려줄 수 있고, 공자는 지혜의 말을 들려줄 수 있다. 그러나 이들 중 어느 누구도 세상의 죄를 대속할 자격은 없다. 오직 그리스도만이 무한한 헌신과 섬김을 받을 자격이 있다."

"왜 예수님을 통해서만 하나님께 갈 수 있는가?" 본문은 여기에 대한 답변입니다. 앞서 우리는 안식일의 참 의미에 대해 살펴보았습니다. 안식일의 본질은 일하지 않는 것이 아니라, 하나님과의 빈틈없는 연결입니다. 일을 하면 거기에 마음을 빼앗겨서 하나님과 진정한 연결이 불가능하기 때문에 일하지 말라는 것뿐입니다. 그래서 모든 일을 쉬고, 하나님과 깊이 연합하고, 그 연합의 기쁨과 감격을 가지고 한 주일을 살아가는 것입니다. 이것을 모르고 그냥 "일하지 마라. 일하면 죽는다" 이렇게 고집하는 유대인들은 안식의 의미와 능력을 몰랐습니다. 그래서 안식일이 안식을 누리는 날이 아니라 오히려 힘들고, 불편하고, 무서운 날이 되었습니다.

그러자 예수님은 "내 아버지께서 이제까지 일하시니 나도 일한다"(요 5:17)고 하셨고, 그 말을 들은 유대인들은 기겁을 했습니다. 예수님은 왜 안식일에 일하는 것이 죄가 되지 않는지 설명하십니다. "나와 하나님은 깊이 연합되어 있다. 내가 아무리 많이 일해도 그 연합은 깨지지 않는다. 그러므로 내가 일을 쉬지 않아도 죄가 되지 않는다." 안식일의 근본 의미에서 말하자면 정확한 대답입니다. 그러자 유대인들은 할 말이 없어졌습니다. 그러자 다른 것으로 예수님을 공격합니다.

유대인들이 이로 말미암아 더욱 예수를 죽이고자 하니 이는 안식일을 범할 뿐만 아니라 하나님을 자기의 친아버지라 하여 자기를 하나님과 동등으로 삼으심이러라(요 5:18).

"왜 하나님을 네 아버지라고 하느냐? 왜 하나님과 너를 하나라고 하느냐? 이것은 신성 모독이다. 너는 죽을죄를 지었다!" 이렇게 나왔습니다. 안식일 논쟁이 아들 논쟁으로 확장된 것입니다. 이 공격이 왜 중요합니까? 오늘날도 기독교에 대한 모든 공격과도 일치하기 때문입니다. 예수님은 하나님의 아들이 아니라 인간이며, 예수님 아닌 다른 방법으로도 구원받을 수 있다는 것입니다.


## 아버지와 아들이 하나인 이유

여기에 대하여 예수님은 "내가 왜 하나님의 아들이며, 왜 하나님과 내가 하나인지 대답해 주마" 그러면서 그 이유를 세 가지로 증명하십니다.

첫째, "나는 하나님께 완전히 순종하기 때문이다."

아들이 아버지께서 하시는 일을 보지 않고는 아무것도 스스로 할 수 없나니(요 5:19하).

왜 예수님은 아무것도 스스로 하실 수 없나요? 능력이 없어서가 아닙니다. 예수님도 스스로 보고, 듣고, 느끼고, 판단하실 수 있습니다. 그러나 예수님은 보고, 듣고, 느낀 대로 판단하지 않고, 아버지가 가르쳐 주신 대로 하셨습니다.

이것이 어떻게 가능한 것일까요? 아버지 하나님과 아들 예수님이 연결되어 있기 때문입니다. 하나님과 진정으로 연결되어 있으면 어떤 현상이 나타납니까? 하나님의 마음이 예수님의 마음으로 그대로 들어옵니다. 그렇게 되면 하나님의 뜻을 분별하게 되고, 하나님의 뜻을 그대로 따라 하게 되는 것입니다. 이것을 예수님은 "스스로는 아무것도 할 수 없다"고 표현하신 것입니다.

이 사건 바로 전에 예수님이 38년 된 병자를 만나셨을 때 일어난 현상을 예로 들어 봅시다. 예수님이 '이 명절에 무엇을 할까?' 하다 하나님을 바라보니, 베데스다 연못으로 가기를 원하시는 하나님의 뜻을 알게되었고, 그대로 따라갔더니 많은 병자 중에서도 38년 된 병자 앞에 서게되었고, 다시 하나님을 바라보았더니 하나님이 그 병자에게 "네가 낫고자 하느냐?" 이 말씀을 하시려는 것을 느꼈습니다. 예수님은 아버지의뜻을 그대로 따라서 말씀하셨습니다.

그러자 병자는 "물이 동할 때 나를 넣어 주는 사람이 없나이다"라고 말했습니다. 이 말을 듣고 예수님은 "물이 동할 때 가장 먼저 들어가면 병이 낫는다는 것은 미신이다. 그런 허황된 말을 믿지 마라" 혹은 "내가 다시 묻겠다. 네가 낫고자 하느냐?" 이렇게 말씀하시지 않았습니다. "일어나 네 자리를 들고 걸어가라." 이것이 아버지가 가르쳐 주신 말씀입니다. 그러자 예수님도 "일어나 네 자리를 들고 걸어가라"고 말씀하십니다. 병자와 예수님 사이에 대화가 매끄럽지 않고, 중간에 뚝뚝 끊어지는 것을 느꼈을 것입니다. 왜냐하면 그 사람과 예수님이 마주 보고 있지만 예수님의 마음은 하나님께로 가 있고, 아버지가 하시는 일을 보고그대로 따라 하셨기 때문입니다.

누군가 내 말과 행동을 그대로, 진심으로, 기쁨으로 100% 순종하는사람이 있다고 합시다. 그 사람은 그 부분에 있어서는 자기에게 명령하는분과 하나입니다. 이것이 하나님 아버지와 아들 예수님의 모습입니다.

둘째, "아버지가 아버지의 뜻을 행하는 나를 완전히 사랑하시기 때문이다."

아버지께서 아들을 사랑하사 (요 5:20 상).

예수님은 하나님과 사랑으로 굳게 연결되어 있습니다. 서로를 완전히 사랑하시므로 두 분은 사랑 안에서 하나입니다.

셋째, "아버지가 아들인 나에게 모든 것을 보여 주시기 때문이다."

자기가 행하시는 것을 다 아들에게 보이시고(요 5:20중).

하나님은 아들인 예수 그리스도에게 모든 것을 다 보여 주셨습니다. 그리고 아들은 하나님이 보여 주신 그대로 순종하십니다. 그러므로 예수님은 하나님의 완전한 계시자입니다. 하나님의 뜻을 우리에게 가장 완전하게 보여 주십니다.

## | 심판의 기준은 예수님

이것이 끝이 아닙니다.

아버지께서 아무도 심판하지 아니하시고 심판을 다 아들에게 맡기셨으니(요 5:22).

하나님이 세상을 심판하실 수 있는데, 그 모든 심판권을 아들에게 다 맡기십니다. 예수님은 심판자입니다. 그 이유가 23절에 나옵니다. 예수님이 아들로서 하나님 아버지를 공경하는 것처럼, 이 세상 모든 사람이 예수님을 온전히 공경하게 하기 위하여 모든 심판을 아들에게 맡기셨다는 것입니다.

아들을 공경하지 아니하는 자는 그를 보내신 아버지도 공경하지 아니하느니라(요 5:23하).

아주 중요한 말씀입니다. 예수 그리스도를 공경하는 것과 하나님 아버지를 공경하는 것은 똑같다는 것입니다. 예수님에 대한 태도가 하나님 아버지에 대한 태도와 완전히 일치한다는 것입니다. 왜냐하면 예수님은 하나님의 아들이며, 하나님과 하나이기 때문입니다.

우리는 심판이 먼 미래에 있다고 생각합니다. '죽으면 하나님 앞에서 심판을 받을 것이다.' 그러나 아닙니다.

내가 진실로 진실로 이르노니 내 말을 듣고 또 나 보내신 이를 믿는 자는 영생을 얻었고 심판에 이르지 아니하나니 사망에서 생명으로 옮겼느니라(요 5:24).

예수님의 말씀을 듣고서야 하나님을 믿게 되는데, 예수님의 말씀을 듣고 아버지를 믿는 자는 이미 영생을 얻은 것입니다. 그러니까 영생은 죽은 다음에 영원한 세계에서 완성되는 것이지만, 예수님을 하나님이 보내신 분으로 영접하는 순간, 바로 그때부터 영생은 시작됩니다. 다시 말하면, 심판은 현재적이며, 심판의 기준은 예수님이라는 말입니다.

그런데 중요한 심판일수록 원칙이 분명해야 합니다. 여러분이 생각하는 심판의 기준은 무엇입니까? 착하게 살고, 선한 일을 많이 하고, 율법을 잘 지키는 것인가요? 심판의 근거는 그것이 아닙니다. '그가 어떤 일을 했느냐? 죄인이냐, 의인이냐?' 그것이 중요하지 않습니다. 오직 하나, '예수 그리스도를 영접했느냐, 영접하지 않았느냐?' 그것을 가지고 심판하십니다. 모든 인류는 예수님 앞에서 둘로 나누어집니다. 예수님을 하나님의 아들로 믿고 영접한 사람과 그렇지 않은 사람으로 갈라집니다. 그러므로 예수님은 영원한 삶과 죽음의 갈림길입니다.

이런 질문을 하는 분들이 있습니다. "저 사람이 하나님이 택하신 자녀인지 아닌지 어떻게 알 수 있어요?" 알 수 있을까요, 없을까요? 알 수 있습니다. 예수 그리스도를 전해 보면 그 사람의 본질이 나옵니다. 예수님을 영접하면 택함 받은 하나님의 자녀이고, 거부하면 하나님의 자녀가 아닙니다. 이런 의미에서 예수님은 '영적 리트머스 시험지'입니다. 산인가 알칼리인가 구별이 안 되면 리트머스 시험지를 가지고 테스트하면 됩니다. 하나님의 자녀인가, 아닌가 확인하려면 예수님을 갖다 대면 나오게 되어 있습니다.

유대인들을 향한 예수님의 말씀을 쉽게 설명하면 이런 뜻입니다. "너희들이 하나님을 알고 사랑한다고? 그렇다면 하나님의 아들이며 하나님과 하나인 나를 알고 영접하고 사랑해야 한다. 나를 거부하면서 하나님을 믿는다고? 그럴 순 없다. 왜냐하면 하나님이 나를 보내서 하나님의 뜻을 너희들에게 알리셨기 때문이다. 너희들은 율법을 지켜서 구원을 받는다고 생각하는데, 아니다. 나를 영접하는 것이 구원의 근거다. 너희들이 아무리 의롭게 살아도 나를 영접하지 않으면 심판을 받을 것이다. 내가 심판의 기준이기 때문이다."

이런 말씀을 통하여 예수님은 왜 자신이 하나님께로 가는 유일한 길인지를 선포하십니다. 그러므로 예수님에 대한 태도가 하나님에 대한 태도입니다. 예수님을 믿는 것이 하나님을 믿는 것이고, 예수님을 사랑하는 것이 하나님을 사랑하는 것이고, 예수님께 순종하는 것이 하나님께 순종하는 것입니다.

# 예수님이라면 어떻게 하실까

지금까지 하나님 아버지와 아들이신 예수님의 관계를 살펴보았습니다. 예수님이 하나님의 아들인 첫 번째 증거가 뭐였나요? 스스로 행하지 않는 것입니다. 여기서 중요한 결론이 나오는데, 우리가 예수 그리스도를 영접하여 하나님의 자녀가 되었다면 그 증거가 반드시 있어야 한다는 것입니다. 그 증거는 "아들이 아버지께서 하시는 일을 보지 않고는 아무것도 스스로 할 수 없나니"(요 5:19)입니다. 우리가 하나님의 자녀라면 스스로 행할 수 없어요. "아버지가 보여 주시는 그대로 따라 할 뿐입니다." 이 고백이 나와야 합니다.

예를 들면, 내가 자녀를 바라봅니다. '참 예쁘다. 공부를 잘해야 할 텐데. 꼭 취직이 되어야 하는데. 결혼을 잘해야 될 텐데. 집이라도 하나 있어야 할 텐데. 내가 살고 있는 집이라도 명의를 이전해 줄까?' 자녀를 바라보며 별 생각을 다 합니다. 그래서 안식이 없습니다. 사랑하는 자녀를 바라보면서도 모든 생각이 다 떠오르기 때문에 복잡하고 머리가 아픕니다.

그러나 우리가 하나님의 자녀라면 예수님처럼 해야 합니다. 지금 내 앞에 자녀가 있고, 나는 아이의 말을 듣고 아이의 얼굴을 보고 있어요. 아이를 향한 감정도 있고, 아이에 대하여 판단할 수도 있어요. 그러나 내 마음을 하나님께로 향하고 하나님의 뜻을 묻습니다. "하나님, 하나님은 저 아이를 어떻게 바라보시나요? 제가 아이를 보는 것보다 하나님이 아이를 보시는 관점이 더 정확한 것을 믿습니다. 아이를 향한 하나님의 마음을 알려 주시고, 그 뜻에 기쁨으로 따르게 하소서. 그럴 때 내 자식을 바로 키우게 될 줄로 믿습니다." 이런 메커니즘이 작동되어야 한다는 것입니다.

이런 말 들어 보셨지요? "예수님이라면 어떻게 하실까?" 이 말은 주님께 내 마음을 늘 올려 드린다는 뜻입니다. 내 자녀를 쳐다보고 있습니다. 그런데 내 마음을 자녀에게 다 주는 것이 아니고, 주님께 드립니다. 왜냐하면 주님만이 내 마음의 진정한 주인이시기 때문에, 그리고 주님만이 내 아이의 주인이시기 때문입니다. 주님이 내게 주님의 마음을 알려 주고 가르쳐 주신 대로 한다면 잘못될 수 없습니다.

그런데 너무나 많은 부모들이 자녀에게 모든 마음을 다 주어 버렸습니다, 하나님께 드릴 마음을. 그래서 내 자녀를 향한 하나님의 뜻을 모릅니다. 내 마음이 하나님과 연결되지 않고, 자녀와 연결되어 있기 때문입니다. 그런데 이런 일을 계속 반복하고 있습니다. '아니, 내 앞에 있는 자녀를 눈으로 보고, 듣고, 느끼면서 어떻게 판단하지 않을 수 있는가? 판단하지 않는다면 보고, 듣고, 느끼는 것이 무슨 의미가 있는가?' 이렇게 생각합니다. 그러나 아닙니다. 우리가 너무나 빨리 판단하기 때문에, 거의 저절로 순식간에 판단하기 때문에 깨닫지 못하는데, 보고 듣고 느끼는 것과 판단은 다른 것입니다. 자극과 반응 사이에는 공간이 있습니다.

그러니까 이제 자녀의 말을 들으면서 무슨 말을 해야 할까요? 바로 대답하지 말고, 마음을 하나님께 드리고, 기도하고, 하나님이 대답을 가르쳐 주실 때까지 기다려 보세요. 서두르지 마십시오. 예수님처럼 다 보고 느끼지만 하나님이 나에게 알려 주실 때까지 기다리시기 바랍니다. 이것이 신앙생활에서 하나님의 인도함을 받는 아주 중요한 방법입니다. 예수님도 이렇게 하셨는데요! 우리도 예수를 제대로 믿으려면 이렇게 해야만 합니다. 그럴 때 아주 성숙한 그리스도인이 될 수 있습니다. 하나님의 뜻을 이 땅에서 이루어 가는 도구로 살아갈 수 있습니다.

저도 이 공식을 모를 때는 사람을 만나면 쉽게 판단하곤 했습니다.

제가 목사인데 사람을 보면 모르겠어요? 말하지 않아도 대충 알지요. 몇 마디 해 보면 판단할 수 있습니다. 소설도 쓸 수 있습니다. 그러나 이제는 안 합니다. 그냥 하나님의 눈으로 보기를 원할 뿐입니다. 대화도 나눕니다만, 하나님은 내 앞에 있는 이분을 향하여 어떤 마음을 가지고 계신지 마음으로 묻습니다. 그리고 기다립니다. 하나님이 말씀하시는 것, 깨닫게 하고 보여 주시는 것, 거기에 반응하며 그대로 따라 할 때 나는 안식을 누릴 수 있습니다. 그대로 하면 되니까요. 그럴 때 내 앞에 있는 사람은 나를 통하여 주의 음성을 듣게 되고, 하나님은 영광을 받으시는 것입니다.

아무리 사랑하는 부부라 할지라도, "우리는 정말 떼려야 뗄 수 없는 하나야"라고 고백하는 사이라도, 내 몸으로 낳은 자식이라 할지라도, 그와 나 사이에는 누가 있습니까? 하나님이 계십니다. 이것을 잊지 마세요. 그러므로 내 마음을 내 눈앞에 있는 그 사람에게 다 주지 마십시오. 내 마음을 가장 먼저 하나님께 드리기 바랍니다. 그것이 하나님 자녀의 모습입니다. 그럴 때 하나님이 보입니다. 하나님이 보이고, 그 하나님을 따라서 행할 때 하나님의 뜻이 이루어지는 것입니다. 이제부터는 예수님처럼 나 스스로 행하지 않고 아버지의 뜻을 따라 행하면서 살아가기를 축원합니다.

하나님 아버지! 왜 예수님이 하나님께 나가는 유일한 길인가, 그 이유를 알게 해 주셔서 감사합니다. 예수님이 하나님의 아들이며, 하나님과 하나이며, 완전한 계시자이시기 때문입니다. 예수님에 대한 태도가 아버지에 대한 태도와 일치하는 것임을 알게 하시고, 더 나아가서 예수님이 하나님의 아들로서 스스로 행하지 않고 아버지가 가르쳐 주신 그대로 행하신 것처럼, 우리도 하나님의 자녀로서 하나님이 가르쳐 주시는 대로 따라 하게 하소서. 그래서 우리에게는 안식과 평안이 있고, 하나님의 뜻이 이루어지고, 하나님은 영광을 받으소서. 우리가 이 땅에 보냄을 받은 하나님의 자녀로 살게 하소서.

함께 생각하기

1   예수님은 자신이 무엇을 보고 행한다고 말씀하셨습니까? (19절)


2   예수님은 자신의 판단이 아니라 누구의 뜻을 구한다고 하셨습니까? (30절)


3   하나님께 묻고 기다리는 선택이 삶에 변화를 가져왔던 경험이 있다면 나눠 봅시다.

# 18

# 예수님을
# 믿지 않는
# 이유

요 5:39-42

## | 신학적 인식론,
## 예수님을 통해서만 하나님을 알 수 있다

미국의 빌리 그레이엄(Billy Graham) 목사님이 이런 고백을 했습니다. "내 일생에서 가장 괴로웠던 순간이 있었다. 내 나이 30세 때, '로스앤젤레스 전도 대회'를 앞두고 마음에 하나님에 대한 의심이 생기기 시작했다. 특별히 나와 절친했던 찰스 템플턴(Charles Templeton)이 기독교를 떠나면서 '빌리, 자네는 50년이나 시대에 뒤져 있어. 이제는 아무도 성경을 하나님의 말씀으로 믿지 않아. 자네 신앙은 너무 순박해'라고 한 말을 듣고 나는 충격을 받았다. '정말 성경은 전적으로 믿을 수 있는 것인가? 이 말씀에 내 인생을 완전히 걸어도 후회하지 않을 수 있을까?'

나는 해답을 찾기 위해서 성경을 뒤졌다. 기도하고 묵상하고 몸부림치면서 샌버나디오 산길을 걷다가 나는 마침내 그 자리에서 무릎을 꿇고 이렇게 고백했다. '하나님 아버지, 믿음으로 이 책을 아버지의 말씀으로 받아들이겠습니다. 철학적, 심리학적 지식보다 믿음을 더 앞자리에 두겠습니다. 성경이 아버지의 말씀임을 믿겠습니다.' 간절히 기도하고 눈물을 흘리며 일어났을 때, 지난 몇 달간 느끼지 못했던 하나님의 능력이 나를 감싸는 것을 느꼈다. 내 영혼에서 벌어졌던 영적인 전투에서 내가 싸워 이겼음을 머리와 가슴으로 분명히 알 수 있었다. … 나는 의심을 이기고 믿음의 길로 들어서기로 결단했다. 내 일생에서 가장 잘했던 결정은 내 인생 전체를 걸고 하나님의 말씀을 믿기로 결심한 것이다. 그 순간이 바로 내가 빌리 그레이엄이 된 순간이었다"(《빌리 그레이엄 자서전》, 두란노, 2001). 그분은 그 후 세계적인 복음 전도자가 되었습니다.

신앙생활을 하다 보면 언제나 갈등이 오게 되어 있습니다. 그 갈등을 넘어서는 믿음의 결단이 반드시 필요합니다. 그래야만 신앙이 점프하고, 앞으로 쭉 나갈 수 있습니다. 그러나 주저앉으면 너무나 오랫동안 방황할 수밖에 없습니다.

앞 장에서 예수님은 "네가 왜 하나님의 아들이냐? 왜 너와 하나님이 하나라고 하느냐?"라는 유대인들의 공격에 대해 자신이 하나님의 아들임을 증명하셨습니다. "나는 나 스스로 행하지 않고, 아버지가 보여 주시는 그대로 행한다. 아버지의 뜻에 100% 순종한다. 또한 아버지는 그런 나를 완전히 사랑하시고, 그리고 모든 것을 다 보여 주셨다. 그러므로 나는 아버지의 완전한 계시자이다. 더 나아가서 아버지는 내게 모든 심판을 맡기셨다. 왜냐하면 사람들이 나를 공경하도록 하기 위해서다. 그리고 심판의 근거는 내 말을 듣고 나를 보내신 이를 영접하는 것이다. 즉 나를 믿는 것이 바로 하나님을 믿는 것이며, 그것이 영원한 생명을 얻는 길이다.”이렇게 대답하셨습니다.

“인간은 어떻게 하나님을 알 수 있는가? 하나님은 어떻게 우리에게 자기를 계시하셨는가?”이것을 연구하는 것을 ‘신학적 인식론’이라고 합니다. 여기에 대한 대답은 “예수님을 통해서만 하나님을 알 수 있다”는 것입니다.

예수님의 이 답변에 대해 유대인들은 어떻게 반응했을까요? 그들의 반응은 본문에 나오지 않습니다. 그런데 예수님은 그들이 어떤 생각을 하는지를 아시고 다시 설명하십니다. 왜냐하면 유대인들의 율법에 의하면 어떤 증언을 할 때, 한 사람만 주장하면 효력이 없기 때문입니다. 두 사람 이상이 같은 주장을 할 때 효력이 생깁니다. 그러니까 스스로 하는 자기 증거는 무효입니다. 예수님은 그들의 입장을 이해하셨습니다.

내가 만일 나를 위하여 증언하면 내 증언은 참되지 아니하되(요 5:31).

“나 혼자 하는 얘기니까 ‘당신의 증언은 참되지 않다’고 생각하고 있는 거지?”그래서 예수님은 자신의 주장이 완벽하지만, 내가 왜 하나님의 아들인지에 대한 객관적인 증거를 제시하겠다고 말씀하십니다.

나를 위하여 증언하시는 이가 따로 있으니 나를 위하여 증언하시는 그 증언이 참인 줄 아노라(요 5:32).

앞 장에서는 '예수님이 왜 하나님의 아들인가'를 주관적인 입장에서 설명하셨다면, 본문에서는 객관적인 입장에서 설명하십니다.

## 예수님이 하나님의 아들이신 세 가지 증거

예수님이 하나님의 아들이라는 객관적인 증거, 첫 번째는 세례 요한의 증거입니다. "너희들이 존경하는 세례 요한이 나를 보고 뭐라고 했느냐? 너희들이 그에게 가서 '너는 누구냐'고 물었을 때, 그는 '나는 그리스도가 아니다. 주의 길을 곧게 하라고 광야에서 외치는 자의 소리다'라고 말했다. 그러자 너희들은 물었다. '그런데 왜 세례를 베푸느냐?' '나는 물로 세례를 주지만 내 뒤에 오시는 분은 불로 세례를 주실 것이다. 나는 그의 신발 끈을 풀기도 감당할 수 없다.' 그리고 나를 보고 뭐라고 했는가? '보라, 세상 죄를 지고 가는 하나님의 어린양이로다. 저분은 오리라 약속하신 하나님의 아들이다.' 이렇게 외쳤다." 세례 요한이 예수님을 하나님의 아들이라고 증거했다는 것이 첫 번째 증거입니다(요 5:32-33).

그리고 이어지는 34-35절에서 부연 설명을 하십니다. "그러나 나는 사람의 증언을 필요로 하지 않는다. 요한은 등불인데, 그 등불이 나를 하나님의 아들이라고 한다고 해서 내가 아들이 되는 것은 아니다. 요한이 그런 말을 하지 않아도 나는 하나님의 아들이다. 그러나 너희들을 위해서, 너희들이 나를 믿게 하기 위해서 요한의 말을 인용하는 것뿐이다."

등불이 태양을 보고 "저것이 태양이다!"라고 말해야 태양이 태양 되는 것입니까? 아닙니다. 태양은 언제나 태양일 뿐입니다. "그런데 너희들은 등불밖에 모르니까 그 등불의 말이라도 믿어라." 이런 뜻입니다.

둘째로 예수님은 요한의 증거보다 더 큰 증거가 있다고 말씀하십니다.

> 내게는 요한의 증거보다 더 큰 증거가 있으니 아버지께서 내게 주사 이루게 하시는 역사, 곧 내가 하는 그 역사가 아버지께서 나를 보내신 것을 나를 위하여 증언하는 것이요(요 5:36).

하나님이 예수님을 통해 보여 주시는 수많은 기적들이 그 증거라는 것입니다. 물로 포도주를 만드시고, 38년 된 병자를 고치시는 등 예수님이 행하신 수많은 기적은 하나님이 예수님을 이 땅에 보내셨다는 증거입니다.

셋째, 그뿐 아니라 더 중요한 것이 39절에 나옵니다.

> 이 성경이 곧 내게 대하여 증언하는 것이니라(요 5:39하).

성경의 주제가 무엇입니까? 메시아(예수)를 보내겠다는 것입니다. "구약은 '메시아가 오신다', 신약은 '메시아가 오셨다.'" 압축하면 이 내용입니다. 창세기부터 요한계시록까지 예수님이 언제, 어디서, 어떤 방법으로 태어나시고, 어떤 사역을 하시고, 어떻게 죽고 부활하실 것까지 자세하게 기록하고 있습니다. 성경은 이렇게 예수님에 대하여 증거하고 있습니다. 이만하면 충분합니다.

그런데 유대인들은 세례 요한의 증거를 들으면서도, 예수님의 기적을 눈으로 보면서도, 성경을 그렇게 읽으면서도 예수님이 하나님의 아들 이심을 믿지 않았습니다. 그러니 어떻게 하면 좋겠습니까? 예수님은 이제 유대인들이 자기를 믿지 않는 이유를 말씀하십니다. 인간의 마음을 꿰뚫고 있습니다. 유대인들이 예수님을 믿지 않는 이유, 오늘도 사람들이 하나님을 믿지 않는 이유, 더 나아가 사람들끼리 서로 믿지 못하고 갈등하는 이유, 모두 근본적으로는 다 똑같습니다. 믿지 않는 이유는 무엇일까요?

믿지 않는 첫 번째 이유는 하나님에 대한 사랑이 없기 때문입니다.

다만 하나님을 사랑하는 것이 너희 속에 없음을 알았노라(요 5:42).

사랑이 없으면 어떤 증거를 보여 주어도 믿지 않습니다. 사랑과 믿음의 관계를 생각해 보세요. 사랑할 때는 다 믿어집니다. 부모님은 자녀를 끝까지 믿습니다. 왜요? 사랑하기 때문입니다.

남녀가 만나서 사귑니다. 몇 번 만나 보니 마음이 끌립니다. 그래서 부모님께 인사를 시켰습니다. 부모님이 만나 보니 좀 그렇다 싶어요. "애, 나는 그 사람을 아직 잘 모르겠는데, 좀 더 시간을 두고 사귀어 보면 좋겠다." 그러니까 자녀가 하는 말, "아니에요, 엄마. 엄마가 몰라서 그래요. 그 사람 정말 좋은 사람이에요. 믿어도 돼요" 이렇게 말했습니다. 아니, 그 사람을 만난 지 얼마나 되었다고 그렇게 말합니까? 어떻게 그 사람을 믿고 자기의 일생을 맡기려고 할 수 있습니까? 사랑이 싹텄거든요. 어느새 그 사람을 사랑하게 되었기 때문입니다. 사랑하면 믿어집니다. 그래서 일생을 함께하겠다고 결심하는 것입니다. 사람들이 왜 하나님을 믿지 못하는 것일까요? 간단합니다. 하나님을 사랑하지 않기 때문입니다.

두 번째 이유는 자기의 영광을 구하기 때문입니다.

너희가 서로 영광을 취하고 유일하신 하나님께로부터 오는 영광은 구하지 아니하니 어찌 나를 믿을 수 있느냐(요 5:44).

인간은 자기 영광을 추구하는 존재입니다. 스스로 높아지려는 마음을 가질 때, 상대방을 인정하지 않게 됩니다. 자기에게 영광을 돌리면 하나님께 영광을 돌리지 않게 됩니다. 그러나 겸손한 마음으로 자기 영광을 내려놓으면 하나님을 인정하고 믿게 되어 있습니다.

여러분의 인생을 생각해 보십시오. 내 힘으로 살아온 것 같습니까? 내 능력으로 이루었다고 생각하면 하나님이 믿어지지 않습니다. 그러나 "내가 지금까지 내 힘으로 살았는가? 아니다. 하나님의 은혜로 살았다." 이렇게 고백해 보세요. 지나온 순간순간이 하나님이 함께하신 시간이었음을 알게 될 것입니다. 하나님을 믿게 될 것입니다. 그래서 이렇게 고백합니다. "지금까지 지내온 것 주의 크신 은혜라 한이 없는 주의 사랑 어찌 이루 말하랴"(새찬송가 301장 1절). 자기 영광을 부정하면 하나님을 믿을 수밖에 없습니다. 그러나 자기 영광을 추구하면 하나님을 믿지 않게 됩니다.

"하나님께로부터 오는 영광"이란 무엇일까요? 인간은 죄인이라는 것, 스스로 구원받을 자격이 없다는 것, 그래서 하나님이 예수님을 보내서 나 대신 십자가에 죽게 하신 것, 예수 그리스도의 십자가를 통한 인간의 구원, 여기에 나타난 하나님의 사랑과 희생이 하나님의 영광입니다.

하나님의 영광에 대한 인간의 반응은 무엇일까요? 인간이 가장 좋아하는 가치는 '휴머니즘'입니다. '인본주의'라고 번역합니다. 인간이 중심이라는 사고방식입니다. 휴머니즘의 본질은 인간의 자기 극대화입니다. 본문의 용어로 말하면 '인간의 자기 영광', 이것이 휴머니즘입니다.

올림픽 때가 되면 세상의 많은 사람들이 열광합니다. 왜 그럴까요? 우리나라 선수가 금메달을 몇 개를 땄다는 것이 중요한 게 아닙니다. 더 중요한 것은 출전한 선수들이 인간으로서 어떤 능력을 가지고 있는가를 보여 주기 때문입니다. 인간의 영광을 드러내 주기 때문에, 인간의 육체적 한계를 극복한 것에 대해 칭찬과 박수갈채를 보내는 것입니다. 봉사와 구제를 할 때 모든 사람이 칭찬합니다. 왜냐하면 인간이 얼마나 선할 수 있는가를 보여 주기 때문입니다. 그러나 성경은 인간의 자기 영광을 인정하지 않습니다. 그러므로 자기 영광을 구하는 사람들은 하나님의 영광을 거부합니다. 그래서 믿지 않는 것입니다.

철학적으로 얘기하니까 감이 좀 멀게 느껴지지요? 아주 구체적인 얘기를 해 봅시다. 혹시 요즘 불평과 원망이 많아졌습니까? 가정에서도, 직장에서도, 교회에서도 서운한 것이 많아집니까? 왜 그럴까요? 상대방이 변했기 때문일까요? 아닙니다. 내 사랑이 식었기 때문입니다. 사랑할 때는 불평이 없었습니다. 그런데 사랑이 식으면 불평이 생깁니다. 그럼 왜 사랑이 식었을까요? 자기의 영광을 바라보았기 때문입니다. 자기가 커졌습니다. 한마디로, 내가 교만해졌습니다. '내가 너를 키우느라고 얼마나 고생했는데! 내가 얼마나 열심히 봉사했는데?' 이런 마음 때문입니다.

싸움은 자기 영광을 구하는 데서 옵니다. 그러므로 불평이 생겨나고 다툼이 있다면 원인을 정확하게 진단해야 합니다. 자기 영광에 취한 것입니다. 교만해진 것입니다. 자기 영광에 취하는 자, 즉 교만한 사람은 다른 사람을 사랑할 수 없습니다. 다른 사람을 믿지도 못합니다. 모든 것을 의심하면서 결국은 자기 자신에게 속아 버립니다. 자기의 영광을 구하기 때문에 상대방을 믿지 못하는 것입니다.

세 번째 이유는 모세를 믿지 않았기 때문입니다.

모세를 믿었더라면 또 나를 믿었으리니 이는 그가 내게 대하여 기록하였음이라(요 5:46).

모세가 누구입니까? 구약의 대표입니다. 이스라엘 백성에게 율법을 전해 준 사람입니다. 그들은 모세를 잘 안다고 생각했으나 사실은 몰랐습니다. 율법의 기능이 무엇인가요? 자기가 죄인임을 깨닫게 해서 그리스도를 통한 구원을 갈망하게 하는 것입니다. 자기 영광을 버리고 하나님의 영광을 의지하도록 하는 것입니다. 그러므로 정말 그들이 율법을 제대로 알았다면 자기 의를 포기하고 율법의 완성이신 예수님을 믿어야 합니다. 그런데 예수님을 거부했습니다. 그러니까 그들은 모세를 믿지 않은 것입니다. 하나님의 말씀을 머리로는 알았지만 마음으로는 믿지 않았다는 말입니다.

예수님은 45절에서 놀라운 말씀을 하십니다. "너희들이 나를 믿지 않는다고 내가 너희를 고발하는 것 같으냐? 아니다. 너희를 정죄할 사람은 내가 아니라 바로 모세다." 자기 의를 주장하며 복음을 거부하는 죄, 율법이 가리키는 예수를 거부하는 죄, 그 죄를 율법이 고발할 것이라는 말씀입니다. 본문에 나타난 예수님의 마음이 어떤지 느껴지십니까? 믿어야 하는 그들이 믿지 않는 것을 보고 안타까워하는 마음, 그들의 완고함에 대한 실망과 분노, 그 감정을 절제하고 삭이면서 설명하고 있습니다.

저는 이 본문을 주제로 설교를 준비하면서 '이 본문은 참 어렵다. 그런데 이 본문을 통하여 예수님은 그들에게 어떤 말씀을 하려 했는가? 그들이 알아듣게 하려고 얼마나 애쓰셨을까? 어떻게 하면 나도 그렇게 전할 수 있을까?' 고민하다가 "주님, 저에게 주님의 마음을 그대로 표현할 수 있는 지혜를 주소서. 그래서 우리 성도들이 예수님으로부터 이 말씀을 직접 듣게 하소서" 이렇게 기도했습니다.

예수님을 믿지 않는 이유는 예수님께 있지 않습니다. 믿지 않는 사람들에게 있습니다. 그들이 하나님을 사랑하지 않고 자기를 사랑하기 때문이고, 하나님의 영광이 아니라 자기의 영광을 취하기 때문이고, 성경을 믿지 않기 때문입니다. 이것에 대한 심판이 불신앙으로 나타나는 것입니다.

하나님은 우리가 믿으려고 하면 충분히 믿을 만큼 증거를 주십니다. 그러나 우리가 믿지 않으려고 하면 믿지 않을 수 있을 만큼 자기를 감추십니다. 그래서 강요당하지 않은 상태에서 자기가 결단하게 하십니다. 그래서 믿음은 내가 정말 하나님 앞에서 어떤 사람인지를 분명하게 드러냅니다. 그러므로 증거가 없어서 믿지 못했다고 하나님 앞에서 결단코 핑계치 못할 것입니다.

오늘도 세상은 예수님의 때와 똑같습니다. 하나님을 사랑하지 않고, 자기 영광을 추구하고, 말씀을 외면합니다. 하루 24시간, 1년 12개월, 쉬지 않고 우리의 믿음을 공격하는 세상의 가치관 때문에 우리의 믿음도 흔들립니다. 이 세상의 가치관과 싸워 막아 내야 하고, 그러기 위해서는 믿음의 결단이 필요합니다.

어떻게 병든 관계, 그리고 잘못된 신앙을 회복할 수 있을까요? 먼저는 자기 영광을 십자가 앞에 내려놓아야 합니다. 그럴 때 상대방을 사랑할 수 있습니다. 그리고 그 사람의 말을 믿을 수 있습니다. 신앙적으로도 똑같습니다. 나의 영광을 내려놓아야만 하나님을 사랑할 수 있습니다. 그리고 하나님의 말씀을 듣고 수용할 수 있습니다. 더 많은 증거를 원하십니까? 예수님을 믿기 위해 더 많은 증거가 필요한가요? 아닙니다. 오히려 이렇게 기도해야 합니다. "나의 영광을 내려놓게 하소서. 그래서 하나님을 더 사랑하게 하시고, 말씀을 그대로 믿고 받아들이게 하소서." 이렇게 기도하고 그렇게 살아갈 때, 믿음의 사람이 될 것입니다. 불신의 시대 속에서 흔들리지 말고, 더 큰 믿음의 사람으로 승리하기를 기도합니다.

하나님 아버지! 우리는 불신의 시대를 살아가고 있습니다. 우리에게 확고한 믿음을 주사 흔들리지 않게 하소서. 증거를 요구하는 시대를 살아가고 있습니다. 더 많은 증거, 더 큰 역사를 기다리며 핑계 대지 말고, 이미 주신 증거와 말씀과 감동을 소중히 여기게 하소서. 자기 영광을 내려놓고, 하나님을 사랑하고, 주신 말씀을 마음으로 받게 하소서.

함께 생각하기

1  예수님은 사람들이 성경을 상고하면서도 왜 자신에게 오지 않는다고 말씀하셨습니까? (40절)

2  예수님은 그들 안에 무엇이 없다고 하셨습니까? (42절)

3  내 영광을 내려놓고 하나님을 신뢰하기로 결단했던 순간이 있다면 나눠 봅시다.

# 배고픔과
# 배부름

요 6:5-7

<br>

| 무엇에 허기를 느끼는가

어떤 유명한 요리사가 있었는데, 모든 사람의 존경과 찬탄의 대상이었습니다. 그는 끝없이 새로운 요리에 도전했고, 사람들을 매료시켰습니다. 맛있는 음식을 만들기 위해 그는 수단 방법을 가리지 않았습니다. "당신은 무엇 때문에 요리를 합니까?" 사람들이 묻자 그는 이렇게 대답했습니다. "나는 사람들이 내 음식에 허기를 느끼게 하려고 요리합니

다. 언제나 내 요리를 먹고 싶어 하고, 허겁지겁 먹는 것을 보면서 나는
쾌감을 느끼고, 요리를 통해 사람들을 지배하고 정복하기 위해서 요리
합니다." 그 말을 듣고 저는 깜짝 놀랐습니다. 세상 사람들의 가치관을
정확하게 표현했기 때문입니다. 태국의 음식 영화 "허기"에 나오는 내
용입니다.

영화가 끝나고 그 대사를 잊을 수가 없어서 저는 이렇게 기도했습
니다. "하나님, 수많은 사람들은 남들이 나에게 허기를 느끼게 만드는
것을 성공이라고 생각합니다. 연예인들, 정치가들, 소위 스포트라이트
를 받는 이들은 사람들이 자기를 잊지 않고, 추종하고, 목말라하기를 갈
망합니다. 그런가 하면 돈, 권력, 사람들의 인정과 칭찬에 허기를 느끼
는 사람들도 너무 많습니다. 뭔가에 허기를 느끼는 사람들, 또한 그들을
이용하여 자기들의 허기를 채우는 사람들, 그들처럼 살지 않게 하소서.
그것은 하나님이 원하시는 삶과 180도 다르기 때문입니다. 바라기는
하나님께만 허기를 느끼게 하시고, 하나님을 충분히 먹고 하나님으로
만족하고 배부르게 하소서. 그래서 이 세상 어떤 것에 대하여 허기를 느
끼거나 껄떡거리지 않게 하소서. 오직 하나님의 은혜를 충만히 누리고,
나누고, 베풀며 살게 하소서."

여러분은 무엇에 허기를 느끼시나요? 인간은 배고픈 존재입니다.
음식을 먹지 않으면 살 수 없고, 허기진 배는 어떻게 해서라도 채워야 합
니다. 그래서 음식에 대한 인간의 집착은 대단합니다. 그러나 육신의 배
고픔보다 더 큰 배고픔은 마음의 배고픔입니다. 우리 위장은 커 봐야 주
먹 한두 개 크기입니다. 그러나 마음의 크기는 너무나 큽니다. 얼마나 클
까요? 하나님으로만 채울 수 있습니다. 그 엄청난 공간을 채우기 위해서
이 세상 모든 것을 다 집어넣어도 차지 않습니다. 그러므로 마음이 느끼

는 허기는 상상을 초월합니다. 그래서 사람들이 끊임없이 무언가로 마음의 허기를 채우려고 헐떡이며 달려가는 것입니다.

지금부터 살펴볼 요한복음 6장은 오병이어의 기적을 다루고 있습니다. 요한복음의 구조는 먼저 어떤 사건을 설명하고, 그 사건 속에 들어 있는 의미를 깊이 추구해 들어갑니다. 그러니까 앞에 등장하는 사건은 뒤에 나오는 이야기의 서론이 됩니다. 그런데 서론보다 더 중요한 것은 본론입니다. 다시 말하면, 발생한 사건보다 더 중요한 것은 그 속에 들어 있는 의미입니다.

오병이어의 기적 사건은 사복음서에서 모두 다룹니다. 그만큼 중요하다는 말입니다. 요한복음 6장 내용을 한마디로 요약하면 "배고픔과 배부름"입니다. 인간은 배고픈 존재이며, 하나님은 우리를 진정으로 배부르게 하시는 분입니다. 이 세상 모든 부모는 사랑하는 자녀들이 배부르기를 원합니다. 자식이 먹는 것만 봐도 행복하지요. 하나님도 그렇습니다. 우리 모두가 배부르고 행복하기를 원하십니다. 육신의 배만 부른 것이 아니고 마음의 배도 불러서 만족하고, 기뻐하고, 행복한 삶을 살기 원하십니다.


## 먹이기를 원하시는 예수님

본문에 보면 예수님이 갈릴리 디베랴에 오셨을 때 많은 사람들이 몰려왔습니다. 그 수가 남자만 5천 명쯤 되었으니까 여자와 아이들을 합치면 엄청난 인원입니다. 도대체 어디서, 왜 이렇게 많은 사람들이 몰려왔을까요? 그 이유가 2절에 나옵니다. 예수님이 병자들을 고치시는 표적을 보았기 때문입니다. 다시 말하면, 예수님의 소문이 멀리 퍼졌기 때문입니다. 또한 유월절이 얼마 남지 않았습니다(요 6:4).

유월절은 이스라엘 최대 명절입니다. 12세 이상의 모든 남자는 예루살렘으로 순례를 가야 합니다. 그러므로 많은 사람들이 이미 길을 떠난 상태입니다.

괴나리봇짐을 지고 예루살렘으로 가는데 누군가가 말했습니다. "예수라는 분이 오셔서 병을 고치신대. 놀라운 말씀을 전한다는군. 지금 여기서 가까운 디베랴에 계신다는데 우리 한번 가 볼까?" "그러지 뭐. 어차피 길을 떠났는데 조금만 돌아가면 되니까 가 보자" 해서 사람들이 모여들었습니다.

예수님은 그들을 보면서 어떤 생각을 하셨을까요? 마가복음에 보면, 예수님은 그들이 "그 목자 없는 양 같음으로 인하여 불쌍히"(막 6:34) 여기셨습니다. 그들을 인도해 줄 영적인 지도자가 없었기 때문에 그들의 영혼은 허기졌습니다. 예수님은 뜨거운 마음으로 하나님의 말씀을 전하셨습니다. "너희는 하나님의 자녀들이며 가치 있는 존재들이다. 하나님이 너희를 사랑하시고 돌보신다. 그러므로 이 땅만 바라보지 말고 영원한 하나님과 그 나라를 바라보며 살라"고 가르치셨습니다.

사람들은 큰 은혜를 받았습니다. 그러는 중에 저녁때가 되었습니다. 이제 그들은 돌아가야 합니다. 그들의 영혼은 배불렀으나 육체는 배고팠습니다. 예수님은 그들에게 무엇인가 먹여서 돌려보내고 싶으셨습니다. 예수님은 하나님을 바라보셨습니다. 그때 하나님의 사인이 왔습니다. 그러자 예수님은 빌립에게 물으셨습니다.

우리가 어디서 떡을 사서 이 사람들을 먹이겠느냐(요 6:5하).

왜 하필이면 빌립에게 이런 말씀을 하셨을까요? 빌립이 가장 똑똑하기 때문이라고 추측합니다. 예수님이 어떻게 해야 할지 몰라서 물으신 것일까요? 아닙니다. 이미 예수님은 어떻게 해야 할지 아셨습니다.

이렇게 말씀하심은 친히 어떻게 하실지를 아시고 빌립을 시험하고자 하심이라(요 6:6).

여기서 '시험한다'는 것은 빌립을 테스트해서 그의 마음을 드러내려고 하셨다는 것입니다. 그리고 그것을 통하여 그에게 뭔가를 가르쳐 주려고 하신 것입니다.

예수님의 질문에 빌립은 7절에서 이렇게 대답했습니다. "이 사람들에게 조금씩만 나눠 주어도 200데나리온 어치의 떡이 필요합니다." 척 보고 계산이 나왔습니다. 엄청 빠르죠? 1데나리온은 성인 남자의 하루 일당입니다. 1데나리온을 10만 원으로 계산하면 2천만 원이 필요합니다. 빌립의 말은 무슨 뜻일까요? "우리에게 그런 돈이 어디 있습니까? 있다고 해도 어디 가서 갑자기 그 많은 음식을 주문하겠습니까? 또한 주문한다고 금방 만들어지는 것도 아닙니다." 결론은 뭔가요? "이 사람들을 먹일 수 없습니다. 불가능합니다." 이것이 빌립의 마음이었습니다.

그러니까 빌립은 어떤 사람입니까? 문제가 생기면 머리로 계산하는 사람입니다. 더 중요한 것은, 그는 예수님의 마음을 몰랐습니다. 예수님은 이미 그들을 먹이려고 생각하셨고, 그 방법도 가지고 있었습니다. 그러나 빌립은 이 사람들을 먹이고 싶은 마음도 없었고, 주님의 뜻도 몰랐습니다. 무엇보다도 하나님의 뜻이 어디 있는지 생각하지 않았습니다.

본문을 잘 보면 예수님은 "어디서"를 묻고 계십니다(요 6:5). "어디서 떡을 사서 먹일 수 있겠느냐?" 즉 장소에 대해 물으셨습니다. 그런데 빌립은 200데나리온으로도 부족하다고 비용을 언급했습니다. 질문과 대답이 일치하지 않습니다. 이것이 바로 예수님의 의도였습니다. 예수님은 하나님과 연결되어 있었고, 빌립은 그렇지 않은 상태입니다. 빌립을 시험하고자 하신 이유는 빌립처럼 하나님의 뜻을 모르는 사람은 이럴 때 어떻게 하는지를 보여 줌으로써, 그들이 주님의 마음처럼 변하기를 기대하셨던 것입니다.

"어디서"라는 말은 요한복음에서 아주 중요한 단어입니다. 예를 들어 볼까요? 요한복음 2장에서 예수님이 물로 포도주를 만드셨을 때입니다.

연회장은 물로 된 포도주를 맛보고도 어디서 났는지 알지 못하되 물 떠온 하인들은 알더라(요 2:9).

또한 요한복음 3장에서 예수님은 니고데모와 대화하면서 이렇게 말씀하셨습니다.

바람이 임의로 불매 네가 그 소리는 들어도 어디서 와서 어디로 가는지 알지 못하나니 성령으로 난 사람도 다 그러하니라(요 3:8).

요한복음 4장에서는, 예수님과의 대화 중에 사마리아 여인이 "주여 물 길을 그릇도 없고 이 우물은 깊은데 어디서 당신이 그 생수를 얻 겠사옵나이까"(요 4:11)라고 물었습니다. 계속해서 "어디서"가 등장합 니다. "어디서"란 말이 나올 때마다 강조하는 것은 인간의 무지입니 다. 인간은 도무지 어디서 오는지 모른다는 것입니다. 그렇다면 예수님 이 생각하시는 "어디서"는 도대체 어디일까요? 힌트는 요한복음 6장 31-32절에 있습니다.

기록된 바 하늘에서 그들에게 떡을 주어 먹게 하였다 함과 같이 우리 조상들은 광야에서 만나를 먹었나이다 예수께서 이르시되 내가 진실 로 진실로 너희에게 이르노니 모세가 너희에게 하늘로부터 떡을 준 것 이 아니라 내 아버지께서 너희에게 하늘로부터 참 떡을 주시나니(요 6:31-32).

예수님이 생각하시는 "어디서"는 어디입니까? "하늘"입니다. 하늘 을 염두에 두고 물어보신 것입니다. 예수님이 빌립에게 가르치고자 하 셨던 것은 하나님의 일을 하는 방법입니다. "빌립아, 하나님의 일은 네 머리로 계산해서 하는 것이 아니다. '돈도 없고, 떡도 없고, 갑자기 음식 을 만들 방법도 없으니 할 수 없습니다'라고 말하면 안 된다. 중요한 것 은 '정말 이것이 하나님의 뜻인가'이고, 그것만 확실하다면 하나님이 하늘에서 공급하신다는 것을 믿어야 한다. 그래야 제자로 살아갈 수 있 다." 이런 내용입니다.

요즘 젊은이들이 하는 말 중에 '답정너'라는 말을 아시지요? '답은 정해져 있고, 너는 대답만 하면 돼.' 이런 뜻입니다. 신앙적으로 말하면, 하나님은 언제나 답을 가지고 있습니다. 우리는 믿음으로 대답하면 됩니다.

자, 그럼 이제 묻겠습니다. "어디서 떡을 사서 이 사람들을 먹이겠느냐?" 예수님의 이 질문에 대한 정답은 무엇일까요? 빌립은 실격했지만 우리는 정답을 말할 수 있습니다. 뭘까요? "제 생각에는 200데나리온이나 필요하지만, 하나님의 뜻이라면 하늘에서 공급하실 줄 믿습니다." 이렇게 말해야 한다는 것입니다.


## 계산하는 마음 버리기

지금 예수님과 빌립의 대화를 다른 제자들도 듣고 있습니다. 빌립에게 하시는 말씀을 듣고 다른 제자 안드레가 깨닫고 다른 반응을 보였습니다.

여기 한 아이가 있어 보리떡 다섯 개와 물고기 두 마리를 가지고 있나이다(요 6:9상).

안드레는 '주님이 사람들에게 먹을 것을 주려고 하시는데, 어떤 방법이 있을까?' 생각하다 먹을 것을 구하려고 "혹시 여러분 중에 먹을 것이 있는 사람 있어요?" 하고 물어보았습니다. 그러자 한 아이가 "이거 제 도시락인데, 이거라도 드릴까요?" 한 것입니다.

그런데 5천 명이 넘는 많은 사람들을 먹이는데, 어린아이의 도시락 하나(보리떡 다섯 개와 물고기 두 마리)가 무슨 도움이 되겠습니까? 터무니없이 적은 양입니다. 안드레가 생각해도 '이것 가지고는 안 되겠다' 싶어서 뭐라고 했습니까? "그러나 그것이 이 많은 사람에게 얼마나 되겠사

옵나이까"(요 6:9하)라고 했습니다. 하지만 안드레는 없는 것을 바라보지 않고, 적지만 지금 있는 것에 집중합니다. 더 중요한 것은, 그는 예수님의 말씀을 믿고 순종했습니다.

그다음에는 한 아이가 나옵니다. 이 아이는 문제를 해결하려고 한 것이 아닙니다. 예수님의 말씀을 듣다가 어머니가 싸 주신 점심을 먹지 못했습니다. 그런데 예수님의 제자가 먹을 것이 있느냐고 하자, 자기도 배고프지만 이것이라도 드리자고 생각한 것입니다. 보리떡은 당시에 가난한 사람들이 먹는 음식입니다. 물고기도 일반적인 물고기는 헬라어로 '익수스'(ίχθύς)인데, 본문에서 물고기라는 단어는 '옵사리온'(όψάριον)입니다. '작은 물고기'란 뜻인데, 정확하게 말하면 그물을 건져 올렸을 때, 너무 작고 상품 가치가 없어서 골라 내버리는 물고기를 말합니다. 가난한 사람들은 그런 것을 주워다가 소금에 절여서 반찬으로 먹었습니다. 그러니까 보리떡과 물고기는 아주 초라한 음식입니다.

그러나 가난한 아이에게는 너무도 맛있고 소중한 음식입니다. 그 아이는 그 도시락을 안드레에게 건넸고, 안드레는 그것을 받아서 주님께 드렸습니다. 주님은 그것을 받으면서 가슴이 뭉클하셨습니다. "그래, 내가 원하는 것이 바로 이거다." 이 아이의 헌신, 그리고 안드레처럼 믿고 순종하는 마음, 그 마음을 기쁘게 받으십니다. 그리고 축사하셨습니다(요 6:11상). "아버지, 감사합니다. 이 광야에서 먹을 것을 주시니 잘 먹겠습니다. 이 식탁에 복을 내려 주소서." 그리고 보리떡을 나누어 주셨습니다. 여기서 기적이 일어납니다. 아무리 나눠 주고 또 나눠 주어도 떡이 계속해서 나왔습니다.

그들의 원대로 주시니라(요 6:11하).

사람들이 마음껏 먹었다는 것입니다. 그래서 5천 명이 먹고 열두 광주리가 남았습니다.


## 하나님이 일하시는 방법

하나님이 역사하시는 방법은 아주 다양합니다. 먼저는 초자연적인 방법이 있습니다. 사람의 손을 전혀 필요로 하지 않는 방법입니다. 세상을 창조하시고, 만나와 메추라기로 먹이시고, 광야에서 샘물이 터지게 하십니다. 어떤 사람의 도움도 필요 없습니다. 그러나 이것은 특별한 경우입니다. 주님이 가장 좋아하시는 방법은 합작의 방법입니다. 하나님과 사람이 협력하는(co-operate) 방법입니다.

하나님은 왜 이런 방법을 원하실까요? 하나님 혼자 하시면 훨씬 좋을 텐데, 하늘에서 맛있는 불고기가 떨어지게 하시면 될 텐데, 왜 초라한 보리떡을 사용하셨을까요? 보리떡밖에 없는 사람도 하나님께 사용되도록 하려고, 그리고 사용되면서 행복을 누리라고, 더 나아가 그들에게 영원한 상급을 주시려는 것입니다. 하나님의 거룩한 사역에 동참하는 특권을 주시려는 것입니다.

"나는 주님께 쓰임을 받고 싶어요"라고 말씀하시는 분들이 많습니다. 좋은 것입니다. 그런데 쓰이려면 뭐가 필요합니까? 빌립의 마음, 계산하는 마음을 버려야 합니다. "하나님의 일은 하나님이 하신다. 비록 작지만 내 작은 것을 드릴 때, 나머지는 주님이 하신다. 한 아이가 먹을 수 있는 음식은 5천 명을 먹이기엔 터무니없이 적지만, 주님은 그것을 가지고 얼마든지 일하신다." 하나님은 그럴 계획과 능력을 가지고 계심을 믿어야 합니다. 그런 믿음을 가진 사람이 제자입니다.

언젠가 청년부에서 선교 여행을 다녀와서 대화를 나누는데 한 청년이 이런 말을 했습니다. "우리는 너무 부족했습니다. 그러나 하나님만 믿고 나갔더니 하나님이 우리를 통하여 역사하셨습니다." 그 말을 듣고 제가 말했습니다. "맞습니다. 중요한 것은 능력이 아니라 하나님이 우리를 통해 역사하기를 기뻐하신다는 것입니다. 이 사실을 한평생 잊지 마세요. 그리고 자매님은 언제나 예수님께 보리떡을 바친 '한 아이'로 살아가길 바랍니다."

내가 생각해도 나는 능력도, 지식도 부족합니다. 그러나 주님이 "어디서 떡을 사서 이 사람들을 먹이겠느냐?" 물으실 때 "못합니다" 말하지 않고, "저에게 보리떡과 작은 물고기가 있는데, 이것이 얼마나 되겠습니까?" 하며 겸손한 마음으로 드릴 때, 주님은 그것을 사용하여 큰일을 이루실 것입니다.

도시락을 바친 한 아이는 그것 때문에 배고팠을까요? 아닙니다. 그 아이는 자기 도시락보다 더 많이, 원 없이 먹었습니다. 그래서 나도 배부르고, 남도 배부르게 하는 축복의 통로로 사용된 것입니다. 우리의 남은 인생이 주님 손에 붙들려서 거룩하게 사용되기를 기도합니다.

하나님 아버지! "어디서 떡을 사서 이 사람들을 먹이겠느냐?" 주님이 물으실 때, 저희는 "200데나리온이 필요한데, 그 돈이 없기 때문에 불가능합니다", 지금까지 이렇게 대답하며 살았습니다. 그러나 이제부터는 "저에게 보리떡 다섯 개와 물고기 두 마리가 있는데, 이것이 얼마나 되겠습니까?" 하는 마음으로 우리 자신을 주님께 드리게 하소서. 기적이 일어나지 않는 것은 하나님이 능력이 없어서가 아니라, 우리가 응답하지 않기 때문임을 알게 하소서. 한 아이의 가슴 뭉클한 헌신이 우리에게 있게 하여 주소서.



1   예수님은 빌립에게 무엇을 시험하고자 하셨습니까? (6절)


2   빌립은 떡의 문제를 어떻게 계산하여 말했습니까? (7절)


3   작고 부족해 보였지만 주님께 드렸을 때 하나님이 사용하셨던 경험이 있다면 나눠 봅시다.

# 20

# 풍랑을 만난
# 제자들

요 6:16-21

## | 문제, 하나님의 초대장

하나님이 천지창조를 마치셨을 때, 모든 동물이 다 기뻐했지만 새들만 기뻐하지 않았습니다. 왜냐하면 다른 짐승들은 모두 다리가 네 개인데 그들에게는 두 개밖에 없었고, 다른 짐승들의 등은 평평하고 매끄러운데 그들의 등에는 좌우에 무거운 짐까지 붙어 있었기 때문입니다. 무거운 짐을 등에 지고, 네 발이 아니라 두 발로 걷기란 너무 힘들었습니다.

그래서 새들은 불평했습니다.

그런데 새들 중에 생각이 깊은 독수리가 있었는데, 독수리는 하나님이 새들만 미워해서 등에 무거운 짐을 주셨다고 생각하지 않았습니다. 여기에는 뭔가 특별한 뜻이 있을 것이라고 생각했습니다. 어느 날 독수리는 온 힘을 다해 등에 붙어 있는 짐을 움직여 보았습니다. 그 순간, 놀라운 일이 벌어졌습니다. 독수리의 몸이 하늘로 떠오르기 시작했습니다. 더 힘차게 움직일수록, 독수리는 네 발 가진 짐승들이 상상도 할 수 없는 푸른 하늘로 날아오르는 기쁨을 알게 되었습니다. 그때부터 새들은 하나님이 그들에게 주신 날개가 더 이상 무거운 짐이 아니라, 하늘 높이 날며 살라는 하나님의 선물임을 알게 되었습니다. 유대인의 우화집에 나오는 이야기입니다.

"나는 하나님을 믿고, 사랑하며, 하나님의 인도하심 속에 있는데, 왜 내게 주어진 인생의 짐은 가벼워지지 않는가? 왜 점점 더 무거워지기만 하는 것일까?" 이런 질문을 하는 분들이 많습니다. 그것은 그 짐을 발판으로 해서 하늘 높이 날아오르라는 하나님의 선물입니다. 그 문제 때문에 좌절하지 말고, 원망하지 말고, 그것을 통해 하나님을 더 찾고, 부르고, 가까이 나가서 만나라는 초대장입니다. 이런 관점으로 고난을 바라보면 새로운 눈이 열릴 것입니다.

앞 장에서 예수님이 보리떡 다섯 개와 물고기 두 마리로 5천 명을 먹이신 사건을 살펴보았습니다. 모두가 실컷 먹고 열두 광주리가 남았습니다. 본문은 오병이어의 기적 사건 이후에 어떤 일이 일어났으며, 예수님은 그 문제를 어떻게 해결하셨는지를 보여 줍니다.

오병이어 기적의 파급 효과는 엄청났습니다. 그 현장에 있던 사람들의 마음속에는 예수님에 대한 놀람과 존경이 가득했습니다. "이럴 수가 있는가!" 지금까지의 기적은 아무리 큰 병을 고쳤어도 개인적인 것이었습니다. 다른 사람들은 구경꾼에 불과했습니다. 그러나 오병이어 사건은 수많은 사람들이 똑같은 장소에서, 똑같은 음식을 직접 눈으로 보고, 손으로 만지고, 먹고 배불렀습니다.

도무지 부정할 수 없는, 너무도 확실한 기적을 경험하면서 사람들은 생각했습니다. '예수님만 따라다니면 되겠다. 이분의 능력이라면 우리 모두 배부를 수 있고, 나라가 부강해질 수 있고, 어떤 적들도 물리칠 수 있고, 우리를 해방시킬 수 있다. 과연 이분은 오신다고 약속하신 메시아다. 지금 우리에게 필요한 것은 이분을 왕으로 모시는 것이다.'

그래서 그들은 예수님을 억지로 왕으로 삼으려 했습니다(요 6:14-15). "지금 우리가 예루살렘으로 올라가는데, 아예 예수님을 모시고 예루살렘으로 입성하자. 올라가면서 사람들을 설득하면 될 것 아닌가? 예루살렘에 가서 로마의 앞잡이 헤롯을 쫓아내고, 로마를 물리치자. 우리가 예수님을 모시고 힘을 다해 싸우면 될 것 아닌가?" 이런 기대와 욕망으로 가득 찼습니다. 군중들은 흥분했고, 예수님에게 열광했습니다. "예수, 예수, 우리 왕 예수 만세! 이분을 왕으로 모시고 예루살렘까지 행진합시다!"

그 모습을 바라보던 제자들의 마음은 어떠했을까요? 얼마나 신이 났겠습니까? 아마 하늘에 둥둥 뜬 기분이었을 것입니다. '예수님의 제자 되기를 잘했지. 이제 예수님이 왕이 되시면 우리도 한자리할 수 있겠다.' 그야말로 새로운 시대가 열리고, 그들은 왕의 실세가 되는 것입니다. 그들의 가슴은 부풀었습니다.

본문에는 나오지 않지만, 이런 모습을 보면서 가장 기뻐한 것은 누구일까요? 사탄입니다. "그래, 기뻐해라. 환호해라. 다들 일어나서 예수를 왕으로 삼아라. 예수가 왕이 되면 너희가 먹고살 걱정도 없어진다. 태평성대가 이루어질 것이고, 나라의 독립도 이루어지고, 이 땅에서 강력하고 행복한 이스라엘도 만들 수 있다. 그러니 예수를 왕으로 세워라."

그런데 사탄은 백성들이 예수님을 왕으로 삼으려는 것을 보고 왜 기뻐했을까요? 그렇게만 된다면 십자가 사건을 통한 인류 구원은 실패하기 때문입니다. 예수님이 40일 금식 후에 세 가지 시험을 받으셨을 때 사탄이 유혹한 내용이 바로 이것이었습니다. 예수님이 가진 능력으로 왕이 되고, 백성들의 존경을 받고, 강력한 나라를 세우라는 것이었습니다. 십자가를 통한 영혼 구원이 아니라, 부강한 나라를 통한 육체의 구원에 머물게 하려고 유혹한 것입니다.

더 무서운 것은, 예수님의 마음속에도 갈등이 생긴 것입니다. '십자가의 방법이 아니라 이 세상의 왕이 되어 구원 사역을 이룰 수는 없을까? 아니지, 그래서는 안 되지. 하나님 아버지의 뜻은 십자가를 통한 인류 구원인데, 이런 방법으로는 안 되지. 빨리 진정시키지 않으면 큰일 나겠다. 기적을 보고 흥분한 백성들과 제자들이 어떤 짓을 할지 모른다.' 이래서는 안 된다는 것을 깨닫고 예수님이 어떻게 하셨습니까? 마태복음 14장 22-23절은 이렇게 기록하고 있습니다.

예수께서 즉시 제자들을 재촉하사 자기가 무리를 보내는 동안에 배를 타고 앞서 건너편으로 가게 하시고 무리를 보내신 후에 기도하러 따로

산에 올라가시니라 저물매 거기 혼자 계시더니(마 14:22-23).

예수님은 군중들을 흩어서 보내셨습니다. "이제 날이 어두웠으니 여기 모여서 딴생각하지 말고, 빨리 각자 갈 곳으로 돌아가라." 그리고 제자들에게는 "너희들도 얼른 배를 타고 건너편으로 가라" 하시고는 혼자 산으로 올라가셨습니다.

왜 산으로 가셨을까요? 기도하러 가셨습니다. 무슨 기도를 하셨을까요? "세상에 휩쓸리지 않게 하소서. 십자가의 죽음을 통하여 모든 인류를 구원해야 하는데, 사람들은 세상의 방법을 요구하고 있습니다. 고난의 길이 아니라 화려한 길, 영광의 길을 가라고 합니다. 제 마음도 흔들립니다. 힘을 주소서. 그래서 아버지의 방법을 통해 세상을 구원할 수 있도록, 동기가 변질되지 않도록, 흔들림 없이 아버지의 뜻을 이루어 가도록 도와주소서." 이렇게 기도하면서 예수님의 마음은 정리가 되었습니다.


## 풍랑을 만난 이유

한편 제자들은 어떤 상황입니까? 그들은 바다 가운데서 엄청난 풍랑을 만났습니다(요 6:18). 자, 그렇다면 제자들은 왜 풍랑을 만났을까요? 세상으로 가득 찬 제자들의 마음에서 헛된 욕망을 빼내시려는 것입니다. 마태복음에서는 "밤 사경에"(마 14:25) 예수님이 오셨다고 했는데, 밤 사경은 새벽 3시에서 6시 사이입니다. 제자들은 날이 저물었을 때 배를 탔으니까 최소한 여섯 시간 이상 배를 탄 것이고, 노 젓는 배의 속도는 한 시간에 5-6km 정도인데, 본문 19절에서 "십여 리쯤"(약 4km) 갔다고 했으니 엄청난 파도에 시달린 것입니다.

깊은 밤, 엄청난 풍랑 속에서 제자들은 두려워 떨었습니다. "하나님! 살려 주소서!" 이 소리가 절로 터져 나왔습니다. 이런 상황에서 출세니 영광이니 다 무슨 소용이 있습니까? 돈도 권력도 필요 없습니다. 고난 속에서 세상 욕심과 허황된 마음이 쏙 빠졌습니다.

예수님은 그들의 상황을 아시고 물 위로 걸어서 그들에게 오셨습니다. 물 위로 걸어오시는 예수님의 모습을 보고 제자들은 놀랐습니다. 그러자 예수님은 말씀하십니다.

내니 두려워하지 말라(요 6:20).

제자들은 기뻐하며 예수님을 영접했습니다. 그러자 풍랑이 그쳤습니다. 이런 질문을 해 볼 수 있습니다. "예수님은 왜 물 위로 걸어오셨을까? 그냥 배에 살짝 올라타셔도 되는데, 왜 제자들에게 물 위로 걸어오는 것을 다 보여 주시고, 두려워하는 그들에게 '내니 두려워하지 말라'고 말씀하셨을까?" 이 사건을 잊지 않도록, 두고두고 기억하도록 일부러 물 위로 걸어서 오신 것입니다. 왜 그러셨을까요? 물 위로 걸어오는 행동을 통해서 제자들에게 가르쳐 주려는 것이 있었기 때문입니다. 그것을 위해 일부러 풍랑까지 일어나게 하셨으니, 엄청나게 중요한 내용입니다. 그 내용은 다음과 같습니다.

첫째, 이 세상은 바다와 같다는 것입니다. 사람들은 이 세상이 견고한 대지 위에 놓여 있는 안전한 곳이라고 생각합니다. 그 위에서 안정된 삶, 성공적인 인생을 구축하려고 애를 씁니다. 그러나 세상은 견고하고 안정된 곳이 아닙니다. 이 세상의 본질은 빠지기 쉬운 바다와 같습니다. 낙심과 염려에 빠지고, 시험에 빠지고, 쾌락과 명예와 재물에 빠지고, 일에 빠집니다. 이처럼 세상은 보이는 바다보다 더 위험하고 불안정한 바다입니다. 너무나 많은 사람들이 이 세상에 빠져서 허우적거리고 있습니다.

둘째, 세상이라는 바다에 빠지지 말고, 물 위로 걸으라는 것입니다. 하나님의 자녀들은 이 세상이라는 바다에 빠져서는 안 됩니다. 그렇게 되면 나를 향한 하나님의 뜻이 이루어질 수 없고, 나의 나 됨을 발휘할 수 없습니다. 그런데 제자들은 기적을 보고 흥분했으며, 이 세상의 명예와 권력에 대한 헛된 꿈을 꾸었습니다. 세상에 빠진 것입니다. 그래서 예수님은 세상에 빠지지 말고, 물 위로 걸어야 한다는 것을 보여 주신 것입니다.

내가 세상에 빠졌는지, 아닌지 알 수 있을까요? 알 수 있습니다. 모든 종류의 두려움과 염려, 낙심과 좌절, 분노와 원망, 혹은 '여기가 좋사오니 영원히 이 땅에서 행복하리라' 하며 하늘나라를 바라보지 않고 이 세상에 취한 마음, 이런 것들이 있다면 세상에 빠졌다는 증거입니다.

셋째, 그렇다면 이 세상에 빠지지 않고 물 위로 걷는 방법은 무엇일까요? 예수님처럼 하면 됩니다. 예수님은 시험에 들었을 때 어떻게 하셨습니까? 사람들이 왕으로 삼으려고 몰려왔을 때, 마음이 흔들렸을 때, 예수님은 사람들을 떠나 하나님 아버지 앞에 홀로 섰습니다. 그리고 기도하셨습니다. 세상을 향한 욕망과 유혹에 대하여 죽기를 원하셨습니다. "아버지, 세상을 보며 흔들리는 이 마음을 내게서 지워 주소서. 아버지의 뜻을 온전히 행할 수 있도록 도와주소서."

우리도 살다 보면 성공으로 인해 마음이 붕 떴을 때, 혹은 마음이 낙심되어 휘청거릴 때, 어떻게 해야 합니까? 예수님처럼 홀로 하나님께 나가 기도해야 합니다. 내가 만난 이 고난에 대해서, 내가 맛본 이 성공에 대해서, 그것과 나의 관계를 끊어야 합니다. "나는 십자가 앞에서 이 문제에 대해 죽었습니다"라고 고백하면서 그것과 나의 관계를 끊어야 합니다. 그럴 때 나를 물속으로 잡아당기는 힘이 끊어집니다. 그리고 하나님으로 내 마음을 가득 채우면 세상에 빠졌던 마음이 위로 떠오릅니다. 영이신 하나님이 내 마음에 가득 차면, 마치 바람이 잔뜩 들어 있는 풍선이 물 위에 떠 있어 가라앉지 않는 것처럼 바다에 빠지지 않고 바다 위로 걸을 수 있습니다.

## 가려던 땅에 이르렀더라

제자들은 고난을 통하여 달라졌습니다. 많은 것을 깨달았습니다. 자기들 속에 세상에 대한 욕심이 얼마나 많이 들어 있었는지 알게 되었습니다. 그리고 예수님이 얼마나 위대한 분이신지 알게 되었습니다. 한낱 유대인의 왕이 아니고, 바다와 풍랑도 그 앞에서 복종하는 전능하신 주님이심을 알게 되었습니다. 더 나아가서 그러한 주님이 우리의 고통을 아시고, 다가와 해결해 주시고, 함께하신다는 것을 깨닫게 되었습니다. 지금까지는 세상의 눈으로 예수님을 보았는데, 이제는 예수님을 진정한 신앙의 대상으로 믿고 따르게 된 것입니다. 이것이 고난의 목적입니다. 결론이 21절에 나옵니다. 예수님이 배 위에 오르시자 그 배는 어느새 목적하던 곳에 도착했습니다.

배는 곧 그들이 가려던 땅에 이르렀더라(요 6:21하).

오래전 제가 몸이 병들고 힘들었을 때, 인생의 광풍 앞에서 두려워하고 있을 때, 기도원에 가서 예배를 드리고 가만히 앉아 있는데, 조금 전에 제 앞에서 예배를 드리던 분이 뒤를 돌아보더니 다가와서 말을 걸었습니다. "황 목사님이시지요?" "네, 맞습니다." "저는 아무개 목사입니다. 많이 아프시다고 들었습니다. 얼마나 힘드세요? 그러나 목사님, 두려워하지 마시고, 고난 속에 빠져들지 마시고, 예수님처럼 물 위로 걸으세요. 주님이 목사님과 함께 계시니 이 고난을 통해 '배는 곧 그들이 가려던 땅에 이르렀더라' 이 역사가 일어날 것입니다. 이 고난을 통해 하나님이 목사님을 통해 이루고자 하신 뜻이 다 이루어질 것입니다." 이렇게 말하면서 본문 21절 말씀을 읽어 주었습니다.

그 말을 듣는 순간, 눈물이 왈칵 쏟아졌습니다. 그리고 그 목사님은 가셨는데, 제가 그분의 이름을 정확히 듣지 못해서, 누군지 모르겠어서 다음 예배 시간에 얼굴을 보면 이름을 여쭈어보려고 했는데, 아무리 찾아봐도 없었습니다. 지금도 저는 그분이 누군지 몰라요. 그런데 그분이 저에게 전해 준 말씀은 가슴에 생생하게 남아 있습니다. "배는 곧 그들이 가려던 땅에 이르렀더라." 고난을 통하여 하나님이 다다르기 원하시는 지점에 도달할 것이라는 말씀입니다.

우리는 바다같이 위험한 세상에서 살아가고 있습니다. 삶에는 언제나 문제가 파도처럼 밀려옵니다. 이 바다에 빠지면 안 됩니다. 물 위로 걸어야 합니다. 그럴 때 하나님이 고난을 통하여 이루고자 하시는 그 목적지에 도달할 수 있습니다.

예수님과 제자들에게 갈릴리 바다는 오늘 우리가 살아가는 삶의 현장입니다. 내 직장이 갈릴리 바다이고, 내 가족이 갈릴리 바다이고, 내가 만난 크고 작은 사건들이 갈릴리 바다입니다. 얼마든지 내 마음이 바다에 빠질 수 있습니다. 그러나 주님은 말씀하십니다. 물 위로 걸어야 한다고, "내니 두려워하지 말라"고. 이 말씀이 우리 영혼 깊은 곳에 들려지기 바랍니다. 그리고 내 삶의 현장, 내 배 위로 예수님을 영접하세요. 그럴 때 인생의 파도는 그치고 배는 곧 그들이 가려던 땅에 이를 것입니다. 고난을 통해 이루고자 하시는 하나님의 뜻이 우리를 통해 이루어질 것입니다.

하나님 아버지! 우리는 물 위로 걷는 것이 예수님에게만 해당되는 일이고 우리와는 아무 상관이 없는 사건이라고 생각했습니다. 그러나 아닙니다. 이 세상은 풍랑이 가득한 바다라는 것을 잊지 않게 하소서. 세상이라는 바다에 빠지지 않고 물 위로 걸으며 살게 하소서. 세상의 바다에 빠질 때마다 문제에 대해서 내가 십자가에 죽었음을 고백하고, 마음을 하나님으로 채워서 다시 물 위로 걷는 믿음의 사람으로 살게 하소서.

함께 생각하기

1  예수님은 제자들에게 무엇이라고 말씀하셨습니까? (20절)

2  제자들은 예수님을 보고 어떻게 반응했습니까? (19절)

3  두려움의 순간에 주님의 말씀을 경험했던 적이 있다면 나눠 봅시다.

# 21

# 썩을 양식,
# 영생하는 양식

요 6:27

## | 필요한 것과 원하는 것

철학적으로 볼 때 '꼭 필요한 것'(needs, 니즈)과 '원하는 것'(wants, 원츠)을 구분하는 것은 아주 중요합니다. 니즈는 없으면 안 되는 것, 삶에 꼭 필요한 것입니다. 예를 들면, 인간은 먹어야 삽니다. 음식은 없어서는 안 됩니다. 그러므로 필요한 것, 즉 니즈입니다. 그러나 '무엇을 먹을 것인가? 밥을 먹을 것인가, 짜장면을 먹을 것인가, 샌드위치를 먹을 것인가?' 이것은 그 사람이 원하는 것, 원츠입니다. 한마디로 말해서, 니즈는 없으면 살 수 없고, 원츠는 없어도 살 수 있습니다. 그러니까 니즈는 필수품이고, 원츠는 기호품입니다.

아이가 아픕니다. 부모님은 약을 먹이려고 합니다. 그러니까 약은 아이에게 꼭 필요한 것, 니즈입니다. 그러나 아이는 약보다는 과자를 먹으려고 합니다. 과자는 원츠입니다. 학생에게 공부는 니즈입니다. 그런데 놀고 싶어요. 이것은 원츠입니다.

예전에는 물자가 부족했기 때문에 니즈를 해결해 주는 물건이 잘 팔렸지만, 이제는 풍요한 시대가 되었기 때문에 원츠가 무엇인지 파악하고, 그런 물건을 만들어 내야 장사를 잘할 수 있습니다. 신발은 꼭 필요한 니즈입니다. 옛날에는 신발만 있으면 되었습니다. 그러나 이제는 단순한 신발 하나만 아니라 경우에 따라서 수많은 종류의 신발을 원합니다. 기본적인 니즈가 충족될수록 원츠에 민감해지기 때문입니다. 그래서 마케팅 전문가인 세스 고딘(Seth Godin)은 말했습니다. "마케팅 전문가들이 돈을 버는 이유는 소비자들이 필요한 것(니즈)을 사는 대신 원하는 것(원츠)을 구매하기 때문이다."

신학적으로 생각해 봅시다. 우리 인간에게 정말 필요한 것은 무엇입니까? 인간에게 필요한 것, 니즈가 있습니다. 하나님은 그것이 무엇인지 아십니다. 그리고 그것을 주려고 하십니다. 그러나 인간에게는 원츠가 있습니다. 하나님은 우리에게 고난이 필요하다고 생각하십니다. 그러나 우리는 형통을 원합니다. 우리에게 꼭 필요한 것과 우리가 원하는 것은 이렇게 다를 수 있습니다. 그래서 니즈와 원츠는 항상 갈등을 일으킵니다. 양쪽이 만나지 못하면 끝까지 평행선이 될 수밖에 없습니다. 본문은 니즈와 원츠에 관한 것입니다. 하나님은 우리에게 꼭 필요한

영생하는 양식(영생하도록 있는 양식, 개역개정)을 주려 하시고, 인간은 썩을
양식을 원한다는 것입니다.


## 예수님을 찾는 까닭

예수님이 오병이어 기적을 행하신 후에 사람들은 예수님을 왕으로 세
우려 했고, 제자들도 출세에 마음을 빼앗겼으며, 예수님 자신도 십자가
의 방법이 아닌 영광의 방법을 통하여 세상을 구원하려는 마음이 생겼
습니다. 그래서 예수님은 사람들을 돌려보내고, 제자들에게 배를 타고
건너편으로 가라고 말씀하셨습니다. 그리고 예수님은 산으로 가서 홀
로 기도하셨습니다. 한편, 제자들은 풍랑을 만났고, 그 고난 속에서 세
상에 대한 욕심과 미련을 버렸고, 풍랑 속에서 물 위로 걸어오신 예수님
을 통해 세상이라는 바다에 빠지지 않고 물 위로 걷는 삶이 어떤 것인지
를 알게 되었습니다.

　본문은 그다음 날 있었던 사건입니다. 하룻밤을 지내고 새벽이 되
자 흩어졌던 사람들이 예수님을 만나기 위해 모여들었습니다. 어디로
모였습니까? 어제 떡을 먹었던 곳은 디베랴 해변입니다. 그런데 어제저
녁에 예수님이 제자들에게 가버나움으로 가라 하셨고, 제자들은 배를
타고 갔으니까, 사람들은 예수님만 혼자 남아 있다가 나중에 배를 타고
가버나움으로 오셨을 것이라고 추측했습니다. '우리가 가버나움으로
가면 배가 두 척이 있을 것이다. 제자들이 타고 온 배와 예수님이 타고
오신 배.' 이렇게 생각하고 미리 가버나움에 와서 기다렸는데, 와 보니
배가 한 척밖에 없었습니다.

이튿날 바다 건너편에 서 있던 무리가 배 한 척 외에 다른 배가 거기 없는 것과 또 어제 예수께서 제자들과 함께 그 배에 오르지 아니하시고 제자들만 가는 것을 보았더니(요 6:22).

'이상하다? 왜 배가 한 척밖에 없지?' 사람들은 예수님이 어젯밤에 바다 위로 걸어오셨다는 것을 몰랐습니다. 그러므로 예수님이 아직 오시지 않았다고 생각했습니다. '그렇다면 예수님을 만나러 어디로 가야 하는가? 건너편 디베랴 해변으로 다시 가야 한다'고 생각하고 갔는데, 아무리 찾아보아도 예수님은 거기 계시지 않았습니다. 그래서 다시 가버나움으로 왔더니 거기 계셨습니다.

사람들은 몇 번이나 왔다 갔다 했나요? 갔다가, 왔다가, 다시 갔습니다. 총 세 번입니다. 디베랴에서 가버나움까지는 10km 정도 되니까 도합 30km(70-80리) 정도를 뛰어다닌 것입니다. 온종일 땀을 뻘뻘 흘리며 뛰어다닌 그들은 오후가 되어서야 예수님을 만나서 물었습니다. "랍비여 언제 여기 오셨나이까?" 예수님은 그들을 보며 말씀하셨습니다.

내가 진실로 진실로 너희에게 이르노니 너희가 나를 찾는 것은 표적을 본 까닭이 아니요 떡을 먹고 배부른 까닭이로다(요 6:26).

"너희들이 새벽부터 이리 뛰고, 저리 뛰고, 애쓰고 땀 흘리는 이유가 고작 어제 먹었던 그 보리떡과 물고기를 다시 한 번 먹으려는 것이냐? 그 수고와 노력에 비해서 너희들이 원하는 것이 너무나 초라하구나. 떡 한 조각을 먹으려고 그렇게 몸부림을 치느냐?"라고 하신 것입니다. 뭐 눈엔 뭐만 보인다고, 예수님은 오병이어 기적을 통하여 엄청난 것을 가르쳐 주려고 하셨는데, 사람들이 그런 데는 관심이 없고, 다시 한 번 그 떡을 먹기 위해 그 많은 수고를 하는 것이 안타까워서 하신 말씀이 27절에 이어집니다.

썩을 양식을 위하여 일하지 말고 영생하도록 있는 양식을 위하여 하라 (요 6:27상).

쉽게 말하면, "너희들은 왜 그렇게 열심히 땀 흘리며 애쓰느냐? 한 번 먹으면 썩어 버리는 그 육신의 양식, 단순히 보리떡 하나를 먹기 위하여 살아가는 것이냐? 삶의 목적이 무엇이냐? 단순히 먹고살기 위함이냐? 그보다 더 가치 있는 인생, 영생하는 양식을 위해 살라"고 하신 것입니다. 그런데 사실 대부분의 사람들은 먹으려고 삽니다. 썩을 양식을 위하여 살아가는 것, 이것이 보통 사람들의 모습입니다. 예수님이 보실 때는 그들은 왜 사는지 이유도 모르고 그냥 태어났으니 사는 것인데, 이왕이면 잘 사는 것, 썩을 양식을 충분히 먹는 것이 인생 최대의 목적이 되었습니다. 그러나 주님은 이보다 더 나은 인생, 영생하도록 있는 양식을 위해 살라고 말씀하십니다.

그렇다면 돈도 벌지 말고 음식도 먹지 말란 말씀입니까? 아닙니다. 열심히 땀 흘려 수고해서 먹고살아야 합니다. 그러나 먹고사는 것, 가장 동물적인 본능의 충족, 그것 자체가 목적이라면 우리 인생은 짐승과 다를 바가 없습니다. 먹고사는 것 자체가 목적이라면 우리가 식당에 가서 음식을 사 먹는 것과 넓은 풀밭에서 송아지가 풀을 뜯어 먹는 것이 다를 바가 없습니다. 아이를 낳아서 기뻐하고 즐거워하는 것과 소가 새끼를 낳은 것하고 다를 게 뭐가 있습니까? 내가 명예를 얻고 권력을 얻고, 대통령이 된다 한들 호랑이가 자기 산에서 으르렁거리는 것과 무엇이 다르겠습니까? 사람은 짐승보다 존귀합니다. 그러므로 썩을 양식이 아닌 영생하는 양식, 영원한 가치를 위하여 살아야 합니다.


## | 만나를 먹여 주소서

그러자 사람들은 생각했습니다. '영생하는 양식을 위해 살라는 말은 하나님을 위해 일하라는 뜻이 아니겠는가?' 그러고는 예수님께 질문했습니다. "우리가 어떻게 해야 하나님의 일을 하는 것입니까?" 예수님은 이렇게 대답하십니다.

하나님께서 보내신 이를 믿는 것이 하나님의 일이니라(요 6:29).


그러자 사람들이 말했습니다. "당신을 믿는 것이 하나님의 일이라면 당신이 하나님이 보내신 자라는 것을 어떻게 알 수 있는지 증거를 보여 주세요. 그러면 믿겠습니다." 그러면서 그들은 하늘에서 만나를 내려 달라고 요구합니다(요 6:31). 왜 이런 요구를 하는 것일까요? "미드라쉬 코헬렛"이라는 랍비 문서에 보면 "메시아가 오시면 다시 만나를 먹게 할 것이다"라고 나오기 때문입니다. 그래서 그들은 "당신이 정말 메시아라면 우리 조상들이 광야에서 만나를 먹었던 것처럼 우리에게 만나를 먹게 하소서"라고 말한 것입니다. 조상들이 먹었던 만나를 내려 주어야 당신이 하나님이 보내신 분이라는 것을 믿겠다는 뜻입니다.

여러분, 만나가 뭔지 아시지요? 이스라엘 백성이 광야 40년을 행진

할 때 먹었던 양식입니다. 사막에서는 농사를 지을 수가 없습니다. 그런데 하나님이 하늘에서 만나를 내려 주셨으므로 이스라엘 백성은 배고프지 않았습니다. 그냥 가져다 먹기만 하면 되었습니다. 역사 이래로 구경하지 못했던 이 신비한 양식을 보면서 그들이 뭐라고 했습니까? "이게 뭐지?"(What's this?) 이 말이 히브리어로 '만후'(מן הוא)입니다. 여기서 '만나'가 나옵니다. 그러니까 만나는 '이게 뭐지?'라는 뜻입니다. 그만큼 놀라운 기적의 양식이었습니다.

만나를 먹게 해 달라는 요구를 듣고, 예수님은 32-33절에서 만나에 대한 오해를 풀어 주십니다. "만나는 모세가 준 것이 아니고 하나님이 주신 것이다. 만나의 주체는 하나님이시다. 그것을 왜 주셨는가? 이 떡은 하늘에서 내려 세상에 생명을 주는 것이니라." 하나님이 만나를 주신 이유는 농사를 지을 수 없는 사막에서 육체적인 생명을 살게 하려는 것이었습니다. 우리 몸은 양식을 먹지 않으면 죽습니다. 하나님이 양식을 주셨다는 것은 우리 몸을 살게 한 것이기도 하지만, 더 중요한 이유는 '하나님은 너희에게 생명을 주시는 분이라는 것'을 깨닫게 하려는 것이었습니다.

양식 얘기를 잠깐 해 보겠습니다. 양식은 어디서 옵니까? 사람들은 양식이 땅에서 나온다고 생각합니다. 내 땅에다가, 내가 원하는 종자를 심고, 그것을 기르고 가꾸어 거두어들이면 내 양식이라고, 내가 농사의 주체라고 생각합니다. 그러나 만나는 아닙니다. 하나님이 직접 인간에게 내려 주신 음식입니다. 얼마나 신비한 양식입니까! 그래서 이스라엘 백성은 만나가 보통 음식과는 차원이 다른 신령한 양식이고, 만나 이상의 양식은 없다고 생각했습니다.

그러나 예수님은 말씀하십니다. "만나는 하늘에서 내려온 신령한 떡이고 정말 대단한 양식이지만, 그것도 결국 썩을 양식이다. 왜냐하면 만나도 하루 이상 보관하면 썩어 버렸기 때문이다. 더 나아가서 40년이나 만나를 먹은 사람들도 광야에서 다 죽었다. 그런데 만나보다 더 나은 떡이 있다. 하나님이 하늘에서 내려 주시는 참 떡, 그것을 먹으면 영원히 죽지 않는 양식, 영생하는 양식이 있다." 그러자 이스라엘 사람들은 깜짝 놀라 말합니다. "그런 떡이 있다면 그 떡을 항상 먹게 해 주소서." 그들에게 예수님은 "영생하는 양식은 바로 나다. 나를 먹으면 결코 죽지 않는다"고 선포하십니다.

> 나는 생명의 떡이니 내게 오는 자는 결코 주리지 아니할 터이요 나를 믿는 자는 영원히 목마르지 아니하리라(요 6:35).

|       양식의 3단계

여기서 양식의 3단계가 나옵니다. 첫 번째 양식은 눈에 보이는 양식입니다. 농부가 농사지어 거두는 양식, 우리가 매일 먹고 사는 양식, 이것이 '기초 양식'입니다. 이것보다 한 단계 높은 양식이 두 번째인 만나입니다. 왜냐하면 만나는 땅도 필요 없고, 종자도 필요 없고, 인간의 수고도 필요하지 않은, 하나님이 하늘에서 직접 내려 주신 양식이기 때문입니다. 그러니까 더 높은 양식, 더 거룩한 양식이지만, 세 번째 양식인 '영생하는 양식'은 아닙니다. 즉 만나는 육신을 위한 기초 양식과 영생하는 양식 사이에 있는 '중간 양식'입니다. 중간 양식이라는 개념이 중요합니다. 하나님은 만나를 통하여 양식의 차원을 보여 주신 것입니다. 쉽게 말

하면, 양식이라고 똑같은 양식이 아닙니다. 기초 양식이 있고, 중간 양식이 있고, 더 완전한 영생하는 양식이 있는데, 그것은 바로 예수님입니다.

인간에게는 배고픔이 있습니다. 그러므로 우리 육체는 육의 양식을 먹어야 합니다. 그래야 생명을 이어 갈 수 있습니다. 행복해질 수도 있습니다. 인생이 행복해지는 가장 간단한 방법이 있습니다. 좋은 사람들과 맛있는 음식을 먹으며, 즐거운 대화를 나누는 것입니다. 그러나 음식 자체는 우리 삶의 목적이 될 수는 없습니다. 그보다 더 큰 배고픔은 영혼의 배고픔입니다. 영혼의 배고픔은 쉽게 채워지지 않습니다. 음식을 먹는다고 영혼의 고독함이 채워지는 게 아닙니다. 돈이 많다고 허무가 사라지겠습니까? 아닙니다. 영혼의 깊고 깊은 배고픔은 하나님이 하늘에서 내려 주시는 참 떡, 영생하는 양식인 예수님으로만 해결될 수 있습니다.

한평생 봉사를 많이 한 장로님이 계십니다. 이북에서 넘어와 고생하면서 자수성가했습니다. 장학 사업에 힘썼습니다. 다섯 명 이상의 대학생들에게 수십 년간 장학금을 지급했습니다. 수십 년 동안 개인적으로 선교사들을 파송했습니다. 그분은 고추장과 된장을 만드는 분입니다. "어떻게 이런 삶을 살게 되셨습니까?" 물었더니, 그분의 이야기가 이렇습니다.

젊은 시절에 성 프랜시스에 관한 책을 읽었는데, 프랜시스는 그 당시 교회와 귀족들의 삶이 끝없는 욕심으로 가득 차 있는 것을 보고 환멸을 느끼고, 자기의 모든 부귀를 버리고 가난과 결혼했습니다. 그 책을 읽고 감동을 받았는데, 어느 날 성경을 읽다가 본문 27절("썩을 양식을 위하여 일하지 말고 영생하도록 있는 양식을 위하여 하라 이 양식은 인자가 너희에게 주리니 인자는 아버지 하나님께서 인 치신 자니라")을 발견했답니다. "부자도 자기의 소유를 다 내려놓고 살아가는데 나는 원래 가진 것이 아무것도 없었습니다." 그다음 말이 감동적입니다. "내가 고추장을 만들려고 이 세상에 온 것은 아니지 않습니까? 고추장 만드는 것을 통해서 하나님의 일을 하려고 온 것입니다." 그래서 그분은 요한복음 6장 27절 말씀을 인생의 좌우명으로 삼았다고 합니다.

우리 모두는 충만한 삶을 원합니다. 충만한 삶은 어떤 것입니까? 성 아우구스티누스는 말했습니다. "썩어질 양식을 창고에 가득히 채운다고 충만해지는 것이 아니다. 충만한 삶은 영원과 연결된 삶이다."

예수님이 수많은 군중들을 향해 하신 말씀을 쉽게 표현하면 이런 뜻입니다. "나는 너희들이 필요한 게 뭔지 안다. 너희들의 진정한 목마름은 영적인 목마름이고, 너희들에게 필요한 것은 영생인데, 너희들은 어찌하여 썩을 양식만을 위하여 애쓰고 다니는가? 내가 영생하는 양식이니 나를 먹고, 나를 사랑하고, 나를 영접하라."

이제 오병이어의 기적이 무엇을 위한 것이었는지 알 수 있습니다. 단순히 광야에 있던 사람들의 배고픔을 해결해 주려는 것이 아닙니다. 그것을 넘어서는 표적은 무엇입니까? "예수님이야말로 영생하는 양식이다." 이것을 깊이 깨닫도록 예수님이 보여 주신 사건이 바로 오병이어의 기적이었던 것입니다.

세상에는 먹을 것이 너무나 많습니다. 맛있고 좋은 음식을 실컷 먹고 배부른 사람도 많습니다. 그러나 영생하는 양식인 예수님을 몰라서 영적으로 배고픈 인생들은 더 많습니다. 양식을 먹을 때마다 감사하면서, 영생하는 양식인 예수님을 기억하고 전하는 우리 모두가 되길 바랍니다.

하나님 아버지! 우리는 무엇을 위해 살아가고 있습니까? 썩을 양식과 잠시 후에 썩어 버릴 육체를 위해 살지 않고, 이보다 더 가치 있는 인생, 영원한 삶을 위해 살게 하소서. 영생하는 양식인 예수님을 먹고, 주님이 맡겨 주신 소명을 완수하고, 그 충만함이 우리의 생각과 말과 행동에 넘쳐 나게 하소서.

함께 생각하기

1   예수님은 무엇을 위하여 일하지 말고 무엇을 위하여 일하라고 하셨습니까? (27절)

2   예수님은 자신을 무엇이라고 말씀하셨습니까? (35절)

3   영생하는 양식으로 만족을 경험했던 순간이 있다면 나눠 봅시다.

# 22

# 아버지께서
# 이끌지
# 아니하시면

요 6:41-45

## |     예정론이란

어떤 목사님이 전도하다가 이런 말을 했습니다. "하나님은 어떤 사람은 선택하시고, 어떤 사람은 선택하지 않으셨습니다." 그 말을 듣던 사람이 화를 내면서 말했습니다. "하나님은 참 불공평하군요. 왜 모든 사람을 똑같이 선택해야지, 어떤 사람은 선택하고 어떤 사람은 선택하지 않는단 말입니까?" 그러자 목사님이 말했습니다. "화내지 마세요. 당신이 선택받았는지도 모르잖아요?" 듣고 보니 그렇거든요. "그럼 내가 선택을 받았는지 아닌지, 알 수 있나요?" "네, 정확한 방법이 있습니다. 예수님을 구주로 영접하세요."

그 말을 듣고 그 사람은 말했습니다. "미안하지만 나는 예수 믿을 마음이 아직 없습니다." "그렇다면 당신은 선택받은 사람이 아닙니다. 선택받은 사람은 반드시 예수님을 영접하게 되어 있습니다." 그 사람이 "뭐 이런 사람이 다 있어?" 하자 목사님은 이렇게 말했다고 합니다. "오해하지 마세요. 지금은 거절해도 당신이 선택을 받았다면 언젠가 예수님을 영접하게 될 것입니다. 그래서 저는 오늘도 하나님이 선택하신 사람을 찾아서 이렇게 전도하는 것입니다."

'예정론'이란 '우리의 구원이 예정되어 있다'는 이론입니다. 성경에 나오는 중요한 내용인데, 신약성경 에베소서 1장 3-5절을 보십시오.

찬송하리로다 하나님 곧 우리 주 예수 그리스도의 아버지께서 그리스도 안에서 하늘에 속한 모든 신령한 복을 우리에게 주시되 곧 창세전에 그리스도 안에서 우리를 택하사 우리로 사랑 안에서 그 앞에 거룩하고 흠이 없게 하시려고 그 기쁘신 뜻대로 우리를 예정하사 예수 그리스도로 말미암아 자기의 아들들이 되게 하셨으니(엡 1:3-5).

얼마나 아름다운 말씀입니까? 내가 하나님의 자녀가 된 것은 어쩌다가 우연히 된 것이 아닙니다. 내가 스스로 교회에 나왔다거나, 어릴 때 크리스마스에 선물 받으러 교회에 왔다가 예수님을 믿게 되었다는 말이 아닙니다. 그것이 동기가 될 수는 있지만, 내가 하나님의 자녀가 된 것은 창세전에, 내가 태어나기도 전에 이미 하나님이 택하시고 예정하신 결과라는 말이지요. 예정론의 목적이 에베소서 1장 6절에 나옵니다.

이는 그가 사랑하시는 자 안에서 우리에게 거저 주시는 바 그의 은혜의
영광을 찬송하게 하려는 것이라(엡 1:6).

"그가 사랑하시는 자"는 예수님을 말합니다. '예수님 안에서, 즉 예수님의 십자가를 통한 구원!' 이것에 대해 찬송하게 하려는 것이 예정론의 목적입니다. 그런데 많은 사람들이 오해합니다. "왜 어떤 사람은 구원받고, 어떤 사람은 구원받지 못하는가? 자기 의지와 상관없이 멸망받는다면 불공평하지 않은가? 그러므로 억울하다." 그러나 예정론의 목적은 '나는 구원받고, 너는 구원 못 받는다' 이렇게 사람을 나누는 것이 아닙니다. "어찌하여 나 같은 사람이 하나님의 자녀가 되었는가? 나는 그럴 자격이 없다. 믿지 않는 사람보다 더 똑똑한 것도 아니고 더 착한 것도 아닌데, 나는 오히려 하나님을 거부하고 도망치려 했는데, 하나님이 나를 붙들어 여기 이 자리에 있게 하셔서 오늘의 내가 있는 것이다." 이렇게 자기가 구원받은 것에 대한 신앙고백입니다.

얼마 전에 친구 목사님과 대화를 나누는 중에 그 목사님이 이렇게 말했습니다. "내 생각인데, '예정론'을 '은총론'이라고 이름을 바꾸면 훨씬 좋지 않겠는가?" "그 말이 참 마음에 드네. '예정'이라는 용어가 있으니 사용해야겠지만 그 내용이 '은총에 대한 감격'이라는 것을 잊어서는 안 되겠지." 이런 말을 나누고 헤어졌습니다. 그러니까 예정론은 믿는 사람의 구원받은 은혜에 대한 감격과 고백이지, 믿지 않는 사람을 생각하면서 하나님께 불평하고 원망한다면 예정론의 범위를 벗어나는 것입니다.

앞 장에서 예수님이 "하나님께서 보내신 이를 믿는 것이 하나님의 일"(요 6:29)이라고 말씀하시자, 사람들은 "당신이 하나님이 보내신 사람이라면 우리에게 만나를 먹여 주소서"라고 말했습니다. 그러자 예수님은 "만나가 위대한 양식이지만 그것도 결국 썩을 양식이다. 더 위대한 양식, 영원한 양식이 있는데, 그것은 바로 나다"라고, 예수님 자신이 영생하는 양식이라고 선포하셨습니다.

'영생하는 양식'이라는 말, 정말 놀라운 말입니다. 우리 몸은 음식을 먹어야 삽니다. 모든 사람은 좋은 음식, 건강한 음식, 생명을 주는 음식을 먹으려고 하는데, 무엇 때문입니까? 썩을 육체를 위해서입니다. 육체의 건강과 생명도 중요하지만, 영원히 살려면 무엇을 먹어야 합니까? 불로초가 아닙니다. 영생하는 양식인 예수님을 먹어야 합니다. 여러분, 한 끼 한 끼 식사 잘하시고 건강하세요. 그러나 영생하는 양식은 오직 예수님이라는 사실을 절대로 잊지 않기를 바랍니다.

예수님이 영생하는 양식이라는 말을 듣고 이스라엘 사람들은 어떻게 반응했습니까? 그들은 예수님의 말씀을 믿지 않았습니다. 왜 믿지 않았나요? 자기의 지식으로 예수님을 판단했기 때문입니다. 41-42절에서, 그들은 "예수 저 사람이 요셉의 아들인데, 그 부모를 우리가 아는데, 어찌 자기가 하늘에서 내려온 영생하는 양식이라고 하느냐?" 하며 예수님의 말씀을 거부했습니다. 같은 인간의 말도 수준이 다르면 이해되지 않습니다. 그런데 그들은 예수님의 말씀을 자기들의 잣대로 판단하고 거부했습니다. 이것이 인본주의의 뿌리입니다.

그다음에 그들은 서로 수군거렸습니다(요 6:43). 수군거림은 자기 생각에 붙들려서 상대방의 말을 제대로 듣지 않고 반발하는 것입니다. 자기 생각을 내려놓지 않았기 때문에 상대방의 말을 제대로 듣지 못하고, 제대로 듣지 않았기 때문에 제대로 말하지도 못하는 것이 수군거림입니다. 수군거리지 않으려면 일단은 마음을 열고 잘 들어야 합니다.

얼마 전에 어떤 성도님이 딸이 피아노 실기 시험을 봐야 하는데, 실력이 빨리 늘지 않는다고 걱정하면서 기도해 달라고 해서 기도한 후에 이렇게 말했습니다. "피아노를 열심히 치기만 한다고 실력이 느는 것이 아닙니다. 그 곡을 잘 연주한 작품을 집중해서 들어야 합니다. 그러면 연주자가 그 곡을 어떻게 해석하고, 어느 부분을 어떤 마음으로 치는지가 다 들립니다. 그대로 따라 하면 나 혼자 열심히 치는 것보다 훨씬 효과적입니다. 학교에 오가면서도 계속 들으라고 하세요. 실력이 쑥 늘 것입니다." 효과를 보았을까요? 못 보았으면 제가 이 얘기를 하지 않겠지요.

사람들은 예수님의 말씀을 제대로 듣지 않았습니다. 마음을 열고 잘 들으면 이해가 되고 믿음도 자라는데, 집중해서 듣지 않았습니다. 그렇다고 예수님께 묻거나 따지려니, 아는 것이 없어요. 이것도 아니고, 저것도 아닌 상태가 수군거림입니다. 다른 말로는 중얼거림인데, 중얼거림은 신앙생활에서 아주 나쁜 버릇입니다. 제대로 듣지도 않고, 제대로 말하지도 않는 상태이기 때문입니다. 중얼거림은 상대방을 믿고 신뢰하지 않는 것입니다. 자기 혼자 믿지 않는 것이 아니라 남들도 믿지 못하게 발목을 잡는 것입니다. 그 결과 자기도 신앙이 성장하지 못하고 남들의 신앙도 방해합니다. 그래서 예수님은 중얼거림을 아주 싫어하셨습니다.

너희는 서로 수군거리지 말라(요 6:43하).

제대로 듣고 이해하든지, 아니면 믿고 신뢰하든지, 잘 모르겠으면 차라리 입을 다물든지, 아니면 직접 와서 분명히 말을 하든지 해야지, 이것도 저것도 아니고 뒤에서 중얼거리기만 하는 것은 영적으로 아주 잘못된 것입니다. 내 속에서 중얼거림이 없어지면 신앙은 쭉쭉 성장하고, 공동체의 분위기도 훨씬 더 좋아질 것입니다.

## | 가르쳐 주셔야 알 수 있다

사람들이 예수님의 말씀을 거부하고 수군거리는 것을 보면서 예수님은 뭐라고 하셨습니까?

> 나를 보내신 아버지께서 이끌지 아니하시면 아무도 내게 올 수 없으니 (요 6:44상).

이 말씀의 원래 의미는 하나님 아버지가 이미 예수님에 대하여 말씀하셨다는 것입니다. 다시 말하면, 예수님이 하신 말씀이 갑자기 하늘에서 뚝 떨어진 말씀이 아니라는 것입니다. 45절에 의하면, 구약의 선지자들이 예수님에 대해서 이미 다 예언했습니다. 오실 메시아는 영생하는 양식이 될 것이라고요. 그것을 알려 주기 위해 하나님은 만나까지 예표로 주셨습니다. 그들은 이 말씀을 다 듣고 배웠습니다. 그러나 예수님의 말씀을 받아들이지 않았습니다.

그렇다면 이 말씀의 영적인 의미는 무엇일까요? 예수님을 아는 진정한 지식은 하나님이 그 사람을 예수님에게로 이끌고 오실 때 가능하다는 것입니다. 하나님이 친히 그 사람에게 예수님에 대해 가르쳐 주셔야 한다는 뜻입니다. 베드로를 예로 들 수 있습니다. 마태복음 16장에서 베드로가 "주는 그리스도시요 살아 계신 하나님의 아들이시니이다"(마 16:16)라고 고백하자 예수님은 "바요나 시몬아 네가 복이 있도다 이를 네게 알게 한 이는 혈육이 아니요 하늘에 계신 내 아버지시니라"(마 16:17) 이렇게 말씀하셨습니다.

"주는 그리스도시요 살아 계신 하나님의 아들"이라는 예수님에 대한 진정한 지식은 혈육이 아니라 하늘에 계신 아버지가 알게 하신 것입니다. 진정으로 예수님을 아는 것은 혈육, 즉 사람을 통해서, 혹은 객관적 지식을 통해서 되는 것이 아닙니다. 그것은 하나의 수단일 뿐, 정말 예수님을 아는 것은 하나님이 그 사람에게 영으로 직접 가르쳐 주셔야 가능한 신비한 사건입니다. 하나님 아버지가 그 사람의 영혼에 "너는 내 자녀다. 너를 위해 내 아들을 세상에 보냈다. 예수님의 십자가로 나오라" 하고 알려 주셔야만 그 사람이 예수님께 나온다는 것입니다. 그래서 예정론입니다.

마치 무엇과 같습니까? 갓 태어난 아기가 자기 부모님을 알 수 있나요? 모릅니다. 어떻게 해야 알 수 있지요? 부모가 아기에게 계속해서 가르쳐 줍니다. 수없이 반복해서 가르쳐 줍니다. "아빠, 엄마." "내가 아빠야." "내가 엄마야." 그런 시간이 지나고 나서야 아기는 자기 아빠, 엄마를 알아봅니다. '이분이 내 아빠구나. 이분이 내 엄마구나' 깨닫게 되는 거예요. 아기가 스스로 부모님을 아는 것이 아닙니다. 부모가 아기에게 "내가 네 부모야"라고 가르쳐 주어야 비로소 아는 것입니다.

여러분이 예수님을 스스로 알았습니까? 십자가를 이해하셨다고요? 천만의 말씀입니다. "아버지께서 이끌지 아니하시면 아무도 내게 올 수 없으니." 하나님께 스스로 올 수 있는 자는 아무도 없어요. '아닌데, 나는 하나님께 그런 말씀을 들은 적이 없는데.' 맞습니다. 예수님도 아셨습니다. 그래서 이어지는 46절에서 이렇게 말씀하십니다. "네가 아버지를 직접 만나서 그 음성을 들었다는 것이 아니다. 오직 하나님에게서 온 자만 아버지를 보았느니라."

> 이는 아버지를 본 자가 있다는 것이 아니니라 오직 하나님에게서 온 자만 아버지를 보았느니라(요 6:46).

"하나님에게서 온 자"는 예수님 자신을 가리킵니다. "나 외에는 하나님 아버지를 직접 본 사람이 없다. 너희는 하나님을 볼 수 없으나 하나님은 너희 영혼에 말씀하신다." 이런 뜻입니다.

나 스스로 예수님을 믿고, 십자가를 사랑하고, 그리스도인이 되는 것이 아닙니다. 하나님이 이끌지 아니하시면 아무도 예수님께 올 수 없습니다. 한번 생각해 보세요. 평범한 사람이 예수님의 십자가를 좋아할 수 있나요? 없습니다. 십자가는 행복하고 아름다운 이야기가 아닙니다. 십자가는 명예로운 자리도 아니고, 영광스러운 자리도 아니고, 힘 있는 자리도 아닙니다. 약한 자리, 저주받은 자리, 가장 비참하게 죽는 자리인데 왜 그 십자가를 사랑하고, 감격하고, 그 소식을 복음으로 받아들이겠습니까? 그러므로 자연적인 인간은 십자가를 결코 좋아하지 않습니다. 그래서 바울은 고린도전서에서 이렇게 말했습니다.

> 우리는 십자가에 못 박힌 그리스도를 전하니 유대인에게는 거리끼는 것이요 이방인에게는 미련한 것이로되 오직 부르심을 받은 자들에게

는 유대인이나 헬라인이나 그리스도는 하나님의 능력이요 하나님의
지혜니라(고전 1:23-24).

부르심을 입은 자들에게만 십자가는 하나님의 능력이고 지혜이며,
하나님께로 가는 유일한 길이 됩니다. 부르심을 입지 못한 사람들은 십
자가를 절대로 사랑하거나 나를 위한 사건으로 받아들이지 않습니다.

## | 십자가를 사랑하는 이유

그런데 왜 우리가 십자가에 끌리고, 십자가를 사랑하고, 십자가를 붙잡
는 것일까요? 하나님이 우리에게 말씀하셨기 때문입니다. "내 아들 예
수를 십자가에 못 박은 것은 너를 위한 것이다. 네 죄 때문에 예수가 대
신 형벌을 받았고, 예수가 너를 위해 죽은 것이다." 이 말씀을 내 영혼이
하나님으로부터 들었기 때문에 십자가를 믿고, 영접하고, 사랑하고, 감
격하는 것입니다.

하나님께 가장 중요한 것이 뭘까요? 하나님의 마음은 온통 어디에
가 있을까요? 십자가 사건입니다. '내 아들이 죽은 십자가', 하나님의 마
음은 그곳에 있는 것입니다. 아무리 바쁘고 중요한 일이 많아도 부모에
게는 자식의 일이 가장 중요합니다. 하물며 자식이 죽는 일보다 더 큰
일이 있겠습니까? 세상이 망하면 어떻습니까, 내 자식이 사는 게 중요
하지요. 그러므로 하나님의 최고 관심사는 그 아들이 죽은 십자가입니
다. 그리고 하나님의 음성을 들은 사람들에게 역시 최고의 관심사는 십
자가입니다.

그러니까 하나님은 하늘 위에서 십자가를 내려다보시고, 땅에서는 우리가 십자가를 올려다보면서 십자가를 중심으로 하나님 아버지와 우리의 마음이 만나는 것입니다. 하나님이 가장 사랑하시는 십자가를 믿고 사랑하는 자에게 하나님이 무엇을 아끼시겠습니까? 그래서 자녀의 영광도 주시는 것입니다. 이것은 놀라운 신비입니다. 부르심을 받지 않은 사람은 깨달을 수 없는 신비입니다.

마틴 로이드 존스(Martyn Lloyd Jones) 목사님은 이런 말을 했습니다. "구원받은 사람은 십자가라는 말만 들으면 감격한다. 십자가 속에 자기 가치와 정체성이 들어 있기 때문이다. 하나님의 자녀가 된 사람들에게 가장 달고 맛있는 음식은 십자가 사건이다. 그러나 거듭나지 않은 자에게 십자가 이야기는 참으로 이해하기 어렵고 지루한 이야기, 맛없는 이야기다."

강대상에서 보면 찬송가를 부를 때, 특별히 십자가 찬송을 부를 때 성도들의 반응이 크게 갈라집니다. 너무 기뻐하고 행복해하는 사람, 감격하며 눈물 흘리는 사람들이 있는가 하면, 아무 느낌 없이 지루하게 부르는 사람들도 있습니다. 숨길 수가 없어요. 그래서 십자가를 이해하고, 기뻐하고, 붙드는 사람은 은혜 중에 은혜를 받은 사람입니다.

사람들은 "기적이 있느냐, 없느냐? 믿을 수 있느냐, 없느냐?"로 논쟁합니다. 그러나 이 세상에서 가장 큰 기적, 가장 놀라운 기적은 내가 예수를 믿은 것입니다. 천지창조보다 더 큰 기적은 내가 예수님의 십자가를 믿고, 사랑하고, 기쁘게 따라가는 것입니다. 이것이 어떻게 가능합니까? "아버지께서 이끌지 아니하시면." 하나님이 나를 십자가로 이끄셨기에 가능한 것입니다.

하나님의 음성을 들은 사람은 예수 그리스도를 진정으로 알게 되고, 마음으로 십자가를 바라보면 그 십자가에 나를 위해 영생하는 양식으로 오신 예수님이 보이고, 그 위로 아들을 보내신 하나님의 사랑이 보입니다. 우리가 봐야 할 것은 바로 그것입니다. 십자가를 바라보는 마음, 그것이 내가 가져야 할 마음이고, 십자가는 내가 있어야 할 자리입니다.

예수님은 영생하는 양식입니다. 우리에게 영생을 주려고 이 땅에 오셨습니다. 베들레헴 말구유에 탄생하셨습니다. '베들레헴'은 '빵집'이라는 뜻입니다. 말구유는 말의 먹이통입니다. 말과 같이 거칠고 고집 센 우리를 위해 영생하는 양식이 되려고 주님은 이 땅에 오셨고, 십자가에 죽으신 것입니다. 영생하는 양식으로 오신 예수님을 깊이 묵상하는 우리 모두가 되길 바랍니다.

함께 기도하기

사랑하는 하나님! 아버지께서 이끌지 아니하시면 예수님께로 나올 자가 없습니다. 하나님 은혜로 예수님을 알고, 영생하는 양식을 먹고, 하나님 자녀가 되는 영광을 주시니 감사합니다. 언제나 마음으로 십자가를 바라보며 영생하는 양식을 먹고, 하나님 아버지와 만나는 기쁨을 누리게 하소서.

함께 생각하기

1  예수님께 오는 자를 예수님은 어떻게 하겠다고 하셨습니까? (37절)


2  어떤 일이 있어야 예수님께 나올 수 있습니까? (44절)


3  내가 예수님께 이끌리고 있음을 분명히 느꼈던 순간이 있다면 나눠 봅시다.

# 23

## 참 생명과
## 거짓 생명

요 6:53-57



어떤 사람이 길을 가다가 실수해서 구덩이에 빠졌습니다. 스스로 빠져
나올 수 없는 깊은 구덩이에서 죽어 가던 그 사람은 살려 달라고 있는
힘을 다해 소리를 질렀습니다. 지나가던 석가모니가 그 소리를 듣고 구
덩이 속을 들여다보더니 이렇게 말했습니다. "저런, 전생에 얼마나 잘
못 살았으면 이렇게 죽게 되었을까? 업보요, 업보! 나무아미타불 관세

음보살." 그러곤 가 버렸습니다. 이번에는 지나가던 공자가 그 소리를 듣고 말했습니다. "이 사람아, 어째서 똑바른 길로 가지 않고 이런 구덩이에 빠졌는가? 빨리 나오게. 자네가 가지고 있는 모든 힘을 다해서 스스로 나와야 해." 죽게 된 사람을 건져 줄 생각은 하지 않고, 나오라고 책망하며 가 버렸습니다. 마지막에 그 말을 들은 예수는 "알았다. 내가 내려갈 테니 거기 있어라" 하고 내려와서 구해 주었습니다.

중국의 석학 린위탕(임어당) 박사가 한 말입니다. 그는 선교사의 전도를 받고 예수를 믿게 되었습니다. 그리고 미국 유학을 갔는데 장학금을 받으며 자유롭고 풍요로운 생활을 하게 되자 하나님을 떠났습니다. 하지만 세계적인 석학이 된 후에 "나는 탕자입니다"라고 고백하며 다시 기독교로 돌아왔습니다. 돌아온 이유가 무엇이냐고 사람들이 묻자, 그는 이렇게 대답했습니다. "나는 불교와 유교와 기독교를 깊이 연구했습니다. 불교는 업보를 주장하고, 유교는 도덕적 질타는 하지만 거기에는 생명이 없었습니다. 기독교에만 참 생명과 진리가 있습니다. 예수님만이 나를 위해 이 땅에 오신 구세주입니다."

기독교는 다른 종교와 어떻게 다릅니까? 먼저는 방향성입니다. 다른 종교는 아래서 위로 올라갑니다. 자기의 노력과 수고를 통해 신과 연결되려고 합니다. 그러나 사람이 아무리 높이 뛰어도 하늘에 닿을 수는 없습니다. 불가능합니다. 그러나 기독교는 정반대입니다. 위에서 아래로 내려옵니다. 하나님이 사람이 되어 오십니다. 또한 다른 종교는 구원의 주체가 자기 자신입니다. 자기 행위를 가지고 신에게 나갑니다. 그러나 기독교는 구원의 주체가 하나님입니다. 예수 그리스도의 십자가 은혜로 구원을 받습니다. 그래서 복음입니다.

앞 장에서 예수님이 "나는 하늘에서 내려온 생명의 떡이다"라고 말씀하시자 사람들이 어떻게 반응했는지에 대해 살펴보았습니다. "우리가 저 사람의 부모를 아는데, 어찌 자기가 하늘에서 내려온 떡이라고 하는가?" 하고 수군거리자 예수님은 "아버지께서 이끌지 아니하시면 아무도 내게 올 수 없다"고 말씀하셨습니다. 그러면서 "내가 이 말을 처음으로 하는 것이 아니다. 이미 하나님이 선지자들을 통해서 오실 메시아는 영생을 주는 분이라고 말씀하셨고, 너희들은 이미 배웠는데 거부하는 것이다. 그러나 하나님이 선택하신 사람은 내 말을 믿고 받아들인다. 그런 사람은 영생할 것이다"라고 하셨습니다.

본문은 세 가지 내용으로 구성되어 있습니다. 첫째, "참 생명이란 무엇인가?", 둘째, "어떻게 참 생명을 얻을 수 있는가?", 셋째, "참 생명을 가진 자와 가지지 못한 자는 어떻게 다른가?"에 대해 말합니다.


## 참 생명이란 무엇인가


먼저, 참 생명이란 무엇입니까? 모든 생명의 창조자이시며 생명의 근원이신 하나님, 그분이 참 생명입니다. 그리고 그 하나님과 연결된 생명, 영원한 생명이 참 생명입니다. 그렇다면 반대 개념인 거짓 생명이란 무엇일까요? 살아 있으나 하나님과 끊어진 생명, 잠시만 있다가 사라지는 생명, 또한 나에게는 생명처럼 소중하지만 하나님이 아닌 것, 이 모든 것이 거짓 생명입니다.

생명이란 단순히 육체의 목숨을 의미하지 않습니다. 이것보다 훨씬 더 큰 개념입니다. 간단하게 말하면, 내 마음으로 가장 사랑하는 것, 자기 생명처럼 사랑하는 것, '나는 이것 없으면 못 산다'는 그것이 그 사람의 생명입니다. 예를 들면, 남편을 일찍 여의고 유복자 아들을 키우면서 한평생 살아가는 어머니가 있다고 합시다. 그 어머니에게 외아들은 삶의 기쁨이요, 존재 이유이며, 그 아들을 위해서라면 어머니는 생명도 내놓을 수 있습니다. 그 아들은 어머니에게 생명이기 때문입니다. 또한 어느 사업가가 회사를 키우는 데 온 마음을 다 바치고 있다면 그에게 회사는 생명입니다.

어떤 아가씨가 연애를 했는데, 그 남자를 죽도록 사랑했는데, 어느 날 그 남자가 헤어지자고 했습니다. 그 말을 듣고 그녀는 집에 와서 방문을 걸어 잠갔습니다. 마음이 찢어지는 것 같고, 살아갈 힘도 의욕도 이유도 없어졌습니다. 우울증에 빠져서 이렇게 말했습니다. "나 죽어 버릴 거야." 그 소리를 듣고 어머니가 말했습니다. "세상에 남자가 어디 그 애 하나뿐이냐? 쌔고 쌘 게 남자다. 남자는 그놈이 그놈이야, 다 똑같아. 그놈 때문에 네가 왜 죽니?" 무슨 뜻일까요? 네가 생명보다 더 사랑하는 그놈도 거짓 생명이란 뜻입니다. 세상에는 거짓 생명이 너무 많습니다. 그런데 그것을 참 생명으로 착각하며 사는 것입니다.

그렇다면 이것이 참 생명인지, 거짓 생명인지 어떻게 구분할 수 있을까요? 거짓 생명은 그것 때문에 기쁨도 있지만 반대로 고통도 겪습니다. 돈을 벌면 기쁘지요. 그러나 돈 때문에 마음 상할 일도 많습니다. 망할까 봐 걱정이고, 관리하기도 힘들고, 잘 사용하려면 머리가 아픕니다. 자녀가 얼마나 소중합니까? 커다란 기쁨을 줍니다. 그러나 자녀는 부모에게 근심의 대상이기도 합니다. '잘 커야 할 텐데, 건강해야 할 텐데, 공부를 잘해야 할 텐데.' 결혼 때문에 염려하고, 아이를 낳지 못해 애달파하고…. 자녀를 향한 염려는 끝이 없습니다. 권력도 좋은 것이지만 가지기도 어렵고, 언제 잃어버릴지 몰라 노심초사합니다. 그래서 거짓 생명입니다.

그런데 왜 우리는 거짓 생명을 사랑하고, 거기에 몰두하고, 그것이 전부인 것처럼 붙들려 사는 것일까요? 속았기 때문입니다. "하나님 아닌 다른 것으로 얼마든지 행복할 수 있어. 하나님이 아닌 다른 것으로 네 마음을 채울 수 있어." 사탄의 거짓말에 속았기 때문입니다. 그러니까 참 생명을 알아야만 거짓 생명에 몰입하지 않고, 참 생명을 누리며 살 수 있습니다. 참 생명을 누리는 것을 영생이라고 합니다. 예수님은 우리에게 참 생명을 주려고 세상에 오셨습니다.

나는 하늘에서 내려온 살아 있는 떡이니 사람이 이 떡을 먹으면 영생하리라 내가 줄 떡은 곧 세상의 생명을 위한 내 살이니라 하시니라(요 6:51).

## 어떻게 참 생명을 얻을 수 있는가

그렇다면 어떻게 참 생명을 얻을 수 있습니까? 예수님은 53-54절에서 "내 살을 먹고, 내 피를 마셔야만 참 생명을 얻을 수 있다. 내 살을 먹고 내 피를 마시면 영생할 것이다"라고 말씀하셨습니다. 예수님의 살과 피를 합하면 죽음입니다. 예수님의 십자가 죽음은 우리에게 영생을 주기 위한 것입니다. 그러므로 예수님은 말씀하십니다.

내 살은 참된 양식이요 내 피는 참된 음료로다(요 6:55).

참 생명을 가지려면, 예수님의 살과 피가 참된 양식, 참된 음료이기 때문에 예수님의 살과 피를 먹어야만 한다는 것입니다. 여기서 "참된"이란 '진짜'라는 말입니다. 그렇다면 날마다 우리가 먹는 음식은 가짜 음식, 허깨비 음식인가요? 아닙니다. 눈으로 볼 때는 분명한 음식이고, 맛있는 음식이고, 소중한 음식입니다. 그러나 그것은 우리 몸을 위한 양식과 음료일 뿐, 우리에게 참 생명을 줄 수는 없습니다. 참 생명을 위해서는 예수님의 살과 피를 먹고 마셔야 합니다.

그렇다면 어떻게 예수님을 먹을 수 있죠? 예수님을 먹는다는 것은 "예수님이 나를 위해 이 땅에 오셔서 십자가에 죽으셨다" 하며 예수님의 십자가를 바라보고, 고백하고, 묵상하고, 사랑하는 것입니다. 이렇게 예수님을 먹으면 어떻게 됩니까? 음식을 먹는 것과 똑같습니다. 먹으려면 일단 그것이 죽어야 합니다. 그다음에는 내 몸으로 들어가서 소화됩니다. 그렇게 되면 그 음식과 나는 분리되지 않습니다. 그 음식이 내 피와 살이 됩니다. 하나가 됩니다. 그래서 '먹는다'는 말은 진정한 연합을 의미합니다. 이것이 음식과 생명의 관계입니다.

예수님의 죽음이 어떻게 우리에게 참 생명을 줍니까? 이 메커니즘을 이해해야 합니다. 내가 예수님을 먹으면 예수님과 내가 하나가 됩니다. 예수님의 죽으심이 나의 죽음이 됩니다. 예수님이 세상에 대하여 죽고 하나님에 대해서 사신 것처럼, 나도 세상에 대해 죽고 하나님에 대해 살게 됩니다. 지금까지 나에게는 세상이 전부였습니다. 그런데 세상에 대한 집착이 사라지면서, 세상과 점점 멀어지면서 지금까지 보이지 않고, 느껴지지 않고, 믿어지지 않던 하나님에 대해 눈을 뜨기 시작합니다. 하나님을 더 의식하게 되고, 더 가까이 느끼게 되고, 더 깊이 알게 되고, 더 믿고 사랑하게 되고, 더 그리워하고 찾게 됩니다. 그럴수록 내 마음이 하나님으로 채워집니다. 하나님 나라를 소망하게 됩니다. 기쁨이 충만해집니다. 이것이 참 생명입니다.

　지금 굉장히 어려운 영적인 이야기를 하는 것 같지만, 사실은 우리 모두가 매일매일 경험하고 실천하는 일입니다. 여러분, 교회의 강대상 뒤에는 대개 십자가가 달려 있고, 그 십자가 밑에는 작은 테이블이 있습니다. 바로 성찬상입니다. 성찬상이 십자가 밑에 있는 이유는 무엇일까요? 성도들은 예배를 드릴 때 회중석에 앉아서 말씀을 듣지만, 실제로는 십자가 밑에 있는 성찬상으로 가서, 우리를 위해 십자가에 달리신 예수님의 살과 피를 먹는 것이 예배입니다. 왜냐하면 이 세상에는 참 생명이 없기 때문입니다.

　하나님이 가지고 계신 참 생명을 하나님은 우리에게 어떻게 나눠 주실까요? 그 아들의 십자가를 통하여, 그 십자가 밑에서 그 아들을 먹고 마시는 자에게 하나님의 참 생명이 내려오는 것입니다. 우리는 회중석에 앉아서 예배드리고 돌아가지만 사실은 참된 양식이며 참된 음료인 예수님을 먹고 마시고 감격하는 마음으로 돌아가는 것입니다. 성전에서만 아니라 삶의 순간순간마다 우리는 십자가를 기억하고, 주님의 살과 피를 먹고 마시며 참 생명을 확인하고 누리며 살아가는 것입니다.

　세상이 왜 이렇게 복잡할까요? 간단합니다. 참 생명을 알지 못하고 거짓 생명이 전부인 것처럼 살아가기 때문입니다. 그러나 거짓 생명은 언젠가 우리를 떠날 것이고, 우리에게 고통을 줄 것입니다. 이것을 넘어서는 참 생명을 모른다면 인생은 허무와 고독으로 끝날 것입니다. 왜 하나님의 아들이 인간이 되어 이 땅에 오셨습니까? 왜 십자가에 죽으셨나요? 우리에게 그분의 살과 피를 주기 위하여, 그것을 통해 참 생명을 주기 위해서, 그래서 영생을 누리게 하려는 것입니다.

참 생명을 가진 자와 가지지 못한 자는 어떻게 다를까요? 예수님의 이 말씀에 사람들은 어떻게 반응했습니까?

　　　이 말씀은 어렵도다 누가 들을 수 있느냐(요 6:60).

　　여기서 "어렵도다"라는 말은 헬라어로 '스클레로스'(σκληρός)인데, 아주 재미있는 표현입니다. 머리로는 이해가 되는데, 마음으로는 수용이 되지 않는다는 뜻입니다. 무슨 소리인지는 알겠는데, "에이, 그게 말이나 됩니까?" 이런 뜻입니다. 자기 피와 살을 준다는 것은 죽는다는 뜻이고, 예수님이 하나님의 아들인데 우리를 위하여 죽는 사건이 나를 위한 사건이라는 것을 믿으면 거기에 영생이 있다는 말을 머리로는 이해합니다. 하지만 마음으로는 수용되지 않습니다. 오늘도 예수님이 우리를 위해 십자가에 죽으셨다는 것을 세상 사람들도 압니다. 머리로는 이해하지만 나를 위한 사건으로 받아들이지는 않습니다.

　　예수님은 그 이유를 63절에서 설명하십니다. "너희가 육에 속했기 때문에 내가 하는 영적인 말을 받아들일 수 없는 것이다. 눈에 보이는 거짓 생명이 전부라고 생각하기 때문에, 그것을 넘어서는 참 생명을 모르기 때문에 받아들이지 않는 것이다." 그래서 많은 사람들이 예수님을 떠나갔습니다(요 6:66). 그들은 썩을 양식을 먹으려고 예수님을 찾아 헤맸습니다. 그러나 예수님이 영생하는 양식을 주려 하시자 거부했습니다. 육신의 생명을 위해서는 땀 흘려 수고하면서도 참 생명은 거부했습니다. 그러자 예수님은 열두 제자에게 물으셨습니다. "너희도 가려느냐?" 베드로는 이렇게 대답합니다.

주여 영생의 말씀이 주께 있사오니 우리가 누구에게로 가오리이까(요 6:68하).

하나님이 아들을 통해 주신 최고의 선물인 참 생명을 받아들이는 자와 거부하는 자가 있다는 말입니다.

"메시아"를 작곡한 유명한 음악가 헨델(Georg Frideric Händel)이 어느 날 연주회를 지휘하게 되었습니다. 옛날에는 남자들이 권위의 상징으로 가발을 꼭 썼는데, 이발소에 들렀다가 연주회장에 도착해 보니 가발을 안 가지고 온 것입니다. 헨델은 가발을 어디에 두었는지 생각이 나지 않았습니다. 시간은 다 되어 가는데, 큰일 났습니다. 발을 동동 구르고 있는데 이발소 아가씨가 그 사실을 알고는 급하게 가지고 와서는 "선생님 가발이 여기 있습니다" 하고 건네주었습니다.

헨델은 그 아가씨의 두 손을 꼭 잡고 고맙다고 인사를 했습니다. 가까이에서 보니 그 아가씨가 정말 예뻐 보여서 결혼하고 싶은 생각이 들었습니다. 연주회를 마친 후에 몇 번 만났는데, 만날수록 점점 더 마음에 드는 것입니다. 꼭 결혼해야 되겠다고 생각했습니다. 그래서 그 아가씨를 위해 작곡을 하고, 대필이 아니라 친필로 일일이 다 그린 귀중한 악보를 선물로 주었습니다. 그런데 그 아가씨는 악보를 볼 줄 몰랐습니다.

어느 날 헨델은 그 아가씨가 보고 싶어서 이발소에 갔습니다. 바쁘게 일하던 그녀는 헨델이 온 것을 몰랐습니다. 옆 사람하고 이야기하다가 그 아가씨가 "나 지금 가발을 말아야 되는데, 거기 있는 악보 한 장만

찢어 줘”하고 소리를 질렀습니다. 그 소리를 듣고 헨델은 깜짝 놀랐습니다. 그녀를 위해 일부러 작곡한 악보, 자신이 손수 다 그린 그 악보를 소중히 여길 줄 몰라서 찢어서 가발을 마는 데 쓰다니, 이런 여자하고는 살 수 없겠다 생각하고 결혼을 포기하고 이발소를 나왔다고 합니다.

놀라운 선물의 가치를 모르고 찢어 버리다니 얼마나 안타까운 일입니까? 그런데 이보다 더 민망한 일이 오늘도 계속 일어나고 있습니다. 예수님을 영접하면 참 생명을 가질 수 있는데, 거짓 생명에 몰두하면서 예수님을 거부합니다. 인생은 짧습니다. 아무리 오래 살고 싶어도 육신의 생명은 언젠가 끝납니다. 예수님을 통해 참 생명, 영원한 생명을 누리길 간절히 바랍니다.

하나님 아버지! 아무리 좋은 음식을 정성껏 먹어도 육신의 목숨을 유지할 수 있을 뿐 참 생명을 얻을 수는 없습니다. 참 생명, 영원한 생명은 오직 예수님의 십자가 사건을 나를 위한 것으로 믿고 받아들일 때만 주어지는 선물임을 믿습니다. 예수님 앞에서 모든 사람은 "이 말씀은 어렵도다 누가 들을 수 있느냐" 하면서 예수님을 떠나가는 사람과 "영생의 말씀이 주께 있사오니 우리가 누구에게로 가오리이까" 하면서 주님을 따르는 사람, 두 부류로 갈라집니다. 육신의 생명, 거짓된 생명에 만족하지 않고 예수님을 영접함으로 참 생명을 가진 자로 살게 하소서.

## 함께 생각하기

1   예수님은 무엇을 먹고 마셔야 생명이 있다고 하셨습니까? (53절)

2   예수님은 자신의 살과 피를 무엇이라고 말씀하셨습니까? (55절)

3   예수님 안에서 참 생명의 자유와 충만함을 경험했던 순간이 있다면 나눠 봅시다.

# 24

# 그렇게
# 행동하는
# 이유

요 7:6-9

## 믿음의 3단계

신앙생활은 하나님과 인간이 관계를 맺어 가는 방식입니다. 여기에는 3단계가 있습니다. 1단계는 하나님의 존재를 인정하는 것입니다. 하나님을 모르던 사람, 하나님을 부정하던 사람이 하나님을 알고 인정하는 것은 엄청난 변화입니다. 2단계는 하나님을 인정하지만 자기가 주인이 되어서 모든 것을 자기가 옳은 대로, 자기 방식대로 살아가는 것입니다.

형식적으로는 하나님의 것이 되었지만, 내면적으로는 자기 자아를 하나님께 드리지 않은 상태입니다. 그런데 많은 사람들이 이것이 신앙의 전부라고 생각합니다. 아닙니다. 다음 단계가 있습니다. 3단계는 자기를 내려놓고 하나님의 뜻을 묻고, 그 뜻에 순종하며 살아가는 것입니다. 이것이 온전한 신앙의 모습입니다.

기독교 신앙의 핵심은 "내가 십자가에 죽었는가?"입니다. 하나님을 믿고 내가 십자가에 죽었으면 그리스도인입니다. 그러나 하나님을 믿지만, 십자가에서 죽지 않고 자기 생각대로 살아간다면 완전한 그리스도인이 아닙니다. 사실은 하나님을 믿는 순간 1, 2, 3단계가 동시에 이루어져야 합니다. 그런데 인간의 자아가 너무나 강하기 때문에 2단계에서 오래 머무는 사람이 많고, 심지어는 죽을 때까지 3단계에 이르지 못하는 사람들도 있습니다.

"나는 정말 나 자신을 하나님께 온전히 드렸는가?" 다시 말하면, "나는 2단계에 속했는가, 3단계에 속했는가?" 이를 구별할 수 있을까요? 할 수 있습니다. 자기가 주인인 사람은 반드시 당위성을 가집니다. '마땅히 이래야만 한다'는 자기의 지식과 경험에 기초한 틀을 만들어 놓고 거기에 맞지 않으면 비판하고 거부합니다. '이건 이렇게 해야 하고, 저건 저렇게 해야 한다. 나는 여기까지는 하는데, 그 이상은 못한다. 아무리 하나님의 말씀이라도 아닌 것은 아닌 것이다.' 이렇게 절대적인 틀을 세워 놓고, 그것을 넘어가는 것을 아주 싫어합니다. 자기 한계를 벗어나지 못합니다. 자아가 깨지지 않았기 때문입니다.

그렇다면 2단계에 속한 사람은 구원을 받았을까요? 여기에 대한 신학적 논쟁도 많습니다. 좋게 본다면, 2단계의 사람은 구원은 받았으나 하나님의 뜻을 이루지는 못합니다. 마치 누가복음 15장에 나오는 탕자와 같습니다. 하나님을 믿었으니 아들이긴 한데, 아버지의 뜻에는 부합하지 못하는 불효자식입니다. 이런 사람이 많습니다. 하나님을 믿고 예수님과 함께 십자가에 죽어서 온전한 믿음을 가진 신앙인이 되길 기도합니다.

## 예수님의 믿음과 형제들의 믿음

이제부터 요한복음 7장이 시작됩니다. 그렇다면 앞서 요한복음 6장에서 예수님은 무슨 일을 하셨습니까? 보리떡 다섯 개와 물고기 두 마리로 5천 명을 먹이는 놀라운 이적을 행하셨습니다. 그 이적을 경험한 사람들은 예수님을 왕으로 삼으려 했고, 그래서 예수님은 유명해지셨고, 그러자 유대교 지도자들은 예수님을 죽이려고 했습니다. 한편 이렇게 엄청난 일을 행하신 예수님은 지금 어디서 무엇을 하고 계십니까? 갈릴리에 머물며 전도에 힘쓰고 있었습니다(요 7:1).

그런데 2절에 보면 초막절이 가까웠습니다. 초막절은 이스라엘 백성이 광야 생활 40년 동안 초막을 짓고 살았던 것을 기념하고 감사하는 절기인데, 장막절이라고도 합니다. 이때가 되면 남자들은 예루살렘에 순례를 다녀오는 것이 일반적인 방법이고, 부득이 그렇게 할 수 없으면 야외로 나가서 텐트를 쳐 놓고 거기서 일주일 동안 조상들처럼 생활했습니다. 그것도 어려운 사람들은 자기 집 마당에다 텐트를 치고, 시간이 날 때마다 초막에 거하면서 그 옛날 하나님이 베푸셨던 은혜를 기억하는 것이 초막절의 관례였습니다.

초막절이 다가오자 예수님의 동생들이 말했습니다. "형님, 초막절이 다가오는데 이곳 갈릴리를 떠나서 유대 예루살렘으로 가셔야지요? 당신이 메시아인데 왜 시골에만 머물러 계십니까? 예루살렘으로 가셔서 많은 사람 앞에서 '내가 메시아다' 하고 자기를 세상에 알리십시오." 그 말을 듣고 예수님이 대답하십니다.

> 내 때는 아직 이르지 아니하였거니와 너희 때는 늘 준비되어 있느니라
> (요 7:6).

"너희들은 아무 때나 예루살렘에 갈 준비가 되어 있지만 나는 지금 갈 수 없다"고 하신 것입니다. 예수님은 왜 "내 때는 아직 이르지 않았다"고 말씀하셨을까요? 예수님은 늘 그랬던 것처럼 지금 하나님의 뜻을 묻고 있습니다. "아버지, 제가 초막절에 예루살렘에 올라가야 합니까, 올라가지 말아야 합니까? 올라간다면 언제 올라가야 합니까?" 이렇게 하나님이 원하시는 때를 묻고 있는데, 아직 대답을 듣지 못한 것입니다.

그러나 예수님의 형제들은 초막절에 예루살렘에 올라가야 하는지, 아닌지 하나님께 전혀 묻지 않습니다. 질문할 필요도 느끼지 않습니다. 왜냐하면 관습에 따라서, 또는 형편에 따라서, 내가 가고 싶을 때 가면 되는 것이기 때문입니다. 그래서 예수님이 "너희 때는 늘 준비되어 있느니라"고 말씀하신 것입니다. 결론이 8절에 나옵니다. "너희는 명절에 올라가라. 나는 올라가야 하는지, 아닌지 아직 모르기 때문에 지금은 갈 수 없다." 예수님은 갈릴리에 머무셨고, 형제들은 그들 마음대로 예루살렘에 올라갔습니다. 그렇다면 예수님은 초막절에 예루살렘으로 가셨을까요, 가지 않으셨을까요? 가셨습니다.

그 형제들이 명절에 올라간 후에 자기도 올라가시되 나타내지 않고 은
밀히 가시니라(요 7:10).


그런데 예루살렘에 어떻게 가셨습니까? 예수님은 형제들이 기대
한 것처럼 자신을 드러내 놓고 "내가 메시아다" 하며 스포트라이트를
받으며 가시지 않았습니다. 예수님은 하나님이 원하시는 때와 방법대
로 아주 조용히 개인적으로 가셨습니다.

예수님의 형제들과 예수님이 예루살렘에 간 것은 똑같지만 과정은
아주 달랐습니다. 예수님의 형제들은 자기가 원할 때, 자기가 원하는 방
법으로, 자기가 원하는 장소로 갔습니다. 그러나 예수님은 하나님이 원
하실 때, 하나님이 원하시는 방법으로, 하나님이 원하시는 장소로 가신
것입니다.

왜 이런 행동의 차이가 있는 것일까요? 믿음 때문입니다. 예수님의
믿음과 형제들의 믿음은 달랐습니다. 어떻게 다릅니까? 형제들의 믿음
은 2단계의 믿음입니다. 하나님을 믿지만 자기가 주인이 되어 자기가
올라가고 싶을 때, 자기의 방법대로 올라갔습니다. 그러나 예수님의 믿
음은 3단계의 믿음입니다. 자신의 생각을 내려놓고 아버지의 때가 언제
인지 하나님의 뜻을 묻고, 그 뜻에 순종하는 믿음이었습니다.


## 세상이 예수님을 미워하는 이유

왜 예수님과 형제들의 사소한 이야기를 이렇게 자세히 다루는 것일까
요? 이 사건을 통해 올바른 믿음이 무엇인지 가르쳐 주려는 것입니다.

요한복음을 기록한 요한은 지금 90세가 넘은 원숙한 신앙인이며 존경받는 사도입니다. 매일 주님과 동행하는 거룩한 삶을 살고 있습니다. "내가 지금 와서 생각하니 그때 젊었을 때, 예수님을 믿는다고 떠들고 다녔지만 사실은 제대로 믿는 것이 아니었다." 이런 뜻입니다. 그래서 하는 말이 5절에 나옵니다.

그 형제들까지도 예수를 믿지 아니함이러라(요 7:5).

그런데 형제들이 예수님을 믿지 않았나요? 아닙니다. 믿었습니다. 형제들은 예수님이 메시아라는 것도 믿었고, 예수님이 뭐든지 할 수 있는 능력이 있다는 것도 믿었습니다. 그러나 진정한 믿음은 하나님의 뜻이 무엇인지 묻고, 그 뜻에 순종하는 것입니다. 형제들은 자기 생각을 내려놓고 하나님의 뜻을 묻고, 그 뜻에 순종하는 진정한 믿음이 없었다는 말입니다.

이것을 우리에게 적용해 봅시다. 질문을 할 테니 잘 생각하고 대답해 보세요. 여러분은 예수님을 믿습니까? 예수님은 하나님의 아들이며, 우리를 위해 이 땅에 사람이 되어 오셨고, 우리를 위해 십자가에서 죽고 부활하셨다는 것을 믿습니까? 또한 예수님은 능력이 많으셔서 우리의 기도에 응답하시고 모든 문제를 해결하실 수 있다고 믿습니까? 모두 그렇다고 답할 수 있다면 좋은 믿음입니다. 그러나 이 장 본문에 의하면 완전한 믿음은 아닙니다. 3단계가 없습니다. 하나님의 뜻을 묻고, 그 뜻에 순종하며 따라가지 않는다면 예수님을 온전히 믿는 것이 아니라고 요한은 말하고 있는 것입니다.

이렇게 볼 때 대부분의 그리스도인들은 "나는 예수님을 믿는다"고

하지만 마지막 부분이 생략되어 있습니다. 내가 놀고 싶을 때 놀고, 내가 먹고 싶은 것을 먹고, 내가 가고 싶은 곳에 갑니다. 다 내 마음대로입니다. 여기에는 하나님의 계획이나 나를 향한 주님의 뜻이 전혀 고려되지 않습니다. 왜냐하면 내가 주인이니까요. 내 마음대로 사고, 팔고, 결정하고, 추진합니다. 내가 주인이 되어 내 방식대로 살아갑니다. 이런 의미에서 많은 사람들이 예수님을 믿지만 예수님을 온전히 믿지는 않습니다.

이처럼 예수님을 믿는다 하면서도 사실은 내 마음대로 살아간다면 예수를 믿는 것과 믿지 않는 것의 차이는 무엇입니까? 없습니다. 그래서 예수님이 하신 말씀이 7절에 나옵니다.

세상이 너희를 미워하지 아니하되 나를 미워하나니 이는 내가 세상의 일들을 악하다고 증언함이라(요 7:7).

"왜냐하면 너희들은 말로는 하나님을 믿고, 세상에 속하지 않았다고 하지만 너희들의 삶의 방식은 세상 사람들과 똑같기 때문이다. 그런데 세상이 왜 너희를 미워하겠느냐? 미워하지 않는다, 똑같으니까. 그러나 세상은 나를 미워한다. 왜냐하면 나는 세상 사람들과 삶의 방식이 다르기 때문에, 또한 나는 그들을 악하다고 말하기 때문이다." 이런 뜻입니다.

세상은 왜 예수님을 미워할까요? 예수님처럼 하나님의 뜻을 묻고, 그 뜻에 순종하며 사는 사람들을 보고 세상 사람들은 이상하다고 비난합니다. 이렇게 미워하는 이유는 무엇일까요? 하나님의 뜻을 묻고, 그 뜻에 순종하며 살아간다면 그 사람을 통하여 하나님의 뜻이 이루어지겠죠? 하나님의 뜻이 이루어지면 '세상의 영'이 파괴되기 때문입니다.

성령과는 정반대인 세상의 영이 있습니다. 이 세상의 가치관을 지배하는 세상의 영이 얼마나 강력한지, 세상 사람들은 다 그 영향을 받아서 세상의 가치를 받아들이고 살아갑니다. 그런데 하나님의 뜻을 묻고, 그 뜻대로 순종하는 사람들이 살아가는 방식을 통하여 그 세상의 영이 깨져 나갑니다. 그래서 세상이 예수님을 미워하는 것입니다. 그들의 세상적 가치관이 무너지기 때문입니다.

그렇다면 예수님은 왜 자기 마음대로 살아가는 사람들을 악하다고 하실까요? 인간은 주체성을 가졌으니 자기 마음대로 하는 것이 옳은 것 아닙니까? 왜 자기가 주인이 되어 살아가는 것을 예수님은 악하다고 하셨을까요? 그 이유는 살아 계신 하나님을 무시하기 때문입니다. 하나님은 돌덩어리가 아닙니다. 살아 계신 인격자이시고, 우리보다 우리를 더 잘 아시고, 우리보다 우리를 더 사랑하시고, 우리를 향한 가장 좋은 뜻을 가지고 계십니다. 그리고 언제나 나와 함께 계십니다. 그런데 우리는 그런 하나님을 의식도 하지 않고, 쳐다보지도 않고, 그분에게 물어보지도 않고, 깡그리 무시하고, 내 뜻을 따라 살아가기 때문에, 하나님의 것인데도 주인이신 하나님을 철저히 무시하기 때문에 악하다고 하신 것입니다.


## 영혼이 목마른 이유

저는 이런 질문을 아주 많이 받았습니다. "목사님, 저는 지금까지 제가 하고 싶은 대로 다 하면서 살아왔는데, 왜 제 인생은 이렇게 공허하고 허무하죠? 저는 열심히 교회 다니고 신앙생활을 하는데 왜 제 영혼은 빈 들의 마른 풀같이 바짝 말라서 언제나 답답하고 목이 마릅니까?" 한 번쯤은 이런 생각을 해 보셨지요? 이유가 뭘까요? 시편 106편은 이렇게 대답합니다.

그러므로 여호와께서는 그들이 요구한 것을 그들에게 주셨을지라도 그들의 영혼은 쇠약하게 하셨도다(시 106:15).

내 욕구는 충족시키며 살지만 내 영혼이 쇠약해진 이유는 하나님의 뜻을 묻지 않고, 자기 욕심을 따라 구했고, 그 방식대로 살기 때문입니다. 영혼은 구원받았으나 사고방식은 바벨론적이기 때문입니다. 그래서 하나님이 나를 통해 이루고자 하시는 뜻이 삶 속에서 항상 좌절되기 때문에 내 영혼이 탄식하는 것입니다. 그래서 열심히 믿는 것 같은데 늘 영혼이 불안합니다. 생수가 흐르지 않아요. 내 마음대로 살아서 영혼이 파리해졌기 때문입니다.

예수님은 스스로 판단할 수 있었고 자기 생각이 있었지만 아버지가 '가르쳐 주신 그대로' 행하셨다고 요한복음은 계속 강조하고 있습니다. 그것을 통해 올바른 믿음이 뭔지 보여 주는 것입니다. 요한복음의 특징이 무엇입니까? 마태복음, 마가복음, 누가복음이 "어떻게 우리가 구원받을 것인가?"를 말해 주는 책이라면, 요한복음은 "구원받은 사람은 이 세상에서 어떻게 살아야 하는가?"를 말해 주는 책입니다. 그래서 예수님이 하늘에서 내려오신 것으로 요한복음은 시작됩니다.

우리는 하나님이 이 땅에 파송하신 사람들인데, 어떻게 이 세상을 살아갈 수 있을까요? 온전한 믿음을 가지고 살 때, 그 사명을 완성할 수 있습니다. 그런데 하나님의 뜻을 묻지도 않고, 따라가지도 않고, 내 욕심대로 살아가고 있으니 나를 향한 하나님의 뜻이 항상 실패하는 것이고, 그 영혼의 탄식이 우리 가운데 있다는 것을 깨달아야 합니다.

내 뜻을 내려놓고 하나님의 뜻에 복종하는 것이 올바른 신앙이라면 이런 질문이 생길 수 있습니다. "나는 뭐지? 그럼 나는 없어지는 것인가? 나를 잃어버리는 것이 신앙인가?" 아닙니다. 나를 내려놓고 하나님의 뜻에 순종할 때 자기를 잃어버리는 것이 아니라 진정한 자신이 되고, 하나님을 얻게 되고, 나를 통하여 하나님의 뜻이 이 땅에 이루어지는 것입니다.

교회에 와서도 내가 하고 싶은 말, 내가 하고 싶은 방식대로 하지 마세요. 어떤 말을 하고, 어떻게 행동할 것인지 주님께 물어보세요. 내가 이 말을 해야 되는지 아닌지, 내가 이렇게 행동하는 것을 주님이 기뻐하시는지 아닌지를 질문해 보세요. 그러면 반드시 대답이 주어지고, 그것에 순종하면 내 삶이 엄청나게 변할 것입니다. 새로운 차원이 열릴 것입니다. 하나님의 손에 붙잡힌 삶이 시작되는 것입니다.

《하나님의 음성을 듣는 삶》(예수전도단, 2010)이라는 책을 쓴 조이 도우슨(Joy Dawson) 여사가 어느 날 옷을 사려고 백화점에 갔습니다. 매장을 둘러보니 그중에 두 개의 옷이 눈에 띄었습니다. 둘 중에 하나는 너무 마음에 들어서 당장 사야겠다고 생각했습니다. 그런데 꼭 맞는 사이즈가 없었습니다. '조금 크지만 그래도 사자. 너무 예쁘니까.' 그런데 그 순간 하나님의 음성이 들려왔습니다. "조이, 그 옷은 사지 마라." 기분이 나빠졌어요. '하나님이 이런 것까지도 간섭하시나? 내가 주님을 위해 얼마나 열심히 일하는데. 그럼 어떻게 하란 말입니까?' 그러자 옆에 있는 다른 옷을 보여 주시면서 "이것을 사서 아무개에게 전해 주어라"

하시는 것입니다. 그래서 사고 싶었던 옷은 하나도 못 사고 다른 사람에게 전해 줄 옷만 사 가지고 나왔습니다.

그런데 그 옷을 전해 주자 받는 사람이 이렇게 말했습니다. "어머, 내가 이 옷을 입고 싶어서 하나님께 기도했는데 하나님이 이렇게 응답하시다니!" 그러면서 감격했습니다. 도우슨 여사는 '하나님은 저 사람은 사랑하시고, 나에게는 관심도 없으신가 보다' 하며 낙심하고 있었는데, 며칠 후 소포가 왔습니다. 모르는 사람이 보낸 것인데 그 속에 이런 편지가 있었습니다. "선생님, 저는 당신의 설교에 큰 은혜를 받고 너무 기뻐서 어떻게 보답할까 생각하다가 제가 옷 만드는 사람이기 때문에 선생님을 생각하며 옷을 한 벌 만들었는데 입어 주시면 고맙겠습니다." 급하게 열어 봤더니 자기가 사고 싶었던 바로 그 옷이었습니다. 그런데 입어 보니 딱 맞는 거예요. "할렐루야, 감사합니다. 하나님!" 감격했습니다.

얼마 후에 그 백화점에 다시 가게 되었고, 그 옷 가게 앞을 지나가는데 주님이 말씀하셨습니다. "지난번에 사지 못했던 두 번째 옷을 사렴." "사지 말라고 하시지 않았습니까?" "내가 너를 사랑한다. 네가 저 옷을 입으면 참 예쁠 거야." 그 말을 듣고 마음이 풀려서 사려고 가격을 물었더니 "어제부터 50% 세일에 들어갔습니다" 하는 것입니다. 그래서 50% 세일 가격으로 옷을 사고 너무 기분이 좋았어요. 그 후로 그분은 옷을 살 때 이렇게 묻는답니다. "주님, 이 옷을 사려고 하는데 괜찮겠지요? 더 예쁜 옷을 못 보고 지나가지 않게 해 주세요. 그리고 합리적인 가격으로 사게 해 주세요. 그러나 주님이 원하지 않으시면 사지 않을래요."


하나님께 묻고, 그 뜻대로 살아가는 것은 부자유가 아닙니다. 내 마음대로 살면 삶의 영역이 확장되고 후회 없는 인생이 될 것 같지만 절대로 그렇지 않습니다. 우리의 죄와 욕심과 무능 때문에 삶은 오히려 축소되고, 탕자의 삶처럼 비참해집니다. 내가 주인인 삶의 한계는 명백합니다. 그래서 베드로전서 4장 3절은 "너희가 … 이방인의 뜻을 따라 행한 것은 지나간 때로 족하도다"라고 말합니다. "네 멋대로 살아온 세월, 그렇게 살아서 잘된 것이 무엇이냐? 그러한 삶은 지나간 때로 족하다"는 것입니다. 이제는 내 뜻보다 더 위대한 하나님의 뜻을 묻고, 그 뜻대로 살아가는 게 풍성한 삶의 비결입니다.

설교 제목을 읽어 봅시다. "그렇게 행동하는 이유." 여러분이 무슨 행동을 할 때, "내가 왜 이 행동을 하는가?" 질문해 보세요. 내가 그렇게 하는 것이 옳다고 생각했기 때문입니까? 그럴 수 있죠. 그런데 신앙이 점점 깊어지고 하나님을 알아갈수록 "하나님이 이렇게 하라고 하셨기 때문에, 하나님이 내게 그런 감동과 마음을 주셨기 때문에 나는 그 뜻을 따라서 이렇게 행동합니다"라고 고백하는 부분이 많아져야 합니다.

그렇게 살다 보면 진짜 되어야 할 내가 됩니다. 예수님이 가장 예수님다워진 이유는 아버지의 뜻대로 하셨기 때문입니다. 처음에는 자기 마음대로 하는 것이 당연합니다. 그러나 점점 더 하나님이 가르쳐 주신 것, 질문에 대답해 주신 대로 삶을 살아가다 보면 우리를 통해 주님의 뜻이 이루어지고, 하나님과 동행하는 삶이 될 것입니다.

하나님 아버지! 올바른 믿음이란 무엇인지 가르쳐 주셔서 감사합니다. 우리는 하루에도 수많은 행동을 하며 살아갑니다. "나는 이 행동을 왜 하는 거지?"라는 질문에 "내가 하고 싶어서, 내 마음이니까, 지금까지 이렇게 해 왔으니까, 내 상황이 그러하니까" 등등 할 말은 많습니다. 그러나 "하나님이 이렇게 하라고 하셔서, 주님이 가르쳐 주셨기 때문에"라고 고백하며 행동하는 일들이 점점 더 많아지게 하소서. "지금까지 내가 하고 싶은 대로 하면서 이룬 것이 뭐가 있는가?" 스스로 질문하게 하시고, "앞으로 내가 어떻게 살아야 하나님께 영광을 돌리고, 나를 이 땅에 보내신 하나님의 뜻을 이룰 수 있고, 내 삶의 오류를 줄일 수 있을까? 후회 없는 삶을 살 수 있을까?" 묻게 하소서. 예수님처럼 자기 생각이 있어도 하나님의 뜻을 묻고 순종하며 살게 하소서. 그래서 하나님을 얻고, 하나님이 나를 통해 이 땅에서 이루시려는 일을 다 이루는 충만한 인생이 되게 하소서.

## 함께 생각하기

1  예수님은 무엇이 아직 이르지 않았다고 말씀하셨습니까? (6절)

2  예수님은 자신의 때와 사람들의 때를 어떻게 구분하여 말씀하셨습니까? (6-8절)

3  하나님의 때를 기다렸을 때 삶에 변화가 있었던 경험이 있다면 나눠 봅시다.

# 전하는 자와
# 듣는 자

요 7:15-18

## | 예수님의 설교학

옛날에 서당에 다니는 아이가 있었는데, 어느 날 서당에 가다가 자기와 나이가 비슷한 동자승을 만났습니다. 동자승과 얘기를 나누어 보고 싶었던 서당 아이가 물었습니다. "애, 너 어디 가니?" 그러자 동자승이 대답했습니다. "바람 부는 대로." 뭔가 더 말하고 싶었는데 할 말이 없어지자 그냥 서당으로 와서 훈장님에게 물어보았습니다. "그렇게 말할 때는 뭐라고 해야 합니까?' '바람이 불지 않으면 어떻게 하느냐?' 이렇게 물어보아라."

그다음 날 동자승을 만난 아이는 "너 어디 가니?"라고 질문했고, 동자승은 "발길 닿는 대로" 이렇게 대답했습니다. 당황한 서당 아이는 아무 말도 못하고 다시 서당에 와서 훈장님에게 물었습니다. "그렇게 말할 때는 뭐라고 해야 합니까?" "'가다가 발이 아프면 어떻게 하니?' 이렇게 물어보아라." 그다음 날 할 말을 준비한 서당 아이는 저쪽에서 동자승이 나타나자 그쪽으로 달려갔습니다. 그 순간 동자승이 말했습니다. "야, 너 거기서 뭐 하는 거야?" 갑작스런 질문에 대답을 못한 서당 아이는 훈장님에게 말했습니다. "그 녀석은 도무지 당해 낼 수가 없어요."

원리를 알지 못하고 답만 외우는 식의 공부는 아무 소용이 없습니다. "이렇게 질문하면 이렇게 대답해라" 하고 알려 주면 그 답을 달달 외웁니다. 그러나 상황이 바뀌면 아무 소용이 없습니다. 본질을 잃어버린 형식, 내용이 없는 껍데기에 집착하지 말라는 것입니다. 그런데 많은 사람들은 껍데기에 집착하며 살아간다는 것을 꼬집는 이야기입니다.

신앙생활이란 어떤 형식을 고수하는 것이 아니라 본질을 추구하는 작업입니다. 그러나 사람들은 형식에 매여서 본질을 잃어버립니다. 고정된 형식에 집착하면서 그것이 신앙이라고 착각합니다. 이럴 때 종교는 완고하고 딱딱해지며, 심지어는 사악해질 수도 있습니다. 자기와 다른 모습을 용납하지 않기 때문입니다. 본문은 겉으로 드러나는 규정과 본질의 상관관계를 다루고 있습니다.

앞 장에서 "온전한 믿음이란 무엇인가?"에 대해 살펴보았습니다. 예수님의 동생들은 예수님이 메시아라는 것을 믿었고, 능력이 많다는 것도 믿었습니다. 그러나 예수님처럼 하나님의 뜻을 묻고 그 뜻에 순종하는 믿음은 없었습니다. 그래서 그들은 초막절을 맞아 자기들이 원하는 시간에, 자기들이 원하는 방법으로, 자기들이 원하는 장소인 예루살렘에 갔습니다. 그러나 예수님은 하나님의 뜻을 묻고, 하나님이 원하시는 시간에, 하나님이 원하시는 방법으로 예루살렘에 올라가셨습니다.

그렇다면 예수님은 예루살렘에서 무엇을 하셨습니까? 성전에서 유대인들을 가르치셨습니다(요 7:14). 그런데 그 설교를 들은 사람들의 반응이 어떠했나요? "학벌도 없는 무식한 사람이 어떻게 글을 알고, 저런 놀라운 말씀을 배웠단 말인가?" 하며 깜짝 놀랐습니다(요 7:15). 왜냐하면 가르치는 것이 권위 있고 내용이 깊고 감동적이었기 때문입니다. 그러나 유대인들은 그 감동을 받아들이지 않고 거부했습니다. 그 말을 듣고 예수님이 대답하십니다.

내 교훈은 내 것이 아니요 나를 보내신 이의 것이니라(요 7:16).

"내가 전한 것은 내 생각이 아니다. 나를 보내신 하나님이 주신 말씀을 그대로 전했다. 그 말씀을 잘 듣고 순종하면 되지, 왜 쓸데없이 '저 사람이 어디서 누구한테 배웠는가? 무식한 사람이 하는 말을 하나님의 말씀으로 들어야 하는가?' 이런 것에 관심을 기울이느냐?" 하며 책망하셨습니다.

혹시 이런 질문을 해 보셨습니까? "왜 유대인들은 태어나면서부터 하나님을 믿었는데, 그렇게 성경을 많이 읽고 묵상하면서도 하나님이 보내신 예수님(메시아)을 거부하고 십자가에 못 박아 죽였을까?" 그 대답이 본문에 나옵니다. 요한복음 7장 15-18절은 말씀을 전하는 자와 듣는 자가 어떻게 전하고 어떻게 들어야 하는가에 대해 말해 줍니다. 그래서 본문에 제 나름대로 별명을 붙였는데, "예수님의 설교학"입니다. 설교학을 아무리 많이 배워도 이 본문의 내용을 모른다면 소용이 없습니다. 그러므로 평생 설교를 해야 하는 교역자들은 물론이고, 평생 설교를 들으며 살아야 하는 성도들은 이 본문에 대해 잘 이해하고 있어야만 합니다. 그래야 말씀을 제대로 전할 수 있고, 제대로 들을 수 있습니다.

## 어떻게 하나님의 뜻을 알 수 있는가

첫 번째 주제는 "어떻게 해야 하나님의 뜻을 알 수 있는가?"입니다. 우리는 머리가 좋아야, 아이큐가 높아야 잘 알 수 있다고 생각합니다. 그러나 그렇지 않습니다. 하나님의 뜻을 알려면 '하나님의 뜻을 행하려는' 마음이 있어야 합니다.

> 사람이 하나님의 뜻을 행하려 하면 이 교훈이 하나님께로부터 왔는지 내가 스스로 말함인지 알리라(요 7:17).

'행하려 하면 알게 된다'는 말속에는 의지가 들어 있습니다. 단순한 지적 호기심만으로는 안 된다는 말입니다. 그 말씀대로 행하려는 의지가 들어 있을 때 주님의 말씀을 정확하게 이해할 수 있습니다. 예를 들면 "원수를 사랑하라"는 말씀을 들었을 때, 그 말씀을 논리적으로, 철학적으로 이해하고 동의할 수 있습니다. 그러나 그 의미를 내가 다 알 수 있습니까? 아닙니다. 머리로만 아는 것이지 진정한 지식이 되지 못합니다. 겉돌고 있는 것이지요. 그럼 언제 그 말씀이 나에게 제대로 이해될까요? "어제까지는 내가 그를 미워했어도 오늘부터는 원수로 여기지 않고 사랑해 보리라. '사랑할 힘을 주소서.'" 기도하고 사랑을 실천해 보면 갈등도 있겠으나 마침내 알게 됩니다. 하나님이 왜 원수를 사랑하라고 하셨는지, 원수 사랑의 결과가 뭔지를 진실로 알 수 있게 되는 것입니다. 그래서 행하려 하면 알 수 있는 것이지, 머리로 아는 것이 아닙니다.

제가 오래전에 존경하는 목사님에게 물어보았습니다. "목사님은 교회 안에서 어떤 사람이 제일 무섭습니까?" 상대하기 힘든 성도들을 목사님은 어떻게 다루시는지 알고 싶은 마음에서 질문한 것입니다. '아마도 말씀도 잘 듣지 않고 뒤에서 험담만 하는 사람이라고 하시겠지'라고 생각했는데, 대답은 전혀 의외였습니다. "내 말을 하나님의 말씀으로 믿고 순종하는 사람입니다." 이러시는 거예요. 저는 그 순간 충격을 받았습니다. 왜냐고 물었더니 "내가 하는 말을 하나님의 말씀으로 듣기 때문에 그에게 뭔가를 얘기해 주려면 기도하지 않고는 불가능하기 때문입니다" 하셨습니다. 그래서 그분이 질문하면 적당히 대답할 수 없어서 서너 시간 기도한 후에 말했고, 심지어 중요한 질문에 대해서는 밤새워 기도한 후에 확신을 가지고 말해 주었다는 것입니다. "내가 잘못 말하면 그분은 그대로 할 텐데, 그럼 큰일 아닙니까?"

하나님도 그렇습니다. 하나님은 누구에게 분명히 말씀하실까요? 그 뜻대로 행하려는 자입니다. 그러니까 행하려 하면 알게 됩니다. 그러나 대부분의 사람들은 알려고 하지만 알려 주면 그대로 행하지 않습니다. 참고만 할 뿐입니다. 나머지는 자기 마음대로 합니다. 그러니까 정확하게 말해 주면 좋지만 그렇게 하지 않아도 그만입니다. 내가 책임질 필요가 없습니다. 어차피 그대로 하지도 않을 테니까요. "하나님, 가르쳐 주세요"라고 기도하지만 "그러나 가르쳐 주시지 않아도 저는 다른 대안을 마련해 두었습니다" 이런 자세로는 하나님의 뜻을 제대로 알 수 없습니다.

## 아는 것을 어떻게 행할 수 있는가

두 번째 주제는 "아는 것을 어떻게 행할 수 있는가?"입니다. 뒤집어 말하면, "왜 알면서도 실천하지 않는가?" 하는 것입니다. 예수님의 대답이 18절에 나옵니다.

> 스스로 말하는 자는 자기 영광만 구하되 보내신 이의 영광을 구하는 자는 참되니 그 속에 불의가 없느니라(요 7:18).

하나님의 영광을 구하지 않고 자기 영광을 구하기 때문입니다. 하나님 말씀에 순종하려면 하나님이 목적이 되고, 하나님을 높이고, 하나님을 사랑해야 합니다. 하나님께 영광을 돌리려고 할 때 하나님의 말씀에 순종할 수 있습니다. 그러나 자기의 영광을 추구하면 순종할 수 없습니다. '영광'이란 말을 '이익'이라는 말로 바꾸면 이해가 쉬울 것입니다. 왜 알면서도 순종하지 않습니까? 자기 영광을 구하기 때문에, 즉 자기이익을 추구하기 때문에, 하나님의 뜻을 행하면 나에게 손해가 되기 때문에 순종하지 않는 것입니다.

그래서 예수님은 말씀하십니다. "너희들은 내 말을 들으면서, 이것이 하나님의 말씀이라고 느끼고 확인하고 감동을 받으면서도 '저 예수라는 사람이 무식한데, 배운 것도 없는데, 내가 왜 저 사람의 말을 하나님의 말씀으로 받아야 하는가?' 이런 생각을 하면서 내가 전하는 말씀을 거부하고 있다. 그러니 어떻게 내 말을 통하여 하나님의 말씀을 알겠으며, 안다고 한들 순종할 수 있겠느냐? 오히려 내 말을 들으면 들을수록 나를 거부하고, 하나님의 뜻을 전하는 나를 죽이려 하고 있다." 그러자 사람들은 "헛소리하지 마시오. 누가 당신을 죽이려 합니까?" 하며 오히려 예수님에게 반발했습니다(요 7:20).


## | 왜 예수님을 죽이려 하는가


세 번째 주제는 "왜 유대인들은 예수님을 죽이려고 하는가?"입니다. 21절을 보면, 예수님이 안식일에 병을 고치셨기 때문입니다. "너희들은 내가 '안식일에 아무 일도 하지 말라'는 율법을 고의적으로 어겼다면서, 이것은 율법에 대한 도전이므로 가만둘 수 없다고 하는데, 잘 생각해 보라." 그러면서 예수님은 두 가지를 얘기하십니다. 안식일과 할례인데, 이것은 당시 유대교의 가장 중요한 이슈였습니다.

먼저는 안식일입니다. 안식일이 언제 생겼습니까? 안식일 규정이 명문화된 것이 언제입니까? 안식일을 반드시 지켜야 한다는 것이 십계명 제4계명입니다. 출애굽기 20장에 나옵니다. 그렇다면 할례는 언제부터 생겼나요? 조상 때부터입니다(요 7:22). 그 조상이 아브라함입니다. 창세기 17장에 보면 하나님이 아브라함에게 직접 명령하셨습니다. 그 이후로 사내아이가 태어나면 난 지 8일 만에 할례를 받으라고 하셨는데, 모세의 십계명에서는 안식일에는 아무 일도 하지 말라고 했습니다. 그러면 난 지 8일이 되는 날이 안식일이면 어떻게 해야 합니까? 두 조항

이 서로 충돌합니다. 어떻게 해야 할까요? 할례가 먼저라고 해석했습니다. 그러므로 안식일에 할례를 받는 것은 죄가 아니라 적법하다 판단하고 시행했습니다.

그런데 할례란 무엇인가요? "하나님이 주신 이 아들을 하나님의 사람으로 키우겠습니다" 약속하면서 몸의 일부를 베어 내는 것입니다. 하나님의 백성으로 정결하게 키우겠다는 약속, 일종의 정결 예식입니다. 그런데 유대인은 인간의 몸이 248개의 지체로 이루어져 있다고 믿었습니다. 그러니까 할례는 우리 몸의 248분의 1을 깨끗하게 하는 것입니다. 예수님은 "거기에 비해서 병 고치는 것은 전신을 건전하게(깨끗하게) 하는 것인데, 할례보다 더 좋은 일이 아니냐? 그런데 안식일에 병을 고치면 왜 안 된다는 것인가? 할례는 된다면서 죽어 가는 사람을 살리는 일에 대해서는 왜 그렇게 화를 내고 죽이려고 하느냐?"라고 말씀하셨습니다(요 7:23). 결론이 24절에 이어집니다.

외모로 판단하지 말고 공의롭게 판단하라 하시니라(요 7:24).

여기서 "외모"는 겉모양을 의미합니다. 법적으로 말하면 밖으로 드러난 율법 조항을 말합니다. "공의"는 하나님의 사랑을 드러내는 것인데 율법 조항 속에 들어 있는 율법 정신을 말합니다. 율법 정신은 뭘까요? 마태복음 22장에 보면 어떤 율법사가 예수님께 질문했습니다. "율법 중에서 어느 계명이 가장 큽니까?" 그러자 예수님이 대답하셨습니다.

네 마음을 다하고 목숨을 다하고 뜻을 다하여 주 너의 하나님을 사랑하라 하셨으니 이것이 크고 첫째 되는 계명이요 둘째도 그와 같으니 네 이웃을 네 자신같이 사랑하라 하셨으니 이 두 계명이 온 율법과 선지자의 강령이니라(마 22:37-40).

율법의 본질, 율법 정신은 하나님 사랑과 이웃 사랑, 결국은 사랑입니다. 사랑에서 수많은 율법의 규정들이 나온 것입니다.

이제 안식일로 돌아가서, 하나님이 안식일 규정을 왜 주셨습니까? 안식일에 일하면 죽이려고 하시는 게 아니지요. "일하다 보면 하나님께 집중하기 어려우니, 일을 쉬고 하나님께 집중하면서 하나님과의 관계를 회복하라. 그래서 하나님으로 충만해져라. 그런데 너희는 안식일 규정 속에 들어 있는 하나님의 마음, 그 사랑의 마음, 공의는 외면하고, 아무 일도 하지 말라는 규정에 붙들려서 '너, 안식일에 병을 고쳤지? 안식일을 범했지? 율법을 어겼으니 너는 죽어야 돼' 하는 게 말이 되느냐? 그것은 율법 정신으로부터 너무나 먼 것이다. 그러니까 안식일에는 아무 일도 하지 말라는 그 겉모양, 그 규정에 집착하지 말고 공의로 판단하라."

안식일을 주신 하나님의 마음, 하나님의 사랑을 가지고 안식일 규정을 바라보라는 것입니다. 그러면 안식일에 병 고친 것을 보고 기뻐하고, 감사하고, 축하할 일이라는 것입니다.

## | 　전하는 자와 듣는 자의 자세

그런데 예수님이 이렇게 뜨거운 마음으로 하나님의 마음을 잘 설명해 주셨건만 유대인들은 그 말씀을 들으면서도 끝까지 받아들이지 않았습니다. 여기서 전하는 자와 듣는 자의 관계를 잘 알아야 합니다. 설교를 놓고 한번 생각해 봅시다. 설교의 메커니즘을 보면, 먼저 하나님이 자녀들에게 들려주고 싶은 말씀이 있어서 주일을 정하시고, 우리를 예배드리는 자리에 불러 주십니다. 그렇다면 설교할 사람에게 그 내용을 들려주셔야 합니다. 그러므로 설교자는 영으로 하나님의 말씀을 들어야 합니다. 그다음에는 들은 내용을 혼(지정의)의 활동을 통해 이해하고 설명해야 합니다.

설교자인 저는 가끔 힘들 때가 있습니다. 하나님이 제게 영으로 뭔가를 말씀하셨는데, 그 말씀을 혼으로 표현할 길이 없어요. 그 내용을 파악하고 논리적으로 설명해야 하는데, 잘 안되면 너무 답답해요. 그러면 기도합니다. "하나님, 영으로 제게 주신 말씀을 제 혼으로 깨닫고 이해하고 설명할 수 있도록 지혜를 주소서." 하나님이 영으로 주신 것을 받아서 그것을 이해하고 설명하는 것이 혼의 작용입니다. 마지막으로는 그것을 육체로, 제 입으로 성도들에게 선포합니다. 그러니까 설교자에게는 계시의 순서가 영-혼-육의 순서입니다.

그러나 말씀을 듣는 청중은 그 순서가 반대입니다. 육체(귀)로 듣고, 혼(지정의)으로 이해하고, 마지막으로는 그 말씀을 수용할지, 거부할지 영으로 결정합니다. 문제는 항상 어디서 발생합니까? 설교자나 청중이나 모두 영에서 문제가 발생합니다.

구체적으로 살펴봅시다. 예수님은 16절에서 "내 교훈은 내 것이 아니요 나를 보내신 이의 것이니라"고 말씀하셨습니다. 이 말은 무슨 뜻입니까? 예수님은 하나님의 음성을 영으로 정확하게 듣고 그것을 정확하게 전하셨다는 말입니다. 그러니까 예수님은 영에 대해서 문제가 없습니다. 따라서 설교자에게 가장 중요한 것은 하나님이 주시는 말씀을 영으로 받는 것입니다.

이제는 듣는 사람의 입장에서 생각해 봅시다. 유대인들도 예수님의 말씀을 듣고 무슨 의미인지 이해했습니다. '저 말씀이 옳다.' 마음에 확신이 왔고, 감동했습니다. 그러나 '저 사람이 배운 것도 없는데, 저런 유식한 말을 할 수가 없잖아? 저 사람의 말을 내가 왜 하나님의 음성으로 들어야 하는가?' 이런 생각을 하면서 예수님이 전하는 말씀을 하나님의 말씀으로 받아들이지 않습니다. 영으로 거부합니다. 그들도 귀로 들었습니다. 몸으로 듣고, 혼으로 이해했습니다. 그러니까 몸으로 듣고, 혼으로 이해하는 것까지는 정상적으로 작동된 것입니다. 그러나 그 말씀을 내게 주시는 하나님의 말씀으로 받고 안 받고는 결국 그 사람의 영의 역할입니다.

그러므로 설교자가 해야 할 일은 하나님이 주시는 말씀을 영으로 들으려고 몸부림치는 것입니다. 그러려면 자기를 비우고 기도에 힘쓰며, 말씀에 대한 연구를 진지하게 해야 합니다. 이것을 위해 꼭 필요한 것이 무엇입니까? 자기가 십자가에 죽어야 합니다. 내가 살아 있으면 하나님의 음성이 들리지 않기 때문입니다. 듣는 사람이 해야 할 일은 몸으로 듣고 혼으로 이해한 말씀을 내 영이 거부하지 않도록 자기를 내려놓는 것입니다. 그러려면 십자가에 죽어야 합니다.

그러므로 전하는 자나 듣는 자나 모두 십자가에서 죽어야 합니다. 그래야 자기 말이 아니라 하나님이 주신 말씀을 전할 수 있고, 듣는 사람도 자기식으로 듣지 않고 하나님의 말씀으로 받고 실천할 수 있습니다. 이것이 '예수님의 설교학'입니다.

그러므로 말씀을 전하고 들을 때마다 기도하세요. "우리 목사님이 자기 말을 하지 않고, 하나님이 우리에게 들려주고 싶으신 바로 그 말씀을 영으로 정확하게 받아서 전하게 하소서. 그리고 듣는 우리는 하나님이 내게, 오늘, 이 자리에, 직접 오셔서, 나 한 사람을 위해 하시는 말씀으로 받게 하소서.”

그렇지 않으면 말씀을 들으면서 판단이 많아집니다. 유대인들처럼 설교자가 무식하니 유식하니, 너무 철학적이라느니, 설교가 기니 짧으니, 저게 사실인지 모르겠다느니, 나는 상황이 이래서 저 말씀을 받아들일 수가 없다는 식으로 나가면 하나님의 말씀을 자기 마음대로 차 떼고 포 떼고 난도질하게 되고, 그러면 아무것도 남지 않게 됩니다.

나를 내려놓고 하나님의 음성을 듣겠다는 마음을 가질 때 전하는 자는 하나님의 뜻을 바로 전할 수 있고, 듣는 자는 하나님의 뜻을 알 수 있고 아는 것을 실천할 수 있고, 하나님께는 영광이 되고 이 땅에는 하나님의 뜻이 이루어집니다. 이 은혜가 우리의 사는 날 동안 끊어지지 않고 끝까지 이어질 수 있기를 바랍니다.

말씀하시는 하나님! 오늘도 하나님의 말씀이 전해지고 많은 사람이 말씀을 듣지만, 정말 하나님의 뜻과 일치하는 말씀인지 몰라 두려울 때가 많습니다. 또한 들려지는 말씀을 마음으로 받지 않고 그 말씀을 판단하며 거부하는 일이 우리 가운데 얼마나 많은지 민망할 뿐입니다. 어떻게 전해야 하고 어떻게 들어야 하는지 말씀하신 주님, 우리에게 제대로 전할 수 있는 은혜, 제대로 들을 수 있는 은혜를 베풀어 주소서. 그래서 하나님이 주신 말씀이 바르게 전해지고 바르게 들려져서 하나님께는 영광이 돌아가고, 이 땅에는 주님의 뜻이 이루어지게 하소서.

함께 생각하기

1  예수님은 자신의 교훈이 누구에게서 왔다고 말씀하셨습니까? (16절)

2  하나님의 뜻을 행하려는 자는 무엇을 알게 된다고 하셨습니까? (17절)

3  말씀을 하나님의 말씀으로 받아들였을 때 삶에 변화가 있었던 경험이 있다면 나눠 봅시다.

# 26

# 예수님
# 알아가기

요 7:25-30

## 사실을 모르면서

음악가 모차르트(Wolfgang Amadeus Mozart)가 여행을 하다가 낯선 도시를 방문하게 되었는데, 길을 가다 보니 어느 건물에 "모차르트 음악 연구소"라는 간판이 걸려 있었습니다. '나를 연구하는 곳이야? 재미있겠는데?' 호기심이 생겨서 그곳으로 들어갔는데, 마침 음악가 몇 사람이 모차르트의 곡을 들으면서 연구 발표를 하고 있었습니다. 한 사람이 작품을 평가하면서 "이 곡은 모차르트가 사랑하던 여인과 헤어지고 나서 슬픈 마음을 이길 수 없어서 그 마음을 담아서 작곡한 것"이라고 작곡 배경과 시기를 발표했습니다.

모차르트가 들으니까 어이가 없어요. '전혀 그렇지 않은데!' 그래서 벌떡 일어나서 말했습니다. "제가 모차르트를 좀 아는데, 그 곡은 그렇게 만들어진 것이 아닙니다." 그러자 발표한 사람이 이렇게 말했습니다. "여보시오, 당신이 모차르트에 대해서 뭘 안다고 나서는 거요? 나는 모차르트 전문가요!" 그렇게 면박을 주어 더 이상 아무 말도 하지 않고 그냥 나왔다고 합니다.

어떤 사람을 잘 안다는 것은 쉬운 일이 아닙니다. 한 사람을 제대로 알기 위해서는 그 사람의 전체를 알아야 하기 때문입니다. 그러나 우리의 능력은 유한하고 편견을 가지기 쉬우며, 시공의 제약을 받기 때문에 똑같은 사람도 보는 각도에 따라 전혀 다른 사람이 될 수도 있습니다. 그러므로 그 사람의 일부만 알면서 다 아는 것처럼 말해서는 안 됩니다.

앞 장에서 예수님은 하나님의 뜻을 그대로 전하셨는데, 사람들은 자기 기준으로 판단하며 예수님의 말씀을 하나님의 말씀으로 받아들이지 않았습니다. 예수님은 그들이 하나님의 말씀을 이해하지 못하는 이유를 설명하셨습니다. "말씀대로 행하려 하지 않기 때문이다. 그리고 하나님의 영광이 아니라 자기 영광(이익)을 생각하기 때문이다. 그래서 하나님의 말씀이 마음에 와닿는데도 거부하다 보니 결국은 모르게 되는 것이다." 그러므로 말씀을 전하는 자와 듣는 자 모두 십자가 앞에서 자기를 죽여야 하나님의 뜻을 바로 전할 수 있고, 그 말씀을 듣고 행할 수 있습니다.

본문은 이렇게 말씀하시는 예수님을 바라보며 사람들이 하는 말입니다. "정말 저분은 누구일까? 저분의 말대로 우리가 기다리던 메시아일까? 그렇다면 우리가 이런 식으로 저분을 대하면 안 될 텐데. 아니면 거짓 그리스도인가? 그렇다면 저렇게 많은 표적과 용기가 가능한 것일까? 도대체 예수라는 분은 누구인가?" 그들은 심각하게 고민합니다. 그래서 본문의 주제는 세 가지입니다. 첫째, "사람들은 예수님을 어떻게 이해했는가?", 둘째, "그들은 왜 예수님을 모르게 되었는가?", 셋째, "어떻게 하면 예수님을 바로 알 수 있는가?"

## ▎ 사람들은 예수님을 어떻게 이해했는가

첫 번째 주제는 "사람들은 예수님을 어떻게 이해했는가?"입니다. 그들이 예수님을 이해하는 세 가지 방법이 본문에 나옵니다.

첫째는 26절, "보라 드러나게 말하되 그들이 아무 말도 아니하는도다 당국자들은 이 사람을 참으로 그리스도인 줄 알았는가"에서 볼 수 있습니다. 예수님이 유대교 지도자들을 대놓고 몰아붙이시자 그 말을 듣던 백성들은 생각했습니다. '놀랍다. 저런 용기와 담력이 어디서 나오는 것일까? 자기를 죽이려는 적대자들 앞에서도 조금도 굽힘 없이 하나님의 뜻을 전하는구나. 그런데 그를 죽이겠다고 벼르던 지도자들은 왜 아무 말도 못하지? 혹시 당국자들이 예수를 그리스도라고 인정하게 된 것은 아닐까?' 이렇게 예수님의 담대하고 권위 있는 모습을 통해 예수님이 메시아일 수도 있다고 생각하는 사람들이 있었습니다.

둘째는 27절, "우리는 이 사람이 어디서 왔는지 아노라"에 나옵니다. 여기서 "어디서"는 예수님의 출생지나 가족 배경을 의미합니다.

"예수님은 베들레헴 사람이다. 나사렛 목수다. 마리아와 요셉의 아들이고, 우리는 그 부모를 알고 그 형제들도 알고 있다. 내가 저분에 대해 모르는 게 없지. 빠삭하게 알지." 이렇게 출신 배경을 통해 예수를 안다고 생각하는 사람도 있었습니다.

셋째는 표적과 능력을 보면서 예수님에 대해 생각했습니다.

무리 중의 많은 사람이 예수를 믿고 말하되 그리스도께서 오실지라도 그 행하실 표적이 이 사람이 행한 것보다 더 많으랴 하니(요 7:31).

"'이분이 그리스도냐, 아니냐?' 여기에 대해 말이 많은데, 메시아가 온다고 해도 이 사람보다 더 많은 표적을 행할 수 있을까? 죽은 자를 살리고, 병든 자를 일으키고, 풍랑을 잔잔하게 하고, 5천 명을 먹이고, 귀신을 쫓아내고…. 그러므로 능력으로 보면 예수라는 분을 메시아로 인정해야 한다." 이런 사람들도 있었습니다.

이처럼 사람들은 나름대로 예수님을 안다고 했지만, 그들 중에 아무도 예수님이 정말 누구신지 아는 사람은 없었습니다. 그들이 얼마나 예수님을 몰랐는가 하면 27절에 놀라운 말이 나옵니다.

그러나 우리는 이 사람이 어디서 왔는지 아노라 그리스도께서 오실 때에는 어디서 오시는지 아는 자가 없으리라 하는지라(요 7:27).

"우리가 예수의 출신과 가족 배경과 과거를 다 알고 있는데, 그리스도는 어디서 오시는 분인지 그 기원을 알 수 없어야 한다. 그런데 어찌 그가 메시아일 수 있는가? 그러므로 예수가 아무리 메시아인 것 같아도 절대로 메시아일 수 없다." 그들은 이렇게 완전히 잘못된 결론을 내렸습니다. 그들은 예수님을 안다고 생각했지만 사실은 전혀 알지 못했습니다.

## 그들은 왜 예수님을 모르게 되었는가

두 번째 주제는 "그들은 왜 예수님을 모르게 되었는가?"입니다. 먼저 그들은 예수님이 하나님이 보내신 분이라는 것을 인정하지 않았습니다.

> 나는 아노니 이는 내가 그에게서 났고 그가 나를 보내셨음이라 하시니 (요 7:29).

예수님은 하나님과 함께 계셨고, 하나님이 보내신 분이기 때문에 누구보다도 하나님을 잘 아시는 분입니다. 그런데 예수님은 하나님을 어떤 분이라고 하셨습니까? "나를 보내신 이는 참되시니"(요 7:28), 즉 참되신 하나님이라고 말씀하셨습니다.

여기서 '참되다'는 것은 두 가지 의미를 가집니다. 가짜가 아니라 진짜, 사실이란 뜻입니다. 없는 하나님을 있다고 말하는 것이 아닙니다. 실재하시는 하나님입니다. 더 나아가서 참되다는 것은 우리의 마음을 완전히 채울 수 있다는 뜻입니다. 우리 마음을 채울 수 있는 것이 세상에는 많습니다. 돈이나 명예나 권력같이 내가 좋아하는 이 세상의 것을 가지면 행복하고 만족할 것이라고 생각하지만 그렇지 않습니다. 잠시는 만족을 주는 것 같지만 돈이 다가 아닙니다. 그러므로 돈은 참된 것이 아닙니다. 그러니까 참되신 하나님이라는 말은 이 세상 그 어느 것으로도 우리 마음을 채울 수 없고, 오직 하나님 한 분만이 우리에게 진정한 만족을 주시는 분이라는 뜻입니다. 결국 '하나님은 참되시다'라는 말은 '하나님은 진실로 존재하시는 분이며, 우리에게 진정한 만족을 주시는 분'이라는 뜻입니다.

그러나 유대인들은 하나님이 참되신 분이라고 믿지 않았습니다. 참되신 하나님으로 믿었다면 이 세상의 어떤 것이 아니라 하나님으로 만족했을 것입니다. 그러나 그들은 입으로는 하나님이 참되시다고 했지만 사실은 하나님으로 만족하지 않았습니다. 하나님을 통해 세상을 얻기 원했습니다. 하나님보다 세상을 사랑했습니다. 하나님의 백성이라고는 하지만 하나님을 최고로 사랑하지 않았고, 하나님을 잘 안다고 생각했지만 참되신 하나님으로 알지도, 믿지도 않았습니다. 그래서 예수님은 "너희가 나를 찾아도 만나지 못할 터이요 나 있는 곳에 오지도 못하리라"(요 7:34)고 말씀하셨습니다.

예수님은 하늘에서 오셔서 참되신 하나님을 알려 주고, 그 하나님을 그들이 만나고 소유하길 간절히 원하셨는데, 사람들은 하나님을 참되신 하나님으로 믿지 않았습니다. 그러니까 예수님이 주시려는 하나님과 유대인들이 원하는 하나님은 너무 달라서 결코 만날 수 없다는 것입니다.

그런데 그들은 말뜻을 깨닫지 못하고 '저분이 여기를 떠나 헬라 사람들에게 가려는 것인가?'라고 생각했습니다. 결국 유대인들은 하나님이 아니라 세상을 원했고, 그러므로 예수님은 그들과 함께하기를 포기하셨습니다. 그러니까 그들은 예수님이 누구신지 알 수가 없었던 것입니다.

왜 본문은 그들의 모습을 이렇게 자세하게 설명하는 것일까요? 우리도 그럴 수 있다는 것입니다. "하나님의 백성이라 하고, 하나님을 안다 하고, 하나님을 믿고 사랑한다고 하지만 유대인들처럼 하나님을 모르고, 하나님보다 세상을 더 사랑한다면 참되신 하나님을 전하는 나와 너희는 함께할 수 없다." 우리가 원하는 하나님과 예수님이 주시려는 하나님이 전혀 다를 때, 예수님은 우리와 함께하실 수 없다는 말입니다.

그럼에도 불구하고 예수님은 참되신 하나님을 향해 우리가 어떤 자세를 가져야 하는지를 잘 보여 주십니다. 예수님은 하나님으로부터 오셔서 참되신 하나님을 가르쳐 주셨지만 세상에 대해서는 전혀 마음을 두지 않으셨습니다. 이 세상을 통해서는 만족을 느낄 수 없었기 때문입니다. 예수님의 소원은 "내가 너희와 함께 조금 더 있다가 나를 보내신 이에게로 돌아가겠노라"(요 7:33)라는 말씀에서 알 수 있듯이, 하루라도 빨리 아버지께로 돌아가는 것이었습니다. 그만큼 아버지가 전부였습니다.


## 어떻게 하면 예수님을 바로 알 수 있는가

세 번째 주제는 "어떻게 하면 예수님을 바로 알 수 있는가?"입니다. 다시 말하면, 어떻게 하나님께로 나갈 수 있고, 하나님을 만날 수 있고, 하나님을 소유할 수 있냐는 것입니다. 그 방법은 십자가를 바라보는 것입니다.

조금 더 있다가 나를 보내신 이에게로 돌아가겠노라(요 7:33하).

이 말씀은 십자가에 죽은 후에 하나님께로 올라갈 것이라는 뜻입니다. 십자가를 바라보면 예수님을 알 수 있고, 그 십자가를 통하여 예수님이 가르쳐 주신 하나님을 만나고, 교제하고, 소유할 수 있습니다. 이것이 예수님의 사역입니다.

그런데 여기서 생각할 것이 있습니다. 십자가를 바라보면서도 실패하는 사람이 많습니다. 왜 그런가요? 십자가 사건은 정적인 것이 아니라, 동적인 것이기 때문입니다. 마치 무엇과 같은가요? 달리는 기차에 올라타려 할 때, 그냥 갑자기 달려들면 부딪혀서 튕겨 나갑니다. 어떻게 해야 올라탈 수 있을까요? 기차가 가는 방향으로, 기차와 같은 속도로 달려가야 합니다. 그러다가 어느 순간 기차와 내가 일직선상에 있을 때 올라탈 수 있습니다. 예수님을 믿는 것도 그렇습니다. 예수님을 알려면 예수님이 가시는 방향과 예수님의 동선을 따라가야만 연합할 수 있습니다. 요한복음을 이해하려면 예수님의 동선, 예수님이 움직이시는 코스, 그 궤적을 잘 이해해야 합니다.

머릿속으로 예수님의 동선을 그려 보세요. 예수님은 하늘에서 아버지와 함께 계시다가 이 땅으로 내려오셨습니다. 그분은 이 땅에 계시면서 오직 참되신 하나님을 전하고 모든 사람이 그 참되신 하나님을 알기를 바랄 뿐, 마음을 이 땅에 두지는 않으셨습니다. 왜냐하면 하나님만 참되시기 때문에, 이 땅에는 진정한 만족이 없기 때문에 항상 하나님 아버지를 사모하셨습니다. 어느 정도였습니까? 일을 마치자마자 잠깐의 망설임도 없이 마치 이 세상을 탈출하듯이 십자가를 통하여 아버지께로 돌아가길 갈망하셨습니다. 십자가를 통과해서 하나님 보좌 우편으로 올라가서 거기서 하나님을 만나고, 마음을 하나님으로 채우고, 다시 하나님의 파송을 받아 이 땅에 내려오고, 이 땅에 내려와서는 세상에 마

음을 두지 않고 하나님을 갈망하며, 십자가를 통과하여 다시 하나님께
로 올라가는 것을 반복하는 것, 이것이 예수님의 동선입니다.

예수님의 동선이 머릿속에 그려졌습니까? 이 개념이 없으면 십자
가를 바라보면서도 뭘 해야 되는지 막연할 수 있습니다. 이 그림이 그려
져야 십자가를 바라본다는 것의 의미가 분명해집니다. 하나님은 참되
신 분이고, 하나님 이외에는 세상이 나에게 진정한 만족을 줄 수 없고,
그러므로 이 땅에 마음을 두지 않고 하나님께로 달려가는 것이 십자가
를 바라보는 것이고, 십자가에 죽는 것입니다.

그러니까 매일매일 하늘에서 내려오고, 매일매일 십자가에 죽으
면서 이 땅에 마음을 두지 않고, 매일매일 하나님께 올라가서 하나님으
로 채워지는 삶을 살고, 다시 하늘에서 이 땅으로 파송을 받고 살아가는
것. 이 십자가의 동선을 기억하고 거기에 합류하는 것이 성도의 삶이라
는 것을 기억해야 합니다. 이것이 예수님을 아는 것이고, 예수님을 아는
만큼 하나님을 만날 수 있고, 하나님을 만나는 만큼 하나님을 소유할 수
있습니다.


## | 　　　예수님 활용하기


예수님을 가장 잘 활용하는 방법이 무엇일까요? 하늘에 계신 하나님을
예수님의 이름으로 이 땅으로 끌어내려서 내가 원하는 것을 달라고 떼
쓰는 것이 아닙니다. 정반대로, 세상에 대한 욕심을 내려놓고, 십자가를
통과하여 날마다 하나님께로 나가서 하나님으로 만족하고, 하나님과
교통하고, 하나님을 누리는 것이 예수님을 올바르게 사용하는 방법입

315

니다. 이것이 예수님 사역의 핵심이기 때문입니다.

여기 두 사람의 성도가 있다고 합시다. 두 성도 다 대대로 예수를 잘 믿었고, 성경도 잘 알고, 봉사도 많이 하고, 겉으로 볼 때는 완전한 신앙인입니다. 그런데 A라는 성도의 마음 가장 깊은 곳을 보면 이 세상이 목적입니다. 자기가 좋아하는 세상의 것을 얻기 위해 예수님의 이름을 가지고 하나님께 나갑니다. 예수의 이름으로 세상을 얻으려고 합니다.

B라는 성도는 이 세상의 모든 것보다 하나님 자신을 원합니다. 그런데 그 하나님을 어떻게 소유할 수 있을까요? 예수님처럼 이 세상에 마음을 두지 않고 날마다 하나님께로 나가기 위하여 십자가를 붙듭니다. "주님, 세상을 향한 나의 마음을 십자가에 죽이고, 오늘도 아버지께 나갑니다. 매일매일 십자가를 통과해서 하나님 보좌 우편으로 가서, 마음을 하나님으로 채우고 충만해진 마음으로 다시 이 땅에 파송을 받아 살아가는 사람이 되게 하소서." 이렇게 기도합니다.

둘 중에 누가 예수님을 잘 알고 활용하는 사람일까요? 성도 B입니다. 그런데 많은 사람들이 성도 A처럼 예수님을 사용합니다. 그런 사람과는 함께할 수 없다고 예수님은 말씀하신 것입니다. "그러므로 나의 용도를 바로 알고 잘 사용해야 내가 너희와 함께할 수 있고, 나를 통하여 너희들이 하나님을 누리는 삶을 살아갈 수 있다"는 말입니다.

세상을 다 가지는 것과 세상을 다 내려놓고 하나님 한 분을 소유하는 것, 둘 중에 어느 것이 더 큽니까? 비교할 수 없죠. 하나님을 가지는 것은 모든 것을 가지는 것입니다. 그 하나님을 가지는 용도로 예수님을 사용하라는 말입니다. "예수님의 십자가를 활용해서 하나님을 소유해야지, 세상을 가지려 하면 너는 예수님을 항상 찾고 부르지만, 나는 너하고 함께할 수가 없다." 이런 뜻입니다. 굉장히 어려운 내용입니다. 그러나 이것이 진리입니다. 이렇게 할 때 우리는 진정한 행복을 누리게 되고, 하나님이 우리의 삶을 책임지시는 것입니다.

저는 요즘 심방을 하면서 이런 질문을 많이 합니다. "성도님은 자기 인생을 평가할 때, '내 인생은 성공이었다'라고 생각하세요?" 그럼 대개 이렇게 대답하십니다. "제 인생이 성공했냐고요? 말도 안 돼요, 성공은 무슨!"

그럼 저는 다시 묻습니다. "어떻게 되어야 성공입니까?" 그리고 이런 이야기를 해 줍니다. "인생이란 영원한 삶을 향한 준비 기간입니다. 하나님을 알고, 그분의 자녀가 되는 것보다 더 큰 성공은 없습니다. 하나님이 우리에게 인생을 왜 주셨습니까? 내 인생 길이가 70년이든 80년이든 100년이든 그 시간에 내가 이루어야 할 가장 큰 과제는 이 세상 그 무엇보다도 하나님을 더 사랑하는 것입니다. '하나님, 세상에 좋은 것 많습니다. 사람도 좋고, 명예도 좋고, 물질도 좋지만 그러나 저는 이 모든 것보다 하나님을 더 사랑합니다. 하나님 한 분으로 저는 만족합니다.' 이 고백이 있어야 천국에 가는 것입니다. 100년 살면 뭐 하겠어요? 하나님을 가장 사랑하는 사람이 되지 못한다면 우리의 인생은 도대체 뭘 얻은 것이지요? 아무것도 아닙니다."

그럼 다 듣고 나서 이렇게 말씀하십니다. "제가 잘못 생각했네요. 예수님 안에 있는 것이 최고의 성공인데, 예수님을 통해 아버지의 자녀가 되는 것이 최고의 성공인데, 엉뚱한 곳에서 성공을 찾았네요. 이제는 내가 실패자라는 생각을 버리고, 하나님을 사랑하는 것을 목적으로 당당하게 살겠습니다."

예수님을 안다는 것은 무엇일까요? 하나님이 예수님을 보내셨다는 것, 하나님은 참되신 분이므로 우리는 이 세상 어떤 것이 아니라 오직 하나님으로만 만족할 수 있다는 것, 하나님을 소유하기 위해서는 날마다 십자가를 붙잡아야 한다는 것, 날마다 예수님의 동선을 기억하고 거기에 참여하는 것입니다. 이것이 예수님을 아는 것이고, 하나님을 믿는 것이고, 그럴 때 하나님 나라가 점점 더 열리게 될 것입니다.

하나님 아버지! 유대인들은 예수님을 안다고 했지만 제대로 알지 못했습니다. 우리도 예수님을 안다고 생각하지만 예수님을 전혀 모르는 사람들이 되지 않기를 간구합니다. 하나님이 참되신 분임을 확실히 알고, 믿고, 함께하기 위해 날마다 십자가를 통과하는 사람들이 되게 하소서. 매일매일 하늘에서 내려오고, 매일매일 십자가에 죽고 이 땅에 마음을 빼앗기지 않으며, 매일매일 십자가를 통과하여 하늘로 올라가서 하나님으로 채우고, 다시 하늘나라에서 내려오는 예수님의 동선을 따라 살아가게 하소서.

함께 생각하기

1   사람들은 예수님을 무엇으로 알고 있다고 말했습니까? (26절)

2   예수님은 자신이 어디에서 왔다고 말씀하셨습니까? (28절)

3   기도의 방향이 바뀌었던 경험이 있다면 나눠 봅시다.

# 27

# 무엇에
# 목마르십니까

요 7:37-39

## 목마름의 근본 원인

저는 믿지 않는 분에게 전도할 때 이렇게 권고합니다. "교회 좀 한 번 나오시지요." 그러면 "네, 그래야지요. 저도 신앙을 가져 보려고 합니다. 그런데 꼭 교회로 갈 필요가 있나요? 다른 종교도 있고, 절에 가서 수양해도 되고, 아주 좋은 경전을 읽으면서 자기를 발견하는 것도 나쁘지 않은데, 왜 꼭 교회로 가야 하는지 이유를 말해 주실 수 있습니까?" 이렇게 묻는 분이 계세요. 저는 이렇게 대답합니다. "인간이 최고의 명품이기 때문입니다. 명품이 고장 나면 아무 데나 보내면 안 됩니다. 그것을 만든 곳으로 보내야 제대로 고칠 수 있지요. 인간을 창조하신 분이 하나님입니다. 그러므로 하나님이 계신 교회로 오셔야지요."

교회란 어떤 곳일까요? 스위스의 유명한 신학자 한스 큉(Hans Küng)은 "왜 그리스도인이 되어야 하는가?" 이 질문에 "참된 인간이 되려고"라고 대답했습니다. 교회란 하나님의 형상을 잃어버린 사람을, 예수님을 통해 회복시켜, 하나님의 자녀가 되게 함으로써, 본래적 자기를 찾게 하는 곳입니다. 그래서 사람을 행복하게 해 주는 곳입니다.

앞 장에서 예수님을 아는 것은 예수님의 동선을 따라 사는 것이라고 했습니다. 땅에 있을 때는 하나님을 그리워하고, 십자가를 통과하여 하나님을 만나고, 마음을 하나님으로 채워서 다시 이 땅으로 파송받는 삶이 예수님을 믿는다는 것의 의미입니다. 또한 예수님을 활용하는 방법은 예수님을 통해 세상을 얻는 것이 아니라, 참되신 하나님을 얻는 것입니다. 예수님을 통하지 않고는 하나님을 알 수도 없고, 만날 수도 없기 때문입니다. 본문은 이렇게 예수님을 올바로 알고, 믿고, 만나면 어떻게 되는가에 대하여 말합니다.

지금 이스라엘 백성은 초막절을 지키고 있습니다. 초막절은 어떤 절기입니까? 나뭇가지로 초막을 만들어 놓고, 조상들의 광야 생활을 기념하는 절기입니다. 또한 초막절은 한 해의 농사를 마치고 추수를 감사하는 절기입니다. 그런데 초막절의 마지막 날에는 독특한 행사가 열립니다. 예루살렘 성전에서부터 실로암 우물까지, 백성들이 길 양쪽으로 늘어섭니다. 제사장들이 나와서 실로암 우물에서 물을 길어 금항아리에 담습니다. 그리고 그것을 늘어선 사람들이 릴레이로 나릅니다. 마지막에 서 있던 제사장이 그 항아리를 받아서 성전 제단에 붓습니다. 그동 안에 제사장들이 성경을 낭독하고 시편 노래를 부르면 백성들은 따라 부르며 즐거워했습니다.

왜 이런 행사를 했을까요? 광야에서 목마른 그들에게 하나님이 물을 주셨고, 또 한 해 동안 비를 주셔서 곡식을 거두게 하셨으므로 생수를 주신 하나님께 감사하는 것입니다. 그것을 보면서 예수님이 하신 말씀이 37절에 나옵니다.

누구든지 목마르거든 내게로 와서 마시라(요 7:37하).

그런데 초막절은 예수님이 이 말씀을 하시기에는 가장 부적절한 때입니다. 지금 모든 사람이 물을 길어다 붓고 있습니다. 물이 넘쳐흐릅니다. 또한 추수를 끝냈기 때문에 곡식과 과일이 넘쳐 나고, 배부르게 먹고 마시는 축제를 일주일 내내 하고 있습니다. 1년 중에서 가장 풍요롭고, 절대로 목마르지 않은 시간입니다. 그런데 예수님이 바로 그때 이 말씀을 하신 것입니다. 그 말을 듣고 "미쳤군. 지금 여기 목이 마른 사람이 어디 있어?" 하며 비웃는 사람도 있었을 것입니다. 그렇다면 예수님은 왜 하필이면 그때, 이런 말씀을 하셨을까요?

인간이란 누구나 목마른 존재라는 것을 아셨기 때문입니다. 아무리 육체가 배부르고 충분히 물을 마셨어도, 자기 소원을 다 이루었어도, 그리고 세상의 모든 것을 다 가졌어도 마음 깊은 곳에는 목마름이 있다는 것을 예수님은 아셨습니다. 그런데 우리는 어떻게 생각합니까? 목마름에는 구체적인 대상이 있다고 생각합니다. 사람들에게 "당신은 무엇에 목말라 있나요?"라고 물으면 대개 "나는 무엇에 목말라 있습니다"

하고 구체적인 목마름의 이유를 말합니다. 건강이 없는 사람은 건강에 목마르고, 돈이 없는 사람은 돈에 목마르고, 사랑에 굶주린 사람은 사랑에 목말라합니다. 배움에 목마른 사람도 있습니다. 한창 배울 나이에 배우지 못한 것이 목마름이 되어 나이가 들어서 뒤늦게 공부하는 분들도 많습니다.

그렇다면 목말라하는 그 문제를 해결해 주면, 그것이 생수가 되어 다시는 목마름이 없어질까요? 건강이 주어지고, 돈이 생기고, 사랑하는 사람이 생기면 그 목마름은 해결됩니까? 잠깐은 해결됩니다. 그러나 또 다른 것에 목마르게 됩니다. 이 세상 그 어떤 것으로도 인간의 목마름을 완전히 해결할 수는 없습니다. 왜 그럴까요? 목마른 이유는 마음 때문입니다. 인간의 마음은 엄청나게 큰 공간입니다. 어느 정도로 크냐면, 하나님으로만 채워질 수 있습니다. 그런데 이 마음에 하나님이 없으면, 이 엄청난 공간을 다른 무엇으로 채워야 합니다. 이것이 목마름의 근본 원인입니다.

그러니까 인간에게 있는 목마름의 근원은 결국 하나님에 대한 목마름입니다. 인간이 하나님의 형상으로 창조되었다는 것이 바로 이런 뜻입니다. 이것을 '영혼의 노스탤지어'(향수), 혹은 '영혼의 그리움'이라 말하기도 합니다.


## 타락, 목마름의 방향 전환

그런데 여기서 질문이 나옵니다. "우리는 이 땅의 어떤 것으로 목마름을 해결할 수 없는데, 왜 해결할 수 있다고 생각하는가? 왜 이런 착각이 일어났는가?" 사탄의 미혹 때문입니다. 하나님을 향한 목마름을 이 땅을 향한 목마름으로 변질시킨 것입니다.

목마름이 있을 때 하나님은 우리에게 말씀하십니다. "네 마음은 텅 비어 있지? 모든 것을 가졌지만 인생이 너무 공허하고 무의미하지? 너의 목마름은 하나님을 향한 목마름, 영원한 나라를 향한 그리움이다." 그러나 사탄은 말합니다. "네가 목마른 이유는 하나님 때문이 아니야. 네 마음의 방향을 세상으로 돌려. 그러면 하나님 없이도 만족할 수 있고, 네가 좋아하는 것으로 마음을 채우면, 돈을 많이 벌면, 건강한 사람이 되면, 사랑하는 사람이 생기고, 자식이 잘되면 목마르지 않을 수 있어." 이렇게 목마름의 방향을 땅으로 돌립니다. 사실은 하나님이 없어서 목마른 것인데, 세상을 바라보니까 '지금 내 상황은 돈이 없다. 그러니까 돈 때문에 나는 목마른 것이다' 하고 착각하게 됩니다. 이것이 타락입니다.

어떤 무신론자가 갑자기 이런 생각을 하게 되었습니다. '왜 이렇게 인생이 공허하고 무의미하지? 정말 영원한 세계가 있을까? 하나님은 정말 존재하실까?' 이렇게 마음이 열리는 순간, 주님이 그 마음을 진리로 인도하려고 다가오셨습니다. 그것을 보고 사탄이 급하게 다가가서 이 사람에게 말했습니다. "점심 먹고 와서 생각하면 어때?" 그 말을 듣고 그는 "어? 벌써 점심 시간이네. 점심이나 먹고 와서 생각하자" 이렇게 말하면서 자리에서 일어났습니다.

밖으로 나와 보니 차들이 빨리 달려가고 바쁘게 걸어가는 사람들을 보면서, 사탄이 이렇게 말했습니다. "사람들이 얼마나 바쁘게 살아가는데, 한가하게 그런 생각이나 하면 되겠니?" 이 말을 듣고 그 사람은 말했습니다. "이렇게 바쁜 세상에 그런 비현실적인 생각을 할 시간이 어디 있어? 그냥 열심히 살면 되지.”그 순간 그에게 열렸던 영적인 기회가 닫혀 버립니다. 그 순간 마귀는 박수하며 “성공했다!”고 외칩니다. C. S. 루이스(C. S. Lewis)의 《스크루테이프의 편지》(홍성사, 2018)에 나오는 이야기입니다.

하늘을 향한 목마름을 이 땅을 향한 목마름으로 바꾸는 것이 영적 공격인데, 이것은 우리가 깨닫지 못하는 가운데 끊임없이 이루어지고 있습니다. 여기에 사람들이 속아 넘어가는 것입니다. 그래서 미혹의 본질은 “하나님 없이 이 세상 것으로도 얼마든지 만족할 수 있다”는 것입니다. 그래서 사탄에 속은 마음은 하나님이 아닌 이 세상의 어떤 것을 얻으려고 목말라하고, 수단 방법을 가리지 않고 그것을 추구하는 모습으로 나타납니다.


## 내게로 와서 마시라

예수님은 그런 사람들에게 “누구든지 목마르거든 내게로 와서 마시라”고 말씀하셨습니다. 그런데 잘 분석해 보면 이 말씀에는 모순이 있습니다. 예수님께 나오면 어떤 목마름도 해결된다는 뜻인데, 이것이 어떻게 가능하지요? 각자의 목마름은 다른데, 어떻게 예수님께 나오면 그 모든 목마름이 다 해결된다는 말입니까? 목마름의 진짜 이유가 하나님이기 때문입니다. 그렇다면 하나님께 나오면 되지, 왜 예수님께 나오라 하신 것일까요?

앞 장에서 살펴보았던 예수님의 활용법을 생각해 보세요. 하나님을 얻기 위해 예수님을 사용하는 것입니다. 참되신 하나님을 알고, 만나고,

얻을 수 있는 유일한 길은 예수님을 통해서만 가능합니다. 그래서 예수님께 나오라는 것입니다. 예수님을 믿는 것은 예수님을 먹고 마시는 것이며, 이것은 예수님의 죽으심을 나를 위한 죽으심으로 받아들이는 것입니다.

여러분은 예수님이 나를 위해 십자가에 죽으셨다는 것을 믿으십니까? 그렇다면 나도 십자가에 죽은 것입니다. 내가 세상에 대해 죽었으면 세상을 향한 목마름에 대해서도 죽은 것입니다. 세상에 대한 목마름을 다 죽이고 나면, 내 목마름의 원인이 하나님을 향한 목마름이라는 것을 깨닫게 됩니다. 다시 말하면, 예수님께 가서 예수님을 마실 때, 우리는 그제야 지금까지 내가 목말라했던 이 세상의 모든 것은 사실은 나의 진정한 목마름이 아니라는 것, 그 목마름의 원인은 창조주를 찾는 피조물의 갈망이라는 것을 알게 되는 것입니다.

나를 믿는 자는 성경에 이름과 같이 그 배에서 생수의 강이 흘러나오리라 하시니(요 7:38).

예수님을 믿으면, 예수님과 인격적인 만남을 통해서 예수님 안에 흐르는 성령이 내 안에 흘러들어오실 때, 내 존재의 가장 깊은 곳에서 생수의 강이 흐르게 됩니다.

39절에 보면 성령에 대한 이야기가 나옵니다. 예수님을 믿으면, 그 동선 안에 들어가면 약속에 따라 성령이 오십니다. 성령이 하시는 일이 뭔가요? 예수님의 십자가 사건을 나를 위한 사건으로 믿게 하십니다. 그리고 내가 하나님의 자녀라는 것을 알게 하시고, 영원한 세계를 바라보는 눈을 열어 주십니다. 그래서 내 존재 가치와 의미를 알게 하십니다.

"아, 바로 이것이었구나. 나는 잠시 이 땅에 던져진 무의미한 존재가 아니라 만세전에 하나님이 나를 택하셨고, 나를 위해 예수 그리스도를 보내 주셨고, 그리고 예수님을 통해서 하나님의 자녀가 되게 하셨고, 나를 다시 아버지께로 부르시는구나! 이것이 인생이구나." 내가 어디서 와서, 무엇을 하다가, 어디로 가는지 알게 됩니다. 그러면 성령이 주시는 감동과 기쁨을 누리게 되고, 진정한 목마름이 해결되는 것입니다.

이 진리를 알면, 예수님을 마시게 되면, 성령이 오셔서 영적인 눈이 뜨이면 세상이 줄 수 없고, 세상이 알 수도 없는 위로와 기쁨이 넘쳐 납니다. "예수 안에 있는 우리 한량없이 즐겁고 주 성령의 위로함이 마음 속에 차도다 천국 음악 소리 같은 은혜로운 그 말씀 끊임없이 듣는 우리 어찌 찬양 안 할까"(새찬송가 303장 2절). 이것이 우리 속에서 흘러나오는 생수입니다.

교회란 어떤 곳입니까? 본문의 표현을 빌리자면, 세상의 목마름을 내려놓고 하나님으로 목마름을 채우는 곳입니다. 예수님을 믿고 배에서 생수의 강이 흐르는 것을 경험하는 곳입니다. 그런데 왜 나에게는 생수의 강이 흐르지 않는 것입니까? 예수님께로 와서 마시지 않기 때문입니다. 다시 말하면, 내가 십자가에 죽지 않았습니다. 세상의 목마름에 대하여 죽지 않았습니다. 아직도 세상 것에 대해 목말라 있습니다. '이것만 있으면, 저것만 있으면, 그것만 있으면 나는 행복할 텐데!' 이런 생각에 붙들려 있는 것입니다. 마음의 눈을 들어서 주님을 바라보고, 하늘나라를 바라보세요. 육신의 목마름에 집착하지 말고 그것을 넘어서는 생수를 부어 주시는 주님을 바라보아야 합니다.

우리는 생각합니다. '내가 원하는 그것이 없어서 목마른 것이다.' 그러나 아닙니다. 내 마음을 하나님으로 채우지 못하는 것이 목마름의 원인입니다. 내 마음이 하나님으로 꽉 차 있으면 내 상황이 어떻든지 목말라하지 않고, 기뻐할 수 있고, 찬송할 수 있습니다. 이것을 얻음으로, 저것을 성취함으로 목마름에서 벗어나는 것이 아니라 하나님으로 인하여 목마름을 해결하고, 나가서 돈도 벌고, 공부도 하고, 직장생활도 하고, 가족도 만나는 것입니다. 그럴 때 교회와 성도는 세상을 향한 증인이 됩니다. "누구든지 목마르거든 내게로 와서 마시라." 교회와 성도가 세상을 향해 외쳐야 할 말씀입니다. 예수님을 믿고, 배에서 생수의 강이 넘쳐 흐르기를 간절히 기도합니다.

함께 기도하기

인생의 목마름을 아시는 하나님! 목마름의 정체를 가르쳐 주셔서 감사합니다. 하나님으로만 채워질 수 있는 목마름을 이 세상의 어느 것 때문에 목마른 것으로 착각하며 살아왔습니다. '나는 이것 때문에 목말라! 이것만 이루어지면 더 이상의 소원이 없겠어!' 이런 잘못된 목마름에 더 이상 빠져 살지 않게 하시고, 하나님을 향한 본래의 목마름을 회복하게 하소서. 예수님을 통해 예수님과 하나님 아버지의 관계 속으로 들어가서, 진정한 목마름이 해결되고, 배에서 생수가 흘러넘치는 인생을 살게 하소서.

함께 생각하기

1   예수님이 누구든지 목마르거든 어디로 오라고 말씀하셨습니까? (37절)


2   예수님을 믿는 자의 배에서 무엇이 흘러나온다고 하셨습니까? (38절)


3   하나님 안에서 목마름이 채워졌다고 느꼈던 경험이 있다면 나눠 봅시다.

4부

이해에서
신뢰로
[8-10장]

# 28

# 너를
# 정죄하지
# 않으리라

요 8:10-11

## 마음의 3요소

인생에서 가장 놀랍고 소중한 사건은 하나님을 알고 만나는 것입니다.
그런데 하나님은 우리가 원한다고 해서 만날 수 있는 분은 아닙니다. 하
나님이 우리를 만나 주셔야만 합니다. 그러므로 하나님과의 만남은 삶
을 근본적으로 변화시키는 사건이며, 놀라운 축복이며, 새로운 삶으로
의 초대입니다. 그런데 하나님을 만났어도 신앙이 쑥쑥 성장하는 사람

이 있는가 하면, 그렇지 못하고 그 자리에 계속 머물러 있는 사람도 있습니다. 그 이유가 뭘까요?

믿음에는 3요소가 있습니다. 첫째는 위탁입니다. 맡기고 따라가는 위탁이 믿음의 시작입니다. 둘째는 지식과 깨달음이고, 셋째는 고백과 간증입니다. 하나님과의 만남은 잠깐 만났다가 헤어지는 관계가 아니고, 하나님이 나와 함께하려고 내게로 들어오시는 사건이며, 나를 그분 안으로 들어오라고 초청하시는 것입니다.

내가 어떤 좋은 분을 만나서 알게 되었다면, 그 사람과 사진이나 찍고 내가 그 사람을 잘 안다고 자랑이나 하면 되겠어요? 아닙니다. 오히려 그분을 신뢰하고, 그분에게 내 마음을 열고, 그분에게 잘 반응해야 하지 않겠습니까? 하나님과의 만남도 그렇습니다. 하나님을 알았으니까 내가 원하는 것을 하나님에게서 얻어 내려 하고, 하나님을 내 뜻대로 조종하려 하면 안 됩니다. 내가 하나님을 따라가야지, 하나님이 나를 따라오셔야 합니까? 하나님의 뜻이 뭔가를 생각하고, 그 말씀에 나를 맡기고, 자꾸 응답하고, 나를 자꾸 오픈하고 자발적으로 다가가야 합니다. 이것이 위탁인데, 믿음의 진보에 아주 중요합니다. 그럴 때 믿음의 두 번째 요소인 지식과 깨달음이 생겨납니다.

이 지식은 이론적인 지식, 학교에서 배우는 지식이 아닙니다. 하나님이 가르쳐 주시는 높고 신령한 지식입니다. 우리가 지식이 많은 것 같지만 하나님의 지식에 비하면 참으로 초라합니다. 빛이신 하나님이 우리의 어두워진 지성을 밝혀 주시고 깨닫게 하시면 우리가 상상하는 것을 훨씬 더 초월합니다. 전에는 몰랐던 것에 눈을 뜨기 시작하면 그 변화는 놀라운 것입니다. "아, 하나님은 이런 분이시구나. 이 말씀은 이런 의미구나. 나는 내 인생에 대해 아무것도 몰랐는데 하나님은 나에 대하여 이런 계획을 가지고 계시는구나. 이것이 나에게는 엄청나게 중요한 것 같았는데, 알고 보니 우상에 불과한 것이고, 배설물과 같은 것이구나." 그러면서 삶의 의미와 목적을 깨닫게 됩니다. 돈도 내 능력으로 벌었다고 생각했는데 하나님의 선물이었고, 자녀도 직장도 다 하나님에게서 받은 것임을 깨달으면서 점점 더 깊고 넓게 나와 세상과 하나님에 대해 알게 됩니다. 그러면서 믿음이 자라납니다.

마지막으로는 고백과 간증이 넘쳐 납니다. "하나님은 오늘도 나와 함께하십니다. 하나님의 은혜가 아니었다면 어떻게 나의 오늘이 있었겠습니까? 내가 지금 고난 속에 있지만 이 고난도 하나님이 나를 사랑해서 주시는 훈련입니다. 지금은 캄캄해도 나의 앞날이 주께 있음을 믿습니다." 이렇게 고백과 간증이 풍성해지는 것입니다. 그러면서 믿음이 성숙한 단계로 올라갑니다.

성경을 보면 유대교 지도자들의 모습이 나오는데, 그들은 하나님의 선택을 받았고 하나님을 만났지만 하나님께 자신을 위탁하지 않았고, 하나님을 이용하려고 했습니다. 그럴수록 하나님에 대한 지식이 축소되었습니다. 율법의 조문과 글자의 의미는 알았지만 진정한 하나님의 마음을 알지 못하게 되었습니다. 그 결과 고백과 간증이 없는, 아주 완고하고 딱딱한 종교인이 되고 말았습니다. 우리는 여기서 벗어나야 합니다. 하나님을 알고 만났다면 그 상태에 머무르지 말고, 더 깊은 은혜의 세계로 들어가서 하나님께 더욱 나를 위탁하고, 더 많이 깨닫고, 더 많은 고백과 간증이 있는 신앙인이 되어야 합니다.

앞 장에서 예수님이 초막절 마지막 날에 "누구든지 목마르거든 내게로 와서 마시라 나를 믿는 자는 성경에 이름과 같이 그 배에서 생수의 강이 흘러나오리라"(요 7:37하-38)고 초청하신 말씀을 살펴보았습니다.

이 말씀을 듣고 예수님을 약속된 메시아라고 인정하는 사람과 아니라고 하는 사람들이 논쟁을 벌였습니다(요 7:43). 유대교 지도자들은 예수님을 체포하려고 했지만 예수님에게 감동을 받은 사람들은 체포하려고 하지 않았습니다. 그러자 유대교 지도자들은 예수님을 어떻게 해야할지 몰라 당황했는데, 그다음 날 어떤 사건이 발생했습니다.


## | 땅에 쓰신 글씨


간음하다가 한 여인이 붙잡혔습니다. 유대교 지도자들은 이 사건을 이용해서 예수님을 꼼짝 못 하게 만들겠다고 결심하고 그 여자를 끌고 와서 가운데 세우고 예수님께 질문했습니다.

> 예수께 말하되 선생이여 이 여자가 간음하다가 현장에서 잡혔나이다 모세는 율법에 이러한 여자를 돌로 치라 명하였거니와 선생은 어떻게 말하겠나이까(요 8:4-5).


왜 이런 질문을 했을까요? 그 당시는 로마의 통치를 받고 있었습니다. 그러나 유대인들은 독립성이 강하므로 너무 찍어 누르면 반발했습니다. 그래서 로마는 유대인들에게 유화 정책을 썼습니다. 그들에게 왕을 주었습니다. 그래서 헤롯왕을 세웠습니다. 또한 유대인의 종교적 문제에 대해서는 간섭하지 않았습니다. 율법의 권위를 인정했습니다. 스스로 재판도 하게 했습니다. 그러나 금지된 것이 있습니다. 사형 집행권은 주지 않았습니다. 그것은 반드시 로마 총독에 의하여, 로마 제국의 권

위로 시행했습니다. 이것을 어기면 강하게 응징했습니다. 그러므로 로마 제국의 허락 없이 사람을 죽이면 반란죄가 됩니다. 로마 제국의 권위를 모독하는 것이기 때문입니다. 이것이 로마와 유대의 관계였습니다.

율법을 보면 죄 중에서도 가장 무서운 죄가 세 가지입니다. 우상 숭배와 살인과 간음입니다. 이것을 '3대 중죄'라 했고, 반드시 사형시켰습니다. 돌로 때려 죽였습니다. 예외가 없었습니다. 그런데 그들은 간음죄를 지은 여자를 예수님 앞에 데리고 와서 말합니다. "모세의 율법에는 이런 여자를 돌로 치라고 했습니다. 당신은 어떻게 말하겠습니까?" 아니, 율법에 돌로 치라고 했으면 치면 될 것이지 왜 예수님께 묻습니까? 로마의 허락을 받고 집행하면 그만입니다. 그런데 예수님께 묻는 이유는 뭘까요?

만약에 예수님이 율법대로 "돌로 치라!" 하신다면 로마법을 어기게 됩니다. 그러면 그들은 "네가 무슨 권리로 사형을 언도하는가?" 하고는 "저 사람을 보십시오. 공공연하게 로마 정부의 권위에 도전하고 있습니다. 많은 사람들 앞에서 어떤 여자를 죽이라고 선동하고 있습니다. 반로마적 인물입니다" 이렇게 로마 정부에 고소할 생각입니다. 반대로 이 여자를 "돌로 치지 말라"고 하신다면 어떻게 될까요? "용서해라" 하시면 "네가 뭔데 율법을 무시하느냐? 감히 하나님의 말씀을 거역하는 것이냐? 그러면서도 하나님의 아들이라고 할 수 있느냐?"라고 나올 것이 뻔합니다. 이렇게 해도 저렇게 해도 걸리게 만든 것입니다. 그들의 의도가 6절에 나옵니다.

그들이 이렇게 말함은 고발할 조건을 얻고자 하여 예수를 시험함이러라(요 8:6상).

예수님을 고발하려고 테스트하는 것입니다. 많은 사람들 앞에서 가르치고 있는 예수님을 그 자리에서 공개 질문을 하고, 준비할 시간을 주지 않고 즉시 대답을 요구하여 곤경에 빠뜨리려고 했습니다. 한쪽에서는 "저 여자를 돌로 쳐라!" 소리를 지릅니다. 유대교 지도자들은 "조용히 하시오. 여기 예수라는 분이 좋은 해결책을 주실 것입니다. 들어 봅시다" 하면서 "선생은 어떻게 말하겠나이까?"라고 큰 소리로 질문했습니다.

이 상황에서 예수님은 어떻게 하셨을까요? 먼저는 기도하신 줄로 압니다. "아버지여, 지혜로운 대답을 주소서." 그리고 손가락으로 땅에 글씨를 쓰셨습니다. 왜 쓰셨는가에 대해 많은 사람들이 연구했습니다.

첫째로, 아마도 예수님은 사람들의 마음을 가라앉히려고 글씨를 쓰셨을 것입니다. 지금 사람들은 감정이 격해져서 이 여자의 옷을 찢고 머리채를 끌고 왔습니다. 살기가 등등합니다. 그들에게 무슨 말을 하겠습니까? 그러므로 일단은 그들을 가라앉히기 위해서 글을 쓰셨다는 것입니다. 격한 감정과 분노를 가라앉히는 방법 중에 하나가 글을 쓰는 것입니다.

여러분, 마음속에 화가 나고 견딜 수 없으면 글을 쓰세요. 배우자에게 서운한 것이 많아서 어찌할 수 없으면 종이에다 적으세요. 오늘 이런 일이 있었다고 쓰세요. 그리고 읽어 보세요. 읽고 또 읽으면 마음이 가라앉습니다. 편지로 보내도 됩니다. 그러나 편지로 보내기 전에 다시 한 번 읽겠죠? 논조를 가라앉히겠죠? 상대방의 입장도 생각하면서 다시 고치겠죠? 이런 글쓰기 과정을 통하여 나와 상대방을 이해하게 되고, 감정을 진정시키고 정리할 수 있습니다. 그래서 글쓰기는 감정을 정리하는 아주 중요한 방법입니다.

가끔 이런 성도님들이 있습니다. "목사님, 지금 좀 뵐 수 없을까요?" "무슨 일입니까?" "급한 일입니다. 저희 부부 문제입니다." 들어 보면 10년도 넘은 문제입니다. 그런 문제를 지금 당장 해결하겠다는 것입니다. "시간을 잡읍시다. 그리고 기도하신 후에 오셔도 늦지 않습니다. 저도 기도해 보고 며칠 후에 만납시다." 이렇게 말합니다. 예수님도 사람들의 마음을 가라앉히면서 대답할 시간을 벌려고 글씨를 쓰셨습니다.

둘째로, 예수님은 군중 심리를 분산시키고자 글을 쓰셨습니다. 군중들은 화가 나서 소리를 지릅니다. 그러나 예수님은 대답 대신 고개를 숙여 글씨를 쓰십니다. 얼마나 호기심이 났겠습니까? 그러나 그 당시는 글씨를 아는 사람이 많지 않았습니다. 그리고 예수님이 쓰신 글씨를 모든 사람이 한꺼번에 읽을 수 없었습니다. 글을 읽을 수 있는 사람이 개별적으로 와서 그것을 읽어야 했습니다. 그다음에 또 몇 사람이 와서 보고, 또 몇 사람이 와서 보아야 했습니다. 그러니까 맨투맨 작전입니다. 각개 격파하는 것입니다. 예수님은 그들을 한 사람씩 떼어 놓고, 하나님 앞에서 홀로 서게 하십니다. 흥분된 상태에서 벗어나 이 문제에 대해서 하나님 앞에 개인적으로 응답하게 만드신 것입니다.

무엇이라고 쓰셨을까요? '글을 쓴다'는 말은 헬라어로 'graphein'입니다. 그런데 여기에는 'kata graphein'이라고 기록되어 있습니다. 정확하게 번역하면, "반박하는 글을 썼다"는 것입니다. 그런데 땅바닥에 써 보았자 얼마나 쓰겠습니까? 그러니까 내용을 짧게 반박하는 글입니다. 맨 처음 쓰신 글씨는 "죄 없는 자가 먼저 치라"였을 것입니다. 죄 없는 자(anamartetos), 더 정확하게 말하면 "마음으로도 죄를 짓지 않은 사람, 그 사람이 먼저 돌로 치라!"입니다. 이 글을 읽은 사람들은 움찔합니다. 뒤에 있는 사람들이 "뭐야, 무슨 말이야?" 이렇게 묻자 예수님이 읽어 주십니다.

너희 중에 죄 없는 자가 먼저 돌로 치라(요 8:7).

그러나 그들 중에는 "내가 무슨 죄가 있느냐?" 하며 반항적으로 나오는 사람들도 있었습니다. 그러자 예수님은 다시 몸을 굽혀 손가락으로 죄 목록을 기록하십니다. 살인, 도적질, 거짓말, 교만, 미움, 질투, 탐심, 이웃 훼방 등 죽 써 내려가십니다. 사람들은 그것을 읽습니다. 이런 의미입니다. "너희들은 지금 간음을 하지 않았다고 하자. 그러나 다른 죄는 없느냐? 도적질을 한 사람도 있을 것이고, 형제를 미워한 사람도 있을 것이다. 이 여자와 똑같은 죄가 없다는 것이지, 너희도 결국 죄인 아니냐?" 그리고 죄 목록의 마지막은 "의인은 없나니 하나도 없다"는 내용이었을 것으로 추론합니다. "하나님은 말씀하셨다. 인간은 다 죄인이라고. 하나님 앞에서 너를 보라. 너는 정말 이 여자를 비난할 자격이 있는가?" 이런 의미였다는 것입니다.

그러자 사람들이 어떻게 했습니까? 다 떠나가고 예수님과 그 여자만 남았습니다(요 8:9). 예수님의 작전은 성공했습니다. 이제 예수님은 그 여자에게 물으십니다. "너를 정죄한 자가 없느냐?" "없습니다." 그러자 예수님은 "나도 너를 정죄하지 않겠다"고 말씀하십니다.

나도 너를 정죄하지 아니하노니 가서 다시는 죄를 범하지 말라(요 8:11하).

예수님은 돌을 들어서 칠 수 있었습니다. 예수님은 죄가 없거든요. 그러나 정죄하지 않으셨습니다. 오해가 없기를 바랍니다. 정죄하지 않았다는 말은 이 여자가 '죄 없다'는 뜻이 아닙니다. '죄 있다'는 것을 예수님은 아십니다. 또한 '죄를 지어도 괜찮다'는 말이 아닙니다. 분명히 죄를 지었습니다. 그러나 용서하십니다. 용서받은 감격을 가지고 살라는 것입니다. 이 여자는 죽기 직전에 용서받고 극적으로 살아남게 됩니다. 엄청난 은혜를 받은 것입니다. 정말 억세게 재수 좋은 여자죠? 그런데 예수님의 이러한 은혜가 있었기에 오늘 우리도 여기 있는 것입니다.

## 죄란 무엇인가

인간의 가장 큰 문제는 죄의 문제입니다. 죽음이 두려운 이유도 죽음 자체 때문이 아닙니다. 그 이후에 있을 심판 때문에 두려운 것입니다. 모든 죄인은 정죄를 당하고 있습니다. "너는 죄인이다." 사탄이 나를 정죄하고, 다른 사람들도 나를 정죄하고, 내 양심도 나를 정죄합니다. 누가 여기서 나를 건져 줄 것입니까? 이 죄의 문제를 어떻게 해결할 수 있습니까? 본문의 주제는 "예수님과 죄의 관계"입니다.

그렇다면 예수님이 생각하시는 죄란 무엇일까요? 앞 장에서 목마름에 대해 나누었습니다. 예수님이 말씀하시는 죄는 마음으로 하나님 아닌 다른 것을 하나님보다 더 목말라하는 것입니다. 그러니까 살인, 간음, 도적질, 폭력, 미움만이 죄가 아닙니다. 세상을 사랑하는 마음, 세상은 옳다고 하지만 하나님 아닌 다른 것을 마음의 지성소에 담고 사는 것, 그것이 다 죄입니다. 하나님보다 돈을 더 사랑하면 죄이고, 자식을 더 사랑하면 죄이고, 건강을 더 사랑하면 죄입니다. 마음속에 하나님보다 더 사랑하는 것이 있다면 누구든지 다 죄인입니다. 이 여자만 간음한 것이 아닙니다. 영적으로는 세상을 향한 목마름이 영적 간음입니다. 그러므로 모든 사람은 이 여자처럼 영적으로 간음한 사람들입니다.

## | 죄의 해결책

예수님은 이 죄의 문제를 어떻게 해결하십니까? 9절 끝부분을 보면 알수 있습니다.

오직 예수와 그 가운데 섰는 여자만 남았더라(요 8:9하).

예수님 앞에 홀로 서게 될 때, 그리고 "예수님밖에 없습니다"라고 고백할 때, 그 사람이 어떤 죄인이든지 예수님은 정죄하지 않으십니다. 예수님은 "너를 정죄하지 않으리라" 하고 그 여자를 그냥 보내셨습니다. 죄는 있는데 벌 받을 사람은 사라졌습니다. 그렇다면 그 죄는 어디로 간 것일까요? 아주 신비한 것입니다.

예를 들면, 많은 사람들이 모여서 음식을 시켜 먹었습니다. 여러 사람이 돈을 내지 않고 먼저 나갔습니다. 마지막으로 두 사람이 남았는데, 한 사람이 다른 사람에게 그냥 가라고 했습니다. 그럼 그 밥값은 누가 내야 합니까? 마지막 남은 한 사람이 내야 합니다. 비록 그 사람은 밥을 먹지 않았더라도 말입니다. 이것이 본문이 가르쳐 주는 메시지입니다. "너를 정죄하지 않으리라." 죄인이 정죄당하지 않고 가 버리면 그 죄는 누가 감당합니까? 예수님입니다. 죄가 없으신 예수님이 그 죄를 감당하신다는 말입니다.

그 방법은 무엇일까요? 십자가입니다. 그 여자에게 예수님은 "다시는 죄를 범하지 말라"(요 8:11)고 하셨는데, 어떻게 다시는 죄를 짓지 않을 수 있나요? 여러분에게 "내가 너를 용서할 테니 다시는 죄를 짓지 말라" 하시면 다시 죄짓지 않을 힘이 있습니까? 없지요. 그런데 예수님은 그 힘과 능력을 공급해 주십니다. 이것이 십자가의 능력입니다.

그래서 십자가는 우리 모두가 죄인이라는 것을 알려 줍니다. "너는 십자가에 죽을 죄인이다." 그리고 용서받는 길을 제시합니다. 마지막으로, 죄를 이길 수 있는 방법을 가르쳐 줍니다. 찬송가에도 그 내용이 있습니다. "죄에서 자유를 얻게 함은 보혈의 능력 주의 보혈 시험을 이기고 승리하니 참 놀라운 능력이로다"(새찬송가 268장 1절). 죄의 힘은 막강합니다. 누구도 이길 수 없습니다. 그러나 십자가는 죄를 이기게 합니다. 죄에 쓰러지지 않고 다시 일어서게 합니다.

## | 이 여자는 누구인가

결론입니다. 그렇다면 이 여자는 누구일까요? 그 당시에 간음하다가 잡혀 온 이름 모를 '그 여자' 말입니다. 그 여자가 누구일까요? 그 이름을 아는 분 있습니까? 바로 나의 이름을 넣으면 됩니다. 제 의견이 아닙니다. 지금 성경이 말하는 내용입니다. "너 그 여자가 누군지 아니? 이 억세게 재수 좋은 여자, 예수님 만나서 죽기 직전에 생명을 건진 그 여자가 누군지 아니?" "네, 압니다. 바로 저입니다." 지금 그 얘기를 하는 것입니다.

나는 수없이 많은 영적인 간음을 저질렀고, 하나님보다 세상을 더 사랑했고, 내 양심과 이웃 사람들과 사탄으로부터 고발당했고, 죄의식에 사로잡혀 있었습니다. 그런데 예수님을 만나 정죄당하지 않고, 죄에서 자유를 얻고, 다시 죄를 짓지 않을 수 있는 능력을 선물로 받았습니다.

이런 은혜를 나만 받으면 되겠습니까? 우리가 사랑하는 누군가가 그 여자가 받은 은혜를 함께 누리게 해야 합니다. 유대인들은 그 여자를 고발하려고 끌고 왔지만 우리는 내가 받은 은혜를 함께 나누기 위해, 한 사람을 예수님 앞에 데려다 놓아야 합니다. 이 은혜가 함께하기를 기도합니다.

우리에게 예수님을 보내 주신 사랑의 하나님! 죄인이 들어야 할 가장 필요한 음성은 "너를 정죄하지 않으리라" 이 말씀입니다. 오늘도 예수님 앞에서 우리가 이 음성을 분명히 듣게 하시고, 죄에서 자유를 얻는 기쁨을 누리게 하소서. 그리고 이 음성을 들어야 할 그 누군가를 우리에게 알게 하사, 그들도 우리와 함께 이 은혜를 나누도록 초청하게 해 주소서.

## 함께 생각하기

1   예수님은 죄 없는 자가 먼저 무엇을 하라고 말씀하셨습니까? (7절)

2   예수님은 그 여자에게 무엇이라고 말씀하셨습니까? (11절)

3   "너를 정죄하지 아니하노니"라는 말씀이 위로와 새 출발이 되었던 순간이 있다면 나눠 봅시다.

# 29

# 나는
# 세상의
# 빛이다

요 8:12-14

## 이 문의 이름은

영국의 화가 윌리엄 홀먼 헌트(William Holman Hunt)의 "세상의 빛"이라는 그림이 있습니다. 이른 새벽에 신비한 빛이 가득한 예수님이 밝은 등불을 들고 조용히 문을 두드리십니다. 예수님의 손에는 십자가에 못 박힌 흔적이 그대로 남아 있고, 머리에는 눈부신 왕관을 쓰고 있습니다.

그런데 예수님이 두드리시는 문을 자세히 살펴보면 문빗장은 녹슬어 있고, 대문 앞에는 잡초가 우거져 있는데, 풀은 사람의 키만큼이나 자랐고, 담쟁이넝쿨이 문을 휘감고 있습니다. 그러니까 이 문은 아직까지 한 번도 열리지 않은 문입니다. 이 문은 무엇을 가리키는 것일까요? 인간의 마음입니다. 인간의 마음은 잠긴 문과 같습니다. 그 속에는 어둠이 가득합니다. 이제 예수님이 그 문을 똑! 똑! 똑! 두드리십니다. "네 마음의 문을 열어라. 네 어두운 영혼에 생명의 빛이 비칠 수 있도록." 오늘도 예수님은 우리 마음의 문을 두드리고 계십니다.

기독교 철학자 프랜시스 쉐퍼(Francis Schaeffer)는 말했습니다. "이 세상에는 빛처럼 보이는 것이 많다. 돈과 학벌과 명예와 기술, 수많은 종교와 예술과 철학이 바로 그것이다. 그러나 어느 것도 완전하지 않다. 희끄무레할 뿐이다. 그렇다고 깜깜하지도 않다. 하나님의 빛이 간접적으로 반사되고 있기 때문이다. 그래서 그것을 붙잡을 수도 없고, 놓아 버릴 수도 없다. 예수 그리스도라는 참된 빛을 발견했을 때, 그때만이 그것이 진짜인지 가짜인지 구분할 수 있고, 아낌없이 모든 것을 내려놓을 수도 있다." 바라기는 마음의 문을 열고 참된 빛이신 예수님을 받아들이시길 기도합니다.

요한복음 7장에서 예수님이 초막절에 하신 일을 살펴보았습니다. 초막절 마지막 날에는 두 가지 행사를 하는데, 낮에는 물을 길어다가 붓는 행사를 합니다. 예수님은 그 모습을 보시면서 "누구든지 목마르거든 내게로 와서 마시라"(요 7:37)고 초청하셨습니다. 그런데 마지막 밤에 또 하나의 행사가 있습니다. 빛의 축제인데, 밤이 되면 성전 마당에 높은 기둥 네 개를 세우고 불을 붙입니다. 불빛이 얼마나 밝았던지 성전은 물론 온 예루살렘 어디서든지 다 보였다고 합니다. 불을 켜 놓고 무엇을 했을까요? '빛의 사람들'이라고 하는 종교 지도자들이 나와서 춤을 춥니다. 백성들은 구경하다가 나중에는 모두 함께 빙글빙글 돌아가며 춤을 추었습니다.

"하나님이 광야에서 불 기둥과 구름 기둥으로 인도하셔서 길을 잃지 않게 하셨고, 또한 우리에게 율법이라는 빛을 주시고, 만민에게 그 빛을 비추라고 하셨다. 그러므로 우리는 빛의 자녀다." 이 행사를 하면서 그들은 이런 자부심을 확인하고, 우리도 빛으로 살겠다는 고백을 했습니다. 닭 우는 소리가 들리고 동이 터 올 때, 성전의 동쪽 문으로 가서 성전을 바라보며 에스겔 8장 16절을 읽었습니다.

그가 또 나를 데리고 여호와의 성전 안뜰에 들어가시니라 보라 여호와의 성전 문 곧 현관과 제단 사이에서 약 스물다섯 명이 여호와의 성전을 등지고 낯을 동쪽으로 향하여 동쪽 태양에게 예배하더라(겔 8:16).

"우리 조상들은 여호와의 성전을 등지고 낯을 동쪽으로 향하여 태양을 경배했지만 우리의 얼굴은 진정한 빛이신 주께로 향하나이다. 우리는 조상들이 과거에 범한 영적인 어리석음을 반복하지 않겠습니다." 이렇게 결단하면서 모든 초막절 행사는 끝나고, 백성들은 고향으로 돌아갔습니다. 이 행사를 마치고 돌아가는 사람들 앞에서 예수님이 하신 말씀이 본문 12절입니다.

나는 세상의 빛이니 나를 따르는 자는 어둠에 다니지 아니하고 생명의 빛을 얻으리라(요 8:12).

"나는 세상의 빛이다. 너희들은 지금까지 어두움을 몰아내는 밝은 불빛을 보면서 기뻐했다. 그러나 너희들이 보고 있는 그 빛은 일시적인 것이다. 잠깐 지나면 꺼진다. 참된 빛은 바로 나다. 나를 따르지 않으면 어둠 가운데서 살게 될 것이다. 그러나 나를 따르면 밝음과 생명 가운데 살게 될 것이다." 이런 뜻입니다.


## 천국의 증인, 예수님

그 말을 듣고 바리새인들은 뭐라고 했습니까? "네가 너를 위하여 증언하니 네 증언은 참되지 아니하도다"(요 8:13)라고 했습니다. 여기서 바리새인들의 대답이 놀랍습니다. "나는 세상의 빛이다"라는 예수님의 말씀을 "증언"으로 이해했다는 것입니다.

증언이 무엇이지요? 증인이 하는 말이 증언입니다. 그러면 증언의 기능은 무엇일까요? 빛입니다. 다시 말하면, 증인은 증언을 통하여 그 사건에 빛을 비춰 주는 사람입니다. 예를 들어 보겠습니다. 어떤 가게에 강도 사건이 발생했습니다. 그 사건을 본 목격자가 증인입니다. 증인이 이렇게 증언했습니다. "내가 새벽 1시에 그 가게로 들어갔는데, 키가 160cm 정도 되는 약간 뚱뚱한 남자가 오른손으로는 권총을 주인에게 들이대고, 왼손으로는 주인에게 돈 자루를 받고 있었습니다. 돈을 받은 후에 강도는 총을 쏘지 않고 총으로 주인의 머리를 때려 그 자리에 쓰러뜨리고 나갔는데, 그 순간 다가오는 오토바이를 타고 왼쪽 골목으로 사라졌습니다."

사건을 조사하는 경찰이나 재판하는 판사에게는 사건의 실체가 어둠 속에 있었습니다. 그러나 증인의 증언을 들음으로써 그 사건에 대한 빛이 비치고, 그 사건을 내가 본 것처럼 환하게 알게 되는 것입니다.

그러니까 바리새인들의 질문은 이런 뜻입니다. "당신은 '내가 세상의 빛'이라고 선포했다. 그렇다면 왜 당신이 세상의 빛인가? 당신이 세상의 빛이라면 세상이 보지 못하는 것을 보게 해 주어야 한다. 당신의 증언을 통해 세상이 몰랐던 사실을 알게 되어야 빛이라고 할 수 있으니까 말이다. 그런데 우리는 못 보고, 당신만 본 것이 무엇이냐? 그것이 뭔지 말해 주지 않으면 '내가 세상의 빛'이라는 증언은 참되지 않다." 더 쉽게 말하면, "'나는 세상의 빛'이라고 했는데, 그게 무슨 뜻이냐? 네가 우리에게 무엇을 보여 줄 수 있느냐?"는 뜻입니다.

예수님이 증인이라면 예수님은 무엇을 증언하고 있는 것일까요? 증언의 내용이 14절에 나옵니다.

예수께서 대답하여 이르시되 내가 나를 위하여 증언하여도 내 증언이 참되니 나는 내가 어디서 오며 어디로 가는 것을 알거니와 너희는 내가 어디서 오며 어디로 가는 것을 알지 못하느니라(요 8:14).

여기서 가장 많이 나오는 단어는 "어디"인데, 네 번이나 나옵니다. 여기서 말하는 "어디"는 어디일까요? 힌트는 21-22절에 있습니다. 예수님이 "내가 가리니 너희가 나를 찾다가 너희 죄 가운데서 죽겠고 내가 가는 곳에는 너희가 오지 못하리라"(요 8:21) 하시자 유대인들은 '뭐야? 그가 죽는다는 말인가?' 이렇게 생각했습니다.

예수님이 어디로 가신다는 말입니까? 천국입니다. 예수님은 하나님 아버지가 계신 천국에서 오셨고, 다시 천국으로 가실 것입니다. 그러므로 예수님은 천국에 대하여 증언하시는 분입니다. 예수님은 천국을 직접 보았고 거기서 살다가 오셨으니까, 천국을 목격한 증인입니다. 천국이 얼마나 좋은지, 얼마나 확실하고 아름다운 곳인지, 천국에 비하면 이 세상은 잠시도 더 있고 싶은 생각이 나지 않는 곳임을 예수님은 알고 계셨습니다.

그래서 예수님은 초라한 마구간에서 태어나셨고, 이 땅에서는 거처할 곳도 없었지만 전혀 관심이 없었습니다. 천국을 정확하게 알고 느끼고 있었기 때문에, 예수님은 이 땅에서 천국에 대한 증언을 마친 다음에는 조금도 이 땅에 더 머물러 있으려고 하지 않으셨습니다. 마치 이 땅에서 빨리 탈출하고 싶은 분처럼 행동했습니다. 왜냐하면 천국이 너무 좋은 곳임을 알고 계셨기 때문입니다. 그러니까 예수님은 천국의 증인입니다.

우리는 입으로는 천국을 수없이 말하지만 천국이 얼마나 좋은 곳인지 모릅니다. 그러나 예수님은 거기서 아버지와 함께 계셨기 때문에 천국을 누구보다도 잘 알고 있습니다. 그래서 천국에 대하여 증언할 수 있습니다. 우리는 예수님이 말씀하시는 천국 이야기를 들으면서 천국이 어떤 곳인지 알게 되고, 천국이 그려지고, 천국을 볼 수 있는 눈이 열리고, 천국을 사모하게 되는 것입니다. 이것은 예수님의 말씀을 듣고서야 가능합니다. 이것이 예수님이 세상의 빛이시라는 말씀의 의미입니다.

"내가 나를 위하여 증언하여도 내 증언이 참되니"라는 말씀은 이런 뜻입니다. "천국에 대하여 나 혼자 증언해도 내 증언은 옳다. 왜냐하면 천국을 직접 목격한 증인은 나밖에 없기 때문이다." 그러자 유대인들은 율법에 의하면 두 사람의 증언이 일치하지 않으면 그 증언은 법적인 효력이 없다고 주장했고, 예수님은 16절로 대답하셨습니다.

만일 내가 판단하여도 내 판단이 참되니 이는 내가 혼자 있는 것이 아니요 나를 보내신 이가 나와 함께 계심이라(요 8:16).

"내가 혼자 말한다고 법적 효력이 없다는 말이지? 두 사람 이상이 증언해야 효력이 있다는 율법의 규정을 나도 알고 있다. 그러나 내가 혼자 말하기 때문에 안 믿겠다고 우긴다면 또 하나의 증거를 대 주마." 그러면서 이어서 18절에서 말씀하십니다. "아버지도 나를 위해 증언하신다. 내 말을 확증하고 계신다. 그러니까 내 증언은 나와 아버지 둘의 증언이므로 유효하다."

바리새인들이 "네 아버지가 어디 있느냐? 얼굴 좀 보자" 하자 예수님은 말씀하십니다. "너희가 어찌 내 아버지를 알겠느냐? 눈앞에 있는 나를 보면서도 믿지 않는데, 보이지 않는 하나님을 안다고? 너희가 하나님을 사랑한다고? 그렇다면 하나님의 참된 계시자인 나를 거부할 리가 있느냐? 너희들은 참 빛인 나를 거부하고 있다. 결국 너희들은 겉으로는 빛이신 하나님을 찬양하고, 빛의 축제를 하고, '우리도 빛으로 살아가겠습니다' 외치고 있지만 너희들의 마음에는 참 빛이 없고, 오히려 어둠만 가득하다. 너희들은 그 어둠 속에서 죽을 것이다"(요 8:19-21). 참 무서운 말씀입니다. 그러자 유대인들은 분노해서 예수님을 잡으려고 했지만 그럴 수 없었습니다.

## 판단의 기준은

그렇다면 그들은 왜 예수님을 이해하지 못했을까요? 그 이유는 육체를 따라 판단하기 때문입니다.



눈에 보이는 예수님의 모습과 그분이 하시는 말씀만 귀로 듣고 판단하니 하늘에서 오신 예수님을 제대로 알 수 없습니다. 그래서 예수님에 대해 참된 판단을 할 수 없다는 것입니다. 다시 말하면, 우리가 육체로 판단하면, 이 세상의 각도로만 판단하면 참과 거짓을 구분할 수 없습니다. 그렇다면 참과 거짓을 어떻게 구별할 수 있을까요? 이것이 참인지 거짓인지, 진짜인지 가짜인지 어떻게 구별할 수 있을까요?

지금까지 살아오면서 이런 질문을 해 보셨어요? "이게 정말 옳은 건지 아닌지, 진짜인지 가짜인지, 하나님이 좋아하시는 건지 아닌지를 어떻게 구분할 수 있을까?" 대답을 아십니까? 15절이 정확한 대답입니다. 육체를 따라 판단하면 알 수 없습니다. 예수님처럼 육체로 판단하지 않고 영으로 판단해야, 이 세상의 입장이 아니라 천국의 입장에서 바라보아야 그것이 참인지 거짓인지 정확하게 알 수 있습니다.

예를 들면, 성공에 대해 생각해 봅시다. 이 땅에서의 성공, 그게 진짜 성공인지 아닌지를 어떻게 알 수 있습니까? 사람들이 "아, 그 사람 크게 성공했어" 한다고 해서 성공이 아닙니다. 천국에서 볼 때 성공이면 성공한 것이고, 천국에서 볼 때 실패라면 세상에서는 성공같이 보이지만 실패입니다.

부자가 있다고 합시다. 그 사람이 진짜 부자인지 아닌지 어떻게 알 수 있을까요? 천국에서 바라볼 때 부자가 진짜 부자입니다. 지금 내가 하는 일이 잘하는 일인지 못하는 일인지 어떻게 알 수 있습니까? 천국에서 볼 때 잘하는 일이면 잘하는 일이고, 천국에서 볼 때 잘못하는 일이라면 지금 모든 사람이 아무리 잘하는 일이라고 칭찬해도 잘못하는 일입니다. 요한계시록에 보면 서머나 교회를 향하여 예수님이 말씀하셨습니다.

내가 네 환난과 궁핍을 알거니와 실상은 네가 부요한 자니라(계 2:9상).

"너는 이 세상의 눈으로 볼 때는 가난해. 그러나 천국에서 볼 때는 진짜 부자다"라고 말씀하신 것입니다. 천국에서 부자가 진짜 부자라는 말입니다.

우리가 어떤 일 때문에 "큰일 났다. 이제 다 끝났다. 어쩌면 좋으냐?" 하며 울고불고 탄식할 수도 있습니다. 그러나 천국에서 볼 때는 꼭 필요한 일이고 반드시 있어야 하는 일이라면 사실은 좋은 일입니다. 그런데 우리는 그것을 모르고 통곡합니다. 그러니까 육체의 관점으로는 뭐가 뭔지 구별이 잘 되지 않는다는 말입니다. 천국의 관점으로 바라볼 때, 예수님처럼 영으로 바라볼 때 참인지 거짓인지, 옳은 것인지 그른 것인지, 정말 어떤 가치를 가지고 있는지 확실히 알 수 있는 것입니다.

## 빛을 받아들여야

그렇다면 어떻게 해야 육체를 따라 판단하지 않을 수 있을까요? 어떻게 해야 영으로 판단하고 천국의 입장에서 바라볼 수 있을까요? 그 방법은 세상의 빛이신 예수님을 받아들이는 것입니다. 예수님의 십자가에서 내가 죽으면 세상에 대해서 죽게 되고, 육체로 판단하는 일이 멈추면서 천국의 눈으로 볼 수 있는 길이 열립니다. 왜냐하면 예수님이 세상의 빛이시기 때문입니다.

그런데 사람들이 이 빛을 받아들이기를 원하지 않습니다. 너무나 오랫동안 어둠 속에 있었기 때문에 빛이 들어오면 싫어합니다. 눈이 부시거든요. 깜깜한 데 오래 있다가 갑자기 밝은 빛이 비치면 뭐라고 말합니까? "눈부셔, 빨리 불 꺼!" 이렇게 그 빛을 거부하는 것처럼 세상의 빛이신 예수님을 거부합니다.

저는 여름에 군에 입대해서 3개월간 훈련을 받았는데, 한여름에 하루 종일 훈련을 받으면 온몸이 땀과 흙으로 범벅이 되었습니다. 어느 날 훈련을 마쳤는데, 목욕을 시켜 주겠다는 거예요. 얼마나 좋아요? 그런데 그 부대는 물이 귀했습니다. 300명이 목욕탕으로 갔습니다. "지금부터 옷을 벗고, 비누칠을 한다! 물이 없으니 땀에다 비누칠을 해서 거품을 내라. 그다음에 물을 뿌릴 테니까 요령껏 씻어 내도록, 알겠나?" 딱 보니까 대여섯 명 들어갈 수 있는 목욕통에 물이 반쯤 있었습니다. '안 되겠다. 잘못하면 물 구경도 못하겠다. 맨 앞으로 가자.'

아니나 다를까, 한 소대에서 한 사람씩 네 사람을 불러 내더니 바가지를 주면서 자기 앞으로 물을 뿌리라고 했습니다. 저는 눈 딱 감고 맨 앞에 서서 물을 맞으면서 부지런히 손을 놀려 거품을 씻어 냈습니다. 3분도 안 됐는데 "그만 끝! 뒤로 돌아. 앞으로 가!" 그러는 거예요. 뒤에 있던 병사들은 머리에 물 몇 방울만 받고 말았습니다. 온몸에 비누칠을 했는데 물 공급이 끝났으니 눈도 따갑고 말이 아니지요. "야, 온몸이 미끈거려서 걷기가 이상하다." 어떤 녀석이 이렇게 말해서 다 웃었습니다.

끈끈한 채로 다들 힘들어했는데, 그날 밤에 폭우가 내렸습니다. 제가 보초를 서다가 훈련병들을 깨웠습니다. "비 온다. 나와서 목욕해라." 그래서 빗물에 깨끗이 몸을 씻고 잠들게 한 적이 있습니다. 그때 저는 생각했습니다. '한 방울의 물이라도 더 받으려고 몸부림치듯 하나님의 은혜도 한 방울이라도 더 받으려고 몸부림쳐야겠다. 하나님 은혜가 물 한 방울과 비교될 수 있겠는가?'

지금 이 순간에도 은혜의 생수가 뿌려지고, 생명의 빛이 비치고 있습니다. 그러나 열심히 받아서 씻는 분이 있는가 하면, 씻지 못하고 끈끈한 상태로 그냥 있는 분도 있습니다. 물이 아무리 많으면 뭐 합니까? 내가 한 방울의 물이라도 더 받으려고 애써야 합니다.

이 세상은 갈수록 환해지고 밤에도 밝은 빛이 가득합니다. 그러나 진정한 빛은 예수님뿐입니다. 예수님을 영접하고 따를 때 영원한 생명을 얻습니다. 영원한 나라 천국에 들어갑니다. 그리고 천국의 입장에서 바라볼 때 이 땅에서 무엇이 참인지 거짓인지 분별하며 살 수 있습니다. 세상의 빛이신 예수님을 받아들이고, 우리 마음속에 있는 모든 어두움과 거짓이 참 빛이신 예수님 앞에서 다 물러가고, 생명의 빛이신 예수님과 함께 살아가는 우리 모두가 되기를 기도합니다.

하나님 아버지! 예수님이 세상의 빛이라는 의미를 깨닫게 해 주셔서 감사합니다. 참 빛이신 예수님을 통하여 이 세상이 가장 필요로 하는 것, 그러나 세상 스스로는 결코 알 수 없는 것, 하나님 아버지와 천국을 알고, 느끼고, 사모하고, 그리워하며 살게 하소서. 그리고 이 땅에서 무엇이 참이고 거짓인지 분명히 알고 살아가게 하소서. 그래서 우리 안에 있는 모든 어둠이 물러가고, 빛 가운데 살아가게 하소서.

함께 생각하기

1  예수님은 자신을 무엇이라고 말씀하셨습니까? (12절)


2  예수님을 따르는 자는 무엇을 얻는다고 하셨습니까? (12절)


3  주님의 빛이 내 삶을 비추어 불편했지만 돌아보게 되었던 순간이 있다면 나눠 봅시다.

# 30

# 진리가
# 너희를
# 자유롭게 하리라

요 8:31-36

## 자유란 무엇인가

늑대가 양 한 마리를 잡으려고 쫓아가고 있었습니다. 거의 다 쫓아가서 양의 목덜미를 할퀴려는 순간, 목동의 몽둥이가 늑대의 머리 위로 날아 왔습니다. 늑대는 기겁을 하고 도망쳤습니다. 죽음의 문턱에서 구출된 양은 목동을 향해 말했습니다. "당신은 나를 구해 주셨습니다. 내게 자유를 주셨어요!" 그러나 도망치던 늑대는 목동을 보고 욕했습니다. "너는 왜 내 자유를 빼앗는 거냐?" 이솝우화에 나오는 이야기입니다.

자유란 이렇게 보는 각도와 수준에 따라 달라질 수 있습니다. 어떤 사람의 자유가 다른 사람에게는 억압이 될 수도 있습니다. 여기서 우리는 '참된 자유란 무엇인가?'를 생각하게 됩니다. 자유란 무한한 것이 아니라 제한적인 것입니다. 제한된 자유, 그 한도를 넘는 것을 '방종'이라고 하며, 그것은 또 하나의 부자유가 됩니다.


## ┃   자유의 3차원


그렇다면 이 제한된 자유를 어떻게 사용하는 것이 바람직할까요? 여기서 '자유의 차원'이 나옵니다. 먼저, 1차원적 자유가 있습니다. 이것을 '정치적 자유'라고도 합니다. 즉 내가 가고 싶은 곳을 가고, 하고 싶은 말을 하고, 행동할 수 있는 육체의 자유를 말합니다. 2차원적 자유는 '정신적 자유', '양심의 자유'라고 합니다. 마땅히 해야 할 일을 하면서 누리는 마음의 자유를 뜻합니다. 학생들이 공부하지 않고 밖에 나가서 뛰어놀고 싶은 것은 1차원적 자유입니다. 그러나 그 마음을 꾹 참고 열심히 공부하는 것은 정신적인 자유입니다. 몸은 자유롭지 못하지만 양심에는 자유와 기쁨이 있고, 도덕적으로도 담대해집니다. 그리고 미래에 더 큰 자유가 보장됩니다.

2차원적인 자유에는 자신에 대한 위로가 있고, 인간답게 산다는 자부심도 주어집니다. 그러나 죽음을 넘어서는 소망은 없습니다. 그래서 도덕적으로 살고 양심적으로 살면서도 궁극적인 소망이 없어서 절규하는 사람들이 세상에는 너무나 많습니다. 이것보다 더 높은 3차원적 자유로 '영적인 자유'가 있습니다. 죄와 사망의 권세, 사탄의 권세로부터 자유로운 최고의 자유입니다.

우리는 모두 좀 더 많은 자유를 원합니다. 그렇다면 '더 많은 자유를 누린다'는 것은 무슨 뜻일까요? 더 많은 자유란 더 높은 차원의 자유를 위하여 더 낮은 차원의 자유를 제한하거나 포기하는 것을 의미합니다.

성경에 보면 탕자가 아버지의 집을 떠나는 이야기가 나옵니다(눅 15장). 그의 마음에는 더 많은 자유를 추구하는 열망이 가득했습니다. 하지만 그 열망에 붙잡혀 집을 나간 순간, 그는 욕망의 노예가 되었고 방탕에 붙들린 자가 되었으며, 죄악의 종으로 전락했습니다. 자유를 찾아 나갔지만 더 높은 차원의 자유를 잃어버렸습니다. 결국 그는 부자유하게 되어 종살이하다가 집으로 돌아와 아버지의 품에서 진정한 자유를 누렸습니다. 결국 '나는 어떤 자유를 추구하는가?' 이것이 그 사람의 내적 수준이고, 인격입니다. 그러므로 한 개인에게 있어 인생이란 '자유를 향한 순례'의 과정입니다.


##  내 제자가 되라


본문은 '어떻게 하면 사람이 가장 높은 자유를 누릴 수 있는가?' 여기에 대해 예수님이 하신 말씀입니다. 그러므로 본문을 '영적 자유의 대헌장'(Magna Carta)이라고 부릅니다. 지금 예수님은 예루살렘 성전 앞에서 하나님의 말씀을 전하고 있습니다. 그러나 대부분의 사람들은 마음을 열지 않고, 믿지 않습니다. 그런가 하면 소수의 사람들은 예수님을 믿었습니다. 그런 소수의 사람들에게 예수님은 "참 내 제자가 되라"고 말씀하십니다.

그러므로 예수께서 자기를 믿은 유대인들에게 이르시되 너희가 내 말에 거하면 참으로 내 제자가 되고(요 8:31).

"'이분이 그리스도인가, 아닌가?' 계속 의심하지 말고, 이랬다저랬다 흔들리지 말고, 참된 나의 제자가 되라"고 초청하신 것입니다.

그렇다면 제자가 되는 방법은 무엇일까요? "너희가 내 말에 거하면"에서 "내 말"이란 예수님이 입으로 하신 말씀 중에서 어떤 말씀을 의미할까요? 아닙니다. 그분이 입으로 하신 말씀, 행동으로 보여 주신 모든 사건, 그분의 존재 자체가 말씀입니다. 예수님 말씀의 핵심은 십자가입니다. 고린도전서에서 바울은 "내가 너희 중에서 예수 그리스도와 그가 십자가에 못 박히신 것 외에는 아무것도 알지 아니하기로 작정하였음이라"(고전 2:2)고 말했습니다. 예수님이 십자가에 달려 죽으시고 부활하셨다는 이야기가 예수님 말씀의 핵심입니다.

그러므로 "내 말에 거하면", 즉 예수님의 십자가와 죽음을 깊이 깨닫고 받아들이면, 나도 예수님과 함께 십자가에서 죽었다고 고백하고 그 십자가를 붙든다면 예수님의 제자가 되고, 예수님의 제자가 되면 진리를 알게 된다고 예수님은 말씀하십니다.

진리를 알지니 진리가 너희를 자유롭게 하리라(요 8:32).

여기서 "진리"가 뭘까요? 참 어려운 말입니다. 철학적으로도 어렵고, 신학적으로도 어려워서 진리에 대한 오해가 너무 많습니다. "진리"란 헬라어로 '알레데이아'(ἀλήθεια)인데, 직역하면 '거짓의 반대'이며 '없는 것의 반대'입니다. 그러니까 영어로는 'true and real', '참으로 있는 것', '진짜 있는 것'이란 뜻입니다. 지금 여기서 보면 참된 사실인데, 세월이 지난 후에 보니 '아니었구나, 착각이었다' 한다면 이것은 진리가 아닙니다.

철학적으로 진리는 '궁극적 실재'를 말합니다. 세상에 있던 것들이 다 없어지고, 내가 믿던 모든 것이 다 끊어지는 그날에도 영원히 변치 않고 남아 있는 것, 그래서 내가 끝까지 붙잡을 수 있는 것, 그것이 진리입니다. 더 쉽게 말하면, 그 사람이 생각하는 궁극적 가치가 그 사람의 진리입니다. 어떤 사람에게는 돈이 진리이고, 권력이 진리이고, 건강과 젊음이 진리이고, 지식과 학문이 진리이고, 예술이 진리입니다. 아주 다양합니다. 결국 진리란 나에게 참된 자유를 주는 것으로 알고, 믿고, 모든 사람이 추구하는 것입니다.

"진리가 너희를 자유롭게 하리라." 이 말씀을 많은 사람들이 오해합니다. 특별히 학문의 전당인 대학에서 이 말을 즐겨 사용합니다. 왜냐하면 헬라 철학이 예수님의 말씀을 가져가서 자기식으로 사용했기 때문입니다. 그들은 학문이 '진리의 등불'이라고 합니다. 그러나 학문도 바뀝니다. 그러므로 완전한 진리라고 할 수 없습니다. 우리가 아는 한 진리에 가까울 뿐입니다.

고종의 왕비 명성황후(민비)가 서양인들에게 괘종시계를 선물로 받왔는데, 밤에 괘종시계가 "뎅, 뎅" 하고 울리자 "이 소리가 어디서 나는 것이냐? 어떤 것이 저 시계 속에 들어가서 저런 소리를 내는 것이냐? 사특한 것 같으니, 당장 내다 버려라!" 이렇게 호통을 쳤다고 합니다. 시계 안에서 톱니바퀴가 움직이면서 일정한 시간이 되면 소리를 내게 한 것을 모르고, 일종의 영적 현상으로 본 것입니다. 이런 의미에서 볼 때 과학적 진리는 우리를 자유롭게 합니다. 그러나 학문과 지식도 변하는 것이고, 완전한 것이 아닙니다.

그렇다면 궁극적인 실재는 무엇입니까? "이것이 진리다. 저것이 진리다"라고 말하는데, 결국은 하나님 자신이 진리입니다. 하나님이 세상을 창조하셨으니 이 세상 모든 것이 다 사라져도 하나님은 영원히 존재하시는 실재입니다. 그러므로 하나님 자신이 진리입니다. 그래서 삼위일체 하나님을 설명할 때 반드시 "진리"라는 말이 나옵니다. 이사야 65장 16절에는 "진리의 하나님"이 나오고, 요한복음 14장 6절에서는 예수님이 자기를 가리켜 "내가 곧 길이요 진리요 생명이니 나로 말미암지 않고는 아버지께로 올 자가 없느니라"고 말씀하셨고, 요한복음 14-16장에는 "진리의 성령이 오시면"이라는 표현이 여러 번 등장합니다. 결국 하나님 자신이 진리입니다.


## | 　　참된 자유란 무엇인가


그런데 예수님이 "진리가 너희를 자유롭게 하리라"고 말씀하셨더니 유대인들이 하는 말이 무엇입니까? "우리는 아브라함의 자손이다. 누구의 종이 된 적이 없는데, 무슨 자유를 준다는 것이냐?" 이렇게 반문했습니다(요 8:33). 그러나 이 말은 틀렸습니다. 왜 그들이 종이 된 적이 없습니까? 지금도 로마의 속국이며 식민지입니다. 좀 더 올라가면 페르시아의 식민지였고, 바빌론의 포로였고, 이집트의 노예였습니다. 그런데 우리는 종이 된 적이 없다니요!

유대인들은 왜 이런 말을 했을까요? 그들은 자유의 정신적인 차원을 생각한 것입니다. 우리가 비록 정치적인 자유는 빼앗겼지만, 정신적 자유를 빼앗기고 노예가 된 적은 없다는 말입니다. 정치적으로는 식민지였지만 마음속으로는 언제나 '우리는 이스라엘 사람이요, 아브라함의 자손이지, 너희의 종이 아니다' 이런 의식을 가지고 살았다는 것입니다. 즉 "어떤 상황에서도 우리는 적들에게 정신적 자유를 빼앗기지 않았다"며 자유를 정신적인 차원으로 본 것입니다.

그러나 예수님은 "죄를 범하는 자마다 죄의 종이라"(요 8:34)고 말씀하심으로 더 높은 차원의 자유를 말씀하십니다. "아무리 육체적으로, 정신적으로 자유롭다 해도 죄를 지으면 죄의 종이 되는 것이다. 죄는 인간을 억압하는 가장 악랄한 부자유다. 그러므로 참된 자유는 영적인 자유다"라는 말입니다.


## 어떻게 자유롭게 되는가

그렇다면 어떻게 해야 그들이 진정한 자유를 얻을 수 있을까요?

그러므로 아들이 너희를 자유롭게 하면 너희가 참으로 자유로우리라
(요 8:36).

아들이신 예수님의 십자가와 죽음을 통해서 왜곡되지 않은 하나님, 정확한 하나님, 진리이신 하나님을 알게 되면 자유로워진다는 말입니다.

여기서 질문이 나옵니다. 그렇다면 십자가를 통하지 않고는 왜 하나님을 제대로 알 수 없습니까? 거짓말 때문입니다. 44절을 보면, 마귀는 살인자이며 거짓말쟁이입니다. 거짓의 아비입니다. 마귀가 어떤 거짓말을 했습니까? 마귀는 사람이 하나님을 알고, 하나님을 사랑하면 어떻게 되는지를 알기 때문에, 어떻게 해서라도 우리를 하나님과 분리시키려고 합니다. 그래서 마귀는 "하나님은 없다"고 거짓말을 했습니다. 더 나아가서 "하나님 없이도 이 땅에 있는 것으로 얼마든지 행복할 수 있다"고 거짓말을 했습니다.

또한 마귀는 살인자라고 했는데 어떤 살인을 했나요? 하나님은 "선악을 알게 하는 나무의 열매는 먹지 말라 네가 먹는 날에는 반드시 죽으리라"(창 2:17)고 말씀하셨습니다. 그러나 마귀는 아담과 하와에게 뭐라고 했습니까? "너희가 결코 죽지 아니하리라. 오히려 먹으면 눈이 밝아져 하나님처럼 될 것이다." 그래서 선악과를 따 먹은 결과, 그들이 죽었어요, 안 죽었어요? 대답하기 어렵죠? 하나님과의 관계가 끊어졌습니다.

하나님이 보실 때 '죽는다'는 의미는 하나님과 우리의 관계가 끊어지는 것입니다. 이것이 영적 죽음이고, 진정한 죽음입니다. 그런데 마귀는 뭐라고 했습니까? "봐라, 어디 죽었냐? 안 죽었잖아!" 죽음을 육체의 일로 바라보게 했습니다. 하나님과 우리의 관계가 끊어지는 진정한 죽음을 보면서도 '아니야, 육체가 죽지 않았으니 죽은 것이 아니다' 이렇게 생각하게 만들었습니다. 또한 죄로 인해 에덴동산에서 쫓겨났는데, 그래서 불행하게 되었는데, '에덴을 떠나서도 얼마든지 행복할 수 있다. 이 세상에서 돈이 있고, 명예가 있고, 권력이 있고, 자식이 잘되고, 건강하면 얼마든지 행복할 수 있다'는 것이 진리라고 거짓말을 했습니다.

그 결과 오늘도 세상의 수많은 사람들이 마귀의 거짓말에 속아서 돈 버느라, 출세하느라, 이 세상의 가치와 사람들이 말하는 복이라는 것을 얻기 위해 영혼까지 다 바치며 올인하고 있는 것입니다. 그래서 권력이 진리이고, 미모가 진리이고, 학문이 진리이고, 내가 가치 있게 생각하는 그것이 진리라고 믿고 그것을 추구하며 살아갑니다. 하나님을 떠나서 이 세상의 가치를 추구하고, 진정한 하나님을 만나지 못하고, 하나님을 찾아도 하나님 자신을 구하지 않고 하나님이 주실 수 있는 선물, 내가 원하는 세상의 가치를 추구하며 하나님의 이름만 부르고 있습니다. 하나님의 실재를 만나지 못하고 살아갑니다.

그런데 이 거짓말이 언제 깨집니까? 진짜 하나님을 언제 만날 수 있습니까? 십자가를 바로 알고 깨닫고 붙잡을 때, 십자가 앞에서 죽을 때 하나님을 향해 나갈 수 있고, 진정으로 하나님을 만날 수 있고, 하나님의 자녀가 되고, 그럴 때 지금까지 내가 추구했던 이 세상의 모든 가치가 배설물과 같고 아무것도 아니라는 것을 깨닫고 진정한 자유를 얻게 됩니다.


## | 왜 예수님이 진리인가


앞 장에서 '예수님은 세상의 빛이시다'라는 말이 무슨 뜻인지 살펴보았습니다. 예수님은 세상이 가장 필요로 하지만 세상이 스스로는 결코 알 수 없는 하나님을 알게 하고, 천국을 알게 하고, 이 세상에서 무엇이 옳고 그른지 알게 하고 보여 주시는 분입니다. 그래서 '세상의 빛'이라고 했습니다. 본문에서 예수님은 '세상의 빛'에서 한 걸음 더 나아가 "내가 진리다"라고 말씀하십니다.

왜 예수님이 진리인가요? 하나님 아버지만 진리 아닌가요? 그런데 왜 예수님도 진리라고 하시는 것이지요? "아버지와 나는 하나다"라고 말씀하셨기 때문입니다. 더 중요한 것은 십자가를 통하여 진리이신 아버지께로 나가게 해 주고, 하나님 아버지를 진정으로 만나게 함으로써 마귀의 모든 거짓말을 드러내고, 하나님 안에서 참된 자유를 누리게 해 주시기 때문입니다. 십자가 앞에서 우리의 모든 죄는 용서되고, 죄에서 자유를 얻기 때문입니다. 그리고 마귀의 모든 거짓은 폭로되고, 마귀의 죽이는 힘은 무너집니다. 죽음에서 자유를 얻습니다. 또한 하나님이 누구신지 알게 되며 영생을 얻기 때문입니다. 이 내용을 압축한 것이 35-36절 말씀입니다.

종은 영원히 집에 거하지 못하되 아들은 영원히 거하나니 그러므로 아들이 너희를 자유롭게 하면 너희가 참으로 자유로우리라(요 8:35-36).

아들은 영원히 아버지의 집에 거합니다. 그러므로 아들만이 우리에게 아버지의 집에 거하게 하며, 아버지 안에서 우리를 자유롭게 해 주실 수 있습니다. 하나님의 아들 예수님 이외에는 누구도 이런 일을 할 수 없습니다. 그래서 아들이 자유롭게 하시면 참으로 자유로워지는 것입니다.

그런데 우리는 왜 이런 예수님을 만나지 못하는 것일까요? 하나님은 안 보여서 못 만난다고 해도, 예수님은 이 땅에 사람이 되어 오셨는데 왜 예수님과 진정한 만남이 없지요? 우리는 이 땅에 속했고, 예수님은 하늘에 속하셨기 때문입니다.

예수께서 이르시되 너희는 아래에서 났고 나는 위에서 났으며 너희는
이 세상에 속하였고 나는 이 세상에 속하지 아니하였느니라(요 8:23).

다시 말하면, 예수님은 십자가를 통하여 우리가 이 땅에서 벗어나
는 것을 구원이라고 하시는데, 우리는 이 땅에 거하면서 지금보다 더 나
은 세상이 구원이라고 생각합니다. 즉 예수님이 주시려는 구원과 우리
가 받으려는 구원이 다르기 때문입니다.

잘 생각해 보세요. 내가 받으려는 구원(이 세상의 가치를 얻는 것)과 예
수님이 주시려는 구원(하나님과 하나님 나라를 얻는 것), 둘 중에 어느 것이
더 클까요? 예수님이 주시려는 구원입니다. 예수님을 통하여 더 나은
환경을 얻는 것, 즉 나라가 독립하고, 부강한 나라가 되고, 건강하고 장
수하고, 돈을 많이 버는 것이 중요한 것이 아니라 예수님을 통하여 하나
님을 만나는 것, 그 나라를 소유하는 것이 훨씬 더 큽니다. 내가 원하는
것이 아니라 예수님이 주시려는 것을 받는 것이 훨씬 큰 것입니다. 그러
니까 사람들이 예수님을 잘못 사용하는 것입니다.

예수님을 깊이 만나고 그분이 주시려는 것을 받으려면 예수님이 주
시려는 것을 우리가 가장 중요하게 생각하고, 그것을 구해야 합니다. 물
론 내게 필요한 어떤 것을 달라고 구할 수 있지요. 그러나 정말로 주님
이 원하시는 것, 그분이 주기 원하시는 것을 우리가 구해야 하는 것입니
다. 그것이 바로 아버지와 그 나라입니다.

"나에게 필요한 이 세상의 어떤 것을 더 주소서"라고 구하기보다
'어떻게 하면 예수님의 동선에 참여할 수 있는가?'를 생각하십시오. 십

자가에서 예수님과 함께 죽고, 예수님과 함께 하나님 보좌 우편으로 가서 하나님으로 내 마음을 채우고, 다시 이 땅으로 파송받아서 살아가는 예수님의 동선에 연합하는 것이 예수님의 제자가 되는 길입니다. 그럴 때 진리이신 하나님 아버지를 알게 되고, 진정한 자유를 얻게 되고, 참된 하나님의 자녀로 살아갈 수 있습니다. "진리가 너희를 자유롭게 하리라." 이 말씀의 의미를 깊이 이해하고, 이 말씀이 사건으로 경험되는 인생을 살아가시길 바랍니다.

함께 기도하기

살아 계신 하나님! 입술로만 하나님을 부르지 않게 하시고, 예수님의 십자가를 통하여 진정한 아버지 하나님이 누구시고 어떤 분이신지 알게 하소서. 얼마나 많은 거짓과 잘못된 가치관에 우리가 붙들려 사는가를 깨닫게 하시고, 십자가를 통하여 하나님을 만남으로 그 모든 거짓과 잘못에서 벗어나 진정한 자유를 누리게 하소서.

함께 생각하기

1   진리가 너희를 어떻게 하리라고 말씀하셨습니까? (32절)

2   죄를 범하는 자는 무엇의 종이라고 하셨습니까? (34절)

3   예수님의 말씀 안에서 두려움이나 집착이 내려놓아졌던 경험이 있다면 나눠 봅시다.

# 진리로
# 자유롭게 된
# 사람

요 8:51-59

## 우물안개구리

우리나라 속담에 "우물 안 개구리"라는 말이 있습니다. 바깥세상을 모르고 자기가 사는 좁은 우물만 아는 사람, 그런데도 자기가 제일 잘난 줄 아는 사람을 의미합니다. 그런데 이 말은 원래 중국의 고서《장자》 "추수 편"에 나옵니다.

어느 날 우물 안 개구리가 동해에 사는 자라를 만났습니다. 개구리는 이렇게 자랑했습니다. "내가 살고 있는 우물은 멋진 곳이라네. 나는 우물에 있는 돌 위로 올라와 휴식을 취하기도 하고, 물로 뛰어들어 헤엄치다가 물 위에 떠오르기도 하고, 물 밑에 있는 해감 속에 들어가 놀기도 한다네. 장구벌레나 올챙이 따위는 나와 비교할 수 없지. 한 우물을 독차지하고 노니는 이 즐거움을 자네는 아마 상상도 못할 것이네. 자네도 가끔 이곳에 와서 나와 함께 즐거움을 나누지 않겠는가?"

자라는 개구리의 말을 듣고 호기심이 생겨서 개구리가 사는 우물에 들어가 보려고 했습니다. 그러나 우물이 작아서 들어갈 수가 없자 생각을 바꾸어 자기가 사는 동해 이야기를 들려주었습니다. "동해는 그 넓이나 깊이를 천 리나 만 리라는 말로 표현할 수 없네. 우 임금님 때는 10년 동안 아홉 번이나 홍수가 범람하여 천지를 덮었으나 동해의 물은 그것으로 인해 조금도 더 불어나지 않았네. 탕 임금님 때에는 8년 동안 일곱 번이나 큰 가뭄이 들어 땅이 갈라지고 초목이 탔지만, 동해의 물은 그것으로 줄어들지 않았네. 오랜 세월이 흘러도 변하지 않고, 홍수의 양이 많고 적음에 따라 불거나 줄지 않는 것이 동해의 물이거든. 이처럼 한없는 물에서 활개 치며 달리는 멋이야말로 큰 즐거움이라는 사실을 자네는 알 까닭이 없지!" 자라의 말을 들은 우물 안 개구리는 너무 놀라서 그만 정신을 잃고 말았습니다.

장자는 이야기 끝에 이렇게 말했습니다. "우물 안에 살고 있는 개구리에게 바다를 이야기해도 알지 못하는 것은 그들이 좁은 장소에서 살고 있기 때문이다. 여름벌레에게 얼음이 뭔지 말해 줘도 알지 못하는 것은 그들이 여름만을 굳게 믿고 있기 때문이다." 여기서 나온 고사성어가 "정중지와(井中之蛙) 부지대해(不知大海)", "우물 안 개구리는 바다를 알지 못한다"는 말입니다. 좁은 우물에서 벗어나 큰 바다를 보고 자기의 부족함을 알게 될 때, 비로소 더불어 큰 진리에 대하여 말할 수 있다는 뜻입니다.

앞 장에서 "진리가 너희를 자유롭게 하리라"(요 8:32)라는 말씀을 살펴보았습니다. "예수님의 말씀 안에 거하면, 예수님의 십자가 사건을 받아들이고 그 십자가를 붙들면 참 진리이신 하나님을 알게 되고, 그렇게 되면 자유롭게 되리라. 우리를 얽어매는 모든 부자유, 죄와 죽음과 세상의 모든 염려와 근심에서 자유로워질 것이다." 예수님은 이렇게 말씀하셨습니다. 본문은 "진리로 자유롭게 된 사람은 어떤 모습인가?"에 대한 말씀입니다.

지금 예수님과 유대인들은 아주 심하게 대립하고 있습니다. 어느 정도입니까? 44절에서 예수님은 유대인들에게 "너희 아비는 마귀다"라고 말씀하셨습니다. 유대인들은 이 말을 용납할 수 없었습니다. 왜냐하면 그들의 정체성은 하나님의 선민이었기 때문입니다. "우리는 하나님의 택함 받은 백성인데, 하나님이 우리 아버지이신데, 우리더러 마귀의 자식이라니!" 그래서 분노했습니다.

그렇다면 예수님은 왜 그렇게 말씀하셨을까요? 유대인들이 입으로는 하나님의 백성이라고 하지만 실제 행동은 정반대였기 때문입니다. 예수님은 하나님께 들은 진리를 그대로 전해 주시는데, 그 말씀을 듣고 예수님을 죽이려 하기 때문입니다(요 8:40). 그래서 예수님은 "하나님이 너희 아버지라면 나를 사랑해야 한다. 왜냐하면 나는 하나님이 보내셔서 왔기 때문이다. 그런데 너희들은 내 말을 듣지 않으니 하나님께 속한 자들이 아니다"라고 하셨습니다(요 8:42, 47).

그러자 유대인들은 "우리가 너를 사마리아 사람이라 또는 귀신이 들렸다 하는 말이 옳지 아니하냐"(요 8:48)고 말했습니다. 이스라엘 사람

들이 가장 싫어하는 사람들은 두 부류인데, 하나는 사마리아 사람들이
고, 또 하나는 귀신 들린 사람들입니다. '사마리아 사람'이란 겉으로 보
기엔 같은 인간인데 정말 꼴도 보기 싫은 사람을 말합니다. '귀신 들린
사람'은 도무지 말이 통하지 않는 인간, 제정신이 아닌 사람을 말합니
다. 예수님은 유대인들에게 "너희들은 마귀의 자식이다" 하시고, 유대
인들은 예수님에게 "그렇게 말하는 너는 미쳤다"고 하며 서로 꽝! 하고
부딪친 것입니다.


## | 미혹된 사람들


왜 이런 갈등이 생긴 것일까요? 바라보는 관점이 달랐기 때문입니다.

> 예수께서 대답하시되 나는 귀신 들린 것이 아니라 오직 내 아버지를 공
> 경함이거늘 너희가 나를 무시하는도다(요 8:49).

"공경"이란 마음 전체를 한 대상에게 집중하는 것입니다. '영광을
돌린다'는 말과 같은 뜻입니다. 영광을 돌린다는 것은 내 마음의 스포트
라이트를 하나님께 비춘다는 뜻입니다. 스포트라이트는 특정 인물이
나 대상에게만 집중해서 밝게 비추는 것을 말합니다. 그러니까 내 마음
전체를 하나님께 집중하는 것입니다. 그러다 보면 하나님 외에 다른 것
들은 안 보이죠. 다시 말해서, 예수님은 아버지를 공경해서 마음으로 가
장 먼저 하나님을 바라보셨고, 그다음에 유대인들을 보았더니 그들이
어떤 상태라는 것입니까? 마귀에게 속아서 영적으로 완전히 마귀의 종

노릇을 하고 있는 상태라는 것입니다.

유대인들은 입으로는 하나님의 백성이라고 했지만 하나님을 알려고도 하지 않았고, 사랑하지도 않았고, 오히려 하나님을 이용하여 세상의 욕망을 추구했습니다. 그들의 마음은 이 세상이 전부이며, 이 세상이 원하는 것을 갖는 것이 성공이라고 생각했으며, 예수님이 그들에게 주시려는 진정한 하나님과의 만남을 통한 자유, 참된 자유를 원하지 않았습니다. 그들의 가치관은 거짓말쟁이 마귀의 가르침을 철저히 따라가는 삶이었던 것입니다.

무엇을 먼저 보느냐가 이렇게 중요합니다. 지금 유대인들은 자기들의 눈으로 예수님을 바라보고, 자기들의 귀로 예수님의 말씀을 듣고 예수님을 판단합니다. 그러나 예수님은 먼저 하나님을 바라보셨고, 하나님으로 마음을 채운 후에 유대인들을 바라보십니다. 하나님 아버지를 먼저 보고 그다음에 세상을 보면, 그냥 세상을 바라보는 것과는 완전히 다르게 보입니다. 예를 들면, 지금 돈이 없어서 쩔쩔매고 있습니다. 건강 때문에 염려가 됩니다. 그러나 일단 먼저 내 마음이 하나님만 바라봅니다. 하나님께 집중합니다. 그다음에 내 현실을 바라보면 다른 사람들이 보는 것과는 전혀 다른 것이 보인다는 말입니다.


## 진리로 자유롭게 된 사람의 특징

그렇다면 진리로 자유롭게 된 사람은 그렇지 않은 사람과 어떤 점이 다를까요? 세 가지만 살펴보겠습니다.

첫째로, 죽음에 대한 생각이 달라집니다.

진실로 진실로 너희에게 이르노니 사람이 내 말을 지키면 영원히 죽음을 보지 아니하리라(요 8:51).

'내 말을 지킨다'는 것은 예수님과 내가 십자가에서 연합한다는 것을 의미합니다. 이렇게 예수님과 연합하면 죽음을 보지 않게 된다는 말입니다. 그런데 예수님과 연합한다고 우리가 안 죽나요? 인간의 몸은 흙에서 와서 흙으로 돌아갑니다. 우리 육신은 언젠가 반드시 죽습니다. 그런데 안 죽는다는 것은 무슨 뜻일까요?

진정한 죽음은 육체의 죽음이 아닙니다. 하나님과 나의 관계가 끊어지는 것입니다. 앞 장에서 언급했듯이, 마귀는 우리를 속여 육체의 죽음만을 죽음으로 여기게 만들었습니다. 그런데 내가 예수님의 십자가와 굳게 연합하면 하나님을 알게 되고, 하나님 안에서 영원한 생명을 얻게 됩니다. 그런 의미에서 죽음을 보지 않게 됩니다.

이제 내가 하나님 안에서 영원한 생명을 얻어서, 진정한 의미에서 죽지 않는다는 것을 깨닫게 되면 어떤 현상이 생겨날까요? 하나님을 바라보고 내 죽음을 바라보면 죽음에 대해 두려워하지 않게 됩니다. 죽음의 존재감이 제로가 되는 것입니다. 살아 있는 사람에게 죽음이 얼마나 큰 사건입니까? 앞으로 나에게 일어날 가장 큰 사건이 자기의 죽음인데, 그래서 죽는다는 말만 들어도 사람들은 기겁을 하는데, 죽음을 두려워하지 않게 된다니 얼마나 놀라운 일입니까?

우리 신앙의 선배들이 순교할 때 모습이 이러했습니다. 스데반은 순교할 때 천사의 얼굴이 되었습니다. 사도 바울은 빌립보서 1장에서 이렇게 말했습니다.

내가 그 둘 사이에 끼었으니 차라리 세상을 떠나서 그리스도와 함께 있는 것이 훨씬 더 좋은 일이라 그렇게 하고 싶으나 내가 육신으로 있는 것이 너희를 위하여 더 유익하리라(빌 1:23-24).

내 마음이 하나님을 집중하여 바라보니까, 그 후에 내 육체를 보니까 내 마음에 죽음이 안 보이는 것입니다. 그래서 죽음의 존재감이 제로가 되고, 죽음이 두렵지 않게 되는 것입니다. 그러므로 진리로 자유로워진 사람은 죽음에 대한 두려움이 사라지고, 오히려 하나님을 만날 그날을 소망하게 됩니다. 엄청난 자유입니다.

둘째로, 진리로 자유롭게 된 사람에게는 어떤 변화가 올까요?

예수께서 이르시되 진실로 진실로 너희에게 이르노니 아브라함이 나기 전부터 내가 있느니라 하시니(요 8:58).

유대인들이 가장 존경하는 믿음의 조상 아브라함은 시간과 공간 속에 태어났다가 그 속에서 죽었습니다. 그런데 아브라함이 나기 전부터 예수님은 계셨습니다. 시간과 공간의 바깥에서 아브라함이 태어나는 것도 보셨고, 아브라함의 삶이 끝나는 것도 보셨습니다. 다시 말하면, 예수님은 시간과 공간의 바깥에 계셨다는 말입니다. 그러므로 예수님과 연합하고 하나님 아버지가 내 마음에서 스포트라이트를 받으실 때, 예수님이 느끼는 것과 똑같은 일이 우리에게도 일어납니다. 우리 마음도 예수님과 연합하여 시간과 공간 바깥으로 나갑니다. 몸은 이곳에 있으나 마음은 시공을 넘어서 거기서 나를 바라보게 됩니다.

'시간과 공간 밖으로 나간다'는 말은 시공간 안에서 일어나는 어떤 일도 내 마음을 흔들 수 없다는 것을 의미합니다. 내 마음이 시공간 밖으로 나가기 때문에 이 땅의 문제가 나를 사로잡지 못합니다. 물론 육신을 가진 인간이 이 세상일에 무관심할 수는 없지요. 그러나 예수님 없는 사람의 입장에서는 이 정도의 상황이면 정말 죽을 것 같은데, 미칠 것 같고, 마음이 다 썩어 버려야 할 것 같은데, 오히려 그런 가운데서도 웃으면서 감사하면서 찬송을 부를 수 있는 것입니다.

셋째, 진리로 자유로워진 사람이 세상 사람들을 보면 어떻게 보일까요? 마귀에게 속고 있는 것이 보입니다. 그렇다면 반대로, 진리로 자유로워지지 못한 사람이 진리로 자유로워진 사람을 볼 때는 어떻게 보일까요? 그 사람이 미친 사람처럼 보입니다. 아무리 생각해도 이해가 되지 않는 것입니다. 세상이 감당할 수 없는 사람이 됩니다.

정리하면, 진리로 자유로워진 사람은 죽음을 두려워하지 않게 되고, 시간의 바깥에서 시간을 바라보면서 이 세상일에 좌우되지 않으며, 세상 사람들이 얼마나 마귀에게 속아서 살아가고 있는지 알게 됩니다.

이것은 정말 놀라운 일이지만, 사실은 당연한 것입니다. 영원한 생명의 하나님을 바라보고 있는데 어떻게 죽음이 두렵겠으며, 시공을 초월하신 주님을 만났는데 어떻게 시간 속에 갇히겠습니까? 또한 영적인 눈으로 세상을 바라보는데 사람들이 잘못된 가치관에 붙들려 살아가는 것이 어찌 안 보이겠습니까?

주중에 장례식이 있었는데, 어느 권사님이 돌아가셨는데 가족이 없어서 유족석에 아무도 없었습니다. 그분은 가난하셨고, 몸은 병들어 20년 넘도록 중환자실을 수없이 드나들었습니다. 폐 한쪽이 없어서 숨도 제대로 쉬지 못하는 분이었습니다. 갈비뼈도 한쪽이 없어서 똑바로 앉지도 못했습니다. 신장도 한쪽만 있어서 많이 힘들었습니다.

생전에 저를 만나고 싶다고 해서 방문했습니다. 너무 안쓰러워서 제가 물었습니다. "힘들지 않으세요?" "힘들지만 저는 늘 행복합니다." 환하게 웃으셨어요. "왜 행복합니까?" "하나님이 계시잖아요. 천국이 내 집이잖아요. 내가 가야 할 곳이 있잖아요." "그럼 권사님은 성공하셨네요." "가난한 노인네가 혼자 살면서 늘 아픈데 성공했다고 할 수 있을까요?" "인생을 살면서 우리가 하나님 앞에 드릴 수 있는 가장 귀한 것이 마음인데, '저는 이 세상 모든 것보다 하나님을 더 사랑합니다' 이 고백을 진정으로 할 수 있다면 그것이 최고의 성공입니다."

"아, 그것은 확실합니다. 하나님보다 더 좋은 것은 이 세상에 아무 것도 없습니다. 그럼 저는 행복한 사람이고 또 성공한 사람이군요." "제가 볼 때는 확실히 그렇습니다, 권사님. 지금 무엇을 하고 싶습니까?" "목사님과 함께 찬송을 부르고 싶어요." "무슨 찬송을 좋아하세요?" "303장입니다." "좋지요, 저도 그 찬송 좋아합니다. 함께 부릅시다."

"날 위하여 십자가의 중한 고통 받으사 대신 죽은 주 예수의 사랑하신 은혜여 보배로운 피를 흘려 영영 죽을 죄에서 구속함을 받은 우리 어찌 찬양 안 할까"(새찬송가 303장 1절). 저는 찬송을 그렇게 행복하게 부르는 분을 본 적이 없습니다. 춤을 추듯이 찬송을 부르는데 정말 온몸과 마음과 영혼으로 기뻐하며 부르는 것이 느껴졌습니다. 진리로 자유롭게 된 사람이 아주 가까운 곳에도 있다는 것을 알게 되었습니다.


| 나는 어느 쪽인가


하나님을 공경하며, 하나님을 집중하여 바라보는 예수님이 보실 때 유

대인들은 마귀의 거짓말에 속아서 살아가는 사람들이었고, 세상을 바라보는 유대인들이 볼 때 예수님은 도무지 이해할 수 없는 분이었습니다. 여러분은 둘 중에 어느 쪽입니까? 예수님 쪽입니까, 유대인 쪽입니까? 중간은 없습니다. 한쪽을 선택해야 합니다.

여러분은 진리를 통해 자유롭게 되었습니까? 그 결과 죽음에 대한 두려움이 사라졌습니까? 내 몸은 시공간 안에 살고 있지만 내 마음은 시공간 밖에서 세상의 일을 바라보고 있습니까? 그래서 이 땅의 문제가 나를 흔들어 대지 못합니까? 그런데 너무나 많은 사람들이 마귀에게 속아서 이 세상이 다인 것처럼 살아가고 있는 것이 보입니까? 진리 안에서 자유롭게 된 사람으로 살아가시길 바랍니다.

살아 계신 하나님! 예수님과 유대인들은 엄청나게 대립했습니다. 왜 그런 충돌이 일어나게 되었는지 살펴보았습니다. 우리가 무엇을 바라보며 살아가고 있는지, 마음을 집중하여 하나님을 보고 있는 사람들인지, 그렇지 않은지에 따라서 너무나 다른 결과가 나타난다는 것을 보여 주셔서 감사합니다. 예수님의 말씀 안에 거하고, 십자가를 붙들고, 진리이신 하나님을 만나서 참된 자유를 누리게 하소서. 진리로 자유롭게 된 사람은 죽음을 보지 않는다고 하셨으니, 우리가 죽음을 두려워하지 않게 하소서. 진리로 자유롭게 된 사람은 마음이 시공간 밖으로 나가서 세상을 바라본다고 하셨으니, 우리가 저 영원한 나라에 마음을 두게 하시고, 이 땅의 일에 마음을 빼앗겨 일희일비하며 살지 않게 하소서. 진리로 자유롭게 된 사람은 세상 사람들이 마귀에게 속아 잘못된 가치관을 가지고 살아가고 있다는 것을 알게 된다고 하셨으니, 우리가 이 세상의 잘못된 가치관에 빠져서 살지 않게 하소서.

## 함께 생각하기

1  예수님은 사람이 무엇을 지키면 죽음을 보지 아니하리라고 말씀하셨습니까? (51절)

2  유대인들은 그 말씀을 어떻게 받아들였습니까? (52-53절)

3  세상의 기준과 다른 평안과 담대함을 경험했던 순간이 있다면 나눠 봅시다.

# 누구의
# 죄 때문입니까

요 9:1-3

## 고통과 불행은 왜 생기는가

전에 어떤 분이 자기가 늘 기도해 주는 가정이 있는데, 목사님이 오셔서 꼭 한 번 예배를 인도해 주시면 좋겠다고 해서 그러자고 했습니다. 그날 약속한 시간에 차가 도착했고, 차를 타고 가는데 그 가정의 상황을 말해 주었습니다.

양가가 대단한 가정인데 기다리던 첫 손자가 태어났는데, 다섯 살이 되도록 말을 못하는 자폐아라는 것입니다. 백방으로 노력해도 방법이 없자, 모두 낙심해서 서로에게 책임을 돌리고 갈등하는 상태에 이르렀습니다. 젊은 아이 엄마는 죄책감으로 늘 울며 다니고, 시어머니의 강요에 의해서 절에도 다니고 점도 치러 다니기를 수없이 했습니다. 그러던 어느 날 정신이 들면서 '내가 결혼하기 전에 미션스쿨을 다녔는데 이러면 안 되지. 내가 하나님을 찾아야 하지 않겠는가?' 결심하고 시어머니를 졸라서 허락을 받고, 그날 가정에서 예배를 드리게 되었다는 내용이었습니다.

가 보니 양가 어른들도 다 모여 있었습니다. '무슨 말씀을 해야 할까?' 기도하는데, 가족들이 둘러앉아서 아이에게 삿대질하는 그림이 눈에 보였습니다. 그 순간 알았습니다. 가족들이 너무도 많은 기대를 아이에게 했던 것입니다. 귀한 자손이니 잘 키우고 싶었겠죠. 이 아이는 원래 말이 늦은 아이인데, "빨리 말 좀 해 봐라. 왜 말을 하지 않느냐? 아빠, 엄마라고 불러 봐라. 할아버지, 할머니 해 봐라. 어서, 응?" 이렇게 아이를 재촉하니, 아이는 자꾸 주눅이 들어서 그렇게 된 것입니다. 조급함이 자폐아를 만든 것입니다. 그걸 느꼈습니다.

그래서 요한복음 9장 본문을 가지고 말씀을 전했습니다. "이 아이는 복덩어리입니다" 했더니 모두 다 깜짝 놀라면서 '무슨 소린가?' 싶어 저를 빤히 쳐다보는 거예요. "이 아이가 아니면 이 가정에서 하나님께 예배드리는 것이 가능했겠습니까? 온 식구가 한자리에 모여서, 하나님을 찾고, 처음으로 이 가정에서 예배를 드리게 만들었으니 대단하잖아요? 가문을 위해 큰일을 했습니다. 하나님이 이 가족을 구원하시는 데 사용된 복덩어리입니다. 지금 마음이 다들 급하시겠지만, 한평생 말하고 살 것인데 천천히 시작해도 됩니다. 이렇게 생각하고 여유를 가지세요. 누구의 죄 때문이 아닙니다. 하나님이 아이를 통해 하실 일이 있기 때문에 이렇게 된 것입니다. 시간이 지나면 반드시 좋아질 것입니다. 여유를 가지고 기다리면 좋은 일이 있을 것입니다." 예배를 마치고 나왔습니다.

그리고 분주하게 지내다 보니 다 잊고 있었는데, 아이는 2년 후에 한 살 늦기는 했지만 일반적인 초등학교에 들어갔고, 가족들도 교회에 잘 다니고, 아이 엄마는 자폐아를 치료하는 사람이 되려고 다시 공부를 시작했다는 얘기를 들었습니다.

예수님과 제자들은 길을 가다가 맹인을 보았습니다. 그는 예루살렘 사람들이 다 아는 거지였습니다. 돈이 있다면 주었겠지만 돈도 없고, 그냥 지나가기에는 너무나 마음이 아파서 제자들은 예수님께 질문했습니다.

이 사람이 맹인으로 난 것이 누구의 죄로 인함이니이까 자기니이까 그의 부모니이까(요 9:2).

이스라엘 사람들은 모든 고통과 불행은 죄 때문이라고 믿었습니다. "분명히 저 맹인의 고통은 죄 때문인데, 그렇다면 부모의 죄 때문입니까, 자기의 죄 때문입니까?"라고 물은 것입니다. "부모의 죄 때문이라면 얼마나 억울합니까? 자기 잘못도 아닌데 날 때부터 맹인이 되어 한평생 구걸하며 살아야 한다니 얼마나 비참한 일입니까? 아니면 자기 죄 때문입니까? 그렇다면 할 수 없지만 갓 태어난 아기가 무슨 큰 죄를 지었다고 맹인으로 태어난단 말입니까? 그것을 보면 자기 죄는 아닌 것 같고…. 분명히 죄 때문인데 그렇다면 누구의 죄 때문입니까?"

우리는 어떤 일의 원인을 누구에겐가 돌리려 합니다. 이것을 사회학 용어로 '원인 귀속'이라고 합니다. 원인을 누구에겐가 귀속시켜야만 마음이 놓입니다. 원인이 있으니까 결과가 생긴 것 아니겠습니까? 그런데 원인은 찾으면 반드시 나오게 되어 있습니다. 사실 나면서부터 맹인이 되었다면 이것은 의학적으로 부모의 잘못일 확률이 아주 높습니다. 그들도 그런 심증을 가지고 있었습니다. 그러므로 억울하다는 것이지요.

## 고난의 미래적 목적

그러나 예수님은 그렇게 말씀하시지 않았습니다. 예수님의 대답이 놀랍습니다.

예수께서 대답하시되 이 사람이나 그 부모의 죄로 인한 것이 아니라 그에게서 하나님이 하시는 일을 나타내고자 하심이라(요 9:3).

제자들의 사고방식을 완전히 뒤집어 놓으십니다. "누구의 죄도 아니고, 하나님이 그 사람을 통해서 하실 일이 있기 때문에 이 사건이 있는 것이다." 그렇다면 그 사람이나 부모는 전혀 죄가 없다는 말인가요? 아닙니다. 이 맹인도 하나님 앞에 죄인이고, 그 부모도 마찬가지입니다. 그러나 이 사람이 맹인이 된 것은 그들의 어떤 죄와 일대일로 결부시킬 수 있는 것이 아니라는 말입니다. 그보다 더 높은 하나님의 뜻이 있기 때문이라는 것입니다. 그렇다면 하나님이 하시고자 하는 일이 무엇입니까? 미래적인 일입니다. 한마디로, 고난에는 '미래적 목적'이 들어 있다는 것입니다.

우리는 어떤 사건의 원인을 과거에서 찾을 때가 많습니다. 찾다 찾다 안 되면 "전생에 무슨 죄가 많아서!" 하며 전생까지 나옵니다. 어떤 할머니가 어린 손녀가 빽빽 울자 이렇게 말했습니다. "이년아, 그러니까 네 에미가 죽었지!" 아니, 누구에게 원인을 돌립니까? 아이가 얼마나 상처를 받았겠습니까?

그러나 주님은 말씀하십니다. "그것보다 한 차원 더 높은 원인이 있다. 그것은 미래적 원인이다. 하나님이 그 사람을 통해 미래에 하실 일을 위해 고난이 있을 수 있다"는 것입니다. 과거 누구의 죄 때문에 맹인이 되었다는 것과, 앞으로 그를 통해 하나님이 하시고자 하는 뜻이 있어서 맹인이 되었다는 것은 의미가 완전히 달라지는 것입니다. 그렇다고 해서 과거적 견해가 아예 무의미하다는 것은 아닙니다. 그보다는 오히려 더 높은 차원에서 생각해야 한다는 것입니다. 더 높은 원인이 미래적 원인이고, 이런 해석이 '신학적 고난 이해'입니다.

예를 들어 볼까요? 모세는 미디안 광야에서 40년간 양을 쳤습니다. 고독과 좌절 가운데 40년을 보냈습니다. 그가 이렇게 고생한 이유는 무엇일까요? 애굽 왕자였을 때, 그는 이스라엘 사람을 도와주려고 하다가 애굽 사람을 죽였습니다. 그것 때문에 자신의 신분이 탄로 나게 되었고, 애굽에 있다가는 죽을 수밖에 없어 미디안 광야로 도망갔습니다. 이것이 40년 광야 생활의 과거적인 원인입니다.

그러나 진정한 이유는 앞으로 있을 이스라엘 백성의 출애굽 사건과 광야 40년 생활을 인도할 준비를 위한 것이었습니다. 그러니까 이스라엘 민족의 미래를 위한 고난이기도 했습니다. 모세는 하나님께 부름 받고 이스라엘 백성을 인도하라는 명령을 받았을 때, 비로소 자기 과거의 의미를 깨닫게 되었습니다. 그전까지 40년 광야 목동 생활의 의미는 묻힌 채로 어둠 속에 있었습니다.

시험에 떨어졌습니다. '더 열심히 공부하지 않았기 때문이다.' 과거적인 원인입니다. 그런 요소도 있을 수 있습니다. 그러나 과연 그것뿐일까요? 아닙니다. 나를 더 성숙하고 겸손한 사람으로 만들어 사용하시려는 하나님의 미래적인 의미도 들어 있는 것입니다. 실패를 통하여 목표하는 학교도 달라지고, 전공도 달라지고, 만나는 사람도 달라집니다. 이런 과정을 통하여 하나님은 그 사람을 통해 하시고자 하는 일을 이루어가기도 하십니다.

여러분은 계획한 인생길을 그대로 걸어오셨나요? 원하는 대로 되었나요? 아닐 겁니다. 그러나 실패를 통해 새로운 길로 인도함을 받지 않으셨나요? 그런 시간을 통하여 하나님은 더 높은 길, 나를 통해 하시고자 하는 새로운 길로 얼마든지 인도하실 수 있습니다.

그러므로 고난을 당했다면 낙심하거나 좌절만 하지 말고, 그 원인을 물어보세요. 그러나 과거적 원인보다 더 중요한 미래적 원인(이것을 다른 말로 표현하면 목적입니다), 즉 목적을 물어보십시오. "하나님, 제가 왜 병들었습니까? 몸 관리를 잘하지 못해서, 너무나 과로했기 때문입니까? 아니면 이것을 통해 하나님이 하시려는 일이 있나요?" 이것이 신앙인의 올바른 자세입니다. "왜 이런 일이 있습니까? 누구 때문입니까?" 너 때문이라고 원망하거나, 나 때문이라고 자책하지 말고 "무슨 일을 하시려고 이런 일이 있는 것입니까?"라고 질문해야 합니다. 그럴 때 새로운 시야가 열릴 것입니다.

오늘 내가 만난 사건의 의미를 다 알 수는 없습니다. 미래에 가서 그 의미는 분명해질 것입니다. 그러므로 현재만 놓고 판단하면 안 됩니다.

"이런 일이 일어난 것은 하나님이 나를 사랑하시지 않기 때문이다. 하나님이 왜 나를 미워하시는가?" 이런 말을 함부로 하지 마세요. 욥기 23장에서 욥은 엄청난 고통 속에서 이렇게 고백했습니다.

그러나 내가 가는 길을 그가 아시나니 그가 나를 단련하신 후에는 내가 순금같이 되어 나오리라(욥 23:10).

나의 가는 길을 내가 압니까? 모릅니다. 그럼 누가 압니까? 오직 하나님이 아십니다. "지금 나는 모르지만 이것을 통해 하나님은 나를 단련시켜 순금을 만드실 것을 믿습니다. 미래적 목적이 있어서 이런 일을 주셨다는 것을 고백합니다." 그러면서 미래를 바라보며 새 힘을 얻고, 마침내 승리합니다. 이것이 신앙인의 사고방식입니다.

## | 예수님을 만나면

그런데 여기서 질문이 생깁니다. 하나님이 하시고자 하는 일을 위해 이런 고난이 있는 것이라면 하나님이 이 맹인에게 "네가 수십 년 후에 예수님을 만날 텐데, 그날 너의 눈을 뜨게 해서 나의 영광을 드러내겠다. 그러니까 너는 맹인으로 태어나서 그날을 기다려라" 하신 것일까요? 다시 말하면, 하나님의 영광을 위해 그 사람에게 하나님이 고난을 주신다는 말인가요? 아닙니다. 과거적 원인도, 도덕적 원인도 있어요. 그러나 거기에 매이지 말라는 것입니다. 왜냐하면 그렇게 되면 원망과 분노에 사로잡히고, 자책하고 낙심하게 되기 때문입니다. 거기서 벗어나 더 높은 하나님의 뜻을 바라보라는 것입니다. 그게 무엇일까요? 5절을 보십시오.

내가 세상에 있는 동안에는 세상의 빛이로라(요 9:5).

예수님은 세상의 빛이신데, 빛이신 예수님을 만나기 전에는 빛이 없기 때문에 내 삶의 의미를 완전히 파악할 수 없습니다. 진정한 빛이신 예수님을 만나게 될 때, 풀리지 않았던 내 인생의 비밀과 고난의 이유가 선명하게 드러납니다. 그러니까 예수님을 제대로 만나면 맹인에게 일어난 일이 우리에게도 일어나는 것입니다.

어느 분이 아들을 위해 간절히 기도하는 분인데, 그 아들이 지금 감옥에 있다는 사실이 앞으로 평생 아들의 발목을 잡을 것을 걱정하다가 "그 아이에게도 좋은 미래가 있을까요?"라고 물었습니다. 어머니의 무거운 마음이 그대로 느껴졌습니다. 그래서 이런 얘기를 해 주었습니다.

"영적인 공식이 있습니다. 어떤 사람이 잘못해서 감옥에 갔습니다. 그런데 감옥에서 진정으로 예수님을 만났다면 그 사람은 새로운 피조물이 된 것입니다. 그의 옛사람은 죽었고, 과거의 죄와 그의 관계는 끊어졌습니다. 그러므로 옛날의 죄와 감옥에 있는 사건과는 관계가 없어졌습니다. 지금 감옥에 있는 것은 과거의 실수나 죄와는 상관없는 중립적 사건이 되고, 과거의 원인들은 제로가 됩니다. 그러므로 과거의 어떤 것이 그의 현재를 지배할 수 없습니다. 그 상태에서 그는 새 출발이 가능합니다. 그가 새롭게 영접한 예수님이 그의 주인이 되어서 감옥에서부터 그의 삶을 인도하실 겁니다. 이것은 놀라운 신비이며 엄청난 자유입니다. 그러므로 자녀가 감옥에 간 것이 평생 아들의 발목을 잡을 것이라고 낙심하지 마시고, 아들이 진정으로 예수님을 만난다면 그에게 언제나 새로운 인생이 열린다는 것을 믿고, 감옥에서 아들이 꼭 예수님을 만나게 해 달라고 기도하세요.”

예수님의 십자가는 내 모든 어두운 과거를 치료하고, 흡수하고, 원점으로 돌이켜서 새 출발을 하게 해 줍니다. 이것이 예수님을 제대로 만난 자에게 주어지는 은총입니다. 새로운 창조가 시작된 것입니다. 그 새로운 창조의 상징으로 주님이 하신 일이 무엇입니까? 예수님은 흙으로 사람을 빚어서 새롭게 창조하시듯이 흙을 이겨 맹인의 눈에다 바르시고 실로암에 가서 씻으라고 하십니다. 맹인은 그대로 실로암에 가서 눈을 씻었습니다. 그 순간 눈을 떴습니다. 할렐루야!

이 말씀을 하시고 땅에 침을 뱉어 진흙을 이겨 그의 눈에 바르시고 이르시되 실로암 못에 가서 씻으라 하시니 (실로암은 번역하면 보냄을 받았다는 뜻이라) 이에 가서 씻고 밝은 눈으로 왔더라(요 9:6-7).

눈을 뜬 다음에 그는 알게 되었습니다. 모든 사람이 다 자기를 알아보았습니다(요 9:8). “아니, 그 맹인이 아닌가?” 그 순간 그는 깨닫게 됩니다. 하나님이 나를 통해 하실 일이 있었다는 것을! ‘내가 맹인이었으므로 예수님을 만났고, 그래서 눈을 뜨게 되었고, 구원을 받게 되었고, 그것을 보고 사람들이 예수님을 믿었고, 모두 다 하나님께 영광을 돌리게 되었구나.’ 그전까지는 이유를 몰랐는데, 예수님을 만나고, 그 말씀에 순종한 결과 모든 것을 알게 되었습니다.

전에 새로 등록한 분에게 "어떻게 우리 교회로 오시게 되었습니까?" 물었더니 그분의 대답이 재미있어요. "글쎄요. 살다 보니 여기까지 떠내려 왔습니다." 그 말을 듣고 이렇게 말했습니다. "떠내려오긴요, 하나님이 보내서 오셨지요. 쓸모가 없어서 버림받은 것이 아니라 여기서 해야 할 일이 많아서 하나님이 이곳으로 보내신 것입니다." "그럼 제가 무슨 일을 해야 합니까?" "실로암에 가서 씻으면 됩니다. 실로암은 '보냄을 받은 곳'이라는 뜻입니다. 사람마다 자기의 실로암이 있습니다."

여러분이 보냄을 받은 곳은 어딘가요? 하나님이 나를 보내신 삶의 현장은 어디입니까? 그곳이 실로암입니다. 흙을 바른 채, 왜 그곳으로 가야 하는지도 모른 채, 어둡고 답답하고 의미도 모른 채 그곳에서 해야 할 일을 열심히 감당하다 보면 어느새 눈을 뜨게 됩니다. '아, 내가 여기 온 것은 오늘이 있기 위함이었구나.' 깨닫게 될 것입니다. 그때 나도 새로워지고, 나 때문에 내 이웃이 주님을 만나는 새로운 역사가 일어날 것입니다.

과거의 원인을 추구하면서 낙담하여 쓰러지지 말고, 이 고난 속에도 나를 통해 하시고자 하는 하나님의 뜻이 있고 더 높은 미래적 목적이 있음을 믿으시기 바랍니다. 하나님은 과거에 종속되지 않고 언제든지 내가 있는 곳에서 새 역사를 창조하는 능력의 하나님이심을 믿고, 다시 일어나 미래를 향하여 소망을 가지고 달려가는 성도들이 되기를 기도합니다.

**함께 기도하기**

살아 계신 하나님! 나면서부터 맹인인 사람을 바라보며 제자들은 "누구의 죄 때문입니까?"라고 물었습니다. 그러나 예수님은 "이 사람의 부모나 이 사람의 죄가 아니다. 하나님이 이 사람을 통해 하실 일이 있기 때문이다"라고 하셨습니다. 고난에는 과거적 원인만 있는 것이 아니라 미래적 원인도 있다고 말씀하셨습니다. 오늘 우리도 묻습니다. "이것은 누구 때문이며, 어떤 죄 때문입니까?" "너 때문이다" 혹은 "나 때문이다" 하며 미워하고, 낙심하고, 좌절하고, 쓰러집니다. 그러나 이것을 넘어서는 미래적인 하나님의 뜻, 그 목적이 있음을 잊지 않게 하시고, 비록 지금 내가 다 알지 못하지만 하나님이 나의 길을 아시고 인도하시며, 나를 순금같이 만드실 것을 믿고 일어서게 하소서. 지금까지 나를 눌렀던 무거운 인생의 짐을 벗고, 내 삶의 의미에 눈을 뜨는 감격이 넘치게 해 주소서. 나를 통해 하나님이 하시려는 일이 있다는 것을 믿게 하시고, 그렇게 서로를 격려하고, 위로하고, 소망을 주며 미래를 향해 함께 걸어가게 하소서.


**함께 생각하기**

1   제자들은 맹인이 된 이유가 무엇 때문이냐고 물었습니까? (2절)

2   예수님은 그 일이 무엇을 나타내기 위함이라고 말씀하셨습니까? (3절)

3   힘들었던 사건이 지나고 나서 하나님의 일로 새롭게 이해되었던 경험이 있다면 나눠 봅시다.

# 육적 맹인과 영적 맹인

요 9:35-41

## | 무엇에 취해 있는가

젊은 수도사가 나이 많은 스승에게 물었습니다. "저는 오랫동안 명상도 하고, 고행도 하고, 기도도 했지만 하나님을 만나지 못했습니다. 어떻게 해야 하나님을 만날 수 있겠습니까?" "바로 네 옆에 계시지 않니?" 젊은 수도사는 주위를 두리번거리더니 다시 말했습니다. "보이지 않습니다. 저는 왜 그분을 볼 수 없는 것입니까?" 그러자 스승은 말했습니다. "자네는 술 취한 사람이 왜 자기 집을 못 찾고 헤매는지 아는가? 왜 사람을 알아보지 못하고 비틀거리는지 아는가? 취했기 때문이다. 그러니 무엇이 너를 취하게 만들었는지 알아내라. 하나님을 만나기 위해서는 취하지 않아야 하느니라. 깨어 있어야만 하느니라."

예수회 신부인 앤소니 드 멜로(Anthony de Mello)가 쓴 《일분 지혜》(분도출판사, 1996)라는 책에 나오는 이야기입니다. 현대인들은 하나님이 주신 깨끗한 마음과 순결한 양심을 잃어버리고 욕망과 분노와 쾌락에 붙들려 술 취한 사람처럼 살아간다는 것입니다. 이제는 깨어서 하나님을 똑바로 바라보아야 합니다.

앞 장에서 우리는 나면서부터 맹인이었던 사람이 눈 뜬 사건을 살펴보았습니다. 사람들은 "저 사람이 맹인이 된 것은 누구의 죄 때문입니까?"라고 과거적 원인을 물었습니다. 그러나 예수님은 "그 사람을 통해서 하나님이 하실 일이 있기 때문이다" 하며 미래적 원인을 말씀하셨습니다. 그리고 고쳐 주셨습니다. 맹인은 눈을 떴습니다.


## 왜 안식일에 맹인을 고쳤는가

그날은 안식일이었는데, 이 놀라운 사건을 보면서 사람들은 둘로 갈라졌습니다. "왜 안식일에 맹인을 고치는가? 안식일을 지키라는 하나님의 계명을 어긴 것 아닌가? 그는 죄인이다." 이렇게 말하는 사람들이 있었고, 반대로 "죄인이 어떻게 날 때부터 맹인인 사람의 눈을 뜨게 할 수 있느냐?"라고 말하는 사람들도 있었습니다(요 9:16). 그들은 서로 분쟁했습니다. 그러나 바리새인들 대부분은 이 놀라운 사건을 받아들이고 싶지 않았습니다. 그래서 이 사건을 은폐하기 위해 세 가지 시도를 합니다.

먼저는 그 부모에게 물었습니다. "이 사람이 정말 네 아들이냐?" 만약에 "아니다"라고 하면, 이 모든 사건을 조작된 것으로 만들 수 있습니다. 예수님이 맹인이 아닌 사람에게 "네가 맹인이었다고 말하고 예수라는 분이 시키는 대로 했더니 낫게 되었다"고 거짓 증거를 하게 했다고 프레임을 씌울 수 있습니다. 그러면 예수님을 코너로 몰아갈 수 있습니다. 또한 "이 사람이 당신 아들이라면 정말 그가 태어날 때부터 맹인이었는가?"를 확인합니다. 중간에 맹인이 되었다면 눈을 떴다고 하더라도 대단한 기적은 아니기 때문입니다. 상황이 바뀌면 얼마든지 다시 눈을 뜰 수 있는 가능성이 있기 때문입니다. 그런데 그 부모는 두 가지 질문에 정확하게 대답합니다. "그는 우리 아들이 맞고, 그리고 분명히 나면서부터 맹인이었습니다."

그런데 예수님이 고친 것이 확실하다고 말하지는 않았습니다. "어떻게 해서 보게 됐는지, 누가 눈을 뜨게 했는지 우리는 모릅니다. 아들이 다 컸으니 그에게 직접 물어보세요." 왜 이렇게 말했을까요?

그 부모가 이렇게 말한 것은 이미 유대인들이 누구든지 예수를 그리스도로 시인하는 자는 출교하기로 결의하였으므로 그들을 무서워함이러라 이러므로 그 부모가 말하기를 그가 장성하였으니 그에게 물어보소서 하였더라(요 9:22-23).

예수님이 고쳤는지 몰라서가 아닙니다. 분명히 알았지만 예수님이 고쳤다고 말하면 예수님을 그리스도(메시아)로 인정하는 것이고, 그렇게 되면 출교시키겠다고 압박했기 때문입니다. "네 눈으로 직접 본 것이 아니면 조심해. 잘못하면 끝장이야." 이런 압박을 받고 알아서 물러선 것입니다.

마지막으로, 이제 남은 방법은 하나뿐입니다. 직접 그 사람을 불러서 질문하는 것입니다.

이에 그들이 맹인이었던 사람을 두 번째 불러 이르되 너는 하나님께 영광을 돌리라 우리는 이 사람이 죄인인 줄 아노라(요 9:24).

아주 교묘한 말입니다. 어떻게 대답해야 하는지 다 가르쳐 주고 있습니다. "예수가 너를 위해서 무엇을 했느냐?"라고 물으면서 기다리는 대답이 있다는 것입니다. "그 사람은 나에게 아무것도 해 준 것이 없습니다. 그런데 어쩌다가 눈을 뜨게 됐습니다. 그러니까 (그 사람이 아니라) 하나님께 영광 돌립니다." 이렇게 말하라는 것입니다. "예수는 죄인인데, 죄인이 고쳤을 리가 없잖아? 어쩌다가 하나님이 눈을 뜨게 하신 거니까 영광을 하나님께 돌리고, 너를 고쳐 준 그 사람에 대해 거론하지 말아라." 이런 뜻입니다.

그러나 맹인이었던 사람은 정확하게 말했습니다. "내가 이미 일렀어도 듣지 아니하고"(요 9:27)라는 말씀에서 알 수 있습니다. "나는 이미 말했습니다. 어떻게 눈을 뜨게 됐느냐고요? 앞에서 이미 대답했습니다. 지금도 그때의 대답과 똑같습니다. 예수라 하는 그 사람이 진흙을 이겨 내 눈에 바르고 나더러 실로암에 가서 씻으라 하기에 가서 씻었더니 보게 되었습니다." 이 말을 듣고 그들은 화가 났습니다. 예수님이 고쳤다는 것을 부정할 수 없었기 때문입니다. 그래서 그를 쫓아냈습니다. 맹인이었던 사람은 눈 뜬 것 때문에 큰 어려움을 당했습니다.

본문은 맹인이 눈을 뜬 다음에 일어난 사건을 왜 이렇게 자세하게 묘사하는 것일까요? 표적이기 때문입니다. 어떤 맹인이 단순히 눈을 떴다는 이야기가 아닙니다. 더 깊은 뜻이 이 사건 속에 들어 있다는 것입니다. "누가 정말 맹인인가? 육신의 눈이 먼 사람이 맹인인가, 아니면 영적으로 눈이 먼 사람이 맹인인가? 어떻게 하면 영적인 눈을 뜨고 구원을 받을 수 있는가?" 그 방법을 보여 주려는 것입니다.


## 믿는 자와 믿지 않는 자

유대 사회로부터 쫓겨난 그 사람은 낙심했습니다. 그런데 예수님이 그를 찾아가서 만나 주셨습니다.

> 예수께서 그들이 그 사람을 쫓아냈다 하는 말을 들으셨더니 그를 만나사 이르시되 네가 인자를 믿느냐 대답하여 이르되 주여 그가 누구시오니이까 내가 믿고자 하나이다(요 9:35-36).

"네가 인자를 믿느냐?"는 예수님의 말씀에 그는 "그분이 누구신데요? 내가 믿고자 하나이다"라고 말합니다. "인자"는 하늘에서 오신 분, 인간에게 구원을 선물로 주시는 분을 의미합니다. 그는 맹인으로 살면서 자기가 죄인이라는 생각에 사로잡혀 살았는데, 눈을 뜨고, 동시에 죄에서 자유를 얻으면서 놀라운 구원을 맛보게 되었습니다. 그 구원을 가져오시는 분, 그 인자를 믿느냐고 예수님이 물으셨을 때, 그분을 믿고 싶다는 영적인 갈급함이 생겨났습니다.

그러자 예수님은 "네가 지금 인자를 바라보고 있지 않느냐? 너와 말하는 내가 바로 인자다"라고 말씀하셨습니다(요 9:37). 목소리를 들어 보니 진흙을 눈에 발라 주고, 실로암에 가서 씻으라고 하신 바로 그분의 목소리입니다. 자기의 눈을 뜨게 해 주신 바로 그분, 자기를 죄의 무거운 수렁에서 건져 주신 바로 그분이 인자라고 하니까 그는 더 이상 고민할 필요가 없었습니다. 그 말을 듣고 그는 "주여 내가 믿나이다"(요 9:38) 하고 엎드려 절했습니다. 예수님을 인자로, 그리스도로 영접한 것입니다.

그렇다면 유대인들은 왜 이 사건을 끝까지 거부하려고 했을까요? 인간의 자기중심성 때문입니다. 자기들이 가지고 있는 안식일 규정을 가지고 예수님을 평가했습니다. 중요한 것은, 언제나 사실을 먼저 생각해야 한다는 것입니다. "맹인이 눈을 떴다. 놀랍다!" 여기서 출발해야 합니다. 그런데 그들은 사실이 아니라 당위성에서 시작했습니다. '그 사건이 내 생각에 맞는가, 맞지 않는가? 나에게 유익한가, 유익하지 않은가?'부터 생각했습니다. 자기 생각의 틀 속에 이 사건을 집어넣으려고 했습니다. 그러니 들어갈 리가 있습니까?

이론에 입각하여 사건을 재구성하면 안 됩니다. 언제나 사실이 먼저입니다. 정확한 사실을 확인하고, 그다음에 그 사건을 합리적으로 해석해야 합니다. 반대로 접근하면, 즉 해석을 먼저 하고 거기에 따라 사건을 재구성하면 실상을 볼 수 없습니다. 그런데 바리새인들은 자기들의 기준을 정해 놓고 거기에 맞지 않는다고 사건을 거부한 것입니다. 영적으로 보면 빛을 거부한 것입니다. 빛이신 예수님이 환하게 그들을 비추시자 어둠 속에 있던 그들은 고의적으로 그 빛을 거부했습니다.

본문은 맹인이 영적으로 눈을 떠 가는 과정을 보여 줍니다. 반대로, 육체적으로는 맹인이 아니지만 얼마나 영적으로 맹인일 수 있는가를 대조해서 보여 주고 있습니다. 눈에는 두 종류가 있습니다. 육신의 눈과 마음의 눈입니다. 육신의 눈은 세상을 바라보라고 주신 것입니다. 마음의 눈은 하나님을 바라보라고 주신 것입니다. 용도가 아예 다릅니다. '어떻게 그럴 수 있나?' 이상하게 생각하는데, 아닙니다. 이상할 것 없습니다.

예를 들어 봅시다. 충성스러운 신하는 자기 앞에 왕이 없어도 언제나 마음으로는 왕을 바라보고, 왕을 의식하고, 왕을 사랑하고 존경할 수 있습니다. 어떤 젊은 여자가 경치 좋은 카페에 앉아서 커피를 마시며 창밖의 풍경을 바라보고 있는데, 그 카페로 너무나 멋진 남자가 들어왔습니다. 그 여자는 눈으로 그 남자를 쳐다보지 않고도 마음의 눈으로 그 사람을 쳐다볼 수 있습니까, 없습니까? 있습니다. 내 눈으로 직접 바라보지 않아도 마음의 눈으로 그 사람을 바라보며 의식할 수 있습니다.

마찬가지로 하나님은 인간을 창조하실 때, 육체의 눈으로는 앞에 있는 사물을 보게 하시고, 마음의 눈으로는 하나님을 바라보도록 만드셨습니다. 성경에 그런 말이 나옵니다. 창세기 3장 1-5절을 보십시오. 사탄이 아담과 하와를 유혹할 때, 뭐라고 했습니까? "하나님이 참으로 너희에게 동산 모든 나무의 열매를 먹지 말라 하시더냐?" 그러자 하와는 "동산 나무의 열매를 우리가 먹을 수 있으나 동산 중앙에 있는 나무의 열매는 하나님의 말씀에 너희는 먹지도 말고 만지지도 말라 너희가 죽을까 하노라 하셨느니라"고 말했습니다. 그러자 사탄이 말했습니다. "너희가 결코 죽지 아니하리라 너희가 그것을 먹는 날에는 너희 눈이 밝아져 하나님과 같이 되어 선악을 알 줄 하나님이 아심이니라.”

“선악과를 따 먹으면 눈이 밝아질 것이다.”이 말이 무슨 뜻일까요? 죄를 짓고 죽게 되었는데, 눈이 밝아진다니요! 눈이 밝아진다는 것은 잘 보게 되었다는 뜻인데, 그럼 선악과를 따 먹기 전에는 잘 보지 못했다는 뜻인가요? 추론해 보세요. 선악과를 먹은 다음에 눈이 밝아져서 잘 보게 되었다는 것은 선악과를 먹기 전에는 잘 볼 수 없었다는 말입니다. 여기서 눈이 밝아졌다는 것, 잘 보게 되었다는 것은 육체의 시력이 아니라 마음의 시력을 말합니다.

다시 말하면, 타락하기 전에 아담과 하와는 마음의 눈으로 하나님만 보았습니다. 예를 들면 선악과를 따 먹기 전의 아담과 하와는 어떠했습니까? 육체의 눈을 가지고 아름다운 숲을 보고 있습니다. 그러나 마음으로는 하나님을 바라봅니다. 하나님을 바라보았더니 하나님이 그 숲을 바라보며 기뻐하시고 아름답다고 하십니다. 그것을 보고 아담과 하와도 숲을 바라보며 기뻐하고, 정말 아름답다고 감탄했습니다. 그들은 육신의 눈으로는 세상을 바라보지만 마음의 눈으로는 하나님만 바라보았고, 육신의 눈이 마음의 눈을 따라갔습니다. 그러므로 그들은 아름다운 에덴에 살았지만 아름다운 에덴에 마음을 빼앗기지 않았습니다. 마음의 눈이 하나님을 향했기 때문입니다.

그러나 사탄의 유혹에 넘어간 후에는 죄를 지었기 때문에 마음의 눈으로 하나님을 볼 수 없게 되었습니다. 그러자 마음의 눈으로 하나님을 보는 대신 이 세상을 보게 되었습니다. 세상에 대해 눈이 밝아졌고, 그 세상을 마음에 담았습니다. “저게 좋구나. 저것이 있어야 행복하겠다. 더 많이 가져야겠다. 수단 방법을 가리지 않고 내 것으로 만들어야겠다.”이것이 눈이 밝아졌다는 뜻입니다. 눈이 밝아졌다는 것은 결코 좋은 뜻이 아닙니다. 세상을 보는 눈이 밝아졌기 때문에 하나님을 볼 수 없는 영적 맹인이 되었다는 뜻입니다. 타락의 결과 마음의 눈이 멀어서 세상은 뚫어지게 보고 환히 알게 되었는데, 하나님에 대해서는 맹인이 되었다는 뜻입니다.


## | 못 보는 자와 보는 자

이렇게 영적 맹인이 된 우리를 고치기 위해서 예수님이 오셨습니다. 우리 눈으로는 빛 자체를 볼 수 없습니다. 다만 모든 사물이 잘 보이는 것을 통해 빛이 있다는 것을 알 수 있을 뿐입니다. 그 빛을 눈으로 볼 수 있게 만든 광학 기계가 프리즘입니다. 보이지 않는 하나님을 볼 수 있게 한 프리즘이 바로 예수님입니다. 예수님이 왜 사람이 되어 이 땅에 오셨습니까? 보이지 않는 하나님을 우리에게 보여 주려는 것입니다. 보이지 않는 하나님을 알고, 느끼고, 그리워하고, 사랑하게 하려고 오신 것입니다. 그러므로 예수님을 통하지 않고는 하나님을 알 수 없습니다. 따라서 예수님에 대한 반응은 하나님을 향한 반응이 되는 것입니다.

그런데 유대인들은 예수님을 눈으로 보면서도, 예수님의 음성을 들으면서도 예수님을 거부했습니다. 하나님을 거부한 것입니다. 그래서 예수님이 하신 말씀이 39절에 나옵니다.

예수께서 이르시되 내가 심판하러 이 세상에 왔으니 보지 못하는 자들은 보게 하고 보는 자들은 맹인이 되게 하려 함이라 하시니 (요 9:39).

아니, 예수님은 세상을 구원하러 오신 것 아닌가요? 맞습니다. 그러나 심판과 구원은 동전의 양면입니다. 구원을 거부하면 심판을 받게 되는 것입니다. "보지 못하는 자들은 보게 하고"에서 "보지 못하는 자들"은 누구일까요? 하나님을 볼 수 없어서 안타까워하는 사람들입니다. 마음의 눈으로 진리를 갈망하는 사람, 이 세상을 넘어서는 영원한 세상을 바라보는 사람, 영적인 맹인의 상태에 머물러 있는 것을 괴로워하는 사람, 그래서 예수님의 말씀을 듣고 받아들이는 사람, 영적으로 보지 못하는 것을 인정하고 보기를 갈망하는 사람입니다. 본문에 나오는 맹인이었던 사람이 보지 못하는 사람입니다.

이런 사람들에게 예수님은 어떻게 해 준다고 말씀하셨습니까? "보게 하고." 즉 그들의 눈을 뜨게 해서 하나님을 보게 해 주겠다는 것입니다. 예수님이 육적 맹인을 고치셨듯이 영적 눈을 뜨고 싶어 하는 그들의 눈을 뜨게 해 주겠다는 말씀입니다.

반면에 "보는 자들은 맹인이 되게 하려 함이라"에서 "보는 자들"은 누구입니까? 눈에 보이는 것이 전부라고 착각하며 그것만을 좇아서 살아가고, 영적인 진리에 대해서는 관심이 없는 자들입니다. "그들은 결국 영적인 맹인이 되게 내버려두겠다"는 것입니다. 그래서 그들은 구원에서 제외된다는 것입니다.

바리새인들은 이 말을 듣고 어떻게 반응했습니까? "우리도 맹인인가"(요 9:40)라고 했습니다. 기가 찬다는 뜻입니다. "아니, 멀쩡하게 눈 뜬 우리를 보고 맹인이라니 무슨 소리냐? 말도 안 된다. 웃긴다"고 빈정거렸습니다. 그들은 왜 스스로 눈을 떴다고 자신만만했을까요? 세상이 훤히 보였거든요. 또한 눈에 보이는 이 세상의 모든 것을 소유했고 거기에 만족했기 때문에, 보이는 세상 이외에 더 높은 세상에 대한 갈망이 없었습니다. 하나님과 그 나라의 필요성도 느끼지 못했습니다. 그들에게 예수님은 말씀하십니다.

예수께서 이르시되 너희가 맹인이 되었더라면 죄가 없으려니와 본다고 하니 너희 죄가 그대로 있느니라(요 9:41).

"너희들은 세상을 뚜렷하게 보고 있지? 너무나 잘 알지? 그러나 영적인 진리에 대하여는 맹인인데, 그 사실조차도 깨닫지 못하므로 너희들은 죄 가운데서 벗어날 수 없으리라." 이런 뜻입니다.

그렇다면 누가 맹인이고, 누가 맹인이 아닙니까? 맹인의 기준이 무엇입니까? 예수님입니다. 예수님을 바라보고 영접하는 자는 맹인이 아닙니다. 비록 육신의 눈이 보이지 않을지라도 그는 영적으로는 눈을 뜬 자입니다. 그러나 아무리 육신의 눈이 좋고, 세상을 꿰뚫어 보고 있어도 예수님을 모른다면 영적 맹인입니다.

그렇다면 어떻게 해야 영적인 맹인에서 벗어날 수 있습니까? 예수님을 바라보면 됩니다. 십자가를 바라보면 됩니다. 그러면 하나님을 알게 되고, 그리워하게 되고, 사랑하게 됩니다.

육신의 눈과 마음의 눈을 분리하십시오. 육신의 눈으로는 세상을 밝히 보십시오. 그리고 마음의 눈은 하나님께 집중하십시오. 늘 마음으로 하나님을 바라보면 영적 맹인이 되지 않습니다. 이 땅에 살면서도 하나님을 바라보며, 하나님을 사랑하며, 하나님으로 마음을 채우며 살아갈 수 있습니다. 마음의 눈으로 늘 하나님을 바라보는 우리 모두가 되기를 소망합니다.

함께 기도하기

하나님 아버지! 유대인들은 맹인이 눈을 뜬 것을 인정하고 싶지 않았습니다. 그들 자신이 하나님을 바라보지 못하는 영적 맹인들이었기 때문에, 입으로는 하나님을 알고 사랑한다고 했지만 그들의 진정한 관심과 시선은 이 땅에 있었기 때문에, 그리고 이 땅에 만족했기 때문에, 스스로를 맹인이라고 생각하지 않았기 때문에, 그들은 영원히 보지 못하는 사람들이 되었습니다. 그러나 육적 맹인이었던 사람은 자기를 어둠에서 건져 주신 예수님을 믿고 진정한 영적인 눈을 뜨게 되었습니다. 주여, 바라오니 우리로 보게 해 주소서. 영적인 눈을 뜨게 하소서. 육신의 눈도 밝게 하시고, 마음의 눈도 밝게 해 주소서. 마음의 눈이 육신을 따라가는 영적 맹인이 되지 않게 하시고, 육신의 눈이 마음의 눈을 따르게 하소서. 마음의 눈으로 늘 예수님을 바라보며, 십자가를 바라보며, 하나님을 알고, 그리워하고, 사랑하게 하소서.

함께 생각하기

1  예수님은 무엇을 본다고 하는 자들이 오히려 무엇이라고 말씀하셨습니까? (41절)

2  예수님은 자신이 무엇을 위하여 이 세상에 왔다고 말씀하셨습니까? (39절)

3  하나님을 본다고 생각했지만 사실은 보지 못하고 있었음을 깨달았던 경험이 있다면 나눠 봅시다.

# 34

# 양의 문이신
# 예수님

요 10:7-10

## 문이란 무엇인가

저는 초등학교 5학년 때 길을 가다가 큰 돌에 맞아서 죽을 뻔한 경험이 있습니다. 밤새도록 사경을 헤맸는데, 그때 많은 꿈을 꾸었습니다. 마지막 꿈은 지금도 생생합니다. 혼자서 들판을 걸어가고 있는데, 수많은 맹수들이 저에게 달려들기 시작했습니다. 이상한 괴물들도 합세해서 그수가 점점 더 많아졌습니다. 있는 힘을 다해서 도망쳤습니다. 몇 번인가 넘어지기도 했습니다.

더 이상 뛸 힘이 없다고 느끼고 주저앉으려 했는데, 갑자기 눈앞에 작은 언덕이 보였고, 그 위에는 십자가가 달려 있는 교회가 있었습니다. 그 문은 열려 있었습니다. 저는 죽을힘을 다해서 교회 안으로 들어갔습니다. 들어가는 순간에 제 뒤로 문이 저절로 닫혔습니다. 그 순간, 그 문에 수많은 화살과 창이 "타다닥" 꽂히는 소리를 들었습니다. 너무도 놀라 주저앉으면서 '휴우~' 한숨을 내쉬었고, 식은땀을 흘리면서 깨어났습니다. 그때 기도하고 계시던 어머니가 땀을 닦아 주며 "이제 정신이 드니? 얘가 살아났구나!" 기뻐하시던 모습이 눈에 선합니다. 저는 문을 생각할 때마다 그 꿈을 기억합니다. 문이 얼마나 좋은 것인지, 문은 생명과 같다는 생각을 합니다.

본문의 제목은 "양의 문이신 예수님"인데, 유목 문화 속에서 나온 비유로 예수님과 우리의 관계를 설명하고 있습니다. 중동 지방은 집 주변에 초원이 많지 않기 때문에, 멀리까지 가서 양에게 풀을 먹여야 합니다. 그래서 매일 아침에 나갔다가 밤에 집으로 돌아오기가 어렵습니다. 한 번 양 떼를 데리고 나가면 며칠 혹은 몇 주씩 있다가 돌아오는 것이 예사입니다. 낮에는 초원에서 풀을 먹입니다. 그러나 밤이 되면 들에서 잠을 자야 합니다. 일단 장소가 결정되면 목자는 양들이 무사히 밤을 지낼 수 있도록 임시 우리를 만듭니다.

여기서 두 가지 경우가 발생합니다. 첫 번째로, 목자들은 대개 낮에는 혼자 다니지만 계속 혼자 다니면 위험하기 때문에 일정한 거리를 두고 따로 다니다가 밤이 되면 함께 모입니다. 다 같이 임시 우리와 막사를 만들고, 우리 안에 이 목자, 저 목자의 양들을 막 섞어서 집어넣습니다. 양들은 겉으로는 다 똑같아 보여도 누구 양인지 다 알 수 있답니다. 양들도 자기 목자를 알고, 목자도 자기 양을 다 구분하기 때문입니다. 그리고 목자 중의 한 사람이 밤에 보초를 섭니다. 그 사람이 문지기입니다.

> 문지기는 그를 위하여 문을 열고 양은 그의 음성을 듣나니 그가 자기 양의 이름을 각각 불러 인도하여 내느니라 자기 양을 다 내놓은 후에 앞서 가면 양들이 그의 음성을 아는 고로 따라오되(요 10:3-4).

다음 날 아침 목자들이 나오면 문지기가 목자를 확인하고 문을 열어 줍니다. 양들은 목자를 찾고, 목자가 양들을 부르면 따라갑니다. 아침에 목자가 문을 열기까지 목자의 허락 없이 문은 절대로 열리지 않습니다. 그런 의미에서 목자는 양의 문입니다.

두 번째로, 목자가 혼자일 때는 우리를 어떻게 만들까요? 주위에 흩어져 있는 돌을 쌓아 올려 담을 만드는데, 특이하게도 출입구에 따로 문을 달지 않습니다. 그 대신 목자가 출입구를 막고 누워서 스스로 문이 됩니다. 밤 사이에 도둑이나 맹수가 출입구에 누워 있는 목자를 넘어가지 않고는 양을 끌고 갈 수 없게 하려는 것입니다. 이렇게 목자는 한밤중에도 자신이 문이 되어 양들을 보호합니다. 이것이 "나는 양의 문이라"(요 10:7)라는 예수님의 말씀의 의미입니다. 그래서 양들은 목자라는 문 안에서 평안히 쉬고 잠을 잡니다.

전에 KBS TV에서 티베트의 고원 지대에 사는 목자들의 삶을 방영한 적이 있습니다. 취재하던 날 얼마나 추운지 카메라가 얼어붙어서 작동하지 않았습니다. 취재진들은 텐트 안에서 떨고 있었습니다. 그런데 놀랍게도 목자들은 텐트 안이 아니라 양의 우리 앞에서 모포를 덮고 잠을 자는 것입니다. 깜짝 놀란 기자가 "이렇게 추운데 왜 밖에서 잡니까?"라고 묻자 목자는 대답했습니다. "맹수의 습격으로부터 양을 지키기 위해서는 밖에서 자야 합니다. 텐트 안에서 잠을 자면 양들의 소리를 들을 수 없기 때문입니다." 그 말을 듣고 얼마나 감동했는지 모릅니다. '저렇게 목자가 지켜 주기 때문에 연약한 양들이 안심하고 잠을 자는 것이구나' 하고 알게 되었습니다.


## 문의 세 가지 기능

예수님이 양의 문이라고 할 때, 이 문의 의미가 무엇인지를 생각해야 합니다. 문에는 세 가지 기능이 있습니다. 첫째, 문이란 유일한 통로입니다. 집이나 아파트는 문으로만 통과할 수 있습니다. 다른 곳으로는 들어가지 못합니다. 문을 통해서만 들어갑니다. 둘째, 문은 보호의 기능을 합니다. 밤이 되어 바깥은 춥고 어둡고 위험하지만, 문 안으로 들어오면 따뜻하고 안전합니다. 아무리 집이 좋아도 문이 없으면 불안합니다. 문을 닫아야 그 속에서 쉬고 평화를 누릴 수 있습니다. 문 안쪽은 또 다른 세상입니다. 셋째, 문은 허락된 사람에게만 열립니다. 가족이나 특별한 사람에게만 열립니다. 낯선 사람이나 도적은 들어갈 수 없습니다. 다시 말하면, 문은 그 사람이 들어갈 수 있는 사람인지, 아닌지를 구분합니다. 이것을 문의 '심판적 기능'이라고 합니다.

이런 내용을 전제로 해서 "나는 양의 문이라"는 예수님의 말씀을 해석하면 이렇습니다. "첫째, 나는 구원으로 인도하는 유일한 문이다. 나를 통하지 않고는 아버지께로 갈 자가 없다. 둘째, 내 안으로 들어오면 이제부터는 안전하다. 내가 너희를 보호하며 안전과 평화와 참 자유를 주겠다. 셋째, 그러나 이 문은 언제나, 아무에게나 열리는 게 아니다. 목자에게 속한 양에게만 열어 준다. 또한 지금은 열려 있으나 구원의 기회가 항상 열려 있는 것은 아니다."


## 양의 문에 대한 해석들

그렇다면 이스라엘 사람들은 '양의 문'을 어떻게 해석했을까요? 넓은 의미에서 이스라엘 국가라고 생각했습니다. 이스라엘 사람이면 양의 문으로 들어온 것으로 해석했습니다. 좁은 의미로는 유대교의 율법이 양의 문입니다. '나는 이스라엘 사람'이란 정체성을 가진 사람들, 더 정확하게 말하면 유대교의 율법을 사랑하고 지키는 자들이 양의 문을 통과한 사람들이라고 생각한 것입니다.

오늘 우리에게 '양의 문'은 무엇일까요? 많은 사람들은 교회가 양의 문이라고 생각합니다. 일단 교회에 등록된 성도들은 양의 문을 통과한 것으로 봅니다. 그러나 교회에 속했다고 다 양의 문을 통과한 것일까요? 그럴 확률이 높지만 다는 아닙니다. 좁은 의미에서 양의 문은 십자가를 의미합니다. 그러므로 십자가를 통과한 사람이 양의 문을 통과한 것입니다. 그래서 10장에서 예수님은 계속 "내가 양들을 위해 목숨을 버린다"고 말씀하십니다. 그러므로 "예수님이 나의 죄를 위해 십자가에 죽으셨다. 나도 예수님과 함께 십자가에 못 박혔다" 이것을 인정하고 믿는 자가 양의 문을 통과한 사람입니다.

십자가를 양의 문이라고 생각해 보세요. 교회에 나오는 것이 다가 아닙니다. 교회에 와서 저 십자가라는 양의 문을 열고 들어가면 그것이 구원의 문이고, 그 문을 통과하면 하나님의 나라가 열리는 것입니다. 그러니까 교회에 속했어도 양의 문 밖에 있는 사람들은 아직 십자가를 통과해야 하는 과제가 남아 있는 것입니다.


## 누가 도적이며 강도인가

그렇다면 8절, "나보다 먼저 온 자는 다 절도요 강도니"라는 예수님의 말씀에서 예수님보다 "먼저 온 자"들은 누구일까요? 모세와 선지자들과 세례 요한 같은 이들일까요? 그들이 도적이며 강도입니까? 아닙니다. 그들은 예수님의 오심을 예언하고 전했던 이들입니다. 그들이 아니고, 지금 예수님 앞에 있는 바리새인들과 유대교 지도자들이 강도라는 뜻입니다.

그들이 왜 도적이며 강도입니까? 유대교의 내용 때문입니다. '우리 유대인들은 하나님에 의해 선택된 백성이다. 왜 하나님이 우리를 선택하셨는가? 우리가 이방인들보다 낫기 때문이다. 그러므로 우리는 율법을 잘 지킬 수 있고, 율법을 잘 지키면 의로워진다.' 그들은 이렇게 생각했습니다. 그러나 하나님이 율법을 주신 이유는 무엇입니까?

우리가 알거니와 무릇 율법이 말하는 바는 율법 아래에 있는 자들에게 말하는 것이니 이는 모든 입을 막고 온 세상으로 하나님의 심판 아래에 있게 하려 함이라(롬 3:19).

"이는 모든 입을 막고", 즉 '우리가 얼마나 부족한 존재인가?'를 깨닫게 하시려는 것입니다. 학생으로 말하자면 자기 스스로 공부를 잘한다고 생각했는데, 시험을 보았더니 빵점이 나왔습니다. 그럼 어느 것이 맞습니까? '나는 공부를 잘한다'고 생각했던 자기 생각입니까, 아니면 객관적인 점수입니까? 점수가 정확한 것입니다.

율법은 하나님 앞에서 자기의 정확한 상태를 알고, 내 힘으로는 의로워질 수 없다는 것을 깨닫게 하려는 것입니다. 결국 율법은 사람으로 하여금 자기 의를 포기하고, 내 능력이 아니라 오직 은혜로 구원받는 것임을 고백하고, 예수 그리스도를 통해서만 구원받을 수 있다는 것을 계시하려는 것입니다. 그런데 유대교는 이것을 거부했습니다. 율법으로 의로워질 수 있다고 생각한 것입니다.

율법주의의 한계가 앞서 9장에 나옵니다. 나면서부터 맹인인 사람이 눈을 뜬 것은 전적인 하나님의 은혜입니다. 그러나 유대인들은 유대교에서 만든 안식일 규례, 안식일에 일을 해서는 안 된다는 자기들의 규정에 의해 "예수님이 내 눈을 뜨게 해 주셨다"고 고백하는 그 사람을 정죄하고, 출교시키고, 예수님까지 죽이려고 했습니다. 그러므로 양의 문이신 예수님께로 인도하지 않기 때문에, 그래서 결국 양들의 영혼이 구원받지 못하게 만들기 때문에 그들이 도적이며 강도라는 것입니다.

양의 문이신 예수님께로 사람들이 가지 못하게 하는 사람들, 예수님을 통하지 않고도 구원을 받을 수 있다고 가르치는 사람들, 그들이 바로 예수님이 보시기에 도적이며 강도입니다. 종교학 입장에서 말하면, 예수님 없는 구원을 말하는 모든 종교와 그 가르침은 도적이며 강도입니다.

예수님은 9절에서 "내가 문이니 누구든지 나로 말미암아 들어가면 구원을 받고 또는 들어가며 나오며 꼴을 얻으리라"고 말씀하셨습니다. 먼저 구원이란 무엇입니까? 예수님이 양의 문이기 때문에 십자가를 기준으로 우리 안은 천국이고, 우리 밖은 세상입니다. 천국의 입장에서 보면, 세상에 머물던 우리가 양의 문이신 예수님의 십자가를 통과해서 우리 안으로 들어와서 천국 백성이 되는 것입니다. 이것이 구원입니다. 사람들은 우리가 죽으면 그 후에 구원받는 것으로 생각합니다. 그러나 신앙이란 죽어서 구원을 받는 것이 다가 아닙니다. 이 땅에 살면서 날마다 꼴을 얻는 것도 포함됩니다.

그렇다면 "들어가며 나오며 꼴을 얻으리라"는 말씀은 무슨 뜻일까요? 몸은 여전히 이 세상에 있는데, 무엇이 우리 안으로 들어간다는 말입니까? 우리 몸이 십자가를 통과하여 들어갔다 나왔다 할 수 있습니까? 아닙니다. 우리 마음이 양의 문이신 예수님을 통과하여, 즉 십자가 사건을 통과하여 들어가고 나오는 것입니다. 꼴이란 소나 양이 먹는 풀입니다. '꼴을 얻는다'는 말은 들어가며 나오며 배불러진다는 뜻입니다.

'들어가며 얻는 꼴'은 내 마음이 십자가를 통과하여 하나님 앞으로 나갈 때마다 감격하는 것을 의미합니다. "나는 하나님의 자녀다. 내가 받은 이 은혜가 얼마나 놀라운가?" 이것을 깨닫고 감격하는 것입니다. 예배드리러 성전에 나올 때마다 몸만 오는 것으로 끝나면 안 됩니다. 우리 마음이 '양의 문'이신 예수님의 십자가 안으로 들어가면서 하나님으로 충만해져야 합니다.

그런데 우리 마음이 항상 십자가 안쪽에만 있을 수는 없어요. 몸은 십자가 밖에 있으니까 이 몸과 결합하기 위해 십자가 밖으로, 세상으로 나오면서 하나님의 약속과 확신과 기쁨을 가지고 "주와 같이 길 가는 것 즐거운 일 아닌가"(새찬송가 430장 1절) 찬송을 부르며, "주 언제나 나 함께 늘 동행해 주시네 주 날마다 내게 이김 주고 늘 동행해 주시네"(통합찬송가 494장 후렴) 이렇게 고백하며 나와야 합니다. 그 힘으로 세상으로 나가서 하나님의 백성으로 살아가는 것입니다. 이것이 '나오면서 받는 꼴'입니다. 십자가 안으로 들어갈 때마다 내 마음은 하나님으로 채워지고, 그 마음으로 이 땅을 살아갈 때마다 내 삶은 하나님의 도구로 쓰임 받는 기쁨을 누리게 되는 것입니다.

내가 온 것은 양으로 생명을 얻게 하고 더 풍성히 얻게 하려는 것이라 (요 10:10하).


## 풍성한 삶이란

예수님이 오신 이유는 우리로 영원한 생명을 얻게 할 뿐 아니라 더 풍성한 삶을 살게 하기 위해서입니다. '더 풍성한 삶'이란 어떤 것일까요? 주님의 축복을 받아서 모든 일이 다 잘되고, 돈도 더 많이 벌고, 그래서 더 잘살게 된다는 뜻일까요? 풍성한 삶이란 돈이 많거나 안락한 환경, 또는 사람들의 인정이 아닙니다. 그것은 풍성한 삶의 지극히 일부입니다. 진정으로 풍성한 삶은 자기 자신이 되는 것입니다. 나를 만드신 하나님의 창조 목적에 따라서 살아가는 것입니다. 이것이 풍성한 삶의 성경적 정의입니다. 소명을 이루는 삶, 철학적으로 말하면 나의 나 됨을 현실화

하는 삶, 예수님 안에서 내 삶의 의미와 가치를 깨닫고 이루는 것이 풍성한 삶의 내용입니다.

왜 오늘날 많은 사람들이 물질적인 풍요를 누리면서도 인생이 너무 허무하고 텅 빈 것 같은 고통을 느끼며 살아가는 것일까요? 나를 이 땅에 보내신 하나님의 존재를 부정하고, 내가 그 뜻대로 창조된 사실을 부정하기 때문입니다. 그러다 보니 내가 누군지, 무엇을 위해 태어났는지, 왜 살아야 하는지, 얼마나 가치 있는 존재인지 알지 못하고, 그 결과 존재의 목적과 가치를 잃었기 때문입니다. 그러므로 우리는 예수님을 통해 생명을 얻어야 하고, 우리를 향한 하나님의 뜻이 뭔가를 찾아서 그 목적에 합당한 풍성한 삶을 살아야 합니다. 그런데 이것을 방해하는 것이 10절 상반 절에 나옵니다.

도둑이 오는 것은 도둑질하고 죽이고 멸망시키려는 것뿐이요(요 10:10상).

이 땅에는 예수님의 양인 우리의 마음을 도둑질해서 이 땅에 마음을 뺏기게 하고, 이 땅에서 뒹굴며 살게 하고, 그 결과 우리를 죽음으로 인도하는 것들이 많습니다. 그것들이 다 나쁜 것일까요? 아닙니다. 이 세상에서 우리에게 가치 있고, 필요하고, 우리가 사랑하는 것들입니다. 그러나 그런 것들이 우리 마음을 하늘에서 끌어내려 이 땅에 몰입하게 하고, 하나님을 바라보지 못하게 하는 도둑이 될 수 있습니다. 그래서 생명을 도둑질당하고, 죽게 되고, 멸망에 이르는 것입니다. 그러므로 풍성한 삶을 위해서는 이런 것들을 끊어버리는 각오와 모험이 필요합니다.

세상에는 문이 참 많습니다. 출세의 문, 명예의 문, 권력의 문 등 수

많은 문들이 있습니다. 종교적으로도 수많은 문들이 있죠. 자기 의와 도덕과 율법을 통해 하나님께 갈 수 있다고 외치는 종교의 시스템들도 많습니다. 그러나 본문은 말합니다. "진정한 문은 양의 문이신 예수님 한 분뿐이다."

아무리 세상의 좋은 문을 통과한다 할지라도 양의 문이신 예수님의 십자가를 통과하지 않는 인생은 구원을 얻을 수 없고, 풍성한 삶을 살 수도 없습니다. 오직 그 문으로 들어와야 생명을 얻고, 들어오며 나가며 꼴을 얻는 풍성한 삶이 되며, 이것이 진정한 삶이며 영원한 삶이 되는 것입니다. 오직 예수! 그 문만이 생명의 문입니다. 그 문으로 들어와서 생명을 얻고 들어가며 나오며 주님으로부터 꼴을 얻고, 더 풍성한 삶을 살아가기를 기도합니다.

함께 기도하기

하나님 아버지! 지금까지 우리는 수많은 문을 통과했지만 가장 중요한 문은 '양의 문'이신 예수님임을 믿습니다. 혹시라도 우리 중에 예수님이라는 양의 문을 통과하지 않은 사람이 있다면 십자가를 통과하게 하시고, 그 문으로 들어오며 나오며 꼴을 얻는 풍성한 삶이 되게 하소서.

함께 생각하기

1  예수님은 자신을 무엇이라고 말씀하셨습니까? (7절)

2  예수님은 그 문으로 들어가면 어떻게 된다고 하셨습니까? (9절)

3  예수님 안에서 쉼과 안전을 경험했던 순간이 있다면 나눠 봅시다.

# 35

# 선한 목자이신
# 예수님

요 10:11-16

## | 목자와 양

전에 성지순례를 가서 참 인상적인 장면을 보게 되었습니다. 풀 한 포기 없는 이집트 광야를 버스를 타고 달려가고 있었습니다. 주변에는 작은 돌산이 군데군데 보였고, 버스 바로 옆에는 아주 작은 자갈로 경사진 언덕이 있었는데, 갑자기 창밖에서 먼지가 하얗게 일어나서 내다보았더니 양 한 마리가 30-40m 높이에서 미끄러져 내려와 거의 길까지 굴러서 차에 치일 뻔했습니다.

'무사한가?' 놀라서 내다보았는데, 양은 일어나 겨우 정신을 차리고는, 자기가 미끄러져 내려왔던 그곳을 향하여 힘을 다해 올라가기 시작했습니다. 조금 올라가다가 미끄러지고, 조금 올라가다가 또 미끄러지면서 간절한 마음으로 올라가는 것입니다. '도대체 어디를 향해 가는가?' 창가에 가까이 가서 올려다봤더니 저 위에서 목자가 양을 바라보고 있는 거예요. 서 있다가 앉으면서 올라오라고 휘파람을 불면서 손짓을 하는 것입니다. 그 목자를 보고 양이 사력을 다하여 '타다닥' 하면서 올라가는 장면을 보았습니다.

그 순간 '저 양은 참 착하구나. 다른 생각은 전혀 없고, 오직 목자만 바라보고 죽을힘을 다해 달려가는구나. 나는 하나님께 저런 양인가? 어떤 경우에도 목자만 바라보고 달려가는 양인가? 불평하고, 원망하고, 고집부리고, 주저하는 양은 아닌가?' 이런 생각이 들었습니다. 그 장면을 조금 더 보고 싶었지만 버스가 계속 달렸기 때문에 그 장면은 제 눈에서 사라졌습니다. '아마도 그 양이 다 올라가서 목자를 만나게 되면, 목자가 그 양을 꼭 안아 주지 않았을까?' 그런 생각을 하면서 눈물이 핑 돌았습니다. '이번 성지순례는 이 장면 하나만 기억해도 충분하다'고 생각했습니다.

저는 그 후로 '목자와 양'이라는 말을 들으면 그 장면이 생각납니다. 목자를 향하여 있는 힘을 다해 달려가는 양과 그 양을 바라보고 기다리다가 꼭 안아 주는 목자, 이 얼마나 아름다운 그림입니까?

앞 장에서 '양의 문'이란 무엇이며, 바리새인들과 유대교 지도자들이 왜 도적이고 강도인가를 살펴보았습니다. 예수님이 양의 문이기 때문에 예수님의 십자가를 통과하면 우리 안은 천국이고, 우리 밖은 세상입니다. 양의 문을 통과하는 것이 구원입니다. 그런데 유대인들은 오직 십자가의 은혜가 아니라 율법을 지킴으로 자기 의로 구원받을 수 있다고 가르쳤기 때문에, 예수님이 양의 문임을 거부했기 때문에 도적이고 강도가 되었던 것입니다. 그러니까 양의 문은 예수님과 구원받은 백성의 관계, 구원에 대한 예수님의 절대성을 나타내는 아름다운 비유입니다.

그러나 '양의 문'이라는 개념은 정적이고 수동적입니다. 이것보다 더 능동적이고 적극적인 개념이 '목자와 양'입니다. 마치 무엇과 같을까요? 두 사람이 사랑하다가 결혼식을 올렸습니다. 그러면 그들의 삶이 끝난 것일까요? 아닙니다. 결혼식은 중요하지만, 진정한 부부의 삶은 이제부터 시작입니다. 이제는 두 사람이 함께 상호 관계를 맺으면서 살아가야 합니다.

예수님과 우리의 관계도 그렇습니다. 양의 문으로 들어가는 것이 끝이 아닙니다. 이제부터는 예수님과 함께 인생길을 걸어가야 합니다. 새로운 상호 관계, 목자와 양의 관계가 시작되는 것입니다. 그래서 '양의 문' 비유 다음에 '선한 목자' 비유가 나오는 것입니다. 이제부터 목자는 양을 인도하고, 언제나 함께하고, 양의 모든 삶을 책임집니다. 양은 목자를 따르고 순종하면 됩니다.


## 선한 목자의 세 가지 특징

예수님은 본문에서 자신을 그냥 목자가 아니라 '선한 목자'라고 말씀하셨습니다. 그렇다면 선한 목자의 특징은 무엇입니까?

첫째, 선한 목자는 양들을 위해 목숨을 버립니다(요 10:11). 선한 목자는 양들을 어디까지 사랑합니까? 죽기까지 사랑합니다. 양들을 위해 기꺼이 목숨을 내놓습니다. 이 세상에서 나를 위해 죽을 사람은 없어요. 그러나 예수님은 나를 위해 죽으셨습니다. 사람들은 모두 자기를 사랑합니다. 그러나 내가 나를 사랑하는 것보다 더 나를 사랑하시는 분이 계십니다. 선한 목자이신 예수님입니다. 나를 위해 아낌없이 생명을 내놓는 목자, 그래서 예수님은 선한 목자입니다.

둘째, 선한 목자는 양들을 잘 압니다(요 10:14). 양들은 어디에 풀이 있고, 물이 있는지 몰라요. 그러나 목자는 압니다. 그래서 양들을 그곳으로 인도합니다. 양들은 길을 잃어버리면 찾아오지 못합니다. 목자가 찾아가서 데리고 와야 합니다. 목자는 양들을 잘 압니다. 어느 정도로 잘 알까요? 여러분은 자신을 잘 아시지요? 남은 몰라도 나는 나를 알잖아요. 그런데 내가 나를 아는 것보다 나를 더 잘 아는 분이 계십니다. 그분이 바로 선한 목자 예수님입니다. 예수님이 나를 나보다 더 잘 아신다는 사실을 믿으면 놀라운 변화가 생깁니다.

전에 중곡동에 있는 아차산 뒤로 밤에 산 기도를 갔는데, 캄캄하니까 아무것도 보이지가 않았습니다. 기도를 시작하려고 하는데 저 앞에서 누군가가 부르짖어 기도를 하고 있었습니다. 워낙 크게 소리를 지르니까 안 들을 수가 없었는데, 기도 내용은 아주 간단했습니다. "주님! 아시지요? 주님! 아시지요?" 그다음에 무슨 말이 나올까 궁금했는데, 한 시간 넘게 계속 그 말만 하는 거예요. 그런데 뭔가 찬송을 부르려고 하는 것 같아서 '몇 장을 부르려나?' 들어 봤더니 "아시지요? 아시지요? 아시지요, 주님? 아시지요? 아시지요? 아시지요, 주님!" 이 소리만 반복하는 거예요, 밤새도록.

처음에는 '기도를 뭐 저렇게 하나?' 생각했는데 나중에는 생각이 바뀌었습니다. "맞아, 나보다 나를 더 잘 아시는 주님이신데 내가 뭘 그렇게 이 밤에 설명할 필요가 있겠어? '나를 아시지요?' 하고 질문하면서 울면 되지." 그 기도에 큰 감동을 받았는데, 지금도 잊히지 않습니다. 주님은 나를 아십니다. 내가 나를 아는 것보다 나를 더 잘 아십니다. 그래서 선한 목자입니다.

셋째, 선한 목자는 권세가 있습니다(요 10:18). 무능하지 않습니다. 목자에게서 양들을 빼앗을 자가 아무도 없습니다. 끝까지 양들을 책임질 수 있는 분입니다. 어쩔 수 없어서 양들을 책임지고 짐처럼 여기는 것이 아닙니다. 자원하여 기쁜 마음으로 끝까지 책임집니다. 양을 죽도록 사랑하고, 너무나 잘 알고, 끝까지 책임질 능력이 있는 분이 예수님입니다. 그래서 선한 목자입니다.


| 목자와 삯꾼, 그리고 이리

인간은 모두 다 양과 같습니다. 그리고 선한 목자는 오직 예수님 한 분뿐입니다. 그러나 현실적으로 그 선한 목자는 사람을 고용합니다. 그 당시 풍습에 의하면, 양의 주인인 대목자는 자기의 많은 양 떼를 돌볼 목동들을 고용하는데, 대개 양 300마리당 한 명꼴로 채용합니다. 예수님도 선한 목자로서 자기 양을 돌볼 목동들을 부르십니다.

히브리서 13장 20절에 보면 "양들의 큰 목자이신 우리 주 예수"라는 말씀이 나옵니다. 예수님이 큰 목자(목자장)로서 작은 목자들에게 양들을 위탁하신다는 말입니다. 요한복음 21장에서도 예수님은 제자들에게 "내 양을 먹이라"고 하셨고, 베드로전서 5장에서도 "하나님의 양무리를 치라"고 말씀하셨습니다. 이사야서, 에스겔서, 스가랴서에도 하나님이 수많은 선지자들에게 그분의 양 떼를 돌보라고 위탁하시는 내용이 많이 나옵니다.

> 또 이 우리에 들지 아니한 다른 양들이 내게 있어 내가 인도하여야 할 터이니 그들도 내 음성을 듣고 한 무리가 되어 한 목자에게 있으리라 (요 10:16).

"또 이 우리에 들지 아니한 다른 양들이 내게 있어"라는 말씀은 아직 구원을 받지 못한 이 땅의 수많은 영혼들이 있다는 말입니다. 그래서 "내가 그들도 인도하여 나의 양으로 삼겠다"는 말씀인데, "그들도 내 음성을 듣고", 즉 그들에게 예수님이 직접 가서 다 전하시는 것이 아닙니다. 그러니까 사람들에게 예수님을 전하여 예수님께 나오게 하는 그 일을 맡은 사람도 목자입니다.

'목자'라는 말에서 '목사'(牧師)라는 용어가 나왔습니다. '기를 목'(牧), '스승 사'(師)입니다. 그러므로 목사는 선한 목자이신 주님의 부름을 받아 주님의 양들을 선한 목자의 뜻을 따라 주님께로 인도하는 사람입니다. 그래서 목사의 사명은 첫째, 하나님의 양 떼를 하나님의 말씀으로 먹여서 배부르게 하고 건강하게 만드는 것, 둘째, 우리 안에 다른 맹수나 이리들이 침입하지 못하도록 교회 공동체를 안전하게 진리로 지키고 보호하고 인도하는 것, 셋째, 주께서 맡겨 주신 그 사명을 기쁨과 감사로 받아 성도들의 영혼을 위하여 최선을 다하는 것입니다.

그렇다면 삯꾼은 누구입니까? 돈 받는 사람은 다 삯꾼일까요? 아닙니다. 한국 기독교 역사 속에서 이 개념이 혼동되었던 적이 있습니다. 처음엔 월급을 받으면 삯꾼이라고 생각했습니다. 그러나 성경을 보면 바울도 "곡식을 밟아 떠는 소에게 망을 씌우지 말라"(고전 9:9; 신 25:4)는 말씀을 인용했습니다. 망을 씌우면 소가 곡식을 먹을 수 없고, 그렇게 되면 소가 힘을 낼 수가 없어요. 마음껏 먹어야 일할 수 있기 때문에 하나님의 일을 하는 사람들에게 필요한 것을 공급해야 한다고 말한 것입니다. 구약성경에서도 하나님이 제사장들을 풍성히 먹이셔서 하나님의 일을 할 때 아무 걱정 없도록 제도적으로 보장하신 것을 알 수 있습니다. 그러니까 삯을 받는 것, 그 자체로 삯꾼은 아닙니다.

그다음에 있었던 오해는 이렇습니다. 8·15광복과 6·25한국전쟁 사이에 북한에 핍박이 있었습니다. 많은 목사님들이 남한으로 넘어왔습니다. 주일에 성도들이 예배드리러 왔는데, 목사님들이 남하해서 없는 거예요. "아니, 양 떼를 버리고 어디로 간단 말인가?" 그래서 교회를 떠난 목사를 삯꾼이라 했고, 끝까지 강단을 지키다가 순교한 분들을 선한 목자라고 했습니다. 그러나 그것도 잘못입니다. 왜냐하면 자기만 살기 위해 교회를 버리고 떠난 이들도 있지만 하나님이 가라고 하셔서 남하한 이들도 많기 때문입니다. 그러니까 삯꾼이란 월급을 받는 목사도 아니고, 교회를 옮긴 목사도 아닙니다.

본문을 잘 보면 삯꾼은 이리와 싸우지 않는 사람들입니다. 양들에게 하나님의 말씀을 가르쳐서 영원한 생명을 얻도록 해 주고, 그 영혼을 공격하는 이들과 싸워서 성도들을 건져 내어 진리의 말씀으로 무장시켜야 하는데, 그런 일을 하지 않고 오히려 하나님 나라가 아니라 이 세상에서 잘사는 법을 가르치는 사람들, 무엇보다도 성도들의 영혼이 이리에게 먹히지 않도록 이리와 싸우지 않는 사람들이 삯꾼입니다.

마지막으로 이리는 누구일까요? 영적으로는 마귀이고, 그를 따르는 하수인들입니다. 예수님 이외에 다른 구원의 길이 있다고 가르치는 자들입니다. 예수님이 양의 문인데, 그 문만 있는 것이 아니라 다른 문도 있다고 가르치는 사람들이 영적인 이리입니다. 또한 하나님과 사람 사이를 이간질하는 사람들, 그래서 교회로부터 멀어지고, 신앙을 떠나게 만드는 수많은 사람들이 다 이리입니다.

'마귀'는 헬라어로 '디아볼로스'인데, '디아'는 '~ 사이에', '발로'는 '던지다'라는 뜻입니다. 양과 목자 사이에 뭔가를 던져 넣어서 그 사이를 떨어지게 만드는 자라는 뜻입니다. 마귀와 그 추종자들, 성도들의 영혼을 갉아먹고 교회와 하나님으로부터 분리시키는 모든 자가 다 이리입니다. 앞으로 영혼을 노략질하는 이리가 갈수록 많아질 것입니다.


## | 착한 양이란

예수님이 선한 목자라면 이제 우리는 어떤 양이 되어야 할까요? 선한 목자이신 예수님을 알고, 믿고, 기쁘게 따라가는 착한 양이 되어야 합니다. 14절에서 예수님은 "양도 나를 아는 것이"라고 말씀하셨습니다. 양도 목자를 압니다. 착한 양은 "예수님 외에는 나의 목자가 없다. 오직 예수님께만 영생이 있다"고 믿습니다. 타인의 음성, 어떤 시대의 풍조나 이데올로기나 가치관에 귀를 기울이지 않습니다. 오직 예수 그리스도의 말씀만이 진리이며, 그 말씀을 향해 달려가는 양이 착한 양입니다.

또한 우리가 신앙생활을 오래 하다 보면 나만 양이고, 세상 사람들은 다 버림받은 사람이라고 착각할 수 있습니다. "나만 양이고, 나하고 잘 지내는 우리만 양이다." 그러면서 끼리끼리 모이는데, 그들은 착한 양이 아닙니다.

> 또 이 우리에 들지 아니한 다른 양들이 내게 있어 내가 인도하여야 할 터이니 그들도 내 음성을 듣고 한 무리가 되어 한 목자에게 있으리라 (요 10:16).

예수님의 마음이 어디에가 있어요? 양의 문을 통과한 사랑하는 양 떼와 함께 있지만, 또 이 우리에 들지 않은 저 바깥에 있는 수많은, 앞으로 예수님의 양이 되어야 할 사람들을 향하여서도 예수님의 마음은 간절합니다. 이런 예수님의 마음을 알고, '나도 구원받아 감사하지만 아직 구원받지 못한 우리 바깥에 있는 사람들도 우리 안으로 들어오도록 해야 한다'는 마음을 가진 양이 착한 양입니다.

그런데 우리 안에만 살다 보면 신앙의 배타성을 가지게 됩니다. 이것을 버려야 합니다. 저는 우리 교회에 그런 사람은 없을 것이라고 생각했는데, 새로 오신 분들과 심방이나 상담을 하다 보면 "목사님, 교회에 진입 장벽이 있어요. 기쁘게 등록하고 정착하려고 하는데 약간 무시하는 것 같기도 하고, 배척하는 느낌도 들고, 먼저 왔다고 어깨에 힘 주고…. 이것을 극복하는 데 시간이 좀 걸렸습니다" 이런 말을 들으면 죄송하고 낙심도 되곤 합니다.

내가 교회에 먼저 온 것이 벼슬인가요? 먼저 등록하면 높아진 것입니까? 신앙적으로 우월해진 것인가요? 나중에 온 분들은 내가 차별하고 판단해야 될 대상인가요? 아닙니다. 배타성을 없애야 좋은 양이 됩니다. 안 믿는 사람들을 보면 교회에 한 번도 안 갔던 사람만 있는 게 아닙니다. 나왔다가 떨어져 나간 사람도 아주 많습니다. 왜 그럴까요? 착하지 않은 양들이 밀어낸 것입니다.

전도도 중요합니다. 그러나 공동체 안으로 낯선 사람이, 내 스타일에 맞지 않는 사람이 들어왔을 때 차별하고 무시하고 압박하는 것은 잘못입니다. 주님이 피로 사신 양 떼를 우리에게 보내셨을 때 기쁨으로 영접하고, 즐거워하며, 감사하며, 연합하여 거룩한 역사를 이루기 위해 애쓰는 양이 되어야 합니다. 주님을 향해서는 "주님밖에 없습니다"라고 고백해야 하고, 동료 신앙인들을 향해서는 "우리가 함께 주님의 우리 안에 들어왔으니 얼마나 감사한가!" 하며 동료 의식을 가져야 합니다.

아프리카 선교사 리빙스턴(David Livingstone)은 어려서부터 선교사가 되려고 마음을 먹었습니다. 그래서 의학과 신학을 공부했습니다. 처음에는 중국으로 가려고 했지만, 영국과 중국 사이에 아편전쟁이 일어나 갈 수 없어서 아프리카로 발걸음을 옮겼습니다. 12년 동안 노력했지만 단 한 명의 회심자밖에 얻지 못한 리빙스턴은 고민합니다. '어떻게 하면 아프리카 대륙의 문이 활짝 열릴 수 있을까?'

그래서 아프리카를 관통하는 탐험을 결심합니다. 자신이 가는 이 길로 복음의 고속도로가 나기를 기도하면서, 자기 뒤에 수많은 선교사들이 이 검은 대륙을 복음으로 변화시키기를 갈망하면서 탐험을 시작했습니다. 그리고 목숨을 걸고 탐험한 결과, 아프리카를 서방에 알리는 엄청난 업적을 이뤄 냈습니다. 그의 탐험을 기초로 해서 유럽 사람들이 아프리카로 들어가게 되고, 아프리카는 개화됩니다. 일반인들은 리빙스턴을 지리학자이자 탐험가로 알고 있지만, 사실은 선교 열정이 불탔던 위대한 하나님의 사람이었습니다.

이런 과정에서 그는 엄청나게 고생했고, 수없이 많은 질병을 앓았으며, 심지어는 사자에게 물려서 오른팔에 장애를 입기도 했습니다. 그가 아프리카 탐험에 대해 연설을 마쳤을 때 한 사람이 질문했습니다. "선생님! 선생님은 왜 그 위험한 아프리카로 가려고 했습니까? 그 동기가 무엇입니까?" 리빙스턴은 대답했습니다. "성경 말씀 때문입니다." 그리고 본문 16절, "또 이 우리에 들지 아니한 다른 양들이 내게 있어 내가 인도하여야 할 터이니 그들도 내 음성을 듣고 한 무리가 되어 한 목자에게 있으리라"는 말씀을 읽었습니다. "이 말씀 때문에 나는 그곳으로 갔습니다. 이것이 예수님의 마음이기 때문에, 예수님의 마음이 내 마음을 감동시켰기 때문입니다." 그래서 요한복음 10장 16절 말씀은 양들이 자기 우리 안에만 갇혀 있지 말고, 세계를 향하여 주님의 마음을 품고 달려가도록 권면하는 소중한 말씀입니다.

언젠가 아들이 물었습니다. "아빠, 목회를 하다 보면 여러 가지 어려운 일이 많았을 텐데, 그때마다 어떻게 위기를 극복하셨나요?" 저는 이렇게 대답했습니다. "나는 예민한 사람이라 걱정을 많이 했다. 그런데 나이를 먹으면서 완전히 바뀌었다. 지금은 일단 문제가 생기면 이렇게 외친다. '노 프라블럼'(No problem). '문제 될 것 없다.' 왜냐하면 모든 문제를 해결하는 분은 내가 아니라 하나님이시라는 것을 알았기 때문이다. 교회에도 문제는 있지. 그러나 교회의 주인은 하나님이고, 우리 인생을 이끌어 가시는 분도 하나님이라는 걸 확실히 알았기 때문이야.

내가 입으로는 그렇게 말하면서도 몸으로 그것을 깨닫지 못했을 때는 내 인생의 짐을 내가 지고, 그 무거운 배낭을 메고 있는 힘을 다해 뛰고 헉헉거리다가 쓰러졌는데, 그다음부터는 아니라는 걸 확실히 알게 됐다. 물론 나는 최선은 다하지. 그러나 결과는 염려하지 않고 주님께 맡긴다. '저는 주의 종이니, 주님께 물을 테니 대답해 주시고, 그대로 행할 테니 그다음은 염려하지 않게 하소서.' 그래서 문제를 만나면 이제는 'No problem', '주님, 괜찮습니다. 주님 앞에 뭐가 문제가 되겠습니까? 합력하여 선을 이루실 줄로 믿습니다' 이렇게 믿고 나가면 문제가 문제되지 않고, 하나님이 잘 해결하시더라. 그러니 너도 어떤 문제를 만나든지 너무 고민하지 말고, 'No problem', '주께서 해결하실 줄로 믿습니다' 이렇게 기도하고 믿고 나가면 하나님이 해결하실 거다. 주님이 우리의 선한 목자가 아니시냐?"

예수님은 선한 목자입니다. 그럼 우리는 누구죠? 그분의 양입니다. 많은 분들이 선한 목자에 대하여 걱정하는데, 예수님에 대해서 걱정하지 마세요. 내가 착한 양이 안 돼서 문제이지, 예수님은 선한 목자의 위치를 벗어나지 않으십니다. 양의 삶을 목자가 책임진다면 우리 삶은 누가 책임지나요? 선한 목자이신 예수님입니다. 그래서 문제는 있으나 'No problem', 문제 될 것 없습니다. 선한 목자이신 주님이 인도하실 줄로 믿습니다.

함께 기도하기

살아 계신 하나님! 우리는 미련하고 약한 양입니다. 한 치 앞을 내다볼 수도 없고, 나 스스로를 책임질 능력도 없습니다. 그러나 염려하지 않습니다. 가장 약한 양이지만 가장 완전하고 선한 목자가 계시기 때문입니다. '예수님이 선한 목자이신가?' 의심하지 않게 하시고 다만 '내가 착한 양인가?' 생각하며 상황에 따라서 내가 이리가 되거나 내 삶을 스스로 책임지려는 맹수로 변질되지 않게 해 주소서. 언제나 목자를 믿고 사랑하며 의심 없이 따르는 행복한 양으로 살게 하소서. 그래서 "내겐 부족함이 없습니다" 이 고백이 넘쳐 나게 하소서.


함께 생각하기

1  선한 목자는 양을 위하여 무엇을 버린다고 하셨습니까? (11절)


2  예수님은 양과 자신을 어떻게 안다고 말씀하셨습니까? (14절)


3  주님이 나를 아신다는 사실이 위로가 되었던 순간이 있다면 나눠 봅시다.

# 양인가,
# 목자인가

요 10:22-27

## | 알라딘과 마술 램프

알라딘이라는 가난한 소년이 있었습니다. 어느 날 돌아가신 아버지의 동생이라는 사람이 찾아와서 보물이 가득 숨겨진 동굴을 가르쳐 주고, 그 속에서 낡은 램프를 가져오라고 시켰습니다. 알라딘이 동굴 안으로 들어가 보니 정말 보물이 가득했습니다. 알라딘은 램프를 찾았고, 그것을 가지고 동굴을 빠져나오려 했는데, 그 사람은 동굴을 나오기 전에 램프를 먼저 내놓으라고 했고, 알라딘이 주지 않자 화를 내면서 동굴 입구를 막아 버렸습니다. 알라딘은 그 사람이 자기를 이용하여 램프를 차지하고 죽이려는 마법사였다는 것을 알게 되었습니다.

동굴에 갇힌 알라딘은 '앞으로 어떻게 하지?' 걱정하면서 우연히 램프를 문질렀습니다. 그런데 갑자기 연기와 함께 거인이 나타나더니 "네, 주인님. 무슨 소원을 이루어 드릴까요?" 하고 물었습니다. 누구냐고 했더니 자기는 램프를 가진 분의 소원을 이루어 드리는 종이며, 이름은 '지니'라고 했습니다. 지니의 도움으로 동굴을 빠져나온 알라딘은 배가 고프니 맛있는 음식을 가져오라고 했는데, 즉시 눈앞에 진수성찬이 차려졌습니다. 그러던 어느 날 알라딘은 공주를 보고 첫눈에 반했고, 지니의 도움을 받아 엄청난 보물을 준비하고 화려한 궁전을 지어서 청혼했습니다. 왕은 알라딘의 재력과 능력을 보고 결혼을 허락했습니다.

이 과정을 면밀히 지켜보던 마법사는 알라딘이 마술 램프를 가지고 있다는 것을 깨닫고, 램프 장수로 위장해서 공주에게 접근했습니다. 낡은 램프를 가져오면 새 램프로 바꿔 주겠다고 하자 공주는 그 말에 속아 낡은 램프를 가져다주었습니다. 알라딘은 램프와 공주를 마법사에게 빼앗겼습니다. 그런데 알라딘에게는 작은 요술 반지가 있었습니다. 그 반지의 도움으로 마술사가 있는 곳을 알아냈고, 그곳까지 쫓아가서 마법사와 싸워 이겼으며, 마술 램프를 되찾고 공주와 다시 만나게 되었습니다. 그 후에 왕이 죽자 그 뒤를 이어 진짜 왕이 되었습니다.《알라딘과 마술 램프》라는 동화의 이야기입니다.

어린 시절 이 유명한 동화를 읽으면서 수많은 어린이들이 '나에게 이런 하인이 있다면 얼마나 좋을까?'라는 멋진 상상을 했을 것입니다. 그러나 그런 상상을 어릴 때만 하는 것이 아닙니다. 다 큰 어른들도 힘들고 어려울 때는 그런 상상을 할 수 있습니다.

문제는《알라딘의 마술 램프》가 단순한 동화가 아니라, 잘못된 신앙의 모습을 보여 준다는 것입니다. 마술 램프에 나오는 '지니'는 어떤 소원도 다 이루어 줄 수 있는 최고의 하인입니다. 그런데 많은 사람들이 하나님을 '지니'처럼 생각합니다. 그러나 그것은 올바른 신앙이 아닙니다. 왜냐하면 '지니'는 무한한 능력을 가지고 있지만 알라딘의 종이기 때문입니다. 하나님은 나의 종이 아닙니다. 나의 주인이십니다.

앞 장에서 선한 목자이신 예수님에 대해 살펴보았습니다. 예수님이 선한 목자이신 이유는 양들을 위해 목숨을 바치기 때문이고, 양들을 너무나 잘 알기 때문이고, 양들을 끝까지 지킬 권세가 있기 때문입니다. 그런데 예수님은 그렇게 말씀하시면서 "내가 자원하여 양들을 위해 죽을 것이다"라고 하셨습니다.

이 말을 듣고 유대인들은 분노했습니다. "아니 뭐야! 자기가 양의 문이라고? 자기를 통과하지 않으면 도적이고 강도라고? 자기가 뭔데 자기를 통해서만 구원을 받는단 말인가? 또한 권세가 있다면서 권세 있는 목자가 어째서 스스로 죽는다는 말인가? 그리고 양들은 목자를 따라가야 하는데, 목자가 스스로 죽는다니, 그럼 그 목자는 양들을 죽음으로 인도한다는 말인가? 그러면서 자기가 선한 목자라고? 그게 말이 되는가?" 그러므로 유대인들은 "그는 미쳤다. 귀신 들렸다"고 말했습니다(요 10:20). 그런가 하면 다른 사람들은 "아니다. 귀신 들린 사람이 어떻게 맹인의 눈을 뜨게 할 수 있느냐?"면서 그들 사이에 다시 분쟁이 일어났습니다(요 10:21).

그런데 수전절이 되자 유대인들이 예수님께 다가와서 에워싸고 물었습니다. "당신은 언제까지 우리를 미혹시킬 거요? 당신이 그리스도면 그리스도라고 확실히 말하시오. 왜 애매하게 말해서 우리로 헷갈리게 합니까? 맞으면 맞다고, 아니면 아니라고 확실하게 말하시오. 답답해 죽겠소"(요 10:24). 그들은 왜 수전절에 이런 질문을 했을까요? 수전절은 '성전을 수리하고 회복시킨 일을 기념하는 절기'입니다. 알렉산더 대왕(Alexander The Great)은 제국을 건설하면서 하나의 문화로 세계를 통일하는 것을 목표로 세웠습니다. 그 문화의 내용이 '헬레니즘'입니다. 헬레니즘은 인본주의, 쉽게 말하면 인간을 찬양하고 인간 중심의 문화, 인간답게 살 수 있는 세상을 만들려고 했던 것입니다.

그러나 그가 죽자 네 명의 부하들이 왕국을 넷으로 나누고 각각 왕이 되었습니다. 유다가 속한 팔레스타인 지방을 다스리게 된 안티오코스 에피파네스(Antiochos Epiphanes)는 열렬한 헬레니즘 추종자였습니다. 그런데 유대인들이 가진 헤브라이즘, 신본주의는 헬레니즘과 정반대의 사상을 가지고 있었습니다. 그래서 유대인을 지배하려면 유대 종교의 씨를 말려야 한다고 생각한 그는 주전 168년 예루살렘으로 군대를 몰고 와서 8만 명을 처형했습니다. 율법책을 불태우고, 할례를 금지시키고, 예루살렘 성전에다가 제우스 신상을 세우고, 이스라엘 사람들이 싫어하는 돼지 피를 성전 제단에 뿌리고, 성전에 창녀들의 방을 만들고, 성전을 이교도의 신전으로 만들어 버렸습니다.

이것을 보고 참을 수 없었던 유대인들은 마카비라는 가문을 중심으로 혁명을 일으켜 유대의 독립을 선언하고, 적들을 몰아내고 3년 만에 성전을 청소하고, 재봉헌합니다. 그날을 기념하는 절기를 수전절이라고 불렀습니다. 물론 그들은 후에 다시 로마에 의해 나라를 빼앗겼습니다만, '마카비 혁명'은 그들의 자랑스러운 역사였던 것입니다.

그런데 왜 하필이면 수전절에 유대인들이 이런 질문을 한 것일까요? 유대인의 전설에 의하면, 그리스도가 오시면 수전절에 성전을 완전히 회복할 것이라고 했기 때문입니다. "지금 로마의 속국으로 있는데, 당신이 그리스도라면 로마로부터 성전을 회복시켜야 하는 것 아닌가? 그런데 왜 아무 일도 하지 않는가?" 그래서 그리스도인 것 같기도 하고, 아닌 것 같기도 해서 갈등하고 있다는 말입니다.

그러자 예수님은 "내가 언제 애매하게 말했느냐? 나는 분명하게 말했고, 내가 그리스도인 증거도 보여 주었다. 다만 너희들이 믿지 않은 것이다"라고 말씀하셨습니다(요 10:25). 예수님은 예수님대로 "나는 분명하게 말했는데, 너희들이 나를 믿지 않는다"며 답답해하십니다.

왜 이런 상황이 벌어졌을까요? 왜 서로가 답답해하는 것일까요? 메시아(그리스도)관이 달랐기 때문입니다. 유대인들에게는 그리스도라면 마땅히 이래야 한다고 정해 놓은 길이 있었습니다. 그리스도라면 마땅히 이 길을 가야 하는데, 예수님은 아무리 봐도 그 길을 갈 기미가 보이질 않거든요. 지금쯤이면 군사를 비밀리에 모집한다든지, 로마 제국의 허점을 간파하기 위하여 정탐꾼을 보낸다든지, 이런 움직임이 있어야 되는데, 조금도 그런 움직임이 없습니다. 예수님이 그렇게 행동하지 않기 때문에 '저 사람은 그리스도가 될 수 없다'고 생각했던 것입니다. 그러니까 자꾸 화가 나는 거예요.

그렇다면 예수님이 그리스도 같지 않으면 떠나면 되는 것 아닌가요? 예수님을 무시하고 찾아오지 않으면 되지 않습니까? 그런데 그렇게 하지도 못합니다. 왜냐하면 예수님에게는 그리스도가 될 잠재력이 충분하거든요. "저런 능력과 지혜와 용기와 힘을 가지고 있다면 얼마든지 로마와 싸울 수 있고 이길 수도 있을 텐데, 왜 그리스도가 해야 할 일을 하지 않는가?" 그러니까 예수님이 아무리 그리스도라고 해도 받아들일 수도 없고, 그렇다고 미련을 버리고 깨끗하게 떠나지도 못하고 갈등했던 것입니다.


## 양인가, 목자인가

이제 예수님은 결론을 내리십니다. "내가 그렇게 말하고 알려 줘도 내가 그리스도라는 것을 깨닫지 못하는 이유는 내 양이 아니기 때문이다."

너희가 내 양이 아니므로 믿지 아니하는도다(요 10:26).

그렇다면 그들이 예수님의 양이 아니면 그들은 무엇입니까? 예수님의 목자가 되려고 했던 것입니다. 자기들이 정해 놓은 길을 가야만 그리스도가 될 수 있다고 생각하니 그들이 양입니까? 이미 그들은 위치상으로는 목자의 위치에 서 있었던 것입니다. 그리고 예수님에게《알라딘의 마술 램프》에 나오는 '지니' 같은 종이 되라고 한 것입니다. "당신은 우리가 원하는 대로 해야 한다"는 것입니다.

자기들이 스스로 목자라고 할 수는 없죠. 정확하게 말하면, 그들은 '양의 탈을 쓴 목자'가 되려고 시도했던 것입니다. 예수님이 목자이고 그들이 양이 되어야 하는데, 그들은 마음으로 이미 목자가 되었기 때문에, 그 마음을 버리지 않는 한 예수님과 함께 갈 수 없는 것입니다. 그래서 그들과 예수님의 관계는 깨어지고 맙니다.

이 이야기를 본문은 왜 이렇게 자세하게 다루는 것입니까? 이것이 유대인들의 모습이기도 하지만 사실은 그리스도인들의 실제 모습이기 때문입니다. 수많은 그리스도인들이 예수님을 목자라고 하지만 목자로 인정하려고 하지 않습니다. 자기가 목자이고, 예수님이 양이 되길 원합니다. 그냥 양이 아니라 엄청난 능력을 가진 양, 그래서 내가 요구하는 모든 것을 이루어 주는 종이 되길 원합니다.

그 증거가 무엇입니까? 자기가 다 계획을 세우고, 방향을 정하고, 결과까지 예측해 놓고, "이것은 이렇게, 저것은 저렇게 되어야 한다"고 다 결정해 놓고 이대로 해 달라고 요구합니다. 그러나 그것은 목자가 할 일이지, 양이 할 일이 아닙니다. 그러니까 우리는 예수님을 목자라고 하면서도 실제로는 내가 어디로 가야 하는지, 무엇을 해야 되는지를 다 결정하고 있습니다. 내가 원하는 그곳으로 인도하지 않는 목자는 목자가 아닌 거예요. 이것이 유대인들의 문제인데, 우리도 똑같습니다. 양의 목적은 푸른 초장, 맑은 물이 아닙니다. 양의 목적은 오직 목자입니다. 푸른 초장, 맑은 물가는 양을 기르는 목자의 목적지입니다.

얼마 전에 후배 목사님이 이런 질문을 했습니다. "목사님, 제가 어떤 교회의 담임목사로 부임했는데, 교회 지도자 대여섯 분이 오시더니 '목사님, 교회 발전 5개년 계획을 수립해서 우리에게 설명해 주시면 좋겠습니다' 이렇게 요구하는데, 어떻게 해야 좋을지 모르겠습니다." 저는 이렇게 말했습니다. "세상은 다 그렇습니다. 자기가 계획을 세우고 그것을 이루는 것을 향하여 달려가는 게 세상이니까, 세상에 살던 분들이 그런 요구를 하는 것에 대하여 일단은 마음으로 '그럴 수도 있겠다'

고 이해하세요. 그러나 신앙의 본질이 무엇인가를 잘 알아야 합니다. 이스라엘 백성의 광야 생활을 생각해 보세요. 그들이 계획을 가지고 있었던 것이 아닙니다. 1년이 되면 어느 지점에 도착하고, 2년이 되면 어떻게 되어 있을 것이라는 계획이 하나도 없었습니다. 하나님이 그들에게 요구하셨던 것은 오직 하나, 하나님만을 바라보는 것입니다. 하나님이 가라 하시면 가고, 멈추라고 하시면 멈추고, 그것을 반복하면서 하나님을 바라보는 훈련을 한 것입니다.

많은 사람들이 신앙이란 내가 어떤 계획을 세우고, 그것을 이루어 달라고 하나님께 기도하면서 성취하는 것이라고 생각하는데, 아닙니다. 이것보다 더 성숙한 신앙은 오직 하나님만 바라보는 것입니다. 그럴 때 나를 향한 하나님의 뜻이 하나님에 의해서 이루어지는 것을 경험하는 것, 이것이 신앙의 메커니즘입니다. 그러니까 먼저 목사님 자신이 어떤 계획보다도 하나님 자신을 집중해서 바라보는 것을 목표로 삼으세요. 그럴 때 목사님에게 하나님의 음성이 들릴 것이고, 그것을 따라 행할 때 목사님을 통해 이루시려는 하나님의 뜻이 이루어지는 것을 경험하게 될 것입니다. 이것을 경험하시고, 이것을 가르치시고, 성도들이 이런 삶을 살도록 도전하세요.

우리를 향한 하나님의 뜻이 없는 것이 아닙니다. 많습니다. 그런데 우리는 하나님의 뜻보다는 내 뜻을 앞세우고, 그것을 이루려 하다 보니까 나를 향한 하나님의 뜻을 알지 못하게 되고, 그 결과 나를 통해 이루시려는 하나님의 뜻이 실패합니다. 그래서 뭔가 열심히는 살았는데 소명을 이루지 못한 허전한 인생이 되는 것입니다. 이런 신앙의 원리를 성도들에게 가르치면 좋을 것 같습니다."

본문에서 예수님은 아주 중요한 말씀을 하십니다.

> 내 양은 내 음성을 들으며 나는 그들을 알며 그들은 나를 따르느니라
> (요 10:27).

"내 양은 내 음성을 들으며." 양들은 주님의 음성을 듣는 데서 끝나지 않습니다. "그들은 나를 따르느니라." 그렇다면 예수님은 우리를 어디로 인도하십니까? 목적지는 푸른 초장, 맑은 물가입니다. 그런데 양들이 원하는 푸른 초장, 맑은 물가와 목자가 원하는 푸른 초장, 맑은 물가는 다를 수 있습니다.

이제 질문하겠습니다. 내가 원하는 푸른 초장, 맑은 물가가 있고, 목자이신 예수님이 원하시는 푸른 초장, 맑은 물가가 다르다면 어디로 가야 합니까? 목자가 원하는 푸른 초장, 맑은 물가로 가야 합니다. 그렇다면 예수님이 사랑하는 자기 양 떼를 이끌고 가시려는 푸른 초장, 맑은 물가는 어디일까요? 그곳은 바로 십자가입니다. 왜입니까?

> 내가 그들에게 영생을 주노니 영원히 멸망하지 아니할 것이요 또 그들을 내 손에서 빼앗을 자가 없느니라(요 10:28).

그곳으로 가야 영생을 얻을 수 있기 때문입니다. 그곳으로 가야만 영생을 얻고, 하나님의 자녀가 되고, 나를 향한 하나님의 뜻을 알게 되고, 그 길로 걸어갈 때 나를 통하여 하나님의 뜻이 이루어지기 때문에

예수님이 우리를 십자가로 인도하시는 것입니다.

여러분, 그런데 이 십자가라는 말이 얼마나 어렵습니까? "내가 십자가에 죽을 텐데 나를 따라오너라. 그 길이 영생의 길이다." 그러면 어느 누가 따라가겠어요? 그런데 놀라운 것은, 예수님의 양들은 그 말씀을 알아듣는다는 것입니다. "예수님이 나를 위해 십자가를 지셨다." 그리고 "너희들도 나를 따라오라"는 초대에 "아멘!" 하고 따른다는 것입니다. 우리도 그렇지 않습니까? "나도 예수님처럼 십자가를 향해 걸어갈 거야" 결심하고 따라갑니다. 왜요? 예수님의 양이기 때문입니다. 예수님의 진짜 양들은 그 음성을 알아듣습니다. 그리고 그 길을 따릅니다. 십자가의 길이 영생의 길이며, 아버지를 만나는 길이며, 나를 향한 하나님의 뜻이 이루어지는 길임을 알기 때문입니다.

우리가 인생에서 할 일이 무엇이라고 생각하십니까? 많은 업적을 남기는 것이 내 인생의 목적일까요? 아닙니다. 인생의 목적은 딱 하나, 예수님만 따라가는 것입니다. 그럴 때 우리를 통하여 하나님이 계획하신 뜻이 이루어지고, 그 뜻이 이루어질 때 우리에게는 가장 위대한 인생이 전개되는 것입니다.

사랑하는 아버지 하나님! 본문 말씀을 통하여 "내 양들아! 네가 목자가 되려 하지 말고, 선한 목자를 너의 유일한 목적으로 삼아라. 그러면 네 삶은 하나님의 뜻을 이루는 삶이 될 것이다"라고 가르쳐 주셔서 감사합니다. 주님, 우리는 주님의 양입니다. 양이 바라볼 것은 푸른 초장, 맑은 물가가 아니라 목자뿐입니다. 예수님만 바라보는 것이 양들에게 가장 위대한 삶임을 믿습니다. 예수님만 따라가는 것이 우리가 이 땅에서 해야 할 가장 위대한 일임을 믿습니다.

예수님은 "너의 문제, 네가 만난 복잡한 상황, 많은 걱정거리…그 모든 것을 가지고 십자가로 나오라. 십자가 앞에 나와서 '주님, 저는 이 문제에 대하여 죽었습니다. 제 생각을 내려놓겠습니다. 이 문제에 대한 주님의 뜻을 가르쳐 주시고, 나로 주님의 뜻을 따라가게 하소서' 이렇게 고백하라"고 말씀하십니다. 우리가 그 문제를 주신 하나님의 뜻을 깨닫고, 주님의 뜻이 나에게서 이루어지는 것을 보게 하소서. 그래서 결국 주님이 인도하시는 가장 좋은 삶을 살게 하소서.




1   예수님의 양은 무엇을 듣는다고 하셨습니까? (27절)


2   예수님의 양에게 무엇을 준다고 하셨습니까? (28절)


3   최근 신앙생활 속에서 내가 '양'이 아니었던 순간이 있었다면 나눠 봅시다.